ŒUVRES

COMPLÈTES

DE MARMONTEL.

TOME XV.

ÉLÉMENTS DE LITTÉRATURE.

QUATRIÈME VOLUME.

DE L'IMPRIMERIE DE FIRMIN DIDOT,
IMPRIMEUR DU ROI, DE L'INSTITUT ET DE LA MARINE,
RUE JACOB, N° 24.

OEUVRES

COMPLÈTES

DE MARMONTEL,

DE L'ACADÉMIE FRANÇAISE.

NOUVELLE ÉDITION

ORNÉE DE TRENTE-HUIT GRAVURES.

TOME XV.

A PARIS,

CHEZ VERDIÈRE, LIBRAIRE-ÉDITEUR,

QUAI DES AUGUSTINS, N° 25.

1819.

ÉLÉMENTS
DE LITTÉRATURE.

P.

Poésie. On a écrit les révolutions des empires; comment n'a-t-on jamais pensé à écrire les révolutions des arts, à chercher dans la nature les causes physiques et morales de leur naissance, de leur accroissement, de leur splendeur, et de leur décadence? Nous allons en faire l'essai sur la partie la plus brillante de la littérature; considérer la *poésie* comme une plante; examiner pourquoi, indigène dans certains climats, on l'y a vue naître et fleurir d'elle-même; pourquoi, étrangère par-tout ailleurs, elle n'a prospéré qu'à force de culture; ou pourquoi, sauvage et rebelle, elle s'est refusée aux soins qu'on a pris de la cultiver; enfin pourquoi, dans le même climat, tantôt elle a été florissante et féconde, tantôt elle a dégénéré.

En recherchant les causes de ces révolutions, on a trop accordé, ce me semble, aux caprices de la nature et à ses inégalités. On croit avoir tout expliqué, lorsqu'on a dit que la nature, tour-à-tour avare et prodigue, tantôt s'épuise à former des génies, tantôt se repose et languit dans une longue stérilité. Mais la nature n'est point avare, la nature n'est point prodigue, la nature ne s'épuise point : ce sont des mots vides de sens. Imaginer qu'elle s'est accordée avec Périclès, Alexandre, Auguste, Léon X, Louis-le-Grand, pour faire de leur siècle celui des muses et des arts; c'est donner, comme on fait souvent, une métaphore pour une raison. Il est plus que probable que, sous le même ciel, dans le même espace de temps, la nature produit la même quantité de talents de la même espèce. Rien n'est fortuit, tout a sa cause; et d'une cause régulière, tous les effets doivent être constants.

La différence des climats a quelque chose de plus réel. On sait qu'en général les hommes, dans certains pays, naissent avec des organes plus délicats et plus sensibles, une imagination plus vive et plus féconde, un génie plus inventif. Mais pourquoi tout l'Orient n'aurait-il pas reçu la même influence du ciel et les mêmes dons que la Grèce; pourquoi, dans la Grèce, des climats différents, comme la Thrace, la Béotie, et Lesbos, auraient-ils produit, l'un des Amphions et des Orphées; l'autre, des Pindares et des Corinnes; l'autre, des Alcées et des Saphos? Et s'il est vrai qu'Achille avait pris à Thèbes la lyre sur laquelle il chantait les héros; si la lyre thébaine, dans les mains de Pindare, fut couronnée de lauriers; est-ce au naturel du pays qu'en est la gloire? Ne savons-nous pas quelle idée on avait du génie des Béotiens? Tout donner et tout refuser à l'influence du climat, sont deux excès de l'esprit de système.

Cependant, si les Grecs n'ont pas été le seul peuple de l'univers ingénieux et sensible, pourquoi, dans l'art d'imiter et de feindre, n'a-t-on jamais pu l'égaler qu'en marchant sur ses traces, et qu'en adoptant ses idées, ses images, ses fictions?

Voyez dans l'Europe moderne, quand la paix, l'abondance, le luxe, la faveur des rois, le goût des peuples, ont attiré les muses; voyez-les, dis-je, arriver en étrangères fugitives, chargées de leurs propres richesses, et portant avec elles les dieux de leurs pays. Quoi de plus marqué que ce penchant pour les lieux qui les ont vues naître? Que les Romains aient imité les Grecs, dont ils étaient les disciples, cela est simple et naturel; mais que, dans aucun de nos climats, la *poésie* n'ait été florissante, qu'autant qu'on lui a laissé le caractère et les mœurs antiques; qu'elle soit depuis trois mille ans fidèle au culte de sa première patrie; que des mœurs nouvelles et des sujets récents, elle n'aime que ce qui ressemble à ce qu'elle a vu dans la Grèce; voilà ce qui prouve qu'elle tient par essence aux qualités de son pays natal. Pourquoi cela? c'est ce que nous cherchons.

Horace donne, au succès des arts et de la *poésie* dans la Grèce, la même cause qu'il eut à Rome :

Ut primùm positis *nugari Græcia* bellis
Cœpit, et in vitium fortunâ *labier* æquâ.

Mais si ce goût fut, chez les Romains, le présage ou l'effet de la corruption qui suivit la prospérité, il n'en fut pas de même chez les Grecs. Les muses, pour fleurir chez eux, n'attendirent ni le loisir de la paix, ni les délices de l'abondance. Le temps le plus orageux de la Grèce et le plus fécond en héros, fut aussi le plus fécond en hommes de génie. Depuis la naissance d'Eschyle jusqu'à la mort de Platon, l'espace d'un siècle présente ce que la Grèce a produit de plus célèbre dans les armes et dans les lettres. On couronnait sur le théâtre d'Athènes l'un des héros de Marathon; Cratinus et Cratès amusaient les vainqueurs de Platée et de Salamine; Charillus les chantait; les Miltiades, les Thémistocles, les Aristides, les Périclès, applaudissaient les chefs-d'œuvre des Sophocles et des Euripides; et au milieu même des discordes nationales, des guerres de Corinthe et du Péloponnèse, de Thèbes contre Lacédémone, et de celle-ci contre Athènes, ou plutôt d'Athènes contre la Grèce entière, la *poésie* prospérait encore et s'élevait comme à travers les ruines de sa patrie.

Il y avait donc, pour rendre la *poésie* florissante dans ces climats, des causes indépendantes de la bonne et de la mauvaise fortune; et la première de ces causes fut le naturel d'un peuple vif, sensible, passionné pour les plaisirs de l'esprit et de l'ame, autant que pour les voluptés des sens. Je dis le naturel; et en cela les Grecs différaient des Romains. Ceux-ci ne se polirent qu'après s'être amollis; au lieu que ceux-là furent tels dans toute la vigueur de leur génie et de leurs vertus. La gloire des talents et la gloire des armes, l'amour des plaisirs de la paix, et le courage et la constance dans les travaux de la guerre, ne sont incompatibles que lorsque ceux-ci tiennent plus à la rudesse et à l'austérité des mœurs qu'à la vigueur et à l'activité de l'ame. Rien n'est plus dans la nature, témoin César, Alcibiade, et mille autres guerriers, qu'un homme vaillant et sensible, voluptueux et infatigable, également passionné pour la gloire et pour les plaisirs. C'est à quoi se trompaient les Lacédémoniens, en méprisant les mœurs d'Athènes; c'est à quoi font aussi semblant de se méprendre des peuples jaloux des Français.

Caton avait raison de reprocher à Rome d'être devenue une ville grecque. Mais si Athènes eût voulu prendre les mœurs de l'antique Rome, elle y eût perdu de vrais plaisirs, et acquis de fausses vertus; ainsi que Rome, en devenant grecque, avait perdu ses vertus naturelles, pour acquérir des plaisirs factices qu'elle ne goûta jamais bien.

De cela seul que les Grecs étaient doués d'une imagination vive et d'une oreille sensible et juste, il s'ensuivit d'abord qu'ils eurent une langue naturellement poétique. La *poésie* demande une langue figurée, mélodieuse, riche, abondante, variée, et habile à tout exprimer; dont les articulations douces, les sons harmonieux, les éléments dociles à se combiner en tous sens, donnent au poëte la facilité de mélanger ses couleurs primitives, et de tirer de ce mélange une infinité de nuances nouvelles : telle fut la langue des Grecs. Mais sans parler des mots composés dont cette langue *poétique* abonde, et dont un seul fait souvent une image, ni de l'inversion qui lui est commune avec la langue des Latins, ni de la liberté du choix de ses dialectes, privilége qui la distingue et dont elle seule a joui; ne parlons que de sa prosodie et du bonheur qu'elle eut d'abord d'être soumise par la musique aux lois de la mesure et du mouvement.

Le goût du chant est un de ces plaisirs que la nature a ménagés à l'homme pour le consoler de ses peines, le soulager dans ses travaux, et le sauver de l'ennui de lui-même. Dans tous les temps et dans tous les climats, l'homme, sensible au nombre et à la mélodie, a donc pris plaisir à chanter.

Or, par un instinct naturel, tous les peuples, et les sauvages mêmes, chantent et dansent en mesure et sur des mouvements réglés. Il a donc fallu que la parole appliquée au chant ait observé la cadence, soit par un nombre de syllabes égal au nombre des sons de l'air, et dont l'air décidait lui-même ou la vîtesse ou la lenteur (ce fut la *poésie* rhythmique); soit par un nombre de temps égaux, résultant de la durée relative et correspondante des sons de l'air et des sons de la langue (c'est ce qu'on appelle la *poésie* métrique). Dans la première, nul égard à la longueur naturelle et absolue des syllabes; on les suppose toutes égales en durée, ou plutôt susceptibles d'une égale vîtesse ou d'une égale lenteur : telle est la *poésie* des sauvages, celle des Orientaux, celle de tous les peuples de l'Europe moderne. Dans l'autre, nul égard au nombre des syllabes; on les mesure au lieu de les compter; et les temps donnés par leur durée décident de l'espace qu'elles peuvent remplir : telle fut la *poésie* des Grecs et celle des Latins, dont les Grecs furent les modèles.

Les Grecs, doués d'une oreille juste, sensible et délicate, s'étaient aperçus que, parmi les sons et les articulations de leur langue, il y en avait qui, naturellement plus lents ou plus rapides, suivaient aussi plus facilement l'impression de lenteur ou de rapidité que la musique leur donnait. Ils en firent le choix ; ils trouvèrent des mots qui formaient eux-mêmes des nombres analogues à ceux du chant; ils les divisèrent par classes ; et, en les combinant les uns avec les autres, ce fut à qui donnerait au vers la forme la plus agréable. La *poésie* épique, la *poésie* élégiaque, la *poésie* dramatique, eut le sien ; et chaque poëte lyrique se distingua par une mesure analogue au chant qu'il s'était fait lui-même, et sur lequel il composait : le vers d'Anacréon, celui de Sapho, celui d'Alcée, portent le nom de ces poëtes. Ainsi, leur langue ayant acquis les mêmes nombres que la musique, il leur fut aisé, dans la suite, de modeler le mètre sur la phrase du chant; et dès-lors l'art des vers et l'art du chant, réglés, mesurés l'un sur l'autre, furent parfaitement d'accord.

Que ce soit ainsi que s'est formé le système prosodique de la langue d'Orphée et de Linus, c'est de quoi l'on ne peut douter. Et qui jamais se fût avisé de mesurer les sons de la parole, sans le plaisir qu'on éprouva en essayant de la chanter? Ce plaisir une fois senti, on fit un art de le produire : l'oreille s'habitua insensiblement à donner une valeur fixe et relative aux sons articulés; la langue retint les mouvements que la musique lui imprimait; et l'usage ayant confirmé les décisions de l'oreille, leurs lois formèrent un système de prosodie régulier et constant.

Il est donc bien certain que, chez les Grecs, la *poésie*, considérée comme un langage harmonieux, dut la naissance à la musique, et reçut d'elle ses premières lois, la mesure et le mouvement.

Qu'on prenne la marche opposée, comme on a fait chez les modernes, c'est-à-dire que l'on commence par la *poésie*, et que la musique ne vienne que long-temps après la plier aux règles du chant ; elle n'y trouvera que des nombres épars, sans précision, sans symétrie, et tels que le hasard aura pu les former.

La prosodie donnée par la musique fut donc, je le répète, le premier avantage de la *poésie* chez les Grecs ; et qui sait le temps qu'il fallut à l'usage pour la fixer ? Les Latins, par imitation, se firent une prosodie ; et, quoiqu'elle leur fût transmise, encore ne fut-ce pas sans peine que leur oreille s'y forma.

> *Græcia capta ferum victorem cepit, et artes*
> *Intulit agresti Latio; sic horridus ille*
> *Defluxit numerus Saturnius.*

Ce vers brut et grossier du siècle de Saturne n'est autre chose que le vers rhythmique, tel qu'on l'a renouvelé dans la basse latinité.

Mais que l'on s'imagine avec quelle lenteur les Grecs, sans modèle et sans guide, essayant les sons de leur langue et en appréciant la valeur, durent combiner ce système, qui prescrivait à la parole des temps fixes et réguliers : quelle longue habitude, quelle anciennne alliance entre la *poésie* et la musique un tel accord ne suppose-t-il pas ! et combien ces deux arts avaient dû s'exercer pour former la langue d'Homère !

Homère est sur les bornes les plus reculées

de l'antiquité, comme est sur l'horizon une tour élevée, au-delà de laquelle on ne voit plus rien, et qui semble toucher au ciel. On est tenté de croire qu'il a tout inventé; mais quand il n'avouerait pas lui-même que la *poésie* lyrique florissait long-temps avant lui, la seule prosodie de sa langue en serait une preuve évidente.

Le chant fut le modèle des vers. La *poésie* lyrique fut donc la première inventée; et l'on sait combien, dans les fêtes, dans les jeux solennels, et à la table des rois, de beaux vers, chantés sur la lyre, étaient applaudis et vantés.

Le caractère distinctif des Grecs, entre tous les peuples du monde, fut l'importance et le sérieux qu'ils attachaient à leurs plaisirs. Idolâtres de la beauté, de la volupté en tout genre, tout ce qui avait le don de charmer leurs sens, était divin pour eux : un sculpteur, un peintre, un poëte, les ravissait d'admiration; Homère avait des temples. Une courtisane célèbre par la beauté de sa taille, est enceinte; voilà un beau modèle perdu, le peuple est dans la désolation, on appelle Hippocrate pour la faire avorter : il la fait tomber; elle avorte; Athènes est dans la joie; le modèle de Vénus est sauvé. Phryné est accusée d'impiété devant l'aréopage : l'orateur la voit convaincue; il arrache son voile, et dit aux vieillards : *Eh bien! faites donc périr tant de beautés.* Phryné est renvoyée.

Voilà le peuple chez qui les arts et la *poésie* ont dû naître.

Mais de ses organes, le plus sensible, le plus délicat, c'était l'oreille. Périclès demandait aux dieux tous les matins, non pas les lumières de la sagesse, mais l'élégance du langage, et qu'il ne lui échappât aucune parole qui blessât les oreilles du peuple athénien.

Or, si telle fut la sensibilité des Grecs pour la simple mélodie de la parole, qu'elle faisait presque tout le charme, toute la force de l'éloquence, et que la philosophie elle-même employait plus de soins à bien dire qu'à bien penser, sûre de gagner les esprits si elle captivait les oreilles; quel devait être l'ascendant d'une *poésie* éloquente secondée par la musique, et d'une belle voix chantant des vers sublimes sur des accords harmonieux? Nous croyons entendre des fables, lorsqu'on nous dit que, chez les Grecs, une corde ajoutée à la lyre était une innovation politique; que les sages mêmes en auguraient un changement dans les mœurs, une révolution dans l'État; que, dans un plan de gouvernement ou dans un système de lois, on examinait sérieusement si tel ou tel mode de musique y serait admis ou en serait exclu : et cependant rien n'est plus vrai, ni plus naturel chez un peuple qui était dominé par les sens.

Un poëte lyrique fut donc, chez les Grecs, un personnage recommandable : ces peuples révéraient en lui le pouvoir qu'il avait sur eux; et de la haute idée qu'ils en avaient conçue, résultent naturellement les progrès que fit ce bel art. *Voyez* LYRIQUE.

C'est donc bien chez les Grecs que la *poésie* lyrique a dû naître, fleurir, et servir de prélude à la *poésie* épique et dramatique, dont elle avait formé la langue, et, si j'ose le dire, accordé l'instrument.

La *poésie* enfin put se passer du chant, et son langage harmonieux lui suffit pour charmer l'oreille. Mais en quittant la lyre, elle prit le pinceau : ce fut alors qu'elle dut sentir tous les avantages du climat qui l'avait vue naître. Quel amas de beautés pour elle !

Dans le physique, une variété, une richesse inépuisable ; les plus beaux sites, les plus grands phénomènes, les plus magnifiques tableaux ; des fleuves, des montagnes, des mers, des forêts, des vallons fertiles et délicieux ; des villes, des ports florissants ; des états dont les arts les plus dignes de l'homme, l'agriculture et le commerce, faisaient la force et l'opulence ; tout cela, dis-je, rassemblé comme sous les yeux du poëte ! Non loin de là, et comme en perspective, le contraste des fertiles champs de l'Égypte et de la Libye, avec de vastes et de brûlants déserts peuplés de tigres et de lions ; plus près le magnifique spectacle de vingt royaumes répandus sur les côtes de l'Asie mineure ; d'un côté, ce riant et superbe tableau des îles de la mer Égée ; de l'autre, les monts enflammés et l'affreux détroit de Sicile ; enfin tous les aspects de la nature et l'abrégé de l'univers, dans l'espace qu'un voyageur peut parcourir en moins d'un an : quel théâtre pour la *poésie* épique !

Dans le moral, tout ce que pouvait offrir de curieux à peindre un nombreux assemblage de colonies de diverse origine, transplantées sous un même ciel, ayant chacune ses dieux tutélaires, ses coutumes, ses lois, ses fondateurs, et ses héros : à chaque pas des mœurs nouvelles et souvent opposées ; mais par-tout un caractère décidé, voisin de la nature, par son ingénuité, par la franchise et le relief des passions, des vertus et des vices ; ici, plus doux et plus sensible ; là, plus vigoureux, plus austère ; ailleurs sauvage et un peu féroce, mais naturel, simple, énergique, et facile à peindre à grands traits ; l'influence des peuples dans l'administration, source de troubles pour un État et d'incidents pour un poëme ; le mélange des esclaves et des hommes libres, usage barbare, mais fécond en aventures pathétiques ; l'exil volontaire après le crime, sorte d'expiation qui, de tant de héros, faisait d'illustres vagabonds ; l'hospitalité, ce devoir si précieux à l'humanité et si favorable à la *poésie*, la piété envers les étrangers, le respect pour les suppliants, le caractère inviolable qu'imprimait la mort aux volontés dernières ; la foi que l'on donnait aux songes, aux présages, aux prédictions des mourants ; la force des serments, l'horreur attachée au parjure; la religieuse terreur qu'inspirait aux enfants la malédiction des pères, et l'imprécation des malheureux à ceux qui les faisaient souffrir, dernières armes de la faiblesse, dernier frein de la violence, dernière ressource de l'innocence, qui, dans son abattement même, était par-là redoutable aux méchants; d'un autre côté, les récompenses attachées à la gloire et à la vertu, les éloges de la patrie, des statues ou des tombeaux; enfin la vie modeste et retirée des femmes, cette décence austère, cette simplicité, cette piété domestique, ces devoirs d'épouse et de mère si religieusement remplis; et parmi ces mœurs dominantes, des singularités locales; dans la Thrace, une ardeur, une audace guerrière qui relevait encore l'éclat de la beauté; à Lacédémone, une fierté qui ne rougissait que de la faiblesse, une vertu sévère et mâle, une honnêteté sans pudeur; la chasteté milésienne, et la volupté de Lesbos : tous extrêmes que la *poésie* est si heureuse d'avoir à peindre, parce qu'elle y emploie ses plus vives couleurs.

Dans le génie, la liberté qui élève l'ame des poëtes comme celle des citoyens; l'esprit patriotique, sans cesse aiguillonné par la rivalité et la jalousie de vingt républiques voisines; l'ivresse de la prospérité, qui, en même temps qu'elle ôte la sagesse du conseil, donne l'audace de la pensée; la vanité des Grecs, qui avaient prodigué l'héroïque et le merveilleux pour illustrer leur origine; leur imagination, qui animait tout dans la nature, qui ennoblissait jusqu'aux détails les plus familiers de la vie; leur sensibilité, qui leur faisait préférer à tout le plaisir d'être émus, et qui semblait aller sans cesse au-devant de l'illusion, en admettant sans répugnance tout ce qui la favorisait, en écartant toute réflexion qui en aurait détruit le charme; un peuple enfin dominé par ses sens, livré à leur séduction, et passionnément amoureux de ses songes.

Dans les connaissances humaines, ce mélange d'ombre et de lumière, si favorable à la *poésie* lorsqu'il se combine avec un génie inquiet et audacieux, parce qu'il met en activité les forces de l'ame et la curiosité de l'esprit; la physique et l'astronomie couvertes d'un voile mystérieux, et laissant imaginer aux hommes tout ce qu'ils voulaient, pour suppléer aux lois de la nature et à ses ressorts qu'ils ne connaissaient pas; une curiosité impuissante d'en pénétrer les phénomènes, source intarissable d'erreurs ingénieuses et poétiques, car l'ignorance fut toujours mère et nourrice de la fiction.

Dans les arts, la manière de combattre et de s'armer de ces temps-là, où l'homme, livré à lui-même, se développait aux yeux du poëte avec tant de noblesse, de grâce et de fierté; la navigation, plus périlleuse et par-là plus intéressante; où le courage, au défaut de l'art, était sans cesse mis à l'épreuve des dangers les plus effrayants;

où ce qui nous est devenu familier par l'habitude, était merveilleux par la nouveauté; où la mer, que l'industrie humaine semble avoir applanie et domptée, ne présentait aux yeux des matelots que des abymes et des écueils; le peu de progrès des mécaniques; car l'homme n'est jamais plus intéressant et plus beau que lorsqu'il agit par lui-même; et ce que disait un Spartiate en voyant paraître à Samos la première machine de guerre: *C'est fait de la valeur*, on put le dire aussi de la *poésie* épique, dès que l'homme apprit à se passer d'être robuste et vigoureux.

Dans l'histoire, une tradition mêlée de toutes les fables qu'elle avait pu recueillir en passant par l'imagination des peuples, et susceptible de tout le merveilleux que les poëtes y voulaient répandre, le peu de connaissance qu'on avait alors du passé leur laissant la liberté de feindre, sans jamais être démentis.

Enfin une religion qui parlait aux yeux et qui animait tout dans la nature, dont les mystères étaient eux-mêmes des peintures délicieuses, dont les cérémonies étaient des fêtes riantes ou des spectacles majestueux; un dogme, où ce qu'il y a de plus terrible, la mort et l'avenir, était embelli par les plus brillantes peintures; en un mot, une religion poétique, puisque les poëtes en étaient les oracles, et peut-être les inventeurs. Voilà ce qui environnait la *poésie* épique dans son berceau.

Mais, ce qui intéresse plus particulièrement la tragédie que le poëme épique, une foule de dieux, comme je l'ai dit ailleurs, passionnés, injustes, violents, divisés entre eux et soumis à la destinée; des héros issus de ces dieux, servant leur haine et leur fureur, et les intéressant eux-mêmes dans leurs querelles ou leurs vengeances; les hommes esclaves de la fatalité, misérables jouets des passions des dieux et de leur volonté bizarre; des oracles obscurs, captieux, et terribles; des expiations sanguinaires; des sacrifices de sang humain; des crimes avoués, commandés par le Ciel; un contraste éternel entre les lois de la nature et celles de la destinée, entre la morale et la religion; des malheureux placés comme dans un détroit sur le bord de deux précipices, et n'ayant bien souvent que le choix des remords : voilà sans doute le système religieux le plus épouvantable, mais par-là même le plus poétique, le plus tragique qui fut jamais. L'histoire ne l'était pas moins.

La Grèce avait été peuplée par une foule de colonies, dont chacune avait eu pour chef un aventurier courageux. La rivalité de ces fondateurs, dans des temps de férocité, avait produit des discordes sanglantes. La jalousie des peuples et leur vanité avaient grossi tous les traits de l'histoire de leurs pays, soit en exagérant les crimes des ancêtres de leurs voisins, soit en rehaussant les vertus et les faits héroïques de leurs propres ancêtres. De là ce mélange d'horreur et de vertus dans les mêmes héros. Chaque famille avait ses forfaits et ses malheurs héréditaires. Le rapt, le viol, l'adultère, l'inceste, le parricide, formaient l'histoire de ces premiers brigands, histoire abominable, et d'autant plus tragique. Les Danaïdes, les Pélopides, les Atrides, les fables de Méléagre, de Minos, de Jason, les guerres de Thèbes et de Troie, sont l'effroi de l'humanité et les trésors du théâtre : trésors d'autant plus précieux, que ces horreurs étaient ennoblies par le mélange du merveilleux. Pas un de ces illustres scélérats qui n'eût un dieu pour père ou pour complice : c'était la réponse et l'excuse que ces peuples donnaient sans doute au reproche qu'on leur faisait sur les crimes de leurs aïeux; la volonté des dieux, les décrets de la destinée, un ascendant irrésistible, une erreur fatale, avaient tout fait. Et ce fut là comme la base de tout le système tragique; car la fatalité, qui laisse la bonté morale au coupable, qui attache le crime à la vertu et le remords à l'innocence, est le moyen le plus puissant qu'on ait imaginé pour effrayer et attendrir l'homme sur le destin de son semblable. Aussi l'histoire fabuleuse des Grecs est-elle la seule vraiment tragique dans les annales du monde entier; et ce mélange en est la cause.

Mais ce qui tenait de plus près encore aux événements politiques, c'est cette ivresse de la gloire et des prospérités que les Athéniens avaient rapportée de Marathon, de Salamine, et de Platée; sentiment qui exaltait les ames, et sur-tout celles des poëtes : c'est ce même orgueil, ennemi de toute domination et charmé de voir dans les rois les jouets de la destinée, cet orgueil, sans cesse irrité par la menace des monarques de l'Orient, et par le danger de tomber sous les griffes de ces vautours, c'est là, dis-je, ce qui donna une impulsion si rapide et si forte au génie tragique, et lui fit faire en un demi-siècle de si incroyables progrès.

Du côté de la comédie, les mœurs grecques avaient aussi des avantages qui leur sont propres, et qu'on ne trouve point ailleurs. Chez un peuple vif, enjoué, naturellement satirique, et dont le goût exquis pour la plaisanterie a fait passer en proverbe le sel piquant et fin dont il l'assaisonnait ; chez ce peuple républicain, et libre censeur de lui-même, que l'on s'imagine un théâtre où il était permis de livrer à la risée de la Grèce entière, non-seulement un citoyen ridicule ou vicieux, mais un juge inique et vénal, un dépositaire du bien public négligent, avare, infidèle, un magistrat sans talent ou sans mœurs, un général d'armée sans capacité, un riche ambitieux qui briguait la faveur du peuple, ou un fripon qui le trompait, en un mot, le peuple lui-même, qui se laissait traduire en plein théâtre comme un vieillard chagrin, bizarre, crédule, imbécille, esclave et dupe de ces brigands publics, qui le flattaient et l'opprimaient; qu'on s'imagine ces personnages d'abord exposés sur la scène et nommés par leur nom, ensuite (lorsqu'il fut défendu de nommer) si bien désignés par leurs traits et par toute espèce de ressemblance, qu'on les reconnaissait en les voyant paraître; et qu'on juge de là combien le génie comique, animé par la jalousie et la malignité républicaine, devait avoir à s'exercer!

Ainsi la *poésie* trouva tout disposé comme pour elle dans la Grèce; et la nature, la fortune, l'opinion, les lois, les mœurs, tout s'était accordé pour la favoriser.

Il sera bien aisé de voir à-présent dans quel autre pays du monde elle a trouvé plus ou moins de ces avantages.

J'ai déja dit que, chez les Romains, elle s'était fait une prosodie modelée sur celle des Grecs; mais n'ayant ni la lyre dans la main des poëtes pour soutenir et animer les vers, ni les mêmes objets d'éloquence et d'enthousiasme, ni ce ministère public qui la consacrait chez les Grecs; la *poésie* lyrique ne fut à Rome qu'une stérile imitation, souvent froide et frivole, presque jamais sublime. *Voyez* LYRIQUE.

La gravité des mœurs romaines s'était communiquée au culte: une majesté sérieuse y régnait; la sévère décence en avait banni les grâces, les plaisirs, la volupté, la joie. Les jeux, à Rome, n'étaient que des exercices militaires ou des spectacles sanglants ; ce n'étaient plus ces solennités où vingt peuples venaient en foule voir disputer la couronne olympique. Un poëte, qui, dans le cirque, serait venu sérieusement célébrer le vainqueur au jeu du disque ou de la lutte, aurait excité la risée des vainqueurs du monde. Rome était trop occupée de grandes choses pour attacher de l'importance à de frivoles jeux : elle les aimait, comme on aime quelquefois une maîtresse, passionnément, et sans l'estimer.

Si quelquefois la *poësie* lyrique célébrait dans Rome des triomphes ou des vertus, ce n'était point le ministère d'un homme inspiré par les dieux ou avoué par la patrie ; c'était le tribut personnel d'un poëte qui faisait sa cour, et quelquefois l'hommage d'un complaisant ou d'un flatteur.

On voit donc bien qu'en supposant Rome peuplée de génies faits pour exceller dans cet art, les causes morales qui auraient dû les faire éclore et les développer n'étant pas les mêmes que dans la Grèce, ils n'auraient jamais pris le même accroissement.

La *poésie* épique trouva dans l'Italie une partie des avantages qu'elle avait eus dans la Grèce, moins de variété pourtant, moins d'abondance et de richesses, soit dans les descriptions physiques, soit dans la peinture des mœurs : mais ce qu'elle eut à regretter sur-tout, ce fut l'obscurité des temps appelés *héroïques*.

Les événements passés demandent, pour être agrandis aux yeux de l'imagination, non-seulement une grande distance, mais une certaine vapeur répandue dans l'intervalle. Quand tout est bien connu, il n'y a plus rien à feindre. Depuis Numa jusqu'à Auguste, l'enchaînement des faits était écrit et consigné. Le petit nombre des fables répandues dans les annales était sans suite, comme sans importance. Si le poëte eût voulu exagérer les faits et leur donner des causes étonnantes et merveilleuses; non-seulement la sincérité de l'histoire, mais la vue familière des lieux où ces faits étaient arrivés, les eût réduits à leur juste valeur. Comment exagérer aux yeux de Rome la défaite des Volsques ou celle des Sabins? Le seul sujet vraiment épique qu'il fût possible de tirer des premiers temps de Rome, est celui que Virgile a pris, parce qu'il est un des derniers rameaux de l'histoire fabuleuse des Grecs.

Les événements, dans la suite, eurent plus de grandeur, mais de cette grandeur réelle que la vérité historique présente tout entière et met au-dessus de la fiction. Les guerres puniques, celles d'Asie, celles d'Epire, d'Espagne, et des Gaules, la guerre civile elle-même, ne laissaient à la *poésie* sur l'histoire, que l'avantage de décrire les mêmes faits, et de peindre les mêmes hommes, d'un style plus élevé, plus harmonieux, plus animé peut-être, et plus haut en couleur; mais ni les causes, ni les moyens, ni les détails intéressants, rien ne pouvait se déguiser.

Les auspices et les présages pouvaient entrer pour quelque chose dans les résolutions et influer sur les événements : mais si l'on eût vu Neptune se déclarer en faveur des Carthaginois, et Mars en faveur des Romains, Vénus en faveur de César, Minerve en faveur de Pompée ; la gravité romaine aurait trouvé puérils ces vains ornements de la fable, dans des récits dont la vérité simple avait par elle-même tant d'importance et de grandeur.

Ainsi Varius et Pollion n'étaient guère plus libres dans leurs compositions, que Tite-Live et que Tacite. On voit même que le jeune Lucain, avec tout le feu de son génie, et quoiqu'il eût pris pour sujet de son poëme un événement dont l'importance semblait justifier l'entremise des dieux, ne les y a montrés que de loin, en philosophe plus qu'en poëte, comme spectateurs, comme juges, mais sans les engager et sans les faire agir dans la querelle de ses héros.

Les événements et les mœurs que nous présente l'histoire romaine, semblent avoir été plus favorables à la tragédie. Mais si l'on considère que les mœurs romaines n'étaient rien moins que passionnées ; que le courage et la grandeur d'ame, l'amour de la gloire et de la liberté, en étaient les vertus ; que l'orgueil, la cupidité, l'ambition en étaient les vices ; que les exemples de constance, de générosité, de dévouement qui nous frappent dans l'héroïsme des Romains, étant des actes volontaires, ne pouvaient en faire un objet ni pitoyable ni terrible; que les deux causes de malheur qui dominent l'homme et qui le rendent véritablement misérable, l'ascendant de la destinée et celui de la passion, n'entraient pour rien dans les scènes tragiques dont l'histoire romaine abonde; qu'il était même de l'essence du courage romain d'opposer au malheur une froideur stoïque qui dédaignait la plainte et qui séchait les larmes; on reconnaîtra que les Régulus, les Catons, les Porcies, les Cornélies, étaient propres à élever l'ame, mais nullement à l'émouvoir ni de terreur ni de pitié.

Qu'on examine les sujets romains les plus forts, les plus pathétiques : on peut tirer de ceux de Coriolan, de Scévole, de Manlius, de Lucrèce, de César, une ou deux situations dignes d'un grand théâtre; mais cette continuité d'action véhémente et pathétique des sujets grecs, où la trouver? Les sujets romains ne sont grands, ou plutôt leur grandeur ne se soutient que par les mœurs et les sentiments que Corneille en a tirés; et ce n'étaient pas des mœurs, des sentiments, et des maximes, mais des tableaux peints à grands traits, qu'il fallait sur de grands théâtres, comme ceux de Rome et d'Athènes. *Voyez* TRAGÉDIE.

Une seule époque dans Rome fut favorable à la tragédie : ce fut celle de la tyrannie et de la servitude, des délateurs et des proscrits. Alors, sans doute, le tableau de ses calamités aurait attendri Rome ; et la faiblesse et l'innocence fugitives dans les déserts, refugiées dans les tombeaux, poursuivies, arrachées de ces derniers asyles, traînées aux pieds d'un monstre couronné, et livrées au fer des licteurs, ou réduites au choix du supplice; ce contraste d'une férocité et d'une obéissance également stupides; cet abattement inconcevable d'un peuple qui avait tant de fois bravé la mort, qui la bravait encore, et qui tremblait devant des maîtres aussi lâches qu'impérieux ; ce mélange d'un reste d'héroïsme avec une bassesse d'esclaves abrutis, cette chûte épouvantable de Rome libre et maîtresse du monde, sous le joug des plus vils des hommes, des plus indignes de régner et de vivre, d'un Claude, d'un Caligula, qui auraient été le rebut des esclaves s'ils étaient nés parmi les esclaves; ces deux extrémités des choses humaines, rapprochées sur un théâtre, auraient été sans doute le tableau le plus pitoyable et le plus effrayant de nos misérables destinées. Mais en faisant verser des larmes, elles auraient peut-être fait songer à verser du sang; Rome, en se voyant elle-même dans ce tableau épouvantable, aurait frémi de l'excès de ses maux; la honte et l'indignation pouvaient ranimer son courage; et ses oppresseurs n'avaient garde de lui présenter le miroir. On voit que, sous Tibère, Emilius-Scaurus, pour avoir fait dire, peut-être innocemment, dans la tragédie d'Atrée, ces paroles d'Euripide : *Il faut supporter la folie de celui qui commande (stultitiam imperantis)*, fut condamné à se donner la mort.

Ainsi, dans les temps de liberté, les mœurs romaines n'avaient rien de tragique; et dans les temps de calamité, la tragédie n'était plus libre. De là vient que, sous Auguste même, le seul temps où la tragédie fleurit à Rome, la plupart des poëtes ne faisaient qu'imiter les Grecs, et transporter sur le théâtre romain les sujets de celui d'Athènes; en observant sans doute avec un soin timide d'éviter les allusions.

Les mœurs romaines étaient encore moins propres à la comédie. Dans les premiers temps, elles étaient simples et austères; et quand la corruption s'y mit, elles furent encore trop sérieusement vicieuses pour être ridicules. Des parasites, des flatteurs, des fâcheux désœuvrés, curieux, babillards, étaient quelque chose pour une satire, peu pour une intrigue comique. Il n'y eut de comique sur le théâtre de Rome que ce qu'on avait pris du théâtre des Grecs, des valets fourbes, des jeunes gens crédules, inconstants, prodigues, libertins; des vieillards soupçonneux, avares, chagrins, difficiles, grondeurs; des courtisanes artificieuses, qui ruinaient les pères et trompaient les enfants : voilà Plaute et Térence, d'après Ménandre et Cratinus.

L'impudence d'Aristophane et ses satires diffamantes contre les femmes n'eurent point d'imitateurs à Rome : on peut même observer qu'Horace, dans son épître sur l'*Art poëtique*, en indiquant les mœurs et les caractères à peindre, ne dit des femmes que ces deux mots, à propos de la tragédie : *Aut matrona potens, aut sedula nutrix*; et pas un mot à propos du comique.

Ce n'est pas que, du temps d'Horace, les mœurs des dames romaines ne fussent déjà bien dignes de censure : on peut voir comme il les a peintes; et sous les empereurs la licence n'eut plus de frein. Mais cette licence donnait prise à la satire plus qu'à la comédie; car celle-ci veut se jouer des caractères qu'elle imite : la frivolité, la folie, la vanité, les travers de l'esprit, les séductions et les méprises de l'amour-propre, les vices les plus méprisables et les moins dangereux, ceux dont l'homme est plutôt la dupe que la victime; voilà ses objets favoris. Or les dames romaines ne s'amusaient pas à être ridicules; et des mœurs frivoles ne sont pas celles que nous a peintes Juvénal : le vice était trop impudent, trop hardi, pour être risible.

Ainsi la tragédie et la comédie furent également étrangères dans Rome; et par la même raison que le génie en était emprunté, le goût n'en fut jamais sincère. Horace, qui accorde aux Romains assez d'amour et de talent pour la tragédie,

Et placuit sibi, naturâ sublimis et acer :
Nam spirat tragicum satis et feliciter audet.
(Epist. 1. l. 2.)

Horace ne laisse pas de se plaindre que la jeunesse romaine n'était sensible qu'au vain plaisir de la décoration théâtrale. L'ame des chevaliers, dit-il, avait passé de leurs oreilles dans les yeux :

*Verùm equitis quoque jàm migravit ab aure voluptas
Omnis ad incertos oculos et gaudia vana.*

Encore avait-on beau donner à la pompe du spectacle toute la magnificence possible, l'attention des Romains ne pouvait être captivée par des fables qui leur étaient étrangères. Le bruit des cabales du peuple et des chevaliers, pour et contre la pièce, l'interrompait à chaque instant. Les acteurs élevaient la voix, et suppliaient les spectateurs de vouloir bien encore écouter quelque chose ; mais ils n'étaient point entendus. Souvent, au milieu de la scène la plus pathétique, on demandait un combat d'animaux ou d'athlètes.

*................Media inter carmina poscunt
Aut ursum aut pugiles......................
................Nam quæ pervincere voces
Evaluére sonum, referunt quem nostra theatra ?
Garganum mugire putes nemus, aut mare Tuscum,
Tanto cum strepitu ludi spectantur, et artes,
Divitiæque peregrinæ, quibus oblitus actor
Quùm stetit in scená, concurrit dextera lævæ.
Dixit adhùc aliquid ? Nil sanè. Quid placet ergo ?*

(Horace.)

La comédie ne les attachait guère davantage, pour peu qu'elle fût sérieuse. On sait que l'*Hécyre* de Térence fut abandonnée pour des danseurs de corde et des gladiateurs. Enfin l'on vit les pantomimes chasser les comédiens de Rome : tant il est vrai que, chez les Romains, le goût de la *poésie* dramatique ne fut qu'un goût de fantaisie, de vanité, d'ostentation, un goût léger, capricieux, comme sont tous les goûts factices, un plaisir aussi peu sensible qu'il leur était peu naturel.

Les seuls genres de *poésie* qui pouvaient naître et fleurir dans l'ancienne Rome, comme analogues à son génie, étaient la *poésie* morale ou philosophique, la *poésie* pastorale, l'élégie amoureuse, et la satire; tout le reste y fut transplanté.

Vers la fin du onzième siècle, on vit la *poésie* commencer en Provence en langage roman, ou romain corrompu, comme elle avait fait dans la Grèce, par des chants héroïques et satiriques; ensuite essayer le dialogue, et vouloir même imiter l'action. Plusieurs de ces poëtes, appelés *troubadours*, étaient bons gentilshommes, quelques-uns princes couronnés; le plus grand nombre, ambulants comme Homère, vivaient à-peu-près comme lui : ils étaient accueillis dans les petites cours des ducs et des comtes de ce temps-là, quelquefois même favorisés des dames. Mais c'en était assez pour donner lieu à des gentillesses naïves, non pour exciter le génie à s'élever sans modèle et sans guide, et à créer un art qui lui était inconnu. Ainsi la *poésie*, après avoir été vagabonde et accueillie çà-et-là durant l'espace de deux cent cinquante ans, sans aucun établissement fixe, sans aucun point de ralliement, aucun objet public d'émulation et d'enthousiasme, aucun théâtre élevé à sa gloire, aucune fête, aucun spectacle où elle pût se signaler, abandonna sa nouvelle patrie à la fin du treizième siècle; et en passant en Italie, où commençaient à renaître les arts, elle y porta l'usage de la rime et les écrits des troubadours, premiers modèles des italiens.

Des universités sans nombre, fondées dans toute l'Europe, l'étude des langues grecque et latine mise en vigueur, les récompenses des souverains et les dignités de l'église accordées aux hommes célèbres par leur savoir et par leurs talents, plus que tout cela l'invention de l'imprimerie, annonçaient la renaissance des lettres en Europe; et quoique les premiers rayons de cette aurore eussent éclairé la France, ce fut vraiment en Italie que la lumière se répandit : soit à la faveur du commerce de l'Orient et du voisinage de la Grèce, d'où les arts et les lettres passèrent à Venise, et de Venise à Rome et à Florence; soit à cause de la considération plus singulière que l'Italie accordait aux muses, et du triomphe poétique rétabli dans Rome, où, depuis Théodose, il était aboli; soit par l'inestimable facilité qu'eurent bientôt les talents de puiser dans les sources de l'antiquité, dont les précieux restes avaient été recueillis et déposés dans les bibliothèques de Florence et de Rome; soit enfin, grâce à l'amour éclairé, sincère, et généreux, dont Léon X et les ducs de Florence, les Médicis, honoraient les lettres.

Mais quoique l'Italie moderne fût, à quelques égards, plus favorable à la *poésie* que l'ancienne Rome, par la jalousie et la rivalité des petits états qui la composaient, par la diversité et la singularité des mœurs de ses peuples, par l'importance qu'ils attachaient aux arts, et la gloire qu'ils avaient mise à s'effacer l'un l'autre en les faisant fleurir; les deux grandes sources de la *poésie* ancienne, l'histoire et la religion, n'étant plus les mêmes, le génie se ressentit de la sécheresse de l'une et de l'autre ; et le laurier de la *poésie*, après avoir poussé quelques rameaux, périt sur ce terroir ingrat.

Dans l'Italie moderne, la *poésie*, dès sa naissance, s'était consacrée à la religion; mais par un zèle mal entendu, on lui fit donner des spectacles pieusement ridicules, au lieu de l'initier aux cérémonies religieuses et de l'appeler dans les temples, où elle aurait produit des hymnes et des chœurs sublimes.

L'erreur de toute l'Europe fut que les mystères de la religion pouvaient prendre la place des spectacles profanes. J'ai déja fait voir que le merveilleux de ces mystères ineffables n'était rien moins que dramatique. C'était à la *poésie* lyrique à les célébrer; ils étaient réservés pour elle : car l'éloquence et l'harmonie peuvent donner aux idées un caractère imposant, auguste, et sublime, auquel l'imitation théâtrale ne saurait s'élever. Comment peindre aux yeux, sur la scène, l'*In sole posuit tabernaculum suum*, ou le *Volavit super pennas ventorum?*

Il est donc bien étonnant que l'Italie, ayant mis tant de magnificence à décorer ses temples, ayant porté si loin la pompe de ses fêtes, ayant employé les peintres, les sculpteurs, les musiciens les plus célèbres, à donner plus d'éclat à ses solennités, ayant toléré même le sacrifice le plus cruel de la nature pour conserver de belles voix, n'ait pas daigné proposer des prix et le triomphe poétique à qui célébrerait, dans les plus beaux cantiques, ou les mystères de la foi, ou les vertus de ses héros.

La langue vulgaire était bannie des solennités de l'église; et la naïve simplicité des hymnes déja consacrées ne laissa rien désirer de plus beau : peut-être aussi que, dans les rites, on craignit les innovations. Quoi qu'il en soit, les arts qui ne parlaient qu'aux sens, furent tous appelés à décorer le culte; et le seul qui parlait à l'ame, fut dédaigné comme inutile, ou négligé comme superflu.

Dans le profane, la *poésie* lyrique n'eut pas plus d'émulation. Les guerres civiles dont l'Italie avait été déchirée, les schismes, les séditions, les révolutions sanglantes dont elle venait d'être le théâtre, l'ascendant et la domination du saint-siége sur tous les trônes de l'Europe, et les secousses que les deux puissances se donnaient réciproquement et si fréquemment l'une à l'autre, auraient offert à de nouveaux Tyrtées des circonstances favorables pour naître et pour se signaler. Mais ce que j'ai dit de l'ancienne Rome, je le dis de l'Italie moderne et de tout le reste de l'Europe : pour donner de la dignité et de l'importance au talent du poëte, et faire de lui, comme dans la Grèce, un homme public révéré, il eût fallu des peuples aussi sérieusement passionnés que les Grecs pour les charmes de la *poésie*. Or soit que la nature n'eût pas donné aux Italiens une oreille aussi délicate et une imagination aussi vive, soit que la musique ne fût pas encore en état d'ajouter aux charmes des vers, soit que les circonstances qui décident le goût, la mode, l'opinion publique, ne fussent pas assez favorables; il est certain qu'un poëte lyrique, qui, dans l'Italie, à la renaissance des lettres, et dans les temps même où elles y ont fleuri, se serait érigé en orateur public, aurait été reçu comme un histrion d'autant plus ridicule, que l'objet de ses chants aurait été plus sérieux.

La *poésie* épique fut plus heureuse dans l'Italie moderne. Elle avait fait ses premiers essais en Provence vers le onzième siècle; elle trouva dans l'Italie une langue plus riche et plus mélodieuse, espèce de latin altéré, affaibli, mais qui, dans sa corruption, avait retenu du latin pur un grand nombre de mots, quelques inversions, et des traces de prosodie. Aux avantages de cette langue déja cultivée par Dante, Bocace et Pétrarque, se joignaient, en faveur de la *poésie* épique, l'esprit de superstition, dont l'Italie était le centre : les mœurs de la chevalerie, qui avaient été l'héroïsme gaulois, et qui restaient encore à peindre; et l'intérêt vif et récent de l'expédition des croisades, sujet héroïque et sacré, et d'un intérêt à-la-fois religieux et profane, sujet par-là peut-être unique dans toute l'histoire moderne.

L'Arioste, dans un poëme héroï-comique, le Tasse, dans un poëme sérieux et vraiment épique, profitèrent de ces avantages, tous deux en hommes de génie. L'un, se jouant de l'héroïsme et de la galanterie chevaleresque, et sur-tout du merveilleux de la magie, employa l'imagination la plus brillante et la plus féconde à renchérir sur la folie des romans; et, par le brillant coloris de sa *poésie*, la gaieté qu'il mèle au récit des aventures de ses héros, la grâce, la variété, la facilité de son style, il a fait, d'une composition insensée, un modèle de *poésie*, d'agrément et de goût. L'autre, plus sage et plus sévère, au lieu de se jouer de l'art, en a subi les lois et vaincu les difficultés par la force de son génie : plus animé que *l'Énéide,* plus varié que *l'Iliade,* et d'un intérêt plus touchant, si son poëme n'a pas des beautés aussi sublimes que ses modèles, il en a de plus attrayantes et se soutient à côté d'eux. L'Arioste et le Tasse firent donc oublier le Boyardo et le Pulci, qui leur avaient ouvert la route; mais en puisant dans les nouvelles sources, ils les tarirent pour jamais.

L'héroïsme chevaleresque n'a qu'un seul caractère, c'est de consacrer la valeur au service de la faiblesse, de l'innocence et de la beauté, et de mettre la gloire des hommes à défendre celle des femmes. Il suit de là que lorsque, dans un poëme sérieux ou comique, on a fait rompre vingt fois des lances pour les intérêts de l'amour, les aventures romanesques sont épuisées, et qu'on ne peut plus revenir sur cette espèce d'héroïsme, sans repasser sur les mêmes traces; et c'est en effet ce qui est arrivé.

Le merveilleux de la magie, celui de la religion même, considérés poétiquement, ne sont pas des sources plus abondantes; et la mythologie a sur l'une et sur l'autre des avantages infinis. *Voyez* MERVEILLEUX.

Si l'Italie n'eut que deux poëmes épiques, ce n'est donc point parce qu'elle n'eut que deux génies propres à réussir dans ce genre élevé; mais parce qu'un troisième, après eux, aurait trouvé la carrière épuisée; et qu'il en est de l'histoire et de la théurgie modernes, comme de ces terrains superficiellement fertiles, que ruinent une ou deux moissons.

Comme l'action du poëme dramatique ne demande ni la même importance du côté de l'événement historique, ni les mêmes ressources du côté du merveilleux, et que les deux grands intérêts de la tragédie, la compassion et la terreur, naissent des grandes calamités; il semble que l'Italie, dans les temps désastreux qui avaient précédé la renaissance des lettres, ayant été, presque sans relâche, un théâtre sanglant de discorde, de guerres politiques et religieuses, étrangères et domestiques, de haines et de factions, de séditions, de complots et de crimes, la tragédie, dans aucun pays ni dans aucun siècle, n'a dû trouver un champ plus vaste et plus fécond. De tous les pays de l'Europe, l'Italie est pourtant celui où elle a eu le moins de succès, jusqu'au temps où elle y a paru secondée par la musique; et alors même ce n'a pas été dans l'histoire moderne qu'elle a pris ses sujets. Une singularité si frappante doit avoir ses causes dans la nature; et les voici.

Point d'effort de génie sans émulation; point de progrès dans un art, sans un concours d'artistes animés à s'effacer les uns les autres. Or le concours des poëtes dramatiques et leur émulation supposent des théâtres élevés à leur gloire, et un peuple nombreux, passionné pour leur art, assemblé pour les applaudir. Ce n'est pas assez qu'un sénat, comme celui de Venise, ou qu'un souverain, comme un duc de Florence, de Mantoue, de Ferrare, favorise un art tel que la tragédie, pour en obtenir des succès; combien de pays en Europe, où les rois font les frais d'un superbe spectacle, où cependant il ne peut naître un poëte pour l'occuper! C'est l'enthousiasme d'une nation entière, qui sert d'aliment au génie, et qui fait faire aux talents mille efforts, dont quelques-uns, par intervalle et de loin à loin, sont heureux. Si l'Italie avait marqué pour la tragédie la même passion qu'elle a pour la musique; si, sans avoir, comme la Grèce, une ville, un théâtre, et des jours solennels où elle se fût assemblée, elle eût fait au moins pour la tragédie ce qu'elle a fait depuis pour l'opéra; si Rome, Naples, Milan, Venise et Florence, à l'envi, l'avaient tour-à-tour appelée, s'étaient disputé la gloire de faire naître, d'honorer, de récompenser les talents qui auraient excellé dans ce grand art; l'Italie aurait eu des poëtes tragiques, comme elle a eu des musiciens; mais encore n'auraient-ils pas pris leurs sujets dans l'histoire de leur patrie.

La tragédie ne veut pas seulement des crimes et des malheurs; elle veut des crimes ennoblis et des malheurs illustres. Or les personnages, bons ou méchants, ne sont ennoblis que par leurs mœurs; et le malheur ne nous étonne que dans des hommes destinés à de grandes prospérités, soit par une haute naissance, soit par d'héroïques vertus.

Et dans l'histoire de l'Italie moderne, combien peu de ces hommes dont l'ame, le génie, ou la fortune annoncent de hautes destinées? De tant de guerres intestines, de tant de brigandages, de fureurs, de forfaits, que reste-t-il, qu'une impression d'horreur? Deux siècles de calamités et de révolutions ont-ils laissé le souvenir d'un illustre coupable, ou d'un fait héroïque? Des trahisons, des atrocités lâches, des haines sourdes et cruelles, assouvies par des noirceurs, des empoisonnements, ou des assassinats; tout cela fait une impression de douleur pénible et révoltante, sans aucun mélange de plaisir. L'ame est flétrie et n'est point élevée; on compatit, comme à une boucherie de victimes humaines que l'on voit massacrer; mais ce pathétique n'est pas celui qui doit régner dans la tragédie. *Voyez* Intérêt.

Ajoutons que, dans la peinture des mœurs tragiques, il se mêle souvent des traits d'une philosophie politique ou morale, qui contribue grandement à élever les sentiments par la noblesse des maximes, et que cette partie de l'art suppose une liberté de penser, que les poëtes n'ont jamais eue dans les temps et dans les pays où la superstition et l'intolérance ont dominé. Car tel est l'effet de la crainte sur les esprits, que non-seulement elle leur ôte la hardiesse de passer les bornes prescrites, mais qu'au-dedans même de ces bornes, elle leur interdit la faculté d'agir avec force et franchise; pareils au voyageur timide, qui, en voyant à ses côtés deux précipices effrayants, ne va qu'à pas tremblants dans le même sentier, où il marcherait d'un pas ferme s'il ne voyait pas le péril.

Ainsi, quoique les mœurs de l'Italie moderne, comme du reste de l'Europe, permissent à la tragédie une imitation plus vraie que ne l'était celle des Grecs; quoique, sur les nouveaux théâtres, les acteurs de l'un et de l'autre sexe, sans masque, ni cothurne, ni porte-voix, ni aucune des monstrueuses exagérations de la scène antique, pussent représenter l'action théâtrale au naturel; la tragédie, ayant fait d'inutiles efforts pour s'élever sur les théâtres d'Italie, a été obligée de les abandonner, et la comédie elle-même n'y a pas eu un plus heureux sort.

La vanité est la mère des ridicules, comme l'oisiveté est la mère des vices; et c'est le commerce habituel d'une société nombreuse, qui met en action et en évidence les vices de l'oisiveté et les ridicules de la vanité; voilà l'école de la comédie. Il est donc bien aisé de voir dans quel pays elle a dû fleurir.

En Italie, ce ne fut ni manque d'oisiveté, ni manque de vanité, mais ce fut manque de société que la comédie ne trouva point des mœurs favorables à peindre. Tous les débats de l'amour-propre s'y réduisirent presque aux rivalités amoureuses; et les seuls objets du comique furent les artifices et les folies des amants, l'adresse des femmes à se jouer des hommes, la fourberie des valets, l'inquiétude, la jalousie, et la vigilance trompée des pères, des mères, des tuteurs, et des maris. Le comique italien n'a donc été qu'un comique d'intrigue; mais par la constitution politique de l'Italie, divisée en petits états malignement envieux l'un de l'autre, il s'est joint au comique d'intrigue un comique de caractère national; en sorte que ce n'est pas le ridicule de telle espèce d'hommes, mais le ridicule, ou plutôt le caractère exagéré de tel peuple, du vénitien, du napolitain, du florentin, qu'on a joué. Il s'ensuit de là que, du côté des mœurs, toutes les comédies italiennes se ressemblent, et ne diffèrent que par l'intrigue, ou plutôt par les incidents.

Les Italiens n'ayant donc ni tragédie ni comédie régulière et décente, inventèrent un genre de spectacle qui leur tînt lieu de l'une et de l'autre, et qui, par un nouveau plaisir, pût suppléer à ce qui manquerait à leur *poésie* dramatique. J'ai déjà eu lieu d'examiner par quelles causes ce nouveau genre, favorisé en Italie, y dut prospérer et fleurir; par quelles causes les progrès en ont été bornés ou ralentis; et pourquoi, s'il n'est transplanté, il y touche à sa décadence. *Voyez* OPERA.

Ce que j'ai dit de l'ode et du poëme lyrique des Grecs, à l'égard de l'ancienne Rome et de l'Italie moderne, doit, à plus forte raison, s'entendre de tout le reste de l'Europe; et si, dans un pays où la musique a pris naissance, où les peuples semblaient organisés pour elle, où la langue, naturellement flexible et sonore, a été si docile au nombre et aux modulations du chant, il ne s'est pas élevé un seul poëte qui, à l'exemple des anciens, ait réuni les deux talents, chanté ses vers, et soutenu sa voix par des accords harmonieux; bien moins encore, chez des peuples où la musique est étrangère et la langue moins douce et moins mélodieuse, un pareil phénomène devait-il arriver.

La galanterie espagnole en a cependant fait l'essai : l'ingénieuse nécessité, l'amour, non moins ingénieux qu'elle, ont fait imaginer aux Espagnols ces sérénades où un amant, autour de la prison d'une beauté captive, vient, aux accords d'une guitarre, soupirer des vers amoureux; mais on sent bien que, par cette voie, l'art ne peut guère s'élever; et quand, par miracle, il trouverait un Anacréon ou une Sapho, il serait encore loin de trouver un Alcée.

Le climat d'Espagne semblait plus favorable à la *poésie* épique et dramatique; cette contrée a été le théâtre des plus grandes révolutions, et son histoire présente plus de faits héroïques, que tout le reste de l'Europe ensemble. Les invasions des Vandales, des Goths, des Arabes, des Maures, dans ce pays tant de fois désolé; ses divisions intérieures en divers états ennemis; les incursions, les conquêtes des Espagnols, soit en-deçà des monts, soit au-delà des mers; leur domination en Afrique, en Italie, en Flandre, et dans le Nouveau-Monde; la superstition même et l'intolérance, qui, en Espagne, ont allumé tant de bûchers et fait couler tant de sang, sont autant de sources fécondes d'événements tragiques; et si, dans quelques pays de l'Europe moderne, la *poésie* héroïque a pu se passer des secours de l'antiquité, c'est en Espagne : la langue même lui était favorable; car elle est nombreuse, sonore, abondante, majestueuse, figurée, et riche en couleurs.

Ce n'est donc pas sans raison que l'on s'étonne qu'un pays qui a produit un Pélage, un comte Julien, un Gonzalve, un Cortez, un Pizarre, n'ait pas eu un beau poëme épique; car je compte pour peu de chose celui de l'*Araucana*; et dans *la Lusiade* même, le poëte portugais n'a que très-peu de beautés locales.

Mais les arts, je l'ai déja dit, ne fleurissent et ne prospèrent que chez un peuple qui les chérit : ce n'est qu'au milieu d'une foule de tentatives malheureuses que s'élèvent les grands succès. Il faut donc pour cela des encouragements; il en faut sur-tout au génie; c'est l'émulation qui l'anime; c'est, si j'ose le dire, le vent de la faveur publique qui enfle ses voiles, et qui le fait voguer. Or l'Espagne, plongée dans l'ignorance et dans la superstition, ne s'est jamais assez passionnée en faveur de la *poésie*, pour faire prendre à l'imagination des poëtes le grand essor de l'épopée.

Ajoutons que, dans leur histoire, le merveilleux des faits était presque le seul que la *poésie* pût employer. Le Camoëns a imaginé une belle et grande allégorie pour le cap de Bonne-Espérance : mais l'allégorie n'a qu'un moment; et l'on sait dans quelles fictions ridicules ce même poëte s'est perdu, lorsqu'il a voulu employer la fable.

Le goût des Espagnols pour le spectacle donna plus d'émulation à la *poésie* dramatique; et la tragédie pouvait encore trouver des sujets dignes d'elle dans l'histoire de leur pays.

Cet esprit de chevalerie qui a fait, parmi nous, de l'amour une passion morale, sérieuse, héroïque, en attachant à la beauté une espèce de culte, en mêlant au penchant physique un sentiment plus épuré, qui de l'ame s'adresse à l'ame et l'élève au-dessus des sens; ce roman de l'amour enfin, que l'opinion, l'habitude, l'illusion de la jeunesse, l'imagination exaltée et séduite par les désirs, ont rendu comme naturel, semblait offrir à la tragédie espagnole des peintures plus fortes, des scènes plus terribles : l'amour étant lui-même, en Espagne, plus fier, plus fougueux, plus jaloux, plus sombre dans sa jalousie, et plus cruel dans ses vengeances, que dans aucun autre pays du monde.

Mais l'héroïsme espagnol est froid : la fierté, la hauteur, l'arrogance tranquille en est le caractère; dans les peintures qu'on en a faites, il ne sort de sa gravité que pour donner dans l'extravagance; l'orgueil alors devient de l'enflure; le sublime, de l'ampoulé; l'héroïsme, de la folie. Du côté des mœurs, ce fut donc la vérité, le naturel, qui manquèrent à la tragédie espagnole; du côté de l'action, la simplicité et la vraisemblance. Le défaut du génie espagnol est de n'avoir su donner des bornes ni à l'imagination ni au sentiment; avec le goût barbare des Vandales et des Goths pour des spectacles tumultueux et bruyants où il entre du merveilleux, s'est combiné l'esprit romanesque et hyperbolique des Arabes et des Maures : de là le goût des Espagnols.

C'est dans la complication de l'intrigue, dans l'embarras des incidens, dans la singularité imprévue de l'événement, qui rompt plutôt qu'il ne dénoue les fils embrouillés de l'action; c'est dans un mélange bizarre de bouffonnerie et d'héroïsme, de galanterie et de dévotion, dans des caractères outrés, dans des sentimens romanesques, dans des expressions emphatiques, dans un merveilleux absurde et puéril, qu'ils font consister l'intérêt et la pompe de la tragédie; et lorsqu'un peuple est accoutumé à ce désordre, à ce fracas d'aventures et d'incidents, le mal est presque sans remède : tout ce qui est naturel lui paraît faible, tout ce qui est simple lui paraît vide, tout ce qui est sage lui paraît froid.

Quant à ce mélange superstitieux et absurde du sacré avec le profane, que le peuple espagnol aime à voir sur la scène, nous le trouvons majestueux et terrible chez les Grecs; et chez les Espagnols, absurde et ridicule: soit parce qu'il est mieux employé, soit parce qu'il est vu de plus loin, et que nous sommes plus familiarisés avec les démons qu'avec les furies. *Major è longinquo reverentia.*

La même façon de compliquer l'intrigue et de la charger d'incidents romanesques et merveilleux, fait le succès de la comédie espagnole: les diables en sont les bouffons.

Lopez de Véga et Caldéron étaient nés pour tenir leur place auprès de Molière et de Corneille; mais dominés par la superstition, par l'ignorance, et par le faux goût des Orientaux et des barbares, que l'Espagne avait contracté, ils ont été forcés de s'y soumettre. C'est ce que Lopez de Véga lui-même avouait dans ces vers qu'a pris la peine de traduire une plume qui embellit tout.

Les Vandales, les Goths, dans leurs écrits bizarres,
Dédaignèrent le goût des Grecs et des Romains :
Nos aïeux ont marché dans ces nouveaux chemins;
 Nos aïeux étaient des barbares.
L'abus règne, l'art tombe, et la raison s'enfuit :
 Qui veut écrire avec décence,
Avec art, avec goût, n'en recueille aucun fruit;
Il vit dans le mépris, et meurt dans l'indigence.
Je me vois obligé de servir l'ignorance,

>D'enfermer sous quatre verroux
> Sophocle, Euripide et Térence.
>J'écris en insensé, mais j'écris pour des fous.
>..................................
>Le public est mon maitre, il faut bien le servir;
>Il faut pour son argent lui donner ce qu'il aime :
> J'écris pour lui, non pour moi-même,
>Et cherche des succès dont je n'ai qu'à rougir.

Un peuple sérieux, réfléchi, peu sensible aux plaisirs de l'imagination, peu délicat sur les plaisirs des sens, et chez qui une raison mélancolique domine toutes les facultés de l'ame; un peuple dès long-temps occupé de ses intérêts politiques, tantôt à secouer les chaînes de la tyrannie, tantôt à s'affermir dans les droits de la liberté; ce peuple chez qui la législation, l'administration de l'état, sa défense, sa sûreté, son élévation, sa puissance, les grands objets de l'agriculture, de la navigation, de l'industrie et du commerce, ont occupé tous les esprits, semble avoir dû laisser aux arts d'agrément peu de moyens de prospérer chez lui.

Cependant ce même pays, qui n'a jamais produit un grand peintre, un grand statuaire, un bon musicien, l'Angleterre, a produit d'excellents poëtes : soit parce que l'anglais aime la gloire, et qu'il a vu que la *poésie* donnait réellement un nouveau lustre au génie des nations; soit parce que, naturellement porté à la méditation et à la tristesse, il a senti le besoin d'être ému et dissipé par les illusions que ce bel art produit;

soit enfin parce que son génie, à certains égards, était propre à la *poésie*, dont le succès ne tient pas absolument aux mêmes facultés que celui des autres talents.

En effet, supposez un peuple à qui la nature ait refusé une certaine délicatesse dans les organes, ce sens exquis dont la finesse aperçoit et saisit, dans les arts d'agrément, toutes les nuances du beau; un peuple dont la langue ait encore trop de rudesse et d'âpreté pour imiter les inflexions d'un chant mélodieux, ou pour donner aux vers une douce harmonie; un peuple dont l'oreille ne soit pas encore assez exercée, dont le goût même ne soit pas assez épuré pour sentir le besoin d'une élocution facile, nombreuse, élégante; un peuple enfin pour qui la vérité brute, le naturel sans choix, la plus grossière ébauche de l'imitation poétique, seraient le sublime de l'art; chez lui, la *poésie* aurait encore pour elle la force au défaut de la grâce, la hardiesse et la vigueur en échange de l'élégance et de la régularité, l'élévation et la profondeur des sentiments et des idées, l'énergie de l'expression, la chaleur de l'éloquence, la véhémence des passions, la franchise des caractères, la ressemblance des peintures, l'intérêt des situations, l'ame et la vie répandue dans les images et les tableaux, enfin cette vérité naïve dans les mœurs et dans l'action, qui, tout inculte et sauvage qu'elle est, peut avoir encore sa beauté. Telle fut la *poésie* chez les Anglais, tant qu'elle ne fut que conforme au génie national; et ce caractère fut encore plus librement et plus fortement prononcé dans leur ancienne tragédie.

Mais lorsque le goût des peuples voisins eut commencé à se former, et qu'un petit nombre d'excellents écrivains eurent appris à l'Europe à sentir les véritables beautés de l'art, il se trouva, parmi les Anglais comme ailleurs, des hommes doués d'un esprit assez juste et d'une sensibilité assez délicate, pour discerner dans la nature les traits qu'il fallait peindre et ceux qu'il fallait négliger, et pour juger que de ce choix dépendait la décence, la grâce, la noblesse, la beauté de l'imitation. Ce goût de la belle nature, les Anglais le prirent en France à la cour de Louis-le-Grand, et le portèrent dans leur patrie; ce fut à Molière, à Racine, à Despréaux qu'ils durent Dryden, Pope, Addisson.

Mais au lieu que par-tout ailleurs c'est le goût d'un petit nombre d'hommes éclairés qui l'emporte à la longue sur le goût de la multitude, en Angleterre c'est le goût du peuple qui domine et qui fait la loi. Dans un État où le peuple règne, c'est au peuple que l'on cherche à plaire; et c'est sur-tout dans ses spectacles qu'il veut qu'on l'amuse à son gré. Ainsi, tandis qu'à la lecture les poëtes du second âge charmaient la cour de Charles II, et que la partie la plus cultivée de la nation, d'accord avec toute l'Europe, admirait la majestueuse simplicité du Caton d'Addisson, l'élégance et la grâce des Contes de Prior, et tous les trésors de la *poésie* de style répandus dans les Épîtres de Pope; l'ancien goût, le goût populaire, n'applaudissait sur les théâtres, où il règne impérieusement, que ce qui pouvait égayer ou émouvoir la multitude, un comique grossier, obscène, outré dans toutes ses peintures, un tragique aussi peu décent, où toute vraisemblance était sacrifiée à l'effet de quelques scènes terribles, et qui, ne tendant qu'à remuer des esprits flegmatiques, y employait indifféremment tous les moyens les plus violents : car le peuple, dans un spectacle, veut qu'on l'émeuve, n'importe par quelles peintures; comme dans une fête il veut qu'on l'enivre, n'importe avec quelle liqueur.

Il est donc de l'essence, et peut-être de l'intérêt de la constitution politique de l'Angleterre, que le mauvais goût subsiste sur ses théâtres; qu'à côté d'une scène d'un pathétique noble et d'une beauté pure, il y ait pour la multitude au moins quelques traits plus grossiers; et que les hommes éclairés, qui font par-tout le petit nombre, n'aient jamais droit de prescrire au peuple le choix de ses amusements.

Mais hors du théâtre, et quand chacun est libre de juger d'après soi, ce petit nombre de vrais juges rentre dans ses droits naturels; et la multitude, qui ne lit point, laisse les gens de lettres, comme devant leurs pairs, recevoir d'eux le tribut de louange que leurs écrits ont mérité : c'est alors que l'opinion du petit nombre commande à l'opinion publique. Voilà pourquoi l'on voit deux espèces de goût, incompatibles en apparence, se concilier en Angleterre, et les beautés et les défauts contraires presque également applaudis.

Le génie de Shakespear ne fut pas éclairé; mais son instinct lui fit saisir la vérité et l'exprimer par des traits énergiques; il fut inculte et déréglé dans ses compositions, mais il ne fut point romanesque. Il n'évita ni la bassesse ni la grossièreté qu'autorisaient les mœurs et le goût de son temps, mais il connut le cœur humain et les ressorts du pathétique. Il sut répandre une terreur profonde, il sut enfoncer dans les ames les traits déchirants de la pitié. Il ne fut ni noble ni décent; il fut véhément et sublime. Chez lui, nulle espèce de régularité ni de vraisemblance dans le tissu de l'action, quoique, dans les détails, il soit regardé comme le plus vrai de tous les poëtes : vérité sans doute admirable, lorsqu'elle est le trait simple, énergique et profond qu'il a pris dans le cœur humain; mais vérité souvent commune et triviale, qu'une populace grossière aime seule à voir imiter.

Shakespear a un mérite réel et transcendant qui frappe tout le monde; il est tragique, il touche, il émeut fortement. Ce n'est pas cette pitié douce qui pénètre insensiblement, qui se saisit des cœurs, et qui, les pressant par degrés, leur fait goûter ce plaisir si doux de se soulager par des larmes; c'est une terreur sombre, une douleur profonde, et des secousses violentes qu'il donne à l'ame des spectateurs, en cela peut-être plus cher à une nation qui a besoin de ces émotions violentes. C'est ce qui l'a fait préférer à tous les tragiques qui l'ont suivi. Mais tout l'enthousiasme de ses admirateurs n'en imposera jamais aux gens de bon sens et de goût sur ses grossièretés barbares.

A voir la liberté avec laquelle les Anglais se permettent de parler, de penser, et d'écrire sur les intérêts publics, et les avantages que la nation retire de cette liberté, on ne peut s'étonner assez que la comédie ne soit pas devenue à Londres une satire politique, comme elle l'était dans Athènes, et que chacun des deux partis n'ait pas eu son théâtre, où le parti contraire aurait été joué. Serait-ce qu'ayant l'un et l'autre des mystères trop dangereux à révéler en plein théâtre, ils auraient voulu se ménager? ou que l'impression du spectacle sur les esprits étant trop vive et trop contagieuse, ils en auraient craint les effets? Quoi qu'il en soit, la comédie, sur le théâtre de Londres, s'est bornée à être morale; et comme, dans un pays où il y a peu de société, il y a aussi peu de ridicules; et qu'au contraire, dans un pays où tous les hommes se piquent de liberté et d'indépendance, chacun se fait gloire d'être original dans ses mœurs et dans ses manières; c'est à cette singularité, souvent grotesque en elle-même et plus souvent exagérée sur le théâtre, que le comique anglais s'est attaché, sans pourtant négliger la censure des vices, qu'il a peints des traits les plus forts.

Mais si le parterre de Londres s'est rendu l'arbitre du goût dans le spectacle le plus noble; si, pour plaire au peuple, il a fallu que le tragique se soit lui-même dégradé; à plus forte raison a-t-il fallu que le comique se soit abaissé jusqu'au ton de la plaisanterie la plus grossière et la plus obscène. Du reste, comme elle s'est conformée au génie de la nation, et qu'au lieu des ridicules de société, c'est l'originalité bizarre qu'elle s'est proposé de peindre; il s'ensuit que le comique anglais est absolument local, et ne saurait se transplanter ni se traduire dans aucune langue. *Voyez* COMÉDIE.

L'orgueil patriotique de la nation anglaise, ne voulant laisser à ses voisins aucune gloire qu'elle ne partage, lui a fait, comme on dit, forcer nature pour exceller dans les beaux-arts. Par exemple, quoique sa langue ne soit rien moins que favorable aux vers lyriques, elle est la seule dans l'Europe qui ait proposé à l'ode chantée une fête solennelle, dans laquelle, comme chez les Grecs, le génie des vers et celui du chant sont réunis et couronnés. On connaît l'ode de Dryden pour la fête de sainte Cécile; mais cette ode, la plus approchante du poëme lyrique des Grecs, n'en est elle-même qu'une ombre. Dryden, pour exprimer le charme et le pouvoir de l'harmonie, raconte comment le poëte Timothée, touchant la lyre et chantant devant le jeune Alexandre (quoique Timothée fût mort avant qu'Alexandre fût né), comment, dis-je, en variant les tons et en passant d'un mode à un autre, il maîtrisait l'ame du héros, l'agitait, l'enflammait, l'appaisait à son gré, lui inspirait l'ardeur des combats et la passion de la gloire, le ramenait à la clémence, l'attendrissait et le plongeait dans une douce langueur. Or, à la place du récit, qu'on suppose l'action même, Timothée au lieu de Dryden, Alexandre présent, le poëte animé par la présence du héros, observant dans les yeux, dans les traits du visage, dans les mouvements d'Alexandre, les révolutions rapides qu'il causait dans son ame, fier de la dominer cette ame impérieuse, et de la changer à son gré; on sentira combien l'ode du poëte anglais doit être loin encore, toute belle qu'elle est, du poëme lyrique des anciens.

Le poëme épique de Milton est étranger à l'Angleterre : il ne tient à l'esprit de la nation que par la croyance commune à tous les peuples de l'Europe : nulle autre circonstance, ni du lieu ni du temps, n'a influé sur cette production sublime et bizarre. Le fanatisme dominait alors, mais il avait un autre objet; on ne contestait point la chûte de nos premiers parents.

Plein des idées répandues dans les livres de Moïse et dans les écrits des prophètes, plein de la lecture d'Homère et des poëmes italiens, aidé de ces farces pieuses qui, sur les théâtres de l'Europe, avaient si sérieusement et si ridiculement travesti les mystères de la religion, enfin poussé par son génie, Milton vit, dans la révolte des enfers conjurés pour la perte du genre humain, un sujet digne de l'épopée; et emporté par son imagination, il s'y abandonna. L'enfer de Milton est imité de celui du Tasse, avec des traits plus hardis et plus forts; mais il est gâté par l'idée ridicule du Pandémonium, et plus encore par le sale épisode de l'accouplement incestueux du péché et de la mort. La description des délices d'Éden et de l'innocente volupté des amours de nos premiers pères, n'est imitée de personne; elle fait la gloire de Milton. La guerre des anges contre les démons fait sa honte.

Le péché de nos premiers pères est un événement si éloigné de nous, qu'il ne nous touche que faiblement; le merveilleux en est si familier, qu'il n'a plus rien qui nous étonne; et à force d'intéresser toutes les nations du monde, il n'en intéresse plus aucune : aussi le poëme du *Paradis perdu* fut-il méprisé en naissant; et ses beautés étant au-dessus de la multitude, il serait resté dans l'oubli, si des hommes dignes de le juger et faits pour entraîner l'opinion publique, Pope et Adisson, n'avaient appris à l'Angleterre à l'admirer.

La *poésie* galante et légère a saisi, pour naître et fleurir en Angleterre, le seul moment qui lui ait été favorable, le règne de Charles II. La *poésie* philosophique, morale et satirique y fleurira toujours, parce qu'elle est conforme au génie de la nation : c'est en Angleterre qu'on l'a vue renaître ; et Pope et Rochester l'y ont portée au plus haut degré où elle se soit élevée en Europe depuis Lucrèce, Horace, et Juvénal.

Si l'allemand eût été une langue mélodieuse, c'est en Allemagne qu'on aurait eu quelque espérance de voir renaître la *poésie* lyrique des anciens. Les Italiens peuvent avoir un goût plus fin, plus délicat, plus exquis de la bonne musique ; mais ils n'ont pas l'oreille plus sûre et plus sévère que les Allemands, pour la précision du nombre et la justesse des accords. Ceux-ci ont même cet avantage, que la musique fait partie de leur éducation commune, et qu'en Allemagne le peuple même est musicien dès le berceau. C'est donc là qu'il était facile et naturel de voir les deux talents se réunir dans le même homme, et un poëte, sur le luth ou la harpe, composer et chanter ses vers.

Mais à la rudesse de la langue, premier obstacle et peut-être invincible, s'est joint, comme par-tout ailleurs, le manque d'émulation et de circonstances heureuses, comme celles qui, dans la Grèce, avaient favorisé et fait honorer ce bel art.

La *poésie* allemande a cependant eu ses succès dans le genre de l'ode. Celle du célèbre Haller, sur la mort de sa femme, a le mérite rare d'exprimer un sentiment réel et profond, émané du cœur du poëte.

On a vu, pendant les campagnes du roi de Prusse en Allemagne, des essais de *poésie* lyrique plus approchants de celle des Grecs : ce sont des chants militaires, non pas dans le goût soldatesque, mais du plus haut style de l'ode, sur les exploits de ce héros. La *poésie* moderne n'a point d'exemples d'un enthousiasme plus vrai; et de pareils chants, répétés de bouche en bouche dans une armée, avant une bataille, après une victoire, même à la suite d'un revers, seraient plus éloquents et plus utiles que des harangues. *Voyez* LYRIQUE.

Mais ce n'est point un moment d'enthousiasme, ce sont les mœurs et le génie d'une nation, qui assurent à la *poésie* un règne constant et durable.

L'Allemagne, à qui les sciences et les arts sont redevables de tant de découvertes, et qui, du côté des savantes études et des recherches approfondies, l'a emporté sur tout le reste de l'Europe, semble y avoir mis toute sa gloire. Une vie laborieuse, une condition pénible, un gouvernement qui n'a eu ni l'avantage de flatter l'orgueil par des prospérités brillantes, ni celui d'élever les ames par le sentiment de la liberté, qui est la véritable dignité de l'homme, ni celui de polir les esprits et les mœurs par les raffinements du luxe et par le commerce d'une société voluptueusement oisive; enfin la destinée de l'Allemagne, qui, depuis si long-temps, est le théâtre des sanglants débats de l'Europe, et la tristesse que répand chez les peuples l'incertitude continuelle de leur fortune et de leur repos; peut-être aussi un caractère naturellement plus porté à des méditations profondes, à de sublimes spéculations qu'à des fictions ingénieuses, sont les causes multipliées qui ont rendu l'Allemagne plus stérile en poëtes que tous les autres pays que nous venons de parcourir. Le climat, l'histoire, les mœurs, rien n'était poétique en Allemagne : aucune cour n'y a été disposée à élever aux muses des théâtres assez brillants, à présenter assez d'attraits et d'encouragement au génie, pour exciter dans les esprits cette émulation d'où naissent les grands efforts et les grands succès.

Les Allemands n'ont pas laissé, à l'exemple de leurs voisins, de s'essayer en divers genres de *poésie*. Ils ont leur théâtre comique et tragique. Ils ont aspiré même à la gloire de l'Epopée. Klopstock a chanté le Messie; et cette tentative a eu tout le succès qu'elle pouvait avoir. On a plaint l'homme de talent d'avoir pris un sujet dont la majesté froide, la sublimité ineffable, et l'inviolable vérité, ne permettaient à la *poésie* que des peintures inanimées et des scènes sans passion. Gessner a été plus habile et plus heureux dans le choix du sujet de son poëme d'*Abel* : le moment, l'action, le caractère principal, et les contrastes qui le relèvent, étaient sans contredit ce que l'histoire sainte avait de plus poétique; et il a su rendre son sujet encore plus pathétique et plus intéressant : aussi ce poëme, dénué des grâces naïves du style original, ne laisse-t-il pas de nous attendrir dans la traduction française. Mais je répéterai, à l'égard de ce poëme, ce que j'ai dit de celui de Milton : il ne tient pas plus au climat, aux mœurs, au génie de l'Allemagne, que de tel autre pays de l'Europe; c'est un poëme oriental, ce n'est pas un poëme allemand.

Les églogues du même poëte sont des plantes un peu plus analogues au climat qui les a vues naître : leur grâce, leur naïveté, leur coloris, leur morale philosophique, font désirer d'habiter les lieux où le poëte a vu ou semble avoir vu la nature. Il en est de même du poëme des *Alpes*, dans un genre supérieur. La *poésie* descriptive est de tous les pays; mais la Suisse lui est favorable plus qu'aucun autre climat du Nord, si ce n'est peut-être la Suède.

Je ne parle point des essais que la *poésie* dramatique a faits en Allemagne : le parti qu'ont pris les souverains d'avoir des spectacles italiens ou français, est à-la-fois l'effet et la cause du peu de progrès que le génie national a fait dans ce genre de *poésie*.

Rien n'était poétique en France. La langue de

Marot et de Rabelais était naïve; celle d'Amyot et de Montaigne était hardie, figurée, énergique; celle de Malherbe et de Balzac avait du nombre et de la noblesse; elle acquit de la majesté sous la plume du grand Corneille, de la pureté, de la grâce, de l'élégance, et toutes les couleurs les plus délicates et les plus vives de la *poésie* et de l'éloquence, dans les écrits de Racine et de Fénélon; mais deux avantages prodigieux des langues anciennes lui furent refusés, la liberté de l'inversion et la précision de la prosodie : or sans l'une, point de période; et sans l'autre, il faut l'avouer, point de mesure dans les vers. Balzac, le premier, avait essayé d'introduire le nombre et la période dans la prose française; mais quoique alors on se permît plus d'inversions qu'à-présent, la langue étant assujettie à observer presque fidèlement l'ordre naturel des idées, la faculté de combiner les mots au gré de l'oreille se réduisait à peu de chose. Il fallut donc, pour donner du nombre et de la rondeur au discours, s'occuper des mots plus que des choses : encore ne parvint-on jamais à imiter le rhythme et la période des anciens. La période sur-tout, sans l'inversion libre, était impossible à construire : car son artifice consiste à suspendre le sens et à laisser l'esprit dans l'attente du mot qui doit le décider; en sorte que, dans l'entendement, les deux extrémités de l'expression se rejoignent quand la période est finie : c'est ce qui l'a fait comparer à un serpent qui mord sa queue. Or, dans une langue où les mots suivent à la file la progression des idées, comment les arranger de façon qu'une partie de la pensée attende l'autre, et que l'esprit, égaré dans ce labyrinthe, ne se retrouve qu'à la fin?

Mais si la période française ne fut pas circulaire comme celle des anciens, au moins fut-elle prolongée et soutenue jusqu'à son repos absolu; et le tour, le balancement, la symétrie de ses membres, lui donnèrent de l'élégance, du poids, et de la majesté. Ainsi, à force de travail et de soins, notre langue acquit dans la prose une élégance, une souplesse, un tour harmonieux qui ne lui était pas naturel.

Le plus difficile était de donner à nos vers du nombre et de la mélodie : comment observer la mesure dans une langue qui n'a point de prosodie décidée? Aussi nos vers n'eurent-ils d'abord, comme les vers provençaux et italiens, d'autre règle que la rime et la quantité numérique des syllabes : on ne les chantait point, ils ne pouvaient donc pas être mesurés par le chant. L'ode même fut parmi nous ce qu'elle a été dans tout le reste de l'Europe moderne, un poëme divisé en stances, et d'un style plus élevé, plus véhément, plus figuré que les autres poëmes, mais nullement propre à être chanté. *Voyez* ODE et LYRIQUE.

Cependant, comme, de leur naturel, les éléments des langues ont une prosodie indiquée par les sons plus lents ou plus rapides, et par les articulations plus faciles et plus pénibles qu'elles présentent, la prosodie de la langue française se fit sentir d'elle-même à l'oreille délicate des bons poëtes. Malherbe y sut trouver du nombre, et le fit sentir dans ses vers, comme Balzac dans sa prose. Il donna, aux vers de huit syllabes et aux vers héroïques, une cadence majestueuse, que nos plus grands poëtes n'ont pas dédaigné de prendre pour modèle, heureux d'avoir pu l'égaler.

Plus le vers français était libre et affranchi de toutes les règles de la prosodie ancienne, plus il était difficile à bien faire; et depuis Malherbe jusqu'à Corneille, rien de plus déplorable que ce déluge de vers lâches, traînants, ou durs et boursouflés, sans mélodie et sans noblesse, dont la France fut inondée : le malheureux Hardi en faisait mille en vingt-quatre heures.

Si la *poésie* française a eu tant de peine, du côté du style et des vers, à vaincre les difficultés que lui opposait une langue inculte et barbare; elle n'a pas eu moins de peine à vaincre les obstacles que lui opposait la nature du côté des mœurs et du climat, dans un pays qui semblait devoir être à jamais étranger pour elle.

Ce que nous avons dit de l'Italie moderne, au sujet de l'histoire, peut s'appliquer à tout le reste de l'Europe, et particulièrement à la France. Si la *poésie* héroïque n'eût demandé que des faits atroces, des complots, des assassinats, des brigandages, des massacres, notre histoire lui en eût offert abondamment, et des plus horribles. Qu'on se rappelle, par exemple, les premiers temps de notre monarchie, le règne de Clovis, le massacre de sa famille, le règne des fils de Clotaire, leurs guerres sanglantes, les crimes de Frédégonde et de Landri ; c'est le comble de l'atrocité : mais ce n'est là ni le poëme épique ni la tragédie.

Il faut à l'épopée, comme je l'ai dit, des caractères et des mœurs susceptibles d'élévation, des événements importants et dignes de nous étonner, soit par leur grandeur naturelle, soit par le mélange du merveilleux ; et rien de plus rare dans notre histoire.

Lorsqu'on ne savait pas faire encore une églogue, une élégie, un madrigal ; lorsqu'on n'avait pas même l'idée de la beauté de l'imitation dans la *poésie* descriptive, dans la *poésie* dramatique ; on eut en France la fureur de faire des poëmes épiques. Le *Clovis*, le *Saint Louis*, le *Moïse*, l'*Alaric*, la *Pucelle*, parurent presque en même temps ; et qu'on juge de la célébrité qu'ils eurent, par l'admiration avec laquelle Chapelain parle de ses rivaux. « Qu'est-ce, dit-il, que *la Pucelle* peut opposer, dans la peinture parlante, au *Moïse* de M. de Saint-Amand ? dans la hardiesse et dans la vivacité, au *Saint Louis* du révérend père le Moine ? dans la pureté, dans la facilité, et dans la majesté, au *Saint Paul* de M. l'évêque de Vence? dans l'abondance et la pompe, à l'*Alaric* de M. Scudéry? enfin dans la diversité et dans les agréments, au *Clovis* de M. Desmarets? » (*Préface de la Pucelle.*)

La vérité est que tous ces poëmes font la honte du siècle qui les a produits. Le ridicule justement répandu depuis sur le *Clovis*, le *Moïse*, l'*Alaric*, *la Pucelle*, est la seule trace qu'ils ont laissée. Le *Saint Louis* est moins méprisable; mais de faibles imitations de la *poésie* ancienne et des fictions extravagantes n'ont pu le sauver de l'oubli. Le *Saint Paul* n'est pas même connu de nom.

Les causes générales de ces chûtes rapides, après un succès éphémère, furent d'abord sans doute le manque de génie et la fausse idée qu'on avait de l'art, mais aussi le malheureux choix des sujets, soit du côté des caractères et des mœurs, soit du côté des peintures physiques et des incidents naturels, soit du côté du merveilleux. Quand il faut tout créer, les hommes et les choses, tout ennoblir, tout embellir; quand la vérité vient sans cesse flétrir l'imagination, la démentir, la rebuter; le génie se lasse bientôt de lutter contre la nature. Or que l'on se rappelle ce que nous avons dit des circonstances physiques et morales qui, dans la Grèce, favorisaient la *poésie* épique, et qu'on jette les yeux sur ces poëmes modernes : le contraire, dans presque tous les points, sera le tableau de la stérilité du champ couvert d'épines et de ronces où elle se vit transplantée.

Ne parlons point du *Saint Louis*, sujet dont toutes les beautés, enlevées par le génie du Tasse, ne laissaient plus aux poëtes français que le faible et dangereux honneur d'imiter l'Homère italien; ne parlons point du *Moïse*, sujet qui demandait peut-être l'auteur d'*Esther* et d'*Athalie*, et qui d'ailleurs n'a rien que de très-éloigné de nous : quelles mœurs à peindre en *poésie* dans le *Clovis* et l'*Alaric*, que celles des Romains dégénérés, des Gaulois asservis, des Goths et des Francs belliqueux, mais barbares, et dont tout le code se réduisait à la loi : *Malheur aux vaincus!* Que pouvait être, dans ces poëmes, la partie morale de la *poésie*, celle qui lui donne de la noblesse, de l'élévation, du pathétique, celle qui en fait l'intérêt et le charme? Voyez, dans les *poésies* qu'on attribue aux Islandais, aux Scandinaves, et aux anciens Écossais, combien ce naturel sauvage, qui d'abord intéresse par sa franchise et sa candeur, est peu varié dans ses formes; combien cet héroïsme naturel et cette vigueur d'ame, de courage, et de mœurs, a peu de nuances distinctes; combien ces descriptions, ces images hardies se ressemblent et se répètent. A plus forte raison, dans un climat plus tempéré, où les sites, les accidents, les phénomènes de la nature sont moins bizarrement divers, les tableaux poétiques doivent-ils être plus monotones. On a bientôt décrit des forêts vastes et profondes, des précipices et des torrents.

Si la Gaule est devenue plus poétique, c'est par les arts, et par les accidents moraux qui en ont varié la surface : encore n'a-t-elle jamais eu, soit au physique, soit au moral, de ces aspects dont la grandeur étonne et tient du merveilleux.

Qu'ont fait les hommes de génie, qui, dans l'épopée, ont voulu donner à la *poésie* française un plus heureux essor? L'un a saisi, dans notre histoire, le moment où les mœurs françaises, animées par le fanatisme et par l'enthousiasme des partis, donnaient aux vices et aux vertus le plus de force et d'énergie. Il a choisi pour son héros un roi brillant par son courage, intéressant par ses malheurs, adorable par sa bonté; et à l'action de ce héros,

> Qui fut de ses sujets le vainqueur et le père,

il a entremêlé avec ménagement des fictions épisodiques, les unes prises dans la croyance, et les autres dans le système universel de l'allégorie; mais toutes élevées par son génie à la hauteur de l'épopée, et décorées par l'harmonie et le coloris des beaux vers.

L'autre a ramené la *poésie* dans son berceau et aux pieds du tombeau d'Homère. Il a pris son sujet dans Homère lui-même; a fait d'un épisode de *l'Odyssée* l'action générale de son poëme; et au milieu de tous les trésors que nous avons vus étalés dans la Grèce sous les mains de la *poésie*, il en a pris en liberté, mais avec le discernement du goût le plus exquis, tout ce qui pouvait rendre aimable, intéressante et persuasive, la plus courageuse leçon qu'on ait jamais donnée aux enfants de nos rois.

Si l'aventure de *la Pucelle* avait été célébrée sérieusement par un homme de génie, personne, après lui, n'aurait osé en faire un poëme comique. Peut-être aussi y aurait-il eu quelque avantage, du côté des mœurs, à chanter l'incursion des Sarrasins en-deçà des Pyrénées; et Martel, vainqueur d'Abdérame, est un héros digne de l'épopée. A cela près, on ne voit guère, dans notre histoire, de sujets vraiment héroïques; et l'on peut dire que le génie y sera toujours à l'étroit.

Il n'y avait guère plus d'apparence que la tragédie pût réussir sur nos théâtres; cependant elle s'y est élevée à un degré de gloire dont le théâtre d'Athènes aurait été jaloux : 1° parce qu'elle y obtint, dès sa naissance, beaucoup d'encouragement, de faveur et d'émulation ; 2° parce qu'elle ne s'astreignit point à être française, et qu'elle tira ses sujets de l'histoire de tous les siècles et des mœurs de tous les pays ; 3° parce qu'elle se fit un nouveau système, et qu'elle sut prendre ses avantages sur le nouveau théâtre qu'on lui avait élevé.

Ce fut sous le règne de Henri II qu'elle fit ses premiers essais. Rien de plus pitoyable à nos yeux que cette *Cléopâtre* et cette *Didon* qui firent la gloire de Jodelle; mais Jodelle était un génie en comparaison de tout ce qui l'avait précédé. « Le roi lui donna, dit Pasquier, cinq cents écus de son épargne, et lui fit tout plein d'autres grâces, d'autant plus que c'était chose nouvelle, et très-belle, et très-rare. »

Il n'en fallut pas davantage pour exciter cette émulation, dont les efforts, malheureux à la vérité durant l'espace de près d'un siècle, furent à la fin couronnés.

La première cause de la faveur et des succès qu'eut la *poésie* dans un climat qui n'était pas le sien, fut le caractère d'un peuple curieux, léger, et sensible, passionné pour l'amusement, et, après les Grecs, le plus susceptible qui fut jamais d'agréables illusions. Mais ce n'eût été rien, sans l'avantage prodigieux pour les muses de trouver une ville opulente et peuplée, qui fût le centre des richesses, du luxe et de l'oisiveté, le rendez-vous de la partie la plus brillante de la nation, attirée par l'espérance de la faveur et de la fortune, et par l'attrait des jouissances. Il est plus que vraisemblable que s'il n'y eût pas eu un Paris, la nature aurait inutilement produit un Corneille, un Racine, un Voltaire.

Parmi les causes des succès de la *poésie* dramatique, se présente naturellement la protection éclatante dont l'honora le cardinal de Richelieu, et après lui Louis XIV : mais celle de Louis XIV fut éclairée, celle du cardinal ne le fut pas assez; aussi vit-on sous son ministère le triomphe du mauvais goût, sur lequel enfin prévalut le génie.

Les poëtes français avaient senti, comme par instinct, que l'histoire de leur pays serait un champ stérile pour la tragédie. Ils avaient commencé, comme les Romains, par copier les Grecs. Ils couraient comme des aveugles, tantôt dans les routes anciennes, tantôt dans des sentiers nouveaux qu'ils voulaient se frayer eux-mêmes. De l'histoire fabuleuse des Grecs, ils se jetaient dans l'histoire romaine, quelquefois dans l'histoire sainte; ils copiaient servilement et froidement les poëtes italiens; ils entassaient sur leur théâtre les aventures des romans; ils empruntaient des poëtes espagnols leurs rodomontades et leurs extravagances; et ce qu'il y a d'étonnant, c'est que de toutes ces tentatives malheureuses devait résulter le triomphe de la tragédie, par la liberté sans bornes qu'elle se donnait de puiser dans toutes les sources, et de réunir sur un seul théâtre les événements et les mœurs de tous les pays et de tous les temps. C'est là ce qui a rendu le génie tragique si fécond sur la scène française, et multiplié en même temps ses richesses et nos plaisirs.

La tragédie, chez les Grecs, ne fut que le tableau vivant de leur histoire. C'était sans doute un avantage du côté de l'intérêt : car d'un événement national, l'action est comme personnelle aux spectateurs; et nous en avons des exemples. Mais à l'intérêt patriotique il est possible de suppléer par l'intérêt de la nature, qui lie ensemble tous les peuples du monde, et qui fait que l'homme vertueux et souffrant, l'homme faible et opprimé, l'homme innocent et malheureux, n'est étranger dans aucun pays. Voilà la base du système tragique que nos poëtes ont élevé; et ce système vaste leur ouvrait deux carrières, celle de la fatalité et celle des passions humaines. Dans la première, ils ont suivi les Grecs, et en les imitant, ils les ont surpassés; dans la seconde, ils ont marché à la lumière de leur propre génie, et il y a peu d'apparence qu'on aille jamais plus loin qu'eux. Leur génie a tiré avantage de tout, et même du peu d'étendue de nos théâtres modernes, en donnant plus de correction à des tableaux vus de plus près.

Ainsi, à la faveur des lieux, des hommes et des temps, la tragédie s'éleva sur la scène française jusqu'à son apogée; et durant plus d'un siécle, le génie et l'émulation l'y ont soutenue dans toute sa splendeur. Mais par le seul tarissement des sources où elle s'est enrichie, par les limites naturelles du vaste champ qu'elle a parcouru, par l'épuisement des combinaisons, soit d'intérêt, soit de caractères, soit de passions théâtrales, il serait possible d'annoncer son déclin et sa décadence.

Paris devait être naturellement le grand théâtre de la comédie moderne, par la raison, comme nous l'avons dit, que la vanité est la mère des ridicules, comme l'oisiveté est la mère des vices. La comédie y commença, comme dans la Grèce, par être une satire, moins la satire des personnes que la satire des états. Cette espèce de drame s'appelait *sotties*, le clergé même n'y était pas épargné; et Louis XII, pour réprimer la licence des mœurs de son temps, avait permis que la liberté de cette censure publique allât jusqu'à sa personne. François Ier la réprima : il défendit à la comédie d'attaquer les hommes en place; c'était donner le droit à tous les citoyens d'être également épargnés.

La comédie, jusqu'à Molière, ignora ses vrais avantages. Sous le cardinal de Richelieu, on était si loin de soupçonner encore ce qu'elle devait être, que les *Visionnaires* de Desmarets, dont tout le mérite consiste dans un amas d'extravagances qui ne sont dans les mœurs d'aucun pays ni d'aucun siècle, étaient appelés *l'incomparable comédie*. Dans cette comédie, nulle vérité, nulles mœurs, nulle intrigue : ce sont les petites-maisons, où l'on se promène de loge en loge.

La première pièce vraiment comique qui parut sur le théâtre français depuis l'*Avocat patelin*, ce fut le *Menteur* de Corneille, pièce imitée de l'Espagnol de Lopez de Véga, ou de Roxas : ce que Voltaire met en doute; et il observe, à propos du *Menteur*, que le premier modèle du vrai comique, ainsi que du vrai tragique (le *Cid*), nous est venu des Espagnols, et que l'un et l'autre nous a été donné par Corneille.

Indépendamment du caractère et des mœurs nationales si propres à la comédie, deux circonstances favorisaient Molière : il venait dans un temps où les mœurs de Paris n'étaient ni trop, ni trop peu façonnées. Des mœurs grossières peuvent être comiques; mais c'est un comique local, dont la peinture ne peut amuser que le peuple à qui elle ressemble, et qui rebutera un siècle plus poli, une nation plus cultivée. On voit que, dans Aristophane, malgré cette politesse vantée sous le nom d'*Atticisme*, bien des détails des mœurs du peuple Athénien blesseraient aujourd'hui notre délicatesse : le corroyeur et le charcutier seraient mal reçus des Français. Les femmes, à qui l'on reproche tout cruement, dans les *Harangueuses*, de se soûler, de ferrer la mule, et bien d'autres espiégleries; les femmes, qui, pour tenir conseil, prennent les culottes de leurs maris, et les maris qui sortent la nuit en chemise, cherchant leurs femmes dans les rues, nous paraîtraient des plaisanteries plus dignes des halles que du théâtre. Que serait-ce si, comme Aristophane, on nous faisait voir un de ces maris sortant la nuit de sa maison pour un besoin qu'il satisfait en présence des spectateurs? Etait-ce là du sel attique.

Un des avantages de Molière fut donc de trouver Paris assez civilisé pour pouvoir peindre même les mœurs bourgeoises, et faire parler ses personnages les plus comiques d'un ton que la décence et la délicatesse pût avouer dans tous les temps. J'en excepte, comme on le sent bien, quelques licences qu'il s'est données, sans doute pour complaire au bas peuple, mais dont il pouvait se passer.

Un autre avantage pour lui, ce fut que les mœurs de son temps ne fussent pas assez polies pour se dérober au ridicule, et qu'il y eût dans les caractères assez de naturel encore et de relief pour donner prise à la comédie.

L'effet inévitable d'une société mêlée et continue, où, successivement et de proche en proche, tous les états se confondent, est d'arriver enfin à cette égalité de surface qu'on nomme *politesse*; et dès-lors, plus de vices ni de ridicules saillants. L'avare est avare, mais dans son cabinet; le jaloux est jaloux, mais au fond de son ame. Le mépris attaché au ridicule fait que tout le monde l'évite; et sous les dehors de la décence, l'unique loi des mœurs publiques, tous les vices sont déguisés : au lieu que dans un temps où la malignité n'est pas encore raffinée, l'amour-propre n'a pas encore pris toutes ses précautions : chacun se tient moins sur ses gardes; et le poëte comique trouve par-tout le ridicule à découvert.

Or du temps de Molière, les mœurs avaient encore cette naïveté imprudente : les états n'étaient pas confondus, mais ils tendaient à l'être : c'était le moment des prétentions maladroites, des imitations gauches, des méprises de la vanité, des duperies de la sottise, des affectations ridicules, de toutes les bévues enfin où l'amour-propre peut donner.

Une éducation plus cultivée, le savoir-vivre qui est devenu notre plus sérieuse étude, l'attention si recommandable à ne blesser ni l'opinion ni les usages, la bienséance des dehors, qui du grand monde a passé jusqu'au peuple, les leçons même que Molière a données, soit pour saisir et révéler les ridicules d'autrui, soit pour mieux déguiser les siens, ont mis la comédie comme en défaut; et presque tout ce qui lui resterait à peindre, lui est sévèrement interdit.

On permet de donner au théâtre à chaque état les vices, les travers, les ridicules qui ne sont pas les siens : mais ceux qui lui sont propres, on lui en épargne la peinture, parce qu'ils forment l'esprit du corps, et qu'un corps est trop respectable pour être peint au naturel. Il n'y a que les courtisans et les procureurs qui se soient livrés de bonne grâce, et que l'on n'ait point ménagés : les médecins eux-mêmes seraient peut-être moins patients aujourd'hui que du temps de Molière; mais sur leur compte il a tout dit.

Si l'on demande pourquoi nous n'avons plus de comédie, on peut donc répondre à tous les états, c'est que vous ne voulez plus être peints.

Si on nous représente les mœurs du bas peuple, qui est le seul qui se laisse peindre, le tableau est de mauvais goût; et si l'on prend ses modèles dans une classe plus élevée, cela ressemble trop, l'allusion s'en mêle, et il n'est point d'état un peu considérable qui n'ait le crédit d'empêcher qu'on se moque de lui : chacun veut pouvoir être tranquillement ridicule et impunément vicieux. Cela est commode pour la société, mais très-incommode pour le théâtre.

La décence est une autre gêne pour les poëtes comiques. Une mère veut pouvoir mener sa fille au spectale, sans avoir à rougir pour elle, si elle est innocente; et sans la voir rougir, si elle ne l'est pas. Or comment exposer à leurs yeux, sur la scène, les vices les plus à la mode, et qui donneraient le plus de jeu à l'intrigue et au ridicule?

Des vices condamnés par les lois sont censés réprimés par elles : les citer au théâtre comme impunis, et les peindre comme plaisants, c'est en même temps accuser les lois et insulter aux mœurs publiques. L'adultère ne serait pas assez châtié par le mépris, ni le libertinage et ses honteux effets assez punis par le ridicule : voilà pourquoi on défend à la comédie d'instruire inutilement l'innocence et d'effaroucher la pudeur.

En général, le caractère des Français, actif, souple, adroit, susceptible de vanité et d'émulation, que la concurrence aiguillonne dans une ville comme Paris; ce génie peu inventif, mais qui s'applique sans relâche à tout perfectionner, a été la cause constante des progrès de la *poésie* dans un climat qui ne semblait pas fait pour elle; et plus elle a eu de difficultés à vaincre, plus elle mérite de gloire à ceux qui, à travers tant d'obstacles, l'ont élevée à un si haut point de splendeur.

D'après l'esquisse que je viens de donner de l'histoire naturelle de la *poésie*, on doit sentir combien on a été injuste en comparant les siècles et leurs productions, et en jugeant ainsi les hommes. Voulez-vous apprécier l'industrie de deux cultivateurs : ne comparez pas seulement les moissons; mais pensez au terrain qui les a produites, et au climat dont l'influence l'a rendu plus ou moins fécond.

Poëte. D'après l'idée qu'Homère nous donne de son art, et de l'estime qu'on y attachait dans les temps qu'il a rendus célèbres, on voit que les *poëtes* étaient des philosophes ou des théologiens qui se donnaient pour inspirés, et auxquels on croyait que les dieux avaient révélé des secrets inconnus au reste des hommes. Ainsi, lorsqu'ils faisaient aux peuples des récits merveilleux, ou qu'ils expliquaient par des fables les phénomènes de la nature, on ne demandait pas où ils avaient pris cette science mystérieuse : le chantre ou le devin se disait prêtre d'Apollon, favori des muses, confident de leur mère, la déesse Mémoire : que ne devait-il pas savoir ?

Ce ne fut que long-temps après, et lorsque les peuples plus éclairés s'aperçurent que dans le génie des *poëtes* il n'y avait rien de surnaturel, qu'à l'idée d'inspiration succéda celle d'invention et de fiction poétique. Mais alors même, en perdant le crédit de la prophétie, les *poëtes* surent conserver le pouvoir de l'illusion, et quoique reconnus pour des menteurs ingénieux, ils soutinrent leur personnage. De là ces formules d'invocation, d'inspiration et d'enthousiasme, qu'ils ne cessèrent d'affecter; de là ce style figuré, ce langage mystérieux, qu'ils retinrent de leur ancienne divination; de là cette élévation d'idées, cette majesté de langage, qui leur fut nécessaire pour imiter le dieu dont ils se disaient les organes.

Du temps même d'Horace, on ne méritait le nom de *poëte* qu'autant qu'on avait les moyens de remplir ce grand caractère :

Ingenium cui sit, cui mens divinior, atque os
Magna sonaturum, des nominis hujus honorem.

A mesure que l'amour du mensonge est devenu moins vif, et que le goût des arts et l'esprit qui les juge a pris quelque teinte de philosophie, le rôle de *poëte* s'est modéré : l'ode a perdu sa vraisemblance; l'épopée, son merveilleux : au don de feindre des chimères a succédé le talent de peindre, d'embellir des réalités; l'enthousiasme s'est réduit à la chaleur d'une imagination sagement exaltée, d'une ame profondément émue; et l'éloquence du *poëte* n'a plus différé de celle de l'orateur que par un peu plus de hardiesse dans les tours et dans les images, par un peu plus de liberté et d'emphase dans l'expression : en sorte qu'il est plus vrai que jamais que, du côté de l'élocution, le talent de l'orateur et celui du *poëte* se touchent : *Est finitimus oratori poeta : numeris adstrictior paulò, verborum autem licentiá liberior, multis verò ornandi generibus socius ac penè par.* (Cic. De Orat.)

Mais tout réduit que nous semble à-présent l'ancien domaine du *poëte*, je ne pense pas que, du côté de l'invention, celui de l'orateur ait jamais eu cette étendue illimitée qui s'enfonce dans les possibles, et dans laquelle non-seulement le vrai, mais le vraisemblable, est compris. Il me semble donc que Cicéron a exagéré, lorsqu'il a dit de l'orateur comparé au *poëte : In hoc quidem certè propè idem, nullis ut terminis circumscribat aut definiat jus suum.* (Cic. De Orat.)

Considérons ici le *poëte* à-peu-près comme Cicéron a considéré l'orateur; et pour nous former une idée de l'artiste, remontons à celle de l'art.

Si je dis, comme Simonide, que la peinture

est une poésie muette, je crois la définir complètement : si je dis que la poésie est une peinture animée et parlante, *aurium pictura*, je suis encore fort au-dessous de l'idée qu'on en doit avoir.

C'est peu de présenter son objet à l'esprit, elle le rend sans cesse comme présent aux yeux avec ses traits et ses couleurs ; et cela seul l'égale à la peinture.

>...................*Furor impius intùs,*
> *Sæva sedens super arma, et centum vinctus ahenis*
> *Post tergum nodis, fremet horridus ore cruento* (1).
> (VIRGILE.)

Rubens lui-même aurait-il mieux peint la Discorde enchaînée dans le temple de Janus ?

La peinture saisit son objet en action, mais ne le présente jamais qu'en repos. En exprimant ces vers de Virgile,

> *Illa vel intactæ segetis per summa volaret*
> *Gramina, nec teneras cursu læsisset aristas* (2).

le peintre représentera Camille élancée sur la

---

(1) « Au fond du temple la Fureur impie, assise sur un monceau d'armes meurtrières, et les bras enchaînés derrière le dos avec cent nœuds d'airain, frémira d'un air horrible et d'une bouche écumante de sang. »

(2) « Elle volerait sur la cime des jeunes moissons sans les fouler, et les tendres épis ne seraient pas blessés de sa course légère. »

pointe des épis, mais immobile dans cette attitude, au lieu qu'en poésie l'imitation est progressive et aussi rapide que l'action même. La poésie n'est donc plus le tableau, mais le miroir de la nature.

Dans le miroir, les objets se succèdent et s'effacent l'un l'autre. La poésie est comme un fleuve qui serpente dans les campagnes, et qui dans son cours répète à-la-fois tous les objets répandus sur ses bords. Il y a plus : cet espace que parcourt la poésie, est dans l'étendue successive comme dans l'étendue permanente; ainsi le même vers présente à l'esprit deux images incompatibles, les étoiles et l'aurore, le présent et le passé :

Jàmque rubescebat stellis Aurora fugatis.

Dans les exemples du tableau, du miroir, et du fleuve, on ne voit qu'une surface ; la poésie tourne autour de son objet comme la sculpture, et le présente dans tous les sens.

Elle fait plus que répéter l'image et l'action des objets; cette imitation fidèle, quelque talent, quelque soin qu'elle exige, est sa partie la moins estimable : la poésie invente et compose; elle choisit et place ses modèles, arrange, assortit elle-même tous les traits dont elle a fait choix, ose corriger la nature dans les détails et dans l'ensemble, donne de la vie et de l'ame aux corps, une forme et des couleurs à la pensée, étend les limites des choses, et se fait des mondes nouveaux.

Dans cette manière de feindre, la peinture la suit, mais de loin, et dans ce qu'il y a de plus facile; car ce n'est pas dans le physique, mais dans le moral, qu'il est difficile de rendre, par la fiction, ce qui n'est pas, comme s'il était : *Non solùm quæ essent, verumtamen quæ non essent, quasi essent.* (Jul Scal.) C'est là ce qui l'élève au-dessus de l'éloquence et de tous les arts.

L'objet des arts est infini en lui-même : il n'est borné que par leurs moyens. Le modèle universel, la nature, est présent à tous les artistes; mais le peintre, qui n'a que les couleurs, ne peut en imiter que ce qui tombe sous le sens de la vue. Le pinceau de Vernet ne rendra jamais dans une tempête le cri des matelots et le bruit des cordages.

> .... *Clamorque virûm, stridorque rudentûm.*

Le Titien n'exprimera pas les parfums exhalés des cheveux de Vénus.

> *Ambrosiæque comæ divinum vertice odorem*
> *Spiravére.*

Le musicien, qui n'a que des sons, ne peut rendre ce qui affecte le sens de l'ouïe; et pour former ce tableau des effets de la lyre d'Orphée,

> *At cantu commotæ Erebi de sedibus imis*
> *Umbræ ibant tenues.*

l'harmonie appellera la pantomime à son secours. Ainsi les arts sont obligés de se réunir pour faire face à la poésie. Mais ni aucun des arts, ni tous les arts ensemble n'imiteront ce qu'elle exprime. Elle seule pénètre au fond de l'ame, et en développe à nos yeux les replis. Ni les douces gradations des sentiments, ni les violents accès de la passion ne lui échappent. Les degrés d'élévation et de sensibilité, d'énergie et de ressort, de chaleur et d'activité, qui varient et distinguent les caractères à l'infini; toutes ces qualités, dis-je, et les qualités opposées sont exprimées par la poésie. La même vertu, le même vice, la même passion, a mille nuances dans la nature; la poésie a mille couleurs pour graduer toutes ces nuances. C'est peu d'être aussi variée, aussi féconde que la nature même; la poésie compose des ames, comme la peinture imagine des corps; c'est un assemblage de traits pris çà-et-là de différents modèles, et dont l'accord fait la vraisemblance. Ses personnages ainsi formés, elle les oppose et les met en action : action plus vive, plus touchante qu'on ne la voit dans la nature; action variée dans son unité, soutenue dans sa durée; liée dans toutes ses parties, et sans cesse animée dans ses progrès par les obstacles et les combats.

C'est ici sur-tout que l'art de l'orateur me semble le céder à celui du *poëte*. Instruire, intéresser, émouvoir, sont leur objet commun : mais la tâche de l'orateur est de persuader la vérité; celle du *poëte*, le mensonge, et le mensonge connu pour tel. L'un, pour remuer son auditoire, a des intérêts sérieux, réels, et présents; l'autre n'a que des fables ou des souvenirs éloignés; l'un, si j'ose le dire, produit ses effets avec des corps, et l'autre avec des ombres.

Que Cicéron serre dans ses bras, en présence des juges, Plancus, son ami, son bienfaiteur et son client, et qu'il le baigne de ses larmes; il en fera répandre, rien de plus naturel. Qu'il presse dans son sein le fils de Flaccus encore enfant; que dans ses bras il le présente aux juges, et qu'il s'écrie d'une voix déchirante, *Miseremini familiæ, judices; miseremini fortissimi patris, miseremini filii;* l'attendrissement, la douleur dont il est pénétré, passera dans toutes les ames; et voilà le dernier effort de l'art oratoire. Mais qu'avec le fantôme d'Oreste et de Pylade, d'Andromaque et d'Astyanax, le *poëte* obtienne le même effet, et un effet plus grand, voilà le merveilleux de l'art du *poëte*; et il serait incompréhensible, si l'on ne savait pas quel est sur nous l'empire de l'imagination, une fois frappée et séduite.

Ce fut pour donner à l'imitation tous les dehors de la réalité, qu'on inventa le genre dramatique, où tout n'est pas illusion comme dans un tableau, où tout n'est pas vrai comme dans la nature, mais où le mélange de la fiction et de la vérité produit cette illusion tempérée qui fait le charme du spectacle. Il est faux que l'actrice que je vois pleurer et que j'entends gémir soit

Ariane; mais il est vrai qu'elle pleure et gémit : mes yeux et mes oreilles ne sont pas trompés; tout ce qui les frappe est réel; l'illusion n'est que dans ma pensée. Tel est l'art de la poésie dramatique, le plus séduisant, le plus ingénieux de tous les arts d'imitation.

Ainsi, me dira-t-on, si l'éloquence a pour elle toute la force de la vérité, au moins peut-elle reprocher à la poésie d'y suppléer par tous les charmes du mensonge. Oui, j'en conviens; mais quel que soit réciproquement l'avantage de leurs moyens, il sera toujours vrai que la mobilité, la souplesse, la force d'imagination, que demandent les transformations du *poëte* pour revêtir à chaque instant un nouveau caractère, et dans la même scène des caractères opposés; que le génie pour les créer, les combiner, et les faire agir comme dans la nature même; que cette faculté de concevoir, de combiner un grand dessein, de conduire une action vaste, et d'en graduer l'intérêt, sont réservés au *poëte;* et le talent de produire dans son ensemble et dans ses détails, *Cinna, Britannicus, Zaïre, le Misanthrope* ou *le Tartuffe,* me semble encore supérieur au talent de tirer d'un sujet oratoire tous les moyens de persuasion, d'émotion dont il est susceptible, au talent, dis-je, tout merveilleux qu'il est, de composer ou la harangue pour la Couronne, ou le plaidoyer pour Milon, ou l'oraison funèbre de Condé.

De l'idée que nous venons de nous former de

6.

la poésie, dérive immédiatement celle qu'on doit avoir du *poëte*; et par l'objet qu'il se propose, on peut juger, et des talents dont il a besoin d'être doué, et des études qui lui sont propres.

Les trois facultés de l'ame d'où résultent tous les talents littéraires, sont l'esprit, l'imagination, et le sentiment; et dans leur mélange, c'est le plus ou le moins de chacune de ces facultés qui produit la diversité des génies.

Dans le *poëte*, c'est l'imagination et le sentiment qui dominent; mais si l'esprit ne les éclaire, ils s'égarent bientôt l'un et l'autre. L'esprit est l'œil du génie, dont l'imagination et le sentiment sont les ailes.

Toutes les qualités de l'esprit ne sont pas essentielles à tous les genres de poésie; il n'y a que la pénétration et la justesse dont aucun d'eux ne peut se passer. L'esprit faux gâte tous les talents, l'esprit superficiel ne tire avantage d'aucun.

Tout n'est pas image et sentiment dans un poëme. Il y a des intervalles où la pensée brille seule et de son éclat; il faut même se souvenir que la plus belle image n'en est que la parure; et lors même que la pensée est colorée par l'imagination ou animée par le sentiment, elle nous frappe d'autant plus qu'elle est plus spirituelle, c'est-à-dire plus vive, plus finement saisie, et d'une combinaison à-la-fois plus juste et plus nouvelle dans ses rapports. L'esprit n'est donc pas moins essentiel au *poëte* qu'au philosophe, à l'historien, à l'orateur.

Mais chacune des qualités de l'esprit a son genre de poésie où elle domine : par exemple, la finesse a l'épigramme en partage; la délicatesse, l'élégie et le madrigal; la légèreté, l'épître familière; la naïveté, la fable; l'ingénuité, l'idylle; l'élévation, l'ode, la tragédie, l'épopée.

Il est des genres qui demandent plusieurs de ces qualités réunies : la comédie, par exemple, exige à-la-fois la sagacité, la pénétration, la souplesse, la force, la légèreté, la finesse. La tragédie et l'épopée ne demandent pas moins de profondeur que d'élévation, et de force que d'étendue. *Voyez* Génie, Imagination, Invention, Pathétique, etc.

Un don qui n'est guère moins essentiel au *poëte* que ceux de l'esprit et de l'ame, c'est une oreille délicate. Celui à qui le sentiment de l'harmonie est inconnu doit renoncer à la poésie. (*Voyez* Harmonie de Style).

Mais tous ces talents réunis, ou périraient de sécheresse, ou ne produiraient que des fruits sauvages, s'ils n'étaient pas nourris, fécondés par l'étude.

Ici, comme dans tous les arts, la première étude est celle de soi-même. Si l'imagination se frappe, si le cœur s'affecte aisément, s'il y a de l'une à l'autre une correspondance mutuelle et rapide; si l'oreille a pour le nombre et l'harmonie une délicate sensibilité; si l'on est vivement touché des beautés de la poésie; si l'ame, échauffée à la vue des grands modèles, se sent élevée au-dessus d'elle-même par une noble émulation; si, dès qu'on a conçu l'idée essentielle et primitive d'un sujet, on la voit au-dedans de soi-même se développer, se colorer, s'animer, et devenir féconde; si l'on éprouve ce besoin, cette impatience de produire qui vient de l'abondance et de la chaleur des esprits; si l'on saisit facilement le rapport des idées abstraites avec les objets sensibles, dont elles peuvent revêtir les couleurs, ou plutôt si ces idées naissent dans l'esprit revêtues de ces images; si les objets se présentent d'eux-mêmes sous la face la plus intéressante, la plus favorable à la peinture; si sur-tout, à l'idée d'un objet pathétique, les sentiments naissent en foule et se pressent dans l'ame, impatients de se répandre; on peut se croire né *poète*:

Huic Musæ indulgent omnes, hunc poscit Apollo.
(VIDA.)

A moins de ces dispositions naturelles, on fera peut-être des vers pleins d'esprit, mais dénués de poésie.

A l'étude de ces moyens personnels doit succéder l'étude des moyens étrangers. L'instrument de la poésie c'est la langue: et si tout homme qui se mêle d'écrire doit commencer par bien connaître les règles, le génie, et les ressources de la langue dans laquelle il écrit ; cette connaissance est encore mille fois plus nécessaire au *poëte*, dans les mains duquel la langue doit avoir la docilité de la cire, à prendre la forme qu'il voudra lui donner. Les variétés, les nuances du style, sont infinies, et leurs degrés inappréciables. Le goût, ce sentiment délicat de ce qui doit plaire ou déplaire, est seul capable de les saisir. Or, le goût ne s'enseigne point ; il s'acquiert par l'usage fréquent du monde, par l'étude assidue et méditée du petit nombre des bons écrivains ; encore suppose-t-il une finesse de perception qui n'est pas donnée à tous les hommes : la nature fait l'homme de génie, et commence l'homme de goût.

Comme elle est le premier modèle et le grand livre du *poëte*, c'est elle sur-tout qu'il importe d'étudier ; et l'objet le plus intéressant qu'elle présente à l'homme, c'est l'homme même. Mais dans l'homme, il y a l'étude de la nature, celle de l'habitude, celle de l'habitude et de la nature combinées, ou, si l'on veut, de la nature modifiée par les mœurs. (*Voyez* MOEURS.)

Le physique a deux branches comme le moral, la simple nature, et la nature modifiée par les arts.

Le tableau de la nature physique est lui seul d'une richesse, d'une variété, d'une étendue à occuper des siècles d'étude : mais tous les détails n'en sont pas favorables à la poésie ; tous les genres de poésie ne sont pas susceptibles des mêmes détails. Ainsi le *poëte* n'est pas obligé de suivre les pas du naturaliste. On exige encore moins de lui les méditations du physicien et les calculs de l'astronome. C'est à l'observateur à déterminer l'attraction et les mouvements des corps célestes ; c'est au *poëte* à peindre leur balancement, leur harmonie, et leurs immuables révolutions. L'un distinguera les classes nombreuses d'êtres organisés qui peuplent les éléments divers ; l'autre décrira, d'un trait hardi, lumineux et rapide, cette échelle immense et continue, où les limites des règnes se confondent, où tout semble placé dans l'ordre constant et régulier d'une gradation universelle, entre les deux limites du fini, et depuis le bord de l'abyme qui nous sépare du néant, jusqu'au bord de l'abyme opposé qui nous sépare de l'être par essence. Les ressorts de la nature et les lois qui règlent ses mouvements, ne sont pas de ces objets qu'il est aisé de rendre sensibles ; et la poésie peut les négliger. Les causes l'intéressent peu ; c'est aux effets qu'elle s'attache. Tandis que le physicien analyse le son et la lumière, le *poëte* fera donc entendre à l'ame l'explosion du tonnerre et ces longs retentissements qui semblent, de montagne en montagne, annoncer la chûte du monde. Il lui fera voir le feu bleuâtre des éclairs se briser en lames étincelantes, et fendre à sillons redoublés cette masse obscure de nuages qui semble affaisser l'horizon. Tandis que l'un tâche d'expliquer l'émanation des odeurs, l'autre rend ce phénomène visible à l'esprit, en feignant que les zéphyrs agitent dans l'air leurs ailes humectées des larmes de l'aurore et des doux parfums du matin. Que le confident de la nature développe le prodige de la greffe des arbres ; c'est assez pour Virgile de l'exprimer en deux beaux vers :

> *Exiit ad cœlum, ramis felicibus, arbos;*
> *Miraturque novas frondes et non sua poma.*

On voit, par ces exemples, que les études du *poëte* ne sont pas celles du philosophe. Celui-ci étudie la nature pour la connaître ; et celui-là pour l'imiter : l'un veut expliquer, et l'autre veut peindre. Il faut avouer cependant que, si les profondes recherches du philosophe ne sont pas essentielles au *poëte*, au moins lui seraient-elles d'une grande utilité ; et celui que la nature a initié dans ses mystères, aura toujours, sur des hommes superficiellement instruits, un avantage prodigieux. La physique est à la poésie ce que l'anatomie est à la peinture : elle ne doit pas s'y faire trop sentir ; mais revêtue des grâces de la fiction, elle y joint le charme de la vérité.

La simple nature est donc pour la poésie une mine abondante ; la nature modifiée par l'industrie n'a pas moins de quoi l'enrichir.

La théorie de l'agriculture, des mécaniques, de la navigation, tous les arts de décoration, d'agrément, et tous ceux des arts utiles dont les détails ont quelque noblesse, peuvent contribuer à la collection des lumières du *poëte*. Il doit en être assez instruit pour en tirer à propos des images, des comparaisons, des descriptions même, s'il y est amené.

Nulla sit ingenio quam non libaverit artem. (Vida.)

C'est par-là qu'on évite la sécheresse et la stérilité dans les choses les plus communes, et qu'on peut être neuf en un sujet qui paraît usé.

Tantùm de medio sumptis accedit honoris. (Horat.)

Dans l'étude de la nature modifiée est comprise celle des productions de l'esprit, de ses développements, et de ses progrès en éloquence, en morale, en poésie, etc.

Que l'étude des *poëtes* soit essentielle à un *poëte*, c'est ce qui n'a pas besoin de preuve:

.................*Hinc pectore numen*
Concipiunt vates.

Mais on n'est pas assez persuadé que les philosophes, les orateurs, les historiens profonds; que Tacite, Platon, Montaigne, Démosthène, Massillon, Bossuet, et ce Pascal qui ne savait pas combien il était *poëte* lorsqu'il méprisait la poésie, en sont eux-mêmes des sources inépuisables. Il est cependant bien aisé de reconnaître à la plénitude et à l'abondance des sentiments et des idées, un *poëte* nourri de ces études. Il en est une sur-tout, que j'appellerai la compagne du travail et la nourrice du génie : c'est la lecture habituelle de quelque auteur excellent, dont le style et la couleur soient analogues au sujet que l'on traite. D'une séance à l'autre, l'ame se dérange par le mouvement et la dissipation : il faut la remonter au ton de la nature; et l'auteur duquel je conseille de faire usage, est comme un instrument sur lequel on prélude avant de chanter.

Il y a des moments de langueur où le génie semble épuisé :

Credas penitùs migrasse Camenas. (Vida.)

on se persuade qu'il est prudent d'attendre alors dans le repos que le feu de l'imagination se rallume ;

Adventumque dei et sacrum exspectare calorem. (Vida.)

on se trompe : cet abandon de soi-même se change en habitude, et l'ame insensiblement s'accoutume à une lâche oisiveté. Il faut avoir recours à des études qui raniment la vigueur du génie; et lorsque par cette nourriture il aura réparé ses forces, le désir de produire va bientôt l'exciter avec de nouveaux aiguillons.

La théologie des philosophes est encore un

champ vaste et fertile où le génie peut moissonner. On distingue les fictions qui ont pris naissance au sein de la philosophie, on les distingue des fables vulgaires, à la justesse des rapports, et à certain air de vérité que celles-ci n'ont jamais. La raison même applaudit, dans les poëmes de Virgile, toutes les fables qu'il a empruntées d'Épicure, de Pythagore, et de Platon. L'imagination se repose avec délices sur un merveilleux plein d'idées; elle glisse avec dédain sur un mensonge vide de sens.

Que l'on compare dans Homère la chaîne d'or attachée au trône de Jupiter, la ceinture de Vénus, l'allégorie des prières, l'ordre que le dieu Mars donne à la Terreur et à la Fuite d'atteler son char; que l'on compare, dis-je, le plaisir pur et plein que nous causent ces belles idées, ces idées philosophiques, avec l'impression faible et vague que fait sur nous la parole accordée aux chevaux d'Achille, le présent qu'Éole fait à Ulysse des vents enfermés dans une outre, le soin que prend Minerve de prolonger la première nuit que ce héros, à son retour, passe avec Pénélope sa femme, etc.; on sentira combien la vérité donne de valeur au mensonge, et combien la feinte est puérile, insipide, lorsqu'elle n'est pas fondée en raison. Je l'ai déja dit, et je le répéterai souvent, plus un *poëte*, à génie égal, sera philosophe, plus il sera *poëte*.

Le plan d'études que je viens de tracer, proposé à un seul homme, serait sans doute effrayant, quoique notre siècle ait l'exemple d'un génie qui l'a rempli. Mais on a dû voir que, pour éviter la distribution des études, j'ai supposé le *poëte* universel. Il est évident que celui qui se renferme dans le genre de l'églogue n'a pas besoin des études relatives à l'épopée. Je parle donc en général; et je laisse à chacun le soin de choisir l'espèce d'aliment qui convient à la nature de son génie :

Atque tuis prudens genus elige viribus aptum. (Vida.)

J'observerai seulement qu'il en est des connaissances du *poëte* comme des couleurs du peintre, qui doivent être sur la palette avant qu'il prenne le pinceau. C'est par un recueil beaucoup plus ample que le sujet ne l'exige, qu'il se met en état de le maîtriser et de l'agrandir. Le plus beau sujet, réduit à sa substance, est peu de chose : il ne s'étend, ne s'embellit que par les lumières du *poëte*; et dans une tête vide, il périra comme le grain jeté sur le sable; au lieu que, dans une imagination pleine et féconde, un sujet qui semblait stérile ne devient que trop abondant; et cet excès, dans un homme de goût, ne fût-il pas tout-à-fait sans danger, il serait encore vrai qu'à l'égard de l'esprit rien n'est pire que l'indigence.

Illi qui tument et abundantiâ laborant, plus habent furoris, sed etiam plus corporis. Semper autem ad sanitatem proclivius est quod potest detractione curari. Illi succurri non potest, qui simul et insanit et deficit. (SENEC.)

* * *

POÉTIQUE. Ouvrage élémentaire, où l'on trace les règles de la poésie. Dans les arts soumis au calcul, la théorie devance et conduit la pratique : dans les arts où président le génie et le goût, c'est au contraire la pratique qui précède la théorie : l'exemple donne la leçon.

Dans les temps où la poésie était dans son enfance, les éléments qu'on en a donnés étaient faits comme pour des enfans. A mesure que l'art s'est élevé, l'idée s'en est agrandie; et les préceptes n'ont été que les résultats des bons et des mauvais succès.

Nous sourions avec dédain lorsque nous entendons Jules Scaliger, dans sa *poétique* latine, tracer le plan de la tragédie d'Alcyone, et demander que « le premier acte soit une plainte sur le départ de Ceyx; le second, des vœux pour le succès de sa navigation; le troisième, la nouvelle d'une tempête; le quatrième, la certitude du naufrage; le cinquième, la vue du cadavre de Ceyx et la mort d'Alcyone ». Mais souvenons-nous, que du temps de Scaliger, un spectacle ainsi distribué aurait été un prodige sur nos théâtres.

Nous trouvons aussi ridicule qu'il propose à

la comédie de peindre les mœurs de la Grèce et de Rome, « des filles achetées comme esclaves, et qui soient reconnues libres au dénouement. » Mais dans un temps où l'art dramatique n'avait aucune forme en Europe, que pouvait faire de mieux un savant, que d'en établir les préceptes sur la pratique des anciens?

On s'impatiente avec plus de raison de voir l'abbé d'Aubignac réduire en règles les premiers principes du sens commun; on ne peut se persuader que le siècle de Corneille eût besoin qu'on lui apprît que « l'acteur qui joue Cinna ne doit pas mêler les barricades de Paris avec les proscriptions du triumvirat, que le lieu de la scène doit être un espace vide, et qu'on ne doit pas y placer les Alpes auprès du mont Valérien. » Mais si l'on pense que le Thémistocle de Duryer balançait alors Héraclius, ces leçons ne paraîtront plus si déplacées pour ce temps-là.

C'est donc sans aucun mépris pour les écrivains qui ont éclairé leur siècle, que je les crois au-dessous du nôtre. Il faut partir du point où l'on est : depuis deux cents ans l'esprit humain a plus gagné, qu'il n'avait perdu en dix siècles de barbarie.

Une *poétique* digne de notre âge serait un système régulier et complet, où tout fût soumis à une loi simple, et dont les règles particulières, émanées d'un principe commun, en fussent comme les rameaux. Cet ouvrage philosophique est désiré depuis long-temps, et le sera peut-être long-temps encore.

Quoique la *poétique* d'Aristote ne procède que par induction, de l'exemple au précepte, elle ne laisse pas de remonter aux principes de la nature : c'est le sommaire d'un excellent traité. Mais elle se borne à la tragédie et à l'épopée; et soit qu'Aristote, en jetant ses premières idées, eût négligé de les éclaircir, soit que l'obscurité du texte vienne de l'erreur des copistes, ses interprètes les plus habiles sont forcés d'avouer qu'il est souvent mal-aisé de l'entendre.

Castelvetro, en traduisant le texte d'Aristote, l'analyse et le commente avec beaucoup de discernement; mais par la forme dialectique qu'il a donnée à son commentaire, il nous fait chercher péniblement quelques idées claires et justes dans un dédale de mots superflus. S'il ne discutait que les choses, il serait moins prolixe; mais il discute aussi les mots : encore, après avoir tourné un passage dans tous les sens, lui arrive-t-il quelquefois de manquer le véritable, ou de le combattre mal-à-propos. Le défaut de ce critique, comme de tous les écrivains didactiques de ce temps-là, est de n'avoir vu l'art du théâtre qu'en idée : c'est au théâtre même qu'il faut l'étudier.

Dacier avait cet avantage sur l'interprète italien. Mais, comme il avait fait vœu d'être de l'avis d'Aristote, soit qu'il l'entendît ou qu'il ne l'entendît pas, ce n'est jamais pour consulter la nature, mais pour consulter Aristote, qu'il fait usage de sa raison; et lors même qu'Aristote se contredit, Dacier n'ose le contredire.

Non moins religieux sectateur des anciens, Le Bossu n'a étudié l'épopée que dans Homère et Virgile : pour lui tout est bien dans ces poëtes; et hors de là il n'y a plus rien. Mais si Le Bossu et Dacier n'ont pas étendu nos idées, ils en ont hâté le développement.

Le grand Corneille, avec le respect qu'avait son siècle pour Aristote et qu'il a eu la modestie de partager, n'a pas laissé de répandre les lumières de la plus saine critique sur la théorie de ce philosophe; et ses discours en sont le commentaire le plus solide et le plus profond.

Les parallèles qu'on a faits de Corneille et de Racine, et la célèbre dispute sur les anciens et les modernes, en donnant lieu de discuter les principes, ont contribué à les éclaircir.

On est même entré dans le détail des divers genres de poésie; on a essayé de développer l'artifice de l'apologue, de déterminer le caractère de l'églogue, de suivre l'ode dans son essor et dans ses écarts; enfin les notes de Voltaire sur les tragédies de Corneille sont les oracles du bon goût et les plus précieuses leçons de l'art pour les poëtes dramatiques : mais personne encore n'a entrepris de ramener tous les genres à l'unité d'une première loi.

Le poëme de Vida contient des détails pleins

de justesse et de goût, sur les études du poëte, sur son travail, sur les modèles qu'il doit suivre; mais ce poëme, comme la *poétique* de Scaliger, est plutôt l'art d'imiter Virgile, que l'art d'imiter la nature.

La *poétique* d'Horace est le modèle des poëmes didactiques, et jamais on n'a renfermé tant de sens en si peu de vers : mais dans un poëme, il est impossible de suivre de branche en branche la génération des idées; et plus elles sont fécondes, plus ce qui manque à leur développement est difficile à suppléer.

La Frenaye, imitateur d'Horace, a joint aux préceptes du poëte latin quelques règles particulières à la poésie française; et son vieux style, dans sa naïveté, n'est pas dénué d'agrément. Mais le coloris, l'harmonie, l'élégance des vers de Despréaux, l'ont effacé : à peine lui reste-t-il la gloire d'avoir enrichi de sa dépouille le poëme qui a fait oublier le sien. Cet ouvrage excellent et vraiment classique, l'art *poétique* français, fait tout ce qu'on peut attendre d'un poëme : il donne une idée précise et lumineuse de tous les genres; mais il n'en approfondit aucun.

Quelques modernes, comme Gravina chez les Italiens, et La Motte parmi nous, ont voulu remonter à l'essence des choses et puiser l'art dans la nature. Mais le principe de Gravina est si vague, qu'il est impossible d'en tirer une règle précise et juste.

« L'imitation *poétique* est, dit-il, le transport de la vérité dans la fiction. Comme la nature est la mère de la vérité, la mère de la fiction est l'idée que l'esprit humain tire de la nature. » (C'est le modèle intellectuel d'Aristote et de Cicéron, que Castelvetro n'a jamais bien compris.) « La poésie, ajoute Gravina, doit écarter de sa composition les images qui démentent ce qu'elle veut persuader. Moins la fiction laisse de place aux idées qui la contredisent, plus aisément on oublie la vérité, pour se livrer à l'illusion. »

Voilà en substance *l'idée de la poésie*, telle que Gravina l'a conçue : règle excellente pour attacher le génie des poëtes à l'étude de la nature et à la vérité de l'imitation; mais qui n'éclaire ni sur le choix des objets, ni sur l'art de les assortir et de les placer avec avantage : règle enfin d'après laquelle ce critique a dû voir que le Pastor-fido et l'Aminte n'ont point la naïveté pastorale; mais qui ne l'a pas empêché de croire que le Roland de l'Arioste était un poëme épique régulier, la Jérusalem du Tasse un ouvrage médiocre; et en revanche, de regarder Sannazar comme l'héritier de la flûte de Virgile, et les poëtes latins que l'Italie moderne a produits, comme les vives images des Catulles, des Tibulles, des Properces, des Ovides, etc.; d'adopter dans les poëmes italiens le mélange du merveilleux de la religion et de la fable, et de confondre le poëme épique avec les romans provençaux.

La Motte analyse avec plus de soin l'idée essentielle des divers genres. Mais comme il ne donne sa théorie qu'à l'appui de sa pratique, il semble moins occupé du soin de trouver des règles que des excuses. Tout ce qu'il a écrit sur le poëme épique est plein des mêmes préjugés qui lui ont fait si mal traduire et abréger l'Iliade : au lieu d'étudier le mécanisme de nos vers, il ne cesse de rimer et de déclamer contre la rime : ses discours sur l'ode et sur la pastorale ne sont que l'apologie déguisée de ses odes et de ses églogues : artifice ingénieux, qui n'en a imposé qu'un moment.

J'en reviens aux maîtres de l'art, Aristote, Horace, Despréaux : Aristote, le génie le plus profond, le plus lumineux, le plus vaste, qui jamais ait osé parcourir la sphère des connaissances humaines; Horace, à-la-fois poëte, philosophe, et critique excellent; Despréaux, l'homme de son siècle qui a le plus fait valoir la portion de talent qu'il avait reçue de la nature et la portion de lumière et de goût qu'il avait acquise par le travail.

Quoiqu'Aristote, dans sa *poétique*, ait donné quelques définitions, quelques divisions élémentaires et communes à la poésie en général, ce n'a été que relativement à la tragédie et à l'épopée, dont il a fait son objet unique.

Il remonte à l'origine de la tragédie, et il la suit dans ses progrès. Il y distingue la fable, les mœurs, les pensées, et la diction. Il veut que la fable ait une juste étendue, c'est-à-dire telle que la mémoire l'embrasse et la retienne sans effort ; il exige que l'action soit une et entière, qu'elle s'exécute dans une révolution du soleil, qu'elle soit vraisemblable, terrible, et touchante. A son gré, ce qui se passe entre des ennemis ou des indifférents n'est pas digne de la tragédie : c'est lorsqu'un ami tue ou va tuer son ami ; un fils, son père ; une mère, son fils ; un fils, sa mère, etc., que l'action est vraiment tragique.

Il passe aux mœurs, et il exige quelles soient bonnes, convenables, ressemblantes, et d'accord avec elles-mêmes. *Voyez* Mœurs.

Quoiqu'il admette quatre espèces de tragédie, l'une pathétique, l'autre morale, et l'une et l'autre simple ou implexe, il donne la préférence à la tragédie implexe et pathétique, à celle, dis-je, où la fortune du personnage intéressant change de face par une révolution pitoyable et terrible. (*Voyez* Tragédie.) Or le grand mobile des révolutions c'est la reconnaissance ; il veut qu'elle soit amenée naturellement, et il en indique les moyens. La plus belle, dit-il, est celle qui naît des incidents, comme dans l'OEdipe et l'Iphigénie en Tauride. *Voyez* Reconnaissance.

Il enseigne aux poëtes une méthode excellente pour s'assurer de la bonté, de la régularité de leur plan ; c'est de le tracer d'abord dans sa plus grande simplicité, avant de penser aux détails et aux circonstances épisodiques : il en donne l'exemple et le précepte, en réduisant ainsi le sujet de l'Iphigénie en Tauride et de l'Odyssée.

Il distingue dans la fable, le nœud et le dénouement. Il entend par le nœud tout ce qui précède la révolution ; et par le dénouement, tout ce qui la suit. Le nœud, dit-il, se forme par des incidents qui viennent du dehors, ou qui naissent du fond du sujet : ces incidents, les moyens, les circonstances de l'action, sont ce qu'il appelle *épisodes*. Le dénouement ne doit jamais, dit-il, être amené par une machine, mais procéder de la même cause qui produit la révolution. *Voyez* INTRIGUE et DÉNOUEMENT.

Ce que les interprètes latins d'Aristote ont appelé *sentences*, et ce que M. Dacier appelle mal-à-propos les sentiments, est, dans la tragédie, l'éloquence des passions; ce qui persuade, intéresse, attendrit; ce qui peint les mouvements d'une ame et les fait passer dans les autres ames. Ici Aristote renvoie à ce qu'il en a dit dans ses livres de la rhétorique.

Il traite enfin de la diction relativement à sa langue.

Après avoir développé le mécanisme de la tragédie, et en avoir établi les règles, il les applique à l'épopée.

La fable en doit être dramatique et renfermée dans une seule action : il fait voir, dans les deux poëmes d'Homère, l'ordonnance même de la tragédie. L'épopée, dit-il, ne diffère de la tragédie que par son étendue et par la forme de ses vers. Il compare les deux genres, et donne la préférence à la tragédie, parce qu'elle a pour elle l'évidence de l'action ; qu'avec plus d'unité et moins d'étendue, elle produit mieux son effet.

Ces préceptes ont coûté des peines infinies à éclaircir. La foule des commentateurs y a consumé ses veilles. Il ne fallait pas moins que des savants comme Castelvetro et Dacier, et un génie comme Corneille, pour y répandre la clarté : encore arrive-t-il souvent, et dans les points les plus essentiels, que Castelvetro n'est point d'accord avec Dacier, ni Dacier avec Corneille, ni celui-ci avec Aristote, ni Aristote avec lui-même. Mais du choc de ces opinions, nous n'avons pas laissé de tirer des lumières ; et dans l'espace d'un siècle et demi, l'expérience journalière du premier théâtre du monde et l'exemple des plus grands maîtres, nous ont fait voir dans l'art dramatique ce qu'Aristote n'y avait pas vu, un nouveau genre et des moyens nouveaux. *Voyez* TRAGÉDIE.

Horace, dans son *Art poétique*, parle de la poésie en poëte, en philosophe, en homme de goût et de génie : il veut que le poëme soit homogène ; que les parties qui le composent se conviennent et soient d'accord ; qu'elles soient proportionnées, et qu'on y évite les ornements superflus et mal assortis ;

Deniquè sit quodvis simplex duntaxat et unum.

que le poëte soit en état de traiter, non-seulement telle ou telle partie, mais toutes les parties de son ouvrage ; qu'il sache les finir et les mettre d'accord ; qu'il choisisse un sujet proportionné à ses forces, et qu'il s'en pénètre en le méditant ;

> .... *Cui lecta potenter erit res,*
> *Nec facundia deseret hunc, nec lucidus ordo.*

qu'il distribue son sujet avec intelligence et avec sagesse ; qu'il choisisse avec goût ce qui peut intéresser, et rejette ce qui peut déplaire :

> *Ut jam nunc dicat jam nunc debentia dici ;*
> *Hoc amet, hoc spernat.*

Il distingue les genres de poésie par les différentes espèces de vers ; il fait sentir les convenances à observer entre le sujet et le style ;

> *Descriptas servare vices, operumque colores.*

il exige non-seulement qu'un poëme soit beau, mais de cette beauté qui touche, persuade, attire.

> *Et quocumque volent animum auditoris agunto.*

Dans la conduite que l'on fait tenir à ses personnages, on doit suivre, dit-il, l'opinion, ou observer les vraisemblances ; et celles-ci dépendent de l'analogie et de l'accord des qualités qui composent un caractère :

> .... *Servetur ad imum*
> *Qualis ab incepto processerit, et sibi constet.*

Non-seulement ces qualités doivent être d'accord entre elles, mais relatives à la fortune, à l'âge, à la condition, à toutes les circonstances qui peuvent influer sur les mœurs.

Horace fait observer toutes ces nuances; mais c'est sur-tout dans la description des mœurs, qui distinguent les différents âges de la vie, que l'on reconnaît le philosophe attentif à observer la nature :

Mobilibusque decor naturis dandus et annis.

Dans la composition de la fable, il nous affranchit des liens d'une exacte fidélité pour la vérité historique. Osez feindre, nous dit-il; mais que la fiction se concilie avec la vérité, et s'y mêle si naturellement, qu'on ne s'aperçoive pas du mélange :

Primo ne medium, medio ne discrepet imum.

que le début du poëme soit modeste; que l'action n'en soit pas prise de trop loin; que, sur le théâtre, on ne présente aux yeux rien de révoltant ni rien d'impossible; que la pièce n'ait pas moins de trois actes ni plus de cinq; qu'il n'y ait jamais en scène plus de trois interlocuteurs; que le chœur s'intéresse à l'action dont il est témoin, ami des bons, ennemi des méchants; qu'on n'emploie jamais de machine postiche; et s'il se mêle dans l'action quelque incident merveilleux, qu'elle en soit digne par son importance : que le style de la tragédie soit grave et sévère; mais que dans le comique l'aisance et le naturel de la composition fassent dire à chacun que rien au monde n'était plus facile :

> *Ex noto fictum carmen sequar, ut sibi quivis*
> *Speret idem, sudet multùm, frustràque laboret*
> *Ausus idem.*

Après avoir résumé ses préceptes, Horace recommande aux poëtes l'étude de la philosophie et des mœurs : il distingue dans la poësie deux effets, l'agrément et l'utilité, quelquefois séparés, souvent réunis :

> *Aut prodesse volunt, aut delectare poëtæ,*
> *Aut simùl et jucunda et idonea dicere vitæ.*

Mais l'agrément de la fiction dépend de l'air de vérité qu'on lui donne;

> *Ficta voluptatis causá, sint proxima veris.*

de la naïveté du récit, et du soin qu'on prend d'en exclure tout ce qui serait superflu :

> *Omne supervacuum pleno de pectore manat.*

Du reste, il pardonne au poëte des négligences, pourvu qu'elles soient en petit nombre, et rachetées par de grandes beautés. Il y a même, en poésie comme en peinture, un genre qui de loin produit son effet, quoiqu'il n'ait pas la correction des détails. Mais ce qui est fini a l'avantage de pouvoir être vu de près, toujours avec un plaisir nouveau :

Hæc placuit semel, hæc decies repetita placebit.

La conclusion d'Horace est que la poésie n'admet point de talents médiocres :

*. . . . . Mediocribus esse poëtis,
Non homines, non di, non concessére columnæ.*

Encore est-ce peu du talent, ce don précieux de la nature, si le travail ne le développe, si l'étude ne le nourrit, si des amis judicieux et sévères ne le corrigent en l'éclairant; si le poëte enfin ne se donne à lui-même le temps d'oublier, de revoir, de retoucher ses ouvrages avant de les exposer au jour :

*Membranis intùs positis, delere licebit
Quod non edideris : nescit vox missa reverti.*

On ne saurait donner des préceptes généraux ni plus solides ni plus lumineux ; mais cet ouvrage est un résultat d'études élémentaires, par lesquelles il faut avoir passé pour les méditer avec fruit : il les suppose, et n'y peut suppléer.

Despréaux applique à la poésie française les préceptes d'Horace sur la composition et sur le style en général; et il y ajoute en les développant. Il veut que la rime obéisse, et que la raison ne lui cède jamais; qu'on évite les détails inutiles et l'ennuyeuse monotonie, le style bas et le style ampoulé :

Le style le moins noble a pourtant sa noblesse.
. . . . Soyez simple avec art,
Sublime sans orgueil, agréable sans fard.

Il recommande l'exactitude, la clarté, le respect pour la langue, et la fidélité aux règles de la cadence et de l'harmonie, préceptes dont il donne l'exemple.

Horace a peint en un seul vers la beauté du style *poétique;*

>Sit vehemens, liquidus, puroque simillimus amni.

Despréaux, qui ne le considère que par rapport à l'élégance et à la pureté, a pris une image plus humble;

> J'aime mieux un ruisseau qui, sur la molle arène,
> Dans un pré plein de fleurs lentement se promene,
> Qu'un torrent débordé, qui, d'un cours orageux,
> Roule, plein de gravier, sur un terrain fangeux.

Il définit les divers genres de poésie, à commencer par les petits poëmes, et la plupart de ces définitions sont elles-mêmes des modèles du style, du ton, du coloris, qui conviennent à leur objet.

Les préceptes qui regardent la tragédie sont tracés d'après Aristote et Horace : la règle des trois unités et la défense de laisser jamais la scène vide, sont renfermés dans deux vers admirables :

> Qu'en un lieu, qu'en un jour, un seul fait accompli
> Tienne, jusqu'à la fin, le théâtre rempli.

On y voit l'unité de lieu prescrite à l'égal de l'unité de temps et d'action : règle nouvelle, que les anciens ne nous avaient point imposée, qu'ils n'ont pas observée inviolablement, et dont il est, je crois, permis de s'écarter comme eux, lorsque le sujet le demande. *Voyez* Unité.

Après avoir rappelé l'origine et les progrès de la tragédie dans la Grèce, il la reprend au sortir des ténèbres de la barbarie, et telle qu'on la vit paraître sur nos premiers théâtres, sans goût, sans génie, et sans art; il la conduit jusqu'aux beaux jours des Corneille et des Racine : il conseille aux poëtes d'y employer l'amour;

> De cette passion la sensible peinture
> Est, pour aller au cœur, la route la plus sûre.

Ce qui ne doit pas être pris à la lettre : car les sentiments de la nature sont plus touchants encore, plus pénétrants que ceux de l'amour; et il n'y a point sur le théâtre d'amante qui nous intéresse au degré de Mérope.

Il ajoute,

> Et que l'amour, souvent de remords combattu,
> Y soit une faiblesse, et non une vertu :

règle qui n'est pas générale : car un amour vertueux et sacré, s'il est réduit à l'excès du malheur, peut être aussi très-intéressant; et le cœur des amants est déchiré de tant de manières, que, pour nous arracher des larmes, ils n'ont pas besoin du secours des remords.

Horace est admirable quand il enseigne à observer les mœurs et à les rendre avec vérité;

Despréaux l'imite et l'égale. Il termine les règles de la tragédie par le caractère du génie qui lui convient.

> Qu'il soit aisé, solide, agréable, profond ;
> Qu'en nobles sentiments il soit toujours fécond.

L'épopée diffère de la tragédie par son étendue et par l'usage du merveilleux. Ce poëme, dit Despréaux,

> Dans le vaste récit d'une longue action,
> Se soutient par la fable et vit de fiction.

Il se moque du vain scrupule de ceux qui auraient voulu bannir la fable de la poésie française; mais il condamne le mélange du merveilleux de la fable et de celui de la religion, et désapprouve l'emploi de celui-ci, quand même il serait sans mélange :

> Et, fabuleux chrétiens, n'allons pas dans nos songes
> D'un Dieu de vérité faire un Dieu de mensonges.

précepte qui ne doit pas exclure un merveilleux décent, puisé dans la vérité même, et qui n'en est que l'extension. *Voyez* MERVEILLEUX.

Despréaux veut pour l'épopée un héros recommandable par sa valeur et par ses vertus : il demande que le sujet ne soit pas trop chargé d'incidents; que la narration soit vive et pressée; que les détails en soient intéressants et nobles, mêlés de grâce et de majesté :

> On peut être à-la-fois et sublime et plaisant,
> Et je hais un sublime ennuyeux et pesant.

Il donne Homère pour exemple d'une riche variété ; mais il me semble avoir manqué le trait qui le caractérise :

> On dirait que pour plaire, instruit par la nature,
> Homère ait à Vénus dérobé sa ceinture.

Cette ceinture, quoiqu'Homère en soit lui-même l'inventeur, ne lui sied pas mieux qu'elle ne siérait à Hercule.

Il préfère la folie enjouée de l'Arioste au caractère de ces poëtes, dont la sombre humeur ne s'éclaircit jamais.

Tout cela bien entendu peut contribuer à former le goût ; mais pour le bien entendre, il faut avoir déja le goût formé : par exemple, il ne faut pas croire, sur l'éloge que Despréaux fait de l'Arioste, que le *Roland furieux* soit un modèle de poëme épique, ni que le *plaisant* qu'on peut mêler au sublime de l'épopée, le *Dulce* d'Horace, soit le joyeux badinage que le poëte italien s'est permis :

> *Quel sciocco, che del fatto non s'accorse,*
> *Per la polve cercando iva la testa.*

Virgile est plein de grâces, et n'est jamais plaisant ; Homère veut l'être quelquefois, et c'est alors qu'il n'est plus Homère.

Despréaux finit par la comédie ; et les préceptes qu'il en donne sont à-peu-près les mêmes qu'Horace nous avait tracés :

> Il faut que ses acteurs badinent noblement ;
> Que son nœud, bien formé, se dénoue aisément.

Il exclut de la comédie des sujets tristes, n'y admet point de scènes vides, et lui interdit les plaisanteries qui choquent le bon sens, ou qui blessent l'honnêteté.

Après avoir parcouru ainsi tous les genres de poésie, il en revient aux qualités personnelles du poëte, le génie et les bonnes mœurs. C'est à propos de l'élévation d'ame et du noble désintéressement qu'exige le commerce des muses, que, remontant à l'origine de la poésie, il la fait voir pure et sublime dans sa naissance, et dégradée dans la suite par l'avarice et la vénalité. Tout ce morceau est habilement imité d'une idylle de Saint-Geniez, comme tout ce qui regarde le choix d'un critique judicieux et sévère est imité d'Horace.

Voilà ce qui reste à-peu-près de la lecture de ces trois excellents ouvrages.

Aristote et Horace avaient vu l'art dans la nature ; Despréaux me semble ne l'avoir vu que dans l'art même, et ne s'être appliqué qu'à bien dire ce que l'on savait avant lui. Mais il l'a dit le mieux possible ; et à ce mérite se joint celui de l'avoir appris à un siècle qui l'aurait peut-être ignoré sans lui : je parle de la multitude.

Quand le goût du public a été formé, la plupart des leçons de Despréaux nous ont dû paraître inutiles; mais c'est grâce à lui-même et à l'attrait qu'il leur a donné, que ses idées sont aujourd'hui communes. Elles ne l'étaient pas du temps que Sarrasin disait de l'*amour tyrannique* de Scudéri, que si Aristote eût vécu alors, *ce philosophe eût réglé une partie de sa poétique sur cette excellente tragédie* : elles ne l'étaient pas du temps que Segrais écrivait : *On verra si dans quarante ans on lira les vers de Racine comme on lit ceux de Corneille... le poëme de la* Pucelle *a des endroits inimitables ; je n'y trouve autre chose à redire, sinon que M. Chapelain épuise ses matières, et n'y laisse rien à imaginer au lecteur :* elles ne l'étaient pas encore assez, lorsque Saint-Évremont, cet arbitre du goût, disait à l'abbé de Chaulieu : *Vous mettre au-dessus de Voiture et de Sarrasin, dans les choses galantes et ingénieuses, c'est vous mettre au-dessus de tous les anciens.*

Dans l'*article* AFFECTATION, j'ai donné une idée du style de Voiture. Sarrasin avait, comme lui, plus d'esprit que de goût : il appelait un cygne expirant, *un cygne abandonné des médecins.* Dans ses vers, la Seine menace de *ses bâtons flottés* la fontaine de Forges, pour lui avoir enlevé deux nymphes. Ce n'est pas ainsi qu'ont été galants Voltaire, Bernard, M. de Saint-Lambert ; et dans notre siècle, le tour d'esprit de Voiture et de Sarrasin n'aurait pas fait fortune ; au contraire, jamais Corneille, Racine, Molière, La Fontaine, n'ont été mieux appréciés, plus sincèrement admirés. Mais si le goût de la nation s'est perfectionné, peut-être en est-elle redevable en partie au bon esprit de Despréaux : son *Art poétique* est, depuis un siècle, dans les mains des enfants: et pour des raisons que j'ai dites ailleurs, il est plus nécessaire que jamais à la génération nouvelle.

POINTE. Jeu de mots. Quoique Cicéron n'ait pas exclu ce badinage du langage oratoire, je le croirais déplacé dans des ouvrages sérieux; mais dans un ouvrage badin, ou dans la conversation familière, la saillie en peut être heureuse.

M. Orri, contrôleur-général, disait à quelqu'un: *Savez-vous bien que j'ai quatre-vingt mille hommes sous mes ordres? Ah! monsieur*, lui répondit-on, *vous avez là un beau camp volant.*

Les jeux de mots, sans avoir cette finesse piquante, sont quelquefois plaisants, par la surprise qui naît du détour de l'expression.

Un cheval étant tombé dans une cave, le peuple s'était assemblé, et on se demandait : *Comment le tirer de là? Rien de plus aisé*, dit quelqu'un, *il n'y a qu'à le tirer en bouteilles.*

Un prédicateur, resté court en chaire, avouait à ses auditeurs qu'il avait perdu la mémoire : *Qu'on ferme les portes*, s'écria un mauvais plaisant, *il n'y a ici que d'honnêtes gens, il faut que la mémoire de monsieur se retrouve.*

L'homme de goût le plus sévère aurait bien de la peine à ne pas rire d'une semblable gaieté.

Portrait. Description de la figure ou du caractère d'une personne, quelquefois de l'une et de l'autre. Lorsque c'est une espèce d'hommes que l'on peint, comme l'avare, le jaloux, l'hypocrite, la prude, la coquette, ce n'est plus un *portrait*, c'est un caractère; et c'est là ce qui distingue la satire permise, de la satire qui ne l'est pas. La Bruyère fut accusé d'avoir fait des *portraits* : il n'avait fait que des caractères; mais la malignité, en les appliquant et en calomniant le peintre, avait deux plaisirs à-la-fois. *Voyez* Allusion, Satire.

La poésie, l'éloquence, et l'histoire, sont également susceptibles de cette sorte de peinture; il faut seulement observer que leur manière n'est pas la même.

J'ai déja dit qu'en poésie, et singulièrement dans le poëme héroïque, l'art de peindre est l'art d'esquisser avec esprit, et de laisser à l'imagination le plaisir d'achever l'image. De tous les poëtes épiques, l'Arioste est le seul qui se soit amusé à finir un *portrait*, celui de la beauté d'Alcide; le ton libre et badin de son poëme l'a permis. Mais ni Homère, ni Virgile, ni le Tasse, n'ont peint la figure que par esquisse et d'un trait rapide; l'intérêt dominant de l'action ne leur

a pas laissé le loisir de peindre en détail. *Voyez*
Esquisse.

Dans des poésies dont le sujet, moins vaste, moins sérieux, moins entraînant, permet au poëte de s'égayer ou de se reposer sur un objet unique, un *portrait* fini sera placé, s'il est intéressant.

Dans l'élégie ou dans l'églogue, l'amant, occupé de sa maîtresse, peut naturellement s'en retracer les charmes et n'en rien oublier. De même, lorsque la nature du poëme exige qu'un objet allégorique soit décrit, comme dans les *Métamorphoses*, le poëte ne saurait mieux faire que de rendre l'idée sensible aux yeux : alors peindre, c'est définir. Virgile aura dit en passant, *malesuada fames* ; Ovide décrira ce que n'a fait qu'indiquer Virgile.

Hirtus erat crinis, cava lumina, pallor in ore, etc.

Ovide aura décrit l'Envie :

Pallor in ore sedet, macies in corpore toto,
Nusquàm recta acies, livent rubigine dentes :
Pectora felle virent, lingua est suffusa veneno;
Risus abest, nisi quem visi movere dolores, etc.

Voltaire, en passant, touchera quelques traits de ce même vice :

Là gît la sombre Envie, à l'œil timide et louche,
Versant sur des lauriers les poisons de sa bouche :
Le jour blesse ses yeux dans l'ombre étincelants;
Triste amante des morts, elle hait les vivants.

Il n'en est pas absolument du caractère comme de la figure : s'il est curieux, intéressant et d'une singularité rare, le poëte épique lui-même se donnera le soin de le développer.

Tel est, au second livre de *la Pharsale*, le *portrait* du stoïcien dans la personne de Caton.

> . . . . . . *Hi mores, hæc duri immota Catonis*
> *Secta fuit : servare modum, finemque tenere,*
> *Naturamque sequi, patriæque impendere vitam*, etc.

Le genre où l'on est le plus souvent tenté de faire des *portraits*, c'est le comique; et c'est là justement qu'il faut en être le plus sobre; rien de plus contraire à la vivacité du dialogue et de l'action. J'ai vu le temps où nos comédies étaient des galeries de *portraits*; et avec de l'esprit, cela faisait d'assez mauvaises comédies. Quand Molière a voulu prévenir les reproches des faux dévots, il a tracé, dans le premier acte du *Tartuffe*, les deux caractères opposés de la dévotion et de l'hypocrisie : le sujet, le motif, la circonstance, en valaient la peine. Lorsqu'il a voulu, dans une scène où le Misanthrope est en situation, irriter son humeur en le rendant témoin d'une conversation du monde, de celles où, selon l'usage, on médit de tous les absents, il a fait des *portraits;* et ceux-là sont de main de maître. Mais hors de là, c'est l'action qui peint; et jamais, dans ses comédies, les caractères annoncés ne sont dessinés en repos.

La tragédie exige quelquefois, et pour la vraisemblance et pour l'intérêt de l'action, des peintures de caractères, et cela fait partie de l'exposition; mais tout ce qui n'en est pas nécessaire à l'intelligence des faits, tout ce qui n'a aucun trait à l'action présente, doit être exclu de ces peintures; car tout ce qui est inutile est froid, fût-il d'ailleurs le plus beau du monde.

Dans tous les genres d'éloquence, un *portrait* peut être placé. Dans la louange et dans le blâme, rien de plus naturel. Dans la délibération, il importe encore plus de faire connaître les hommes, et par conséquent de les peindre. Dans le plaidoyer, c'est aussi très-souvent par les qualités personnelles qu'on peut juger de l'intention, de la vraisemblance, de la nature même de l'action, et du degré d'indulgence ou de rigueur qu'elle mérite. *Voy.* Pathétique, Péroraison, Preuve, etc.

Or dans tous les cas où l'orateur a un grand intérêt de faire connaître une personne, il a droit de la peindre; et plus le *portrait* sera fidèle, intéressant, important à la cause, plus il aura de beauté réelle; car la beauté, en fait d'éloquence, n'est que la bonté combinée avec la force du moyen.

Enfin l'histoire est, de tous les genres, celui auquel cette manière de rassembler les traits d'un caractère et de le dessiner avec précision, semble être la plus propre et la plus familière. Mais dans l'histoire même, lorsqu'ils sont trop fréquents, les *portraits* nous sont importuns. Vrais, singuliers, intéressants pour l'intelligence des faits, importants par le rôle qu'ont joué les personnes, frappants, et par leur ressemblance, et par la force, la justesse, l'originalité des traits qui les composent, ils font sur nous l'impression d'une vérité lumineuse, qui répand au loin ses rayons. Mais le *portrait* d'un homme isolé et dont le caractère n'est d'aucune influence, n'a lui-même aucun intérêt, et ne peut être dans l'histoire qu'un ornement postiche et vain, digne tout au plus d'amuser une curiosité frivole, mais indigne d'un écrivain sage, comme d'un lecteur sérieux. La règle de l'un sera donc de ne se donner la peine de peindre que les personnes qui, par leur caractère, leurs fonctions, leurs rapports avec les faits intéressants, peuvent donner envie à l'autre de les connaître et de les voir au naturel. Par là les *portraits* seront rares, et ils se feront désirer.

Je croirais même, et j'en ai pour exemple tous les meilleurs historiens, que, lorsque tout un caractère se développe dans l'action même, il est assez connu par elle, et qu'il est inutile d'en résumer les traits.

Plutarque les a réunis, mais au moment du parallèle, et c'est alors qu'il est indispensable de rassembler tous les rapports.

Si cependant, à la fin d'un règne, ou de la

vie d'un homme, un court épilogue en rappelle les circonstances les plus marquées, et le fait voir lui-même d'un coup-d'œil avec les traits de caractère, les variations, les contrastes, les qualités diverses ou opposées que les événements ont fait paraître en lui; ce sera sans doute un mérite et une grande beauté de plus. Tel est, dans Tacite, ce *portrait* de Tibère à la fin de son règne, modèle effrayant, pour ne pas dire désespérant, de précision, de force, et de clarté.

Morum quoque tempora illi diversa : egregium vitâ famâque quoàd privatus, vel in imperiis sub Augusto fuit ; occultum ac subdolum fingendis virtutibus, donec Germanicus ac Drusus superfuere; idem inter bona malaque mixtus, incolumi matre; intestabilis sævitiâ, sed obtectis libidinibus, dùm Sejanum dilexit timuitve : postremo in scelera simul ac dedecora prorupit, postquam, remoto pudore et metu, suo tantùm ingenio utebatur. Annal. VI. (1).

Il est aisé de concevoir pourquoi, dans des

---

(1) « Ses mœurs furent différentes selon les temps. Simple particulier, ou commandant sous Auguste, il jouit d'une réputation méritée : caché et rusé pendant la vie de Germanicus et de Drusus, il feignit des vertus ; jusqu'à la mort de sa mère il fut mêlé de bien et de mal; tant qu'il aima ou craignit Séjan, il fit horreur par sa cruauté, mais cacha ses débauches; abandonné enfin à son caractère, il se précipita sans réserve dans le crime et dans l'infamie. »

mémoires particuliers, les *portraits* sont naturellement plus fréquents qu'ils ne doivent l'être dans l'histoire. Celle-ci n'a guère intérêt que de faire connaître l'homme public, et les événements l'exposent; au lieu que des mémoires nous décèlent l'homme privé, et ne font qu'effleurer les actions publiques. Les mémoires du cardinal de Retz sont le derrière de la toile du singulier spectacle de la Fronde; et dans les *portraits* qu'il nous trace des personnages principaux de cette scène héroï-comique, il nous fait voir souvent ce que l'action même ne nous en aurait point appris.

Par la même raison, lorsque dans l'histoire un personnage a plus d'influence que d'apparence, qu'il agit plus au-dedans qu'au-dehors; il est intéressant de décrire avec soin ce ressort intérieur et secret des événements qu'on raconte. Ainsi rien de plus nécessaire, de plus intéressant dans le récit du règne de Tibère, que le *portrait* de Séjan.

Mox Tiberium variis artibus devinxit adeò, ut obscurum adversùm alios, sibi uni incautum intectum que efficeret : non tàm solertiâ (quippe iisdem artibus victus est), quàm deûm irâ in rem romanam, cujus pari exitio viguit ceciditque. Voilà le personnage; voici son caractère. *Corpus illi laborum tolerans; animus audax sui obtegens; in alios criminator; juxtà adulatio et superbia; palàm compositus pudor; intùs summa apiscendi libido, ejusque caussâ, modò largitio et luxus, sæpiùs indus-*

tria ac vigilantia, haud minùs noxiæ, quotiens parando regno finguntur. (Annal. IV.) (1).

Dans un historien éloquent (presque tous les anciens l'étaient : témoins Thucydide, Xénophon, Salluste, Tite-Live, et Tacite), la manière de peindre ne diffère de celle de l'orateur que par une précision et une vérité plus sévères : on va le voir par des exemples qui dédommageront un peu de la sécheresse de mes observations. Salluste peint Catilina.

Lucius Catilina, nobili genere natus, fuit magnâ vi animi et corporis, sed ingenio malo pravoque. Huic ab adolescentiâ bella intestina, cædes, rapinæ, discordia civilis, grata fuere; ibique juventutem suam exercuit. Corpus patiens inediæ, algoris, vigiliæ, suprà quàm cuiquam credibile est. Animus audax, subdolus, varius, cujuslibet rei simulator ac dissimulator, alieni appetens, sui pro-

---

(1) « Séjan, par différents artifices, sut tellement gagner Tibère, que ce prince caché pour tout le monde, était pour lui sans secret et sans défiance, non pas tant par l'adresse de Séjan (qui succomba lui-même sous des scélérats plus adroits), que par la colère des dieux contre la république, à qui sa faveur et sa chûte furent également funestes. Endurci au travail, audacieux, habile à se cacher et à noircir les autres, insolent et flatteur, modeste et composé au-dehors, et dévoré au-dedans de la fureur de régner, il employait dans cette vue tantôt le luxe et les largesses, tantôt l'application et la vigilance, non moins criminelles quand elles servent de masque à l'ambition. »

fusus, ardens in cupiditatibus : satis loquentiæ, sapientiæ parùm : vastus animus, immoderata, incredibilia, nimis alta semper cupiebat. Catil. V. (1).

De ce caractère et de celui de César, Bossuet semble avoir formé le *portrait* de Cromwel.

« Un homme, dit-il, s'est rencontré d'une profondeur d'esprit incroyable : hypocrite raffiné autant qu'habile politique, capable de tout entreprendre et de tout cacher, également actif et infatigable dans la paix et dans la guerre, qui ne laissait rien à la fortune de ce qu'il pouvait lui ôter par conseil et par prévoyance ; mais au reste si vigilant et si prêt à tout, qu'il n'a jamais manqué les occasions qu'elle lui a présentées ; enfin un de ces esprits remuants et audacieux qui semblent être nés pour changer le monde ».

Ici l'on voit le ton de l'éloquence plus élevé que celui de l'histoire.

---

(1) « Lucius Catilina, issu d'une famille noble, avait reçu de la nature une grande force d'ame et de corps, mais un génie malfaisant et pervers. Dès son adolescence, les guerres intestines, les meurtres, les rapines, la discorde civile, eurent pour lui des charmes, et il y exerça sa jeunesse. A la vigueur d'un corps fait à souffrir la faim, le froid, les longues veilles, au-delà de toute croyance, il joignait un esprit audacieux, fourbe, adroit à changer de face, sachant tout feindre et tout dissimuler, assez d'éloquence, peu de sagesse, une ame vaste et qui ne voulait rien que d'immodéré, d'incroyable, et de trop élevé pour cette ambition qui sans cesse le dévorait. »

Mais la différence est plus sensible encore dans le *portrait* qu'a fait Cicéron de ce même Catilina, en justifiant Cœlius d'avoir été lié avec ce factieux, reproche important à détruire.

Studuit Catilinæ...... Cœlius : et multi hoc idem ex omni ordine atque ex omni ætate fecerunt. Habuit enim ille, sicut meminisse vos arbitror, permulta maximarum, non expressa signa, sed adumbrata, virtutum : utebatur hominibus improbis multis; et quidem optimis se viris debitum esse simulabat : erant apud illum illecebræ libidinum multæ; erant etiam industriæ quidam stimuli ac laboris : flagrabant vitia libidinis apud illum; vigebant etiam studia rei militaris. Neque ego unquàm fuisse tale monstrum in terris ullum puto, tàm ex contrariis diversisque, inter se pugnantibus naturæ studiis cupiditatibusque conflatum. Quis clarioribus viris quodam tempore jucundior? Quis turpioribus conjunctior? Quis civis meliorum partium aliquando? Quis tetrior hostis huic civitati? Quis in voluptatibus inquinatior? Quis in laboribus patientior? Quis in rapacitate avarior? Quis in largitione effusior? Illa verò, judices, in illo homine mirabilia fuerunt : comprehendere multos amicitiá; tueri obsequio; cum omnibus communicare quod habebat; servire temporibus suorum omnium pecuniá, gratiá, labore corporis, scelere etiam, si opus esset, et audaciá; versare suam naturam, et regere ad tempus, atque hùc et illùc torquere et flectere; cum tristibus severè, cum remissis jucundè, cum senibus graviter, cum juventute comiter, cum facinorosis audaciter, cum libidinosis luxuriosè vivere. Pro Cœl. *v. vj.* (1).

---

(1) « Cœlius a été attaché à Catilina, je l'avoue; mais un grand nombre de gens de bien, de tout rang, de tout âge, l'ont été comme lui. Catilina, vous vous en souvenez, Romains, n'avait pas les vrais caractères de la vertu; mais il en avait les apparences. Il se servait des plus méchants des hommes; mais il affectait un entier dévouement pour les meilleurs des citoyens. On trouvait chez lui les appas de la licence et de la débauche; mais il y avait des aiguillons pour les talents et l'amour du travail. Si les vices et les passions y déployaient toute leur ardeur, dans toute sa vigueur y dominait aussi l'émulation pour l'étude de la science militaire. Je ne crois pas que jamais sur la terre ait existé un monstre composé comme celui-là de qualités et d'inclinations contraires et incompatibles. Qui plus que lui, dans un certain temps, fut agréable à nos plus grands hommes? qui fut plus étroitement lié avec des hommes diffamés et perdus? quel citoyen se montra plus zélé que lui quelquefois pour le bien de la république? quel ennemi plus noir et plus atroce a-t-elle porté dans son sein? qui fut plus infâme dans ses plaisirs? qui fut plus patient dans ses travaux, plus avare dans ses rapines, plus libéral dans ses profusions? Ce qu'il y eut, Romains, d'étonnant, de merveilleux dans un tel homme, ce fut de s'attacher un grand nombre d'amis, de les défendre, et de les cultiver par toute sorte de complaisance, de leur rendre commun tout ce qu'il possédait; de les servir, dans l'occasion, de son argent, de son crédit, de son travail, de son audace, et par le crime, si le crime et l'audace leur étaient nécessaires; de maîtriser son propre naturel; de le régler selon les temps, et tantôt d'un côté, tantôt de l'autre, de le tordre et de le fléchir; de vivre enfin sérieuse-

Que l'on rapproche ce morceau de celui de Salluste ; et des deux côtés on aura un modèle de perfection dans l'art de peindre en orateur et en historien.

Mais pour ceux qui n'entendent point la langue de Cicéron et de Salluste, voici, dans la nôtre, de grands exemples de l'un et de l'autre genre d'écrire. Le cardinal de Retz, dans ses mémoires, fait ainsi les *portraits* du grand Condé et de Turenne.

« M. le prince, né capitaine, ce qui n'est jamais arrivé qu'à lui, à César, et à Spinola (cela est-il bien vrai?), a égalé le premier et a surpassé le second. L'intrépidité est l'un des moindres traits de son caractère. La nature lui avait fait l'esprit aussi grand que le cœur : la fortune, en le donnant à un siècle de guerre, a laissé au second toute son étendue ; la naissance, ou plutôt l'éducation dans une maison trop attachée et soumise au cabinet, a donné des bornes trop étroites au premier. On ne lui a pas inspiré d'assez bonne heure les grandes et générales maximes.... Ce défaut a fait, qu'avec l'ame du monde la moins méchante, il a fait des injustices ; qu'avec le cœur d'Alexandre, il n'a pas été exempt, non plus que

---

ment avec les gens austères, gaiement avec les enjoués, gravement avec les vieillards, poliment avec la jeunesse, hardiment avec les scélérats, voluptueusement avec ceux qui se plongeaient dans les plaisirs. »

lui, de faiblesses; qu'avec un esprit merveilleux, il est tombé dans des imprudences.

« M. de Turenne a eu dès sa jeunesse toutes les bonnes qualités, et il a acquis les grandes d'assez bonne heure. Il ne lui en a manqué aucune que celles dont il ne s'est point avisé. Il avait presque toutes les vertus comme naturelles, et il n'a jamais eu le brillant d'aucune. On l'a cru plus capable d'être à la tête d'une armée que d'un parti; et je le crois aussi, parce qu'il n'était pas naturellement entreprenant : mais toutefois qui le sait? Il a toujours eu en tout, comme en son parler, de certaines obscurités, qui ne se sont développées que dans les occasions, mais qui se sont toujours développées à sa gloire. »

Voilà l'historien, voici l'orateur.

« Vit-on jamais en deux hommes, dit Bossuet, les mêmes vertus avec des caractères si divers, pour ne pas dire si contraires? L'un paraît agir par des réflexions profondes; et l'autre, par de soudaines illuminations : celui-ci par conséquent plus vif, mais sans que son feu eût rien de précipité; celui-là d'un air plus froid, sans avoir jamais rien de lent, plus hardi à faire qu'à parler, résolu et déterminé au-dedans, lors même qu'il paraissait embarrassé au-dehors. L'un, dès qu'il paraît dans les armées, donne une haute idée de sa valeur, et fait attendre quelque chose d'extraordinaire, mais toutefois s'avance par ordre, et vient comme par degrés aux prodiges qui ont fini le cours de sa vie : l'autre, comme un homme inspiré, dès sa première bataille, s'égale aux maîtres les plus consommés. L'un, par de vifs et continuels efforts, emporte l'admiration du genre humain, et fait taire l'envie; l'autre jette d'abord une si vive lumière, qu'elle n'oserait l'attaquer. L'un enfin, par la profondeur de son génie et les incroyables ressources de son courage, s'élève au-dessus des plus grands périls, et sait même profiter de toutes les infidélités de la fortune; l'autre, et par l'avantage d'une si haute naissance, et par ces grandes pensées que le Ciel envoie, et par une espèce d'instinct admirable dont les hommes ne connaissent pas le secret, semble né pour entraîner la fortune dans ses desseins, et forcer les destinées, etc. »

Rien n'éblouit tant les lecteurs superficiels que les *portraits* de fantaisie; rien ne décèle mieux l'ignorance de l'écrivain aux yeux de l'homme instruit et clairvoyant. Sans même consulter les faits et avoir présent le modèle, un lecteur judicieux distingue un *portrait* qui ressemble, d'un *portrait* vague et imaginaire. Par exemple, lorsque le cardinal de Retz dit de madame de Longueville : « Elle avait une langueur dans ses manières, qui touchait plus que le brillant de celles même qui étaient plus belles; elle en avait une, même dans l'esprit, qui avait ses charmes, parce qu'elle avait des réveils lumineux et surprenants. Elle eût eu peu de défauts, si la galanterie ne lui en eût donné beaucoup. Comme sa passion l'obligea de ne mettre sa politique qu'en second dans sa conduite ; héroïne d'un grand parti, elle en devint l'aventurière ; » lorsqu'il dit de madame de Chevreuse : « Si le prieur des Chartreux lui eût plu, elle eût été solitaire de bonne foi ; » lorsqu'il dit du président Molé : « Il jugeait des actions par les hommes, presque jamais des hommes par les actions ; » lorsqu'il dit de M. d'Elbœuf : « Il a été le premier prince que la pauvreté ait avili..... la commodité ne le releva point ; et s'il fût parvenu jusqu'à la richesse, on l'eût envié comme un partisan, tant la gueuserie lui était propre et faite pour lui : » on voit que tout cela ressemble, parce qu'il y a je ne sais quoi d'original et de naturel, qu'il faut que le peintre ait réellement vu, et qu'il n'a point imaginé.

Mais lorsque le même écrivain trace le *portrait* de la régente, il s'étudie à le nuancer avec une finesse si recherchée, si minutieuse, si artificielle, que l'air de vérité n'y est plus : toutes ces antithèses graduées ne sont plus rien que du bel-esprit, et du faux bel-esprit.

PREUVE. Dans un discours qui tend ou à persuader ou à dissuader l'auditeur, la *preuve* est l'emploi des moyens propres à opérer l'effet qu'on se propose. Soit que l'orateur attaque ou se défende; qu'il affirme, ou nie et réfute; que la question soit de droit, ou de fait, ou seulement d'opinion; qu'il s'agisse de faire voir ce qui est juste ou injuste, digne de peine ou de récompense, comme dans le genre judiciaire; ou ce qui est honnête ou honteux, digne de louange ou de blâme, comme dans le genre démonstratif, ou ce qui est honorable et utile, ou nuisible et déshonorant, comme dans le genre délibératif, la *preuve* est toujours la partie essentielle et indispensable du plaidoyer ou de l'oraison; et la première règle de l'art de persuader est de donner à ce qu'on affirme, ou d'ôter à ce que l'on nie, le caractère de vérité, de certitude, ou de vraisemblance.

Il n'y a guère qu'un genre d'éloquence qui puisse constamment se passer de *preuve* : c'est celui qui n'a pour objet que des actions de grâces, des félicitations, ou des condoléances; et c'est ce qui distingue la simple harangue de l'oraison et du plaidoyer. Par exemple, dans le discours de Cicéron pour *Marcellus*, il ne s'agit que de rendre grâces à César du rappel de cet exilé; au lieu que, dans l'oraison pour *Ligarius*, il s'agit d'atténuer le crime de l'accusé et d'en obtenir le pardon; et quoique Cicéron, dans cet admirable plaidoyer, débute par avouer le crime et par abandonner le coupable à la clémence de César, on le voit revenir ensuite aux moyens de rendre *Ligarius* le plus excusable qu'il est possible, et moins coupable que lui-même, à qui César a pardonné. On voit même que dans la harangue pour *Marcellus*, qui ne s'annonce que comme l'effusion de la reconnaissance et de l'admiration publique pour la clémence de César, Cicéron ne laisse pas de prendre le tour persuasif, pour engager César à ne rien négliger de ce qui peut mettre en sûreté sa vie; et en lui prouvant qu'il est de sa gloire et de son devoir de se conserver pour le bonheur de Rome, il enveloppe adroitement, dans cette espèce d'adulation, la leçon la plus importante : *nunc tibi omnia belli vulnera curanda sunt.*

Ainsi, toutes les fois qu'il s'agit de persuader, et dans les sujets même les plus éloignés de toute controverse, la *preuve* peut trouver sa place. Mais tantôt elle est simplement rhétorique, et tantôt elle est dialectique.

La *preuve* que j'appelle *rhétorique* ne consiste qu'en récit, en exposé, en développement du fait, ou de la vérité qu'on se propose d'établir. De ce genre est presque entièrement l'oraison pour la loi *Manilia*; et de ce genre aussi sont toutes nos oraisons funèbres. Dans ces sujets il s'agit moins de raisonner que de décrire; et l'art de l'orateur consiste à exposer avec clarté, à raconter rapidement, à peindre avec chaleur, avec force, avec intérêt, selon que le sujet l'exige. Dans tel discours de cette nature, qui produit le plus grand effet, il n'y a pas un raisonnement.

Il est bien facile, disait Socrate, de louer les Athéniens devant les Athéniens : c'est devant les Lacédémoniens que cela serait difficile.

Mais comme les faits sur lesquels porte la louange, sont communément avoués et déja connus de l'auditoire, l'amplification est l'espèce de preuve qu'Aristote attribue à ce genre d'éloquence : *aptior ad demonstrativas amplificatio.* Les exemples, dit-il, sont plus convenables au délibératif; et la raison qu'il en donne, c'est que le plus souvent l'avenir ressemble au passé : *utiliora ad concludendum exempla; similia enim plerumque futura prœteritis.*

Il faut observer cependant que le meilleur usage à faire de l'exemple, c'est d'en appuyer le raisonnement; et entre les choses les plus semblables, il y a presque toujours assez de différence pour éluder la conclusion.

La plus grande force de la *preuve* est donc dans le raisonnement. Aristote le regarde comme le moyen dominant de l'éloquence du barreau; et en général lorsque l'objet dont il s'agit est contesté, ou qu'il peut l'être, et que le simple exposé du fait, ou du droit, ou de l'opinion, ne les met pas en évidence, ce moyen est indispensable; et c'est alors que la *preuve* est dialectique, mais sous les formes oratoires.

La logique est le squelette de l'éloquence; et

ce sont les parties de ce squelette qu'Aristote, dans ses *Topiques*, et Cicéron, dans l'extrait qu'il en a fait, nous ont décrites avec tant de soin, et nous ont appris à placer.

Que les disciples de l'éloquence ne dédaignent pas ces théories; c'est la raison qui se rend compte à elle-même de ses procédés et de ses moyens. On y voit comment l'orateur peut tirer du fond de son sujet ou de la cause qu'il agite, ces arguments, ces formes de pensée, d'assertion, et de réfutation, qui doivent composer la *preuve* : on y voit comment, au besoin, il peut les tirer du dehors : *aut ex suá sumi re atque naturá, aut assumi foris.* (De Orat.) On y voit comment se décident ces trois grandes questions qui embrassent tout, *an sit*, *quid sit*, *quale sit* : comment la nature des choses se développe et se fait connaître par la définition, par la division du genre en ses espèces, du tout en ses parties, par les similitudes et par les différences, par les causes et les effets, par l'opposition des contraires : comment l'existence des faits se prouve ou se débat par les indices, les témoignages, les circonstances qui ont précédé, accompagné, suivi le fait dont il s'agit; par la nature du fait même, ou par le caractère de la personne à laquelle il est imputé : comment l'espèce et la qualité du fait se détermine, ou par lui-même, ou par les circonstances qui le caractérisent, et qui font voir quelle en est la malice, l'iniquité, l'indignité, ou la bonté, l'équité, l'innocence. Lois, exemples, autorités, usages, opinion commune, mœurs publiques, mœurs personnelles, caractère et génie national, tout peut contribuer à la *preuve* et y trouver place.

Mais on sent bien qu'elle diffère d'elle-même, selon le genre du discours et la nature du sujet : que, par exemple, dans ces trois questions, *an sit, quid sit, quale sit,* qui conviennent également et à la thèse philosophique et à l'hypothèse oratoire, la *preuve* agit différemment; par conjecture dans la première, par définition dans la seconde, et par discussion du droit dans la troisième : *horum primum conjecturâ, secundum definitione, tertium juris et injuriæ distinctione explicatur.*

On sent de même que, dans les causes conjecturales, selon le point dont il s'agit et selon l'état de la cause, *sitne aliquid, undè ortum sit, quæ id causa effecerit,* la *preuve* doit changer de procédés et de moyens : que, s'il s'agit seulement de savoir quelle est la qualité morale d'une chose, ou s'il s'agit de la comparer avec une autre, et de déterminer laquelle des deux, par exemple, est la plus honnête, la plus utile, ou la plus juste; la *preuve* embrasse plus ou moins d'étendue; que, dans les questions de droit, c'est de l'équité qu'il s'agit, *et naturâ et instituto;* que, dans les causes personnelles, c'est de la volonté, de l'intention, de l'imprudence, du hasard, de la nécessité ou de la liberté, de la nature et des circonstances de l'action, des mœurs, des habitudes, des qualités de la personne que l'accusation et la défense tirent les forces de la *preuve*.

On sent enfin, et ceci regarde tous les genres d'éloquence, que c'est toujours au point de la difficulté, au point où l'adversaire ou l'incrédule est en défense, *in quo primùm insistit, quasi ad repugnandum, congressa defensio*, et qu'on a appelé pour cela *status*, la *station* ou l'*état* de la cause; que c'est là, dis-je, que la *preuve* doit se diriger toute entière; car c'est une déclamation oiseuse, une rhétorique perdue, que de prouver ce dont l'auditoire ne doute pas ou dont l'adversaire convient; et c'est non-seulement un vice assez commun de l'éloquence de la chaire, mais du langage du barreau : d'où il arrive que dans un long discours tout est prouvé, hormis ce qui a besoin de l'être.

Quant aux formes d'argumentation dont la preuve oratoire est susceptible, elle n'en refuse aucune; mais elle les déguise toutes, en les enveloppant, qu'on me passe le terme, des draperies de l'éloquence. Ce n'est pas que l'orateur n'insiste quelquefois, dans une discussion véhémente, à la manière du dialecticien; et alors plus le raisonnement est serré, plus il est pressant : mais un discours où la crudité de l'argumentation ne serait jamais adoucie, rebuterait son auditoire avant de l'avoir convaincu. Il est donc nécessaire de polir les formes logiques, mais il faut les laisser sentir, et ne jamais les énerver; ce sont elles qui donnent à l'éloquence une stature ferme, solide, et régulière. Un corps désossé n'est qu'une môle de chair. Il en serait ainsi de l'éloquence à laquelle une logique austère ne prêterait pas ses appuis, ses mobiles, et ses ressorts.

Mais quoique toutes les formes logiques, animées par les peintures et les mouvements oratoires, développées par l'amplification, revêtues des ornements d'un style figuré, harmonieux, sensible, appartiennent à l'éloquence; il en est cependant qui semblent lui être plus favorables. J'en indiquerai quelques-unes.

L'énumération exclusive, et que les mathématiciens appellent la *preuve par épuisement* : Vous voulez être heureux, et vous ne le serez ni par l'ambition, ni par l'avarice, ni par la volupté, ni par une molle indolence, etc., etc.; essayez donc au moins de l'être par le travail et la vertu.

L'énumération collective : Demandez à tous les peuples du monde, au gaulois, au germain, au carthaginois, etc., quel est celui que chacun d'eux estime le plus après lui-même; tous vous répondront : *Les Romains*.

L'opposition : Si l'homme faible et malheureux est un être sacré pour l'homme, celui qui l'insulte ou qui l'accable n'est pas seulement inhumain, il est impie et sacrilége.

L'alternative contradictoire, et à laquelle il n'y a point de milieu (ce que les anciens appelaient *dilemme*, et figurément *le bélier*, comme l'argument le plus fort). Ainsi Crassus, en plaidant la cause d'Opimius, qui, en exécution d'un décret du sénat, avait fait tuer l'aîné des Gracches. *Aut senatui parendum de salute reipublicæ fuit, aut aliud consilium instituendum, aut suâ sponte faciendum : aliud consilium superbum, suum arrogans, utendum igitur consilio senatús.* De Oratore (1).

La force du dilemme consiste à ne pas admettre de milieu, comme dans cette réponse de Xénophane à ceux d'Élœte, qui demandaient s'il fallait être en deuil en sacrifiant à Leucothoé. Si vous la croyez déesse, leur dit-il, pourquoi la pleurer? si elle n'a été que mortelle, pourquoi lui sacrifier?

Au contraire le vice du dilemme est de laisser un milieu dans l'alternative, comme dans celui-ci : Il n'y a point d'homme libre au monde; car tout homme est esclave ou de ses passions ou de la fortune; à quoi l'on répond, que le sage n'est esclave ni de la fortune, ni de ses passions.

---

(1) « Dans un moment où il s'agissait du salut de la république, il fallait ou qu'Opimius obéît au sénat, ou qu'il prît un autre conseil, ou qu'il se décidât lui-même. Se choisir un conseil à son gré eût été de l'orgueil, s'en tenir lieu était de l'arrogance. Il fallut donc obéir au sénat. »

Tout raisonnement conditionnel est vicieux de même, si de l'antécédent au conséquent la liaison n'est pas nécessaire, et s'il peut y avoir un milieu. Ainsi ni l'un ni l'autre de ces deux Athéniens, dont l'un conseillait à son fils de ne pas se mêler des affaires publiques, et l'autre de s'en mêler, n'était bon dialecticien. *Si tu proposes des choses justes*, disait l'un, *tu seras haï des hommes; si des choses injustes, tu le seras des dieux. Si tu proposes des choses justes*, disait l'autre, *tu auras les dieux pour amis, si des choses injustes, tu auras pour amis les hommes.*

Observons ici comme une heureuse hardiesse, que Cicéron, qui avait bien lu Aristote, emploie en faveur de Milon le même sophisme qu'Aristote donne pour tel, et qu'il condamne dans cet exemple, « S'il méritait la mort, c'est donc avec justice qu'il a été tué : » *Si justè mortuus, etiam justè occisus est.* Et sa réponse est précisément celle qu'on devait faire à Cicéron : « Oui, mais ce n'était pas à Milon de le tuer. » *Verùm fortassè non à te.*

Les autres formes dont la preuve oratoire est le plus susceptible, sont *la comparaison, la supposition, l'induction, le syllogisme, et l'enthymême.*

La comparaison simple, comme Achille dans *l'Iliade* : « Pourquoi les Grecs font-ils la guerre aux Troyens? n'est-ce pas pour faire rendre Hélène à Ménélas? Et n'y a-t-il donc au monde que les Atrides qui aiment leurs femmes? »

La comparaison du plus faible au plus fort : « Si tout homme, pour sa propre défense, a droit d'ôter la vie à son agresseur; combien plus à un scélérat, à un sacrilége, à l'ennemi des hommes et des dieux, tel que l'a été Clodius? » *Cui nihil nefas unquàm fuit, nec in facinore nec in libidine.*

« Quelle fidélité peux-tu attendre des étrangers, si tu es l'ennemi de tes proches? » disait Micipsa mourant à Jugurtha. *Quem alium fidum invenies, si tuis hostis fueris?* (SALLUSTE.)

Le vice de cette espèce d'argumentation est dans le manque de parité, comme si l'on disait : Puisqu'il n'est pas honteux d'emprunter à usure, il n'est pas honteux de prêter; ou dans la fausse supposition de supériorité qu'on donne à une chose sur une autre, comme si l'on disait : Puisqu'il est prodigue, il sera libéral; il sera vaillant, puisqu'il est téméraire.

La supposition, que Cicéron regarde comme un des moyens les plus féconds, et dont se servit Démosthène avec tant de force pour justifier ses conseils : « Si, par une lumière prophétique, tous les Athéniens avaient démêlé les événements futurs, et que tous les eussent prévus, et que vous, Eschine, vous les eussiez prédits et certifiés avec votre voix de tonnerre; Athènes, même dans ce cas, aurait dû faire ce qu'elle a fait, pour peu qu'elle eût respecté sa gloire, et ses ancêtres, et les jugements de la postérité. »

C'est par cette même forme de raisonnement que Cicéron presse les juges de Milon, en plaidant sa cause. *Si cruentum gladium tenens clamaret Titus Annius (Milo) : Adeste, quæso, atque audite, cives. P. Clodium interfeci; ejus furores, quos nullis jàm legibus, nullis judiciis frenare poteramus, hoc ferro et hác dexterá à cervicibus vestris repuli; per me unum, ut jus, æquitas, leges, libertas, pudor, pudicitia, in civitate manerent : essetne metuendum quonam modo id ferret civitas* (1)? Et plus bas : *Fingite... cogitatione imaginem hujus conditionis meæ, si possim efficere ut Milonem absolvatis, sed ità, si P. Clodius revixerit. Quid? vultu extimuistis? Quonam modo ille vos vivus afficeret, qui mortuus inani cogitatione percussit! Quid? Si ipse Cn. Pompeius... potuisset aut quæstionem de morte Pub. Clodii ferre, aut ipsum ab inferis excitare; utrum putatis potiùs facturum fuisse? etiamsi, propter amicitiam, vellet illum ab inferis evocare, propter rempublicam, non fecisset. Ejus igitur mortis*

---

(1) « Si Milon, tenant son épée encore sanglante, s'écriait : Venez, citoyens, écoutez-moi. J'ai tué Clodius. Ses fureurs, que les lois et la crainte des jugements n'avaient jamais pu réprimer, ce bras, ce fer, les ont repoussées et en ont préservé vos têtes : par moi, et par moi seul, les lois, la justice, les tribunaux, la liberté, la pudeur, l'innocence, vont être en sûreté dans Rome; serait-il à craindre que cet aveu n'obtînt pas la faveur du peuple? »

sedetis ultores, cujus vitam, si putetis per vos restitui posse, nolletis (1)!

Mais toutes ces formes se réduisent à l'induction et au syllogisme.

L'induction est une manière détournée et artificieuse d'amener son adversaire ou son auditeur, de la conviction d'une vérité reconnue ou dont on le fait convenir, à la conviction d'une vérité dont il ne convient pas encore; et cela par l'analogie et la ressemblance de l'une à l'autre; en sorte qu'après avoir cédé à celle-là, il ne lui soit plus possible de résister raisonnablement à celle-ci.

Il faut, pour donner à l'induction toute sa force, s'assurer d'abord de pouvoir rendre incontestable le premier point de la comparaison, ou, ce qui est mieux encore, le choisir tel que, par l'opinion déja établie, il n'ait pas besoin de

---

(1) « Imaginez pour un moment, Romains, qu'il dépende de moi de faire absoudre Milon en ressuscitant Clodius. Mais quoi! l'idée seule vous en effraie! Quelle impression ferait-il donc sur vos esprits, s'il était vivant, puisque tout mort qu'il est, sa vaine image vous épouvante? Eh quoi! si Pompée lui-même avait eu à choisir de mettre en jugement la mort de Clodius ou de le rendre à la vie, lequel des deux pensez-vous qu'il eût préféré? Certes, quand même, par amitié pour lui, il eût voulu le rappeler des enfers, il s'en fût abstenu par amour pour la république. Vous siégez donc pour venger la mort d'un homme à qui vous ne voudriez pas rendre la vie, lorsque vous croiriez le pouvoir! »

preuve : il faut de plus observer avec soin que la similitude soit parfaite; car sans cela « nous aurions inutilement obtenu, dit Cicéron, que l'un des points nous fût accordé, s'il n'avait pas assez de ressemblance avec celui qui nous intéresse, pour nous le faire accorder de même. » Et comme il n'arrive presque jamais qu'une première vérité soit d'une évidence irrésistible, il veut que l'orateur, en proposant celle qui n'est pas de la cause, mais qui doit lui servir de *preuve*, n'en laisse pas apercevoir le rapport et la conséquence, et qu'il amène ainsi l'adversaire à son but par un chemin qui lui soit inconnu. « Car s'il est averti qu'en accordant ce qu'on lui propose d'abord, il s'engage inévitablement à convenir ensuite de ce qui nuirait à sa cause; il commencera par éluder la première question, ou par y mal répondre. »

On sent combien cet art de cacher son dessein à un adversaire attentif et clairvoyant, est difficile; combien d'ailleurs une similitude, sans quelque différence, est rare; et combien par conséquent la méthode de l'induction est périlleuse dans un genre d'éloquence sujet à la discussion. Mais autant elle est peu favorable au barreau, autant elle est propre à la chaire, où, pour me servir de la métaphore de Zénon, l'éloquence a la main ouverte, au lieu que, dans la plaidoirie, elle est souvent obligée d'avoir le poing fermé comme la dialectique. Ainsi autant l'induction, par sa latitude et sa fécondité, est favorable à l'éloquence, lorsqu'il ne s'agit que de rendre sensiblement une vérité morale déja vaguement aperçue; autant elle me semble trop faible pour démontrer une vérité, soit de fait, soit de droit, ou inconnue, ou méconnue, ou formellement contestée. La méthode du syllogisme est plus pressante; et l'on en va juger par l'exemple même que Cicéron nous donne de l'une et de l'autre. Cet exemple est tiré d'une cause fort célèbre parmi les Grecs. Il s'agit de condamner ou d'absoudre Épaminondas d'avoir désobéi à la loi qui, chez les Thébains, ordonnait à un général de céder le commandement à celui que la république envoyait pour le remplacer; d'avoir, dis-je, retenu son armée, et d'avoir défait celle des Lacédémoniens.

L'accusateur, dit Cicéron, pourra défendre ainsi la lettre de la loi contre l'esprit de la loi même. « Magistrats, si ce qu'Épaminondas prétend que le législateur a sous-entendu dans la loi, il prenait sur lui de l'y ajouter et d'écrire lui-même au bas, *à moins que, pour le bien de la république, le général destitué ne juge à propos de retenir le commandement de l'armée;* souffririez-vous qu'il l'écrivît? Je ne le pense point. Que si vous-mêmes, par égard pour lui, vous ordonniez (ce qui est bien éloigné de votre religion et de votre justice), vous ordonniez que, sans l'aveu du peuple, cette exception fût ajoutée; le peuple le souffrirait-il? Non, certes, il ne le souffrirait pas. Ce qu'on n'a donc pu ajouter sans crime à la lettre de la loi, on l'aura fait sans l'y avoir ajouté, et vous l'approuverez vous-mêmes! Non, Thébains, non, je connais trop bien votre sagesse. Et en effet, si, dans la volonté écrite du législateur, rien n'a pu être altéré ni par l'accusé ni par vous; combien ne serait-il pas plus honteux qu'un changement, qui dans les mots serait un crime, se fût fait dans la chose même, et qu'il fût approuvé par votre jugement! »

Cicéron nous présente la même accusation sous la forme du syllogisme. « C'est de la loi, dit-il aux juges, que vous avez juré d'être les organes; vous devez donc obéir à la loi. Or quel témoignage plus certain le législateur a-t-il pu laisser de sa volonté, que ce qu'il a écrit lui-même avec le plus grand soin et l'attention la plus sérieuse? Si la loi n'était pas écrite, nous souhaiterions qu'elle l'eût été, pour nous faire connaître plus ponctuellement la volonté du législateur; et cependant nous n'aurions garde de permettre à Épaminondas, quand même il serait hors de cause, d'interpréter à sa fantaisie l'intention et l'esprit de la loi. A plus forte raison, quand la loi est écrite et qu'elle est sous nos yeux, ne permettrons-nous pas qu'il l'interprète, non dans le sens de ce qui en est écrit avec la plus grande clarté, mais comme il convient à sa cause. Pour vous, organes de la loi, si vous avez juré de lui obéir, et si, par ce serment, vous êtes obligés de suivre ce qui en est écrit; quelle raison pourriez-vous avoir de ne pas juger qu'Épaminondas a transgressé la loi et fait ce que la loi condamne? »

Il est aisé de voir que cette forme de raisonnement est plus pressante que la première. On va le mieux sentir encore dans la défense d'Épaminondas, dont Cicéron nous a tracé le plan.

« Magistrats, dit-il, toutes les lois doivent se rapporter à l'utilité commune; et il faut les interpréter, non à la lettre, mais dans leur esprit, dont l'objet est le bien public. Car telle a été la vertu et la sagesse de nos ancêtres, qu'en écrivant leurs lois, ils ne se proposaient que le salut et l'avantage de leur société politique; et non-seulement ils ne prétendaient lui rien prescrire à son préjudice; mais si, sans le savoir, ils lui avaient prescrit quelque chose qui pût lui nuire, ils entendaient que, dès qu'on l'aurait aperçu, on corrigeât ce vice de la loi. Personne en effet ne peut vouloir que les lois subsistent pour l'amour des lois mêmes, mais pour l'amour de la république, et parce que les républiques ne sont jamais si bien gouvernées que par les lois. C'est donc par le même motif qui rend les lois inviolables, qu'on doit interpréter tout ce qui en est écrit; et puisque tous nos intérêts sont subordonnés à celui de l'État, c'est dans ce commun avantage que nous devons chercher l'intention des lois et l'esprit qui les a dictées. On ne demande à la médecine rien que de salutaire au corps humain, parce que c'est pour lui qu'elle est mise en pratique : on ne doit présumer de même de l'intention des lois rien que d'utile au corps politique, puisque ce n'est qu'en vue de son utilité que les lois sont instituées. N'examinez donc plus, dans cette cause, quelle est la lettre de la loi, mais voyez la loi même dans l'esprit d'équité et d'utilité commune qui l'anime, et qui seul a dû l'inspirer. Or quoi de plus avantageux pour Thèbes que d'accabler Lacédémone? Quoi de plus important pour Épaminondas, général des Thébains, que de donner la victoire aux Thébains? Que devait-il avoir de plus cher et de plus sacré que d'assurer à sa patrie une gloire si grande et un si beau triomphe? En laissant donc la lettre de la loi, Épaminondas a suivi l'intention du législateur : il savait assez que les lois n'étaient faites qu'en faveur de la république; et il aurait regardé comme le comble de la démence, de ne pas expliquer à l'avantage de l'État ce qui n'était écrit que pour le salut de l'État. Si donc toutes les lois doivent se diriger à l'utilité publique comme à leur terme, si le salut commun est leur premier objet; Épaminondas l'a rempli. Certainement il n'est pas possible que, par la même action, il ait fait le plus grand bien à sa patrie, et qu'il ait désobéi aux lois. »

Mais pour ne pas citer toujours de l'ancien,

voici un exemple moderne qui fera voir jusqu'où peut aller la force de l'induction, et qui fera sentir qu'elle n'est elle-même qu'un syllogisme adroitement tourné.

Un chanoine de l'église de Paris avait un neveu pauvre, mais libertin, et qu'il avait abandonné. Ce neveu, réduit à la mendicité, s'adresse à un philosophe éloquent, et le conjure d'aller parler à son oncle et de le fléchir. L'homme dont il avait imploré l'entremise, ne connaissait pas le chanoine. Il va pourtant le voir; mais aux premiers mots qu'il lui dit en faveur du jeune libertin, le chanoine s'irrite, lui reproche de s'intéresser pour un être indigne de sa compassion, et lui raconte avec colère tous les chagrins que ce malheureux lui a donnés. Le solliciteur, lui ayant laissé répandre l'amertume de ses reproches, reprend : *Il m'a dit tous ses torts; il m'en a même confessé un que vous dissimulez.* Quel est-il? demanda le chanoine. *De vous avoir un jour attendu à la porte de la sacristie, au moment que vous descendiez de l'autel; de vous avoir mis le couteau sur la gorge, et d'avoir voulu vous assassiner.* Cela n'est pas vrai, s'écria le chanoine avec horreur. *Quand cela serait vrai, reprit l'homme éloquent, il faudrait user de miséricorde envers votre neveu, et lui donner du pain.* A ces mots tout l'emportement du chanoine fut étouffé; son ame s'amollit; quelques larmes coulèrent; et le jeune homme fut secouru.

Des deux méthodes, celle de l'induction fut celle de Socrate et de ses disciples; elle est captieuse et subtile, mais elle est communément faible. Celle du syllogisme est celle d'Aristote, et celle dont se servent le plus communément tous les bons orateurs; car un plaidoyer bien composé n'est souvent qu'un syllogisme développé.

Cicéron divise le syllogisme en cinq parties, les deux prémisses, la conséquence, et les *preuves* des deux prémisses. Mais comme ou l'une ou l'autre des prémisses peut se passer de *preuve*, et qu'il peut arriver que ni l'une ni l'autre n'en ait besoin; on peut fort bien ne pas regarder comme parties de l'argument, les propositions auxiliaires, qui ne servent qu'à l'étayer; on peut même sous-entendre l'une des deux prémisses, lorsqu'elle est évidente; et c'est ce qui fait l'enthymême, syllogisme abrégé, qui convient beaucoup mieux à un raisonnement rapide, et que préfère l'orateur, lorsqu'il veut être véhément et pressant.

L'enthymême, dit Aristote, est le syllogisme oratoire. *Enthymema voco syllogismum oratorium.* Et les exemples qu'il en donne, font voir qu'il le réduit, non-seulement à l'une des prémisses et à la conséquence, mais plus souvent encore à une seule proposition, tantôt simple, comme dans cet exemple, « Celui qui se réjouit du mal d'autrui, et l'envieux, ne sont qu'un même caractère, » *Idem est alienis malis gaudens et invidus;* tantôt composé, comme dans celui-ci, « Les jeunes gens sont miséricordieux par humanité, les vieillards par faiblesse, » *Juvenes ob humanitatem misericordes, senes ob imbecillitatem;* tantôt accompagné de sa raison : « Il faut aimer son ami, comme devant l'être toujours, et non comme pouvant un jour cesser de l'être ; car cette défiance tient de la perfidie : » *Oportet amare, non, ut aiunt, tanquàm osurum, sed tanquàm semper amaturum : insidiatorem enim alterum est.*

On voit que l'enthymème ainsi réduit est ce qu'on appelle sentence, et que la sentence n'est qu'un syllogisme où dans une seule proposition se réunissent implicitement les prémisses et la conséquence. Ainsi, par exemple, au lieu de dire : Celui qui demande une garde pour sa personne, affecte la tyrannie ; or Pisistrate demande une garde, donc, etc. ; l'orateur ne fera qu'énoncer la première proposition, et laissera le soin à l'auditeur d'en déduire les deux suivantes. Ceci fait entendre pourquoi le style sentencieux convient mieux à un vieillard qu'à un jeune homme ; mieux à l'orateur consommé qu'à l'orateur nouveau, dont la réputation n'est d'aucun poids encore : car l'un a plus de droit que l'autre de se dispenser quelquefois de motiver ce qu'il avance ; et il peut poser en maxime ce que l'autre a besoin de fonder en raisons.

Mais le vrai mérite de la sentence consiste à n'avoir pas besoin de l'autorité personnelle, et à porter en elle-même sa force comme sa lumière, par la justesse des rapports ou des résultats qu'elle énonce. Telle est cette pensée de La Bruyère : *Un fort mal-honnête homme n'a jamais assez d'esprit;* et celle-ci de Vauvenargues : *La conscience des mourants calomnie leur vie;* et cette maxime de Corneille :

Et qui doit tout pouvoir ne doit pas tout oser.

Le sorite est une suite d'enthymêmes enchaînés l'un à l'autre, comme dans cet exemple de Montaigne : *Quiconque attend la peine la souffre, et quiconque la mérite l'attend.* Rien n'est plus captieux que cette espèce d'argument. L'on sait que c'est ainsi que Thémistocle, en badinant, prouvait que son enfant commandait à toute la Grèce.

J'ai vu souvent que les arguments les plus sophistiques étaient les plus familiers à l'éloquence, et singulièrement à l'éloquence des passions, qui sont elles-mêmes de tous les sophistes les plus adroits et les plus dangereux.

Observons cependant que dans le plaidoyer où l'on s'expose à la réplique, le sophisme est toujours un moyen périlleux : car un adversaire attentif, s'il a l'intelligence vive, en saisira aisément l'endroit faible; et pour le lui cacher ou pour le prémunir, c'est là qu'il faudra rassembler tous les prestiges de l'élocution. Encore ce moyen de suppléer à la saine raison n'est-il pas sûr; et un principe, dont le commun des orateurs n'est pas assez persuadé, c'est que la dialectique est pour l'orateur ce que le dessein est pour le peintre; et qu'il est plus possible encore à celui-ci de se passer de correction, qu'à l'autre de se dispenser d'exactitude et de justesse. Mais je suppose que la logique a été la première étude de l'orateur, et je n'ajoute plus qu'un mot sur la théorie de la preuve : c'est qu'il ne suffit pas que l'éloquence donne de l'embonpoint, de la couleur, de la chaleur à la logique, et déguise, sous la richesse d'une parure ménagée, la sécheresse et la roideur d'une argumentation rigoureuse et pressante; et qu'il faut encore qu'elle ait soin d'en diversifier les formes. Ce précepte est de Cicéron; et la raison qu'il en donne est que l'uniformité en toutes choses est la mère de la satiété : *Nam omnibus in rebus similitudo est satietatis mater.*

Dans l'éloquence de la chaire, les premiers des orateurs pour la force et la solidité du raisonnement, sont Bourdaloue et Saurin. Mais comme il s'agit moins, en chaire, de convaincre un auditoire déja croyant, que de le persuader; et que ce ne sont pas les *preuves* des vérités théologiques, mais de profondes impressions des vérités morales, qu'il s'agit de laisser dans les esprits et dans les ames; les raisonneurs les plus pressants et les plus forts ne sont pas les plus sûrs de produire de grands effets. *Voyez* CHAIRE, ELOQUENCE, PATHÉTIQUE, etc.

PROLOGUE. Dans notre ancien théâtre français, le *prologue* était fort en usage : celui des *mystères* était communément une exhortation pieuse, ou une prière à Dieu pour l'auditoire.

> Jésus, que nous devons prier,
> Le fils de la vierge Marie,
> Veuillez paradis octroyer
> A cette belle compagnie !
> Seigneurs et dames, je vous prie,
> Séez-vous tretous à votre aise ;
> Et de sainte Barbe la vie
> Acheverons, ne vous déplaise.

Le *prologue* des *moralités*, des *soties*, des *farces*, était, à la manière des anciens, ou l'exposé du sujet, ou une harangue au public pour captiver sa bienveillance, et le plus souvent une facétie qui faisait rire les spectateurs à leurs dépens. Il y avait dans la troupe un acteur chargé de faire ces harangues : c'était gros Guillaume, Gaulthier Garguille, Turlupin, Guillot Gorju, Bruscambille, et dans la suite des personnages plus décents. Les *prologues* de Bruscambille sont d'un ton de plaisanterie approchant de celui de nos parades, et qui dut plaire dans son temps.

Dans l'un de ces *prologues*, Bruscambille se plaint de l'impatience des spectateurs.... « Je vous dis donc *(spectatores impatientissimi)* que vous avez tort, mais grand tort, de venir depuis vos maisons jusqu'ici pour y montrer l'impatience accoutumée.... Nous avons bien eu la patience de vous attendre de pied ferme, et de recevoir votre argent à la porte, d'aussi bon cœur, pour le moins, que vous l'avez présenté ; de vous préparer un beau théâtre, une belle pièce qui sort de la forge, et est encore toute chaude. Mais vous, plus impatients que l'impatience même, ne nous donnerez pas le loisir de commencer. A-t-on commencé ? c'est pis qu'auparavant : l'un tousse, l'autre crache, l'autre rit, etc... Il est question de donner un coup de bec en passant à certains péripatétiques qui se pourmènent pendant que l'on représente ; chose aussi ridicule que de chanter au lit, ou de siffler à table. Toutes choses ont leur temps, toute action se doit conformer à ce pour quoi on l'entreprend : le lit pour dormir, la table pour boire, l'hôtel de Bourgogne pour ouïr et voir, assis ou debout.... Si vous avez envie de vous pourmener, il y a tant de lieux pour ce faire !... Vous répondrez peut-être que le jeu ne vous plaît pas ; c'est là où je vous attendais. Pourquoi y venez-vous donc? Que n'attendiez-vous jusqu'*amen*, pour en dire votre ratelée? Ma foi, si tous les ânes mangeaient du chardon, je ne voudrais pas fournir la compagnie pour cent écus. »

Dans le poëme didactique et dans le poëme en récit, s'est introduit aussi l'usage de cette espèce de *prologue*. Lucrèce en a orné le frontispice de tous ses livres ; l'Arioste en a égayé ses chants; La Fontaine a joint très-souvent de petits *prologues* à ses *contes* : dans les poëmes badins rien n'a plus de grâce; dans le didactique noble rien n'a plus de majesté. Mais je ne crois pas que le poëme épique sérieux admette un pareil ornement; l'intérêt qui doit y régner attache trop à l'action pour souffrir des digressions. Ni Homère, ni Virgile, ni le Tasse, ni Voltaire dans la *Henriade*, ne se sont permis les *prologues*. Milton lui seul, à la tête d'un de ses chants, au sortir des enfers, s'est livré à un mouvement très-naturel, en saluant la lumière et en parlant du malheur qu'il avait d'être privé de ses rayons.

Le *prologue* en forme de drame était connu de nos anciens farceurs.. Le théâtre comique moderne en a quelques exemples, dont le plus ingénieux est, sans contredit, le *prologue* de l'*Amphitryon* de Molière.

Mais l'opéra français s'en est fait comme un vestibule éclatant; et Quinault, dans cette partie, est un modèle inimitable. Je ne parle point des petites chansonnettes qu'il a été obligé d'y mêler pour animer la danse, et qui sont les seuls traits qu'on en a retenus; je parle des idées vraiment poétiques et quelquefois sublimes qu'il y a prodiguées, et dont personne ne se souvient. Obligé de louer Louis XIV, il a ennobli l'adulation par la manière grande et magnifique dont il a flatté le héros, ou plutôt l'idole du siècle. Tantôt, dans ses *prologues*, la louange est directe, tantôt elle est allégorique. Elle est allégorique dans le *prologue* de *Cadmus* : c'est l'envie qui, pour obscurcir l'éclat du soleil, suscite le serpent Python.

L'ENVIE.

C'est trop voir le soleil briller dans sa carrière ;
 Les rayons qu'il lance en tous lieux
  Ont trop blessé mes yeux.
Venez, noirs ennemis de sa vive lumière ;
 Joignons nos transports furieux.
  Que chacun me seconde.
  Paraissez, monstre affreux :
Sortez, vents souterrains, des antres les plus creux ;
Volez, tyrans des airs, troublez la terre et l'onde.
  Répandons la terreur ;
  Qu'avec nous le ciel gronde ;
  Que l'enfer nous réponde ;
  Remplissons la terre d'horreur ;
  Que la nature se confonde.
 Jetons dans tous les cœurs du monde
  La jalouse fureur
  Qui déchire mon cœur.
(*Elle s'adresse au serpent Python.*)
 Et vous, monstre, armez-vous pour nuire
A cet astre puissant qui vous a su produire.
Il répand trop de biens, il reçoit trop de vœux.
  Agitez vos marais bourbeux ;
Excitez contre lui mille vapeurs mortelles ;
  Déployez, étendez vos ailes ;
  Que tous les vents impétueux
  S'efforcent d'éteindre ses feux.
Osons tous obscurcir ses clartés les plus belles ;
Osons nous opposer à son cours trop heureux.

(*Le serpent s'élance dans l'air, et retombe frappé des traits du dieu de la lumière.*)

>   Quels traits ont crevé le nuage,
> Quel torrent enflammé s'ouvre un brillant passage :
> Tu triomphes, soleil! tout cède à ton pouvoir.
>   Que d'honneurs tu vas recevoir!
>   Ah! quelle rage! ah! quelle rage!
>   Quel désespoir! quel désespoir!

Dans tous les autres *prologues* de Quinault, la louange est directe, quoique le plus souvent la fable soit allégorique. Dans celui d'*Alceste*, la nymphe de la Seine se plaint à la Gloire de l'absence de son héros :

>   Hélas! superbe Gloire, hélas!
>   Ne dois-tu point être contente?
> Le héros que j'attends ne reviendra-t-il pas?
> Il ne te suit que trop dans l'horreur des combats.
> Laisse en paix un moment sa valeur triomphante.
> Le héros que j'attends ne reviendra-t-il pas?
>   Serai-je toujours languissante
>   Dans une si cruelle attente?
> Le héros que j'attends ne reviendra-t-il pas?

LA GLOIRE.

> Pourquoi tant murmurer? Nymphe, ta plainte est vaine.
> Tu ne peux voir sans moi le héros que tu sers.
> Si son éloignement te coûte tant de peine,
> Il récompense assez les douceurs que tu perds.
> Vois ce qu'il fait pour toi quand la Gloire l'emmène;
>   Vois comme sa valeur a soumis à la Seine
> Le fleuve le plus fier qui soit dans l'univers.

Dans le *prologue* de *Thésée*, on voit Mars et

Vénus également occupés de la gloire et des plaisirs de Louis XIV.

VÉNUS.

Inexorable Mars, pourquoi déchaînez-vous
Contre un héros vainqueur tant d'ennemis jaloux?
Faut-il que l'univers avec fureur conspire
    Contre le glorieux empire
    Dont le séjour nous est si doux?

MARS.

Que dans ce beau séjour rien ne vous épouvante.
Un nouveau Mars rendra la France triomphante :
Le destin de la guerre en ses mains est remis;
    Et si j'augmente
    Le nombre de ses ennemis,
C'est pour rendre sa gloire encor plus éclatante.
Le dieu de la valeur doit toujours l'animer.

VÉNUS.

Vénus répand sur lui tout ce qui peut charmer.

MARS.

Malheur, malheur à qui voudra contraindre
    Un si grand héros à s'armer!
    Tout doit le craindre.

VÉNUS.

Tout doit l'aimer.

Dans le *prologue* d'*Atys*, c'est le Temps qui fait cet éloge du même roi.

En vain j'ai respecté la célèbre mémoire
    Des héros des siècles passés;
C'est en vain que leurs noms, si fameux dans l'histoire,
Du sort des noms communs ont été dispensés;

Nous voyons un héros dont la brillante gloire
Les a presque tous effacés.

Dans le *prologue* d'*Isis*, Neptune dit à la renommée :

Mon empire a servi de théâtre à la guerre ;
Publiez des exploits nouveaux.
C'est le même vainqueur si fameux sur la terre.
Qui triomphe encore sur les eaux.

Et la renommée dit elle-même :

Ennemis de la paix, tremblez :
Vous le verrez bientôt courir à la victoire.
Vos efforts redoublés
Ne serviront qu'à redoubler sa gloire.

Dans le *prologue* de *Proserpine*, on voit la Paix et les Plaisirs enchaînés dans l'antre de la Discorde.

LA PAIX.

Héros, dont la valeur étonne l'univers,
Ah ! quand briserez-vous nos fers ?
La Discorde nous tient ici sous sa puissance ;
La barbare se plait à voir couler mes pleurs.
Soyez touché de nos malheurs ;
Vous êtes dans nos maux notre unique espérance.
Héros, dont la valeur étonne l'univers,
Ah ! quand briserez-vous nos fers ?

LA DISCORDE.

Soupirez, triste Paix, malheureuse captive ;
Gémissez, et n'espérez pas
Qu'un héros que j'engage en de nouveaux combats

Écoute votre voix plaintive.
Plus il moissonne de lauriers,
Plus j'offre de matière à ses travaux guerriers.
J'anime les vaincus d'une nouvelle audace;
  J'oppose, à la vive chaleur
  De son indomptable valeur,
Mille fleuves profonds, cent montagnes de glace.
La Victoire, empressée à conduire ses pas,
Se prépare à voler aux plus lointains climats.
 Plus il la suit, plus il la trouve belle;
  Il oublie aisément pour elle
  La paix et ses plus doux appas....

LA VICTOIRE.

Venez, aimable Paix, le vainqueur vous appelle,
La Victoire devient votre guide fidèle;
  Venez dans un heureux séjour.
  Vous, Discorde affreuse et cruelle,
  Portez ses fers à votre tour.

LA DISCORDE.

Orgueilleuse Victoire, est-ce à toi d'entreprendre
  De mettre la Discorde aux fers?
A quels honneurs, sans moi, peux-tu jamais prétendre?

LA VICTOIRE.

  Ah! qu'il est beau de rendre
  La paix à l'univers!

LA DISCORDE.

Tes soins pour le vainqueur pouvaient plus loin s'étendre.
Que ne conduisais-tu le héros que tu sers,
Où cent lauriers nouveaux lui sont encore offerts?
La Gloire au bout du monde aurait été l'attendre.

LA VICTOIRE.

  Ah! qu'il est beau de rendre
  La paix à l'univers!

Après avoir vaincu mille peuples divers,
Quand on ne voit plus rien qui se puisse défendre,
Ah! qu'il est beau de rendre
La paix à l'univers!

LA DISCORDE.

O cruel esclavage!
Je ne verrai donc plus de sang et de carnage?
Ah! pour mon désespoir faut-il que le vainqueur
Ait triomphé de son courage?
Faut-il qu'il ne laisse à ma rage
Rien à dévorer que mon cœur?

Dans le *prologue* de *Persée*, c'est la Vertu et la Fortune qui se réconcilient en faveur de Louis XIV.

LA FORTUNE.

Effaçons du passé la mémoire importune.
J'ai toujours contre vous vainement combattu.
Un auguste héros ordonne à la Fortune
D'être en paix avec la Vertu.

LA VERTU.

Ah! je le reconnais sans peine;
C'est le héros qui calme l'univers.

LA FORTUNE.

Lui seul pour vous pouvait vaincre ma haine :
Il vous révère, et je le sers.
Je l'aime constamment, moi qui suis si légère :
Par-tout, suivant ses vœux, avec ardeur je cours.
Vous paraissez toujours sévère,
Et vous êtes toujours
Ses plus chères amours.

LA VERTU.

Mes biens brillent moins que les vôtres;
Vous trouvez tant de cœurs qui n'adorent que vous!
Vous les enchantez presque tous.

LA FORTUNE.

Vous régnez sur un cœur qui vaut seul tous les autres.
Ah! s'il m'eût voulu suivre, il eût tout surmonté;
Tout tremblait, tout cédait à l'ardeur qui l'anime :
C'est vous, Vertu trop magnanime,
C'est vous qui l'avez arrêté.

LA VERTU.

Son grand cœur s'est mieux fait connaître;
Il a fait sur lui-même un effort généreux.
Il veut rendre le monde heureux;
Il préfère, au bonheur d'en devenir le maître,
La gloire de montrer qu'il mérite de l'être.
(*Ensemble.*)
Sans cesse combattons à qui servira mieux
Ce héros glorieux.

Dans le *prologue* de *Phaéton*, c'est le retour de l'âge d'or.

SATURNE.

Un héros qui mérite une gloire immortelle,
Au séjour des humains aujourd'hui nous rappelle
Le siècle qui du monde a fait les plus beaux jours
Doit sous son règne heureux recommencer son cours.
Il calme l'univers, le Ciel le favorise;
Son auguste sang s'éternise;
Il voit combler ses vœux par un héros naissant;
Tout doit être sensible au plaisir qu'il ressent.
L'Envie en vain frémit de voir les biens qu'il cause
Une heureuse paix est la loi

Que ce vainqueur impose :
Son tonnerre inspire l'effroi
Dans le temps même qu'il repose.

Dans le *prologue* d'*Armide*, c'est la Gloire et la Sagesse qui se disputent à qui l'aime le mieux.

LA GLOIRE.

Tout doit céder dans l'univers
A l'auguste héros que j'aime.
L'effort des ennemis, les glaces des hivers,
Les rochers, les fleuves, les mers,
Rien n'arrête l'ardeur de sa valeur extrême.

LA SAGESSE.

Tout doit céder dans l'univers
A l'auguste héros que j'aime.
Il est maitre absolu de cent peuples divers,
Et plus maitre encor de lui-même.
(*La même et sa suite.*)
Chantons la douceur de ses lois.

LA GLOIRE *et sa suite.*

Chantons ses glorieux exploits.
(*Ensemble.*)
D'une égale tendresse
Nous aimons le même vainqueur

LA SAGESSE.

Fière Gloire, c'est vous....

LA GLOIRE.

C'est vous, douce Sagesse,
(*Ensemble.*)
C'est vous qui partagez avec moi son grand cœur.
Qu'un vain désir de préférence
N'altère point l'intelligence

Que ce héros entre nous veut former ;
Disputons seulement à qui sait mieux l'aimer.

Dans le *prologue* d'*Amadis*, le plus ingénieux de tous, l'éloge de Louis XIV semblait plus difficile à amener; et le poëte l'y a fait entrer d'une façon plus adroite encore et plus naturelle que dans tous les autres. C'est le réveil d'Urgande et de sa suite après un long enchantement :

URGANDE.

Lorsque Amadis périt, une douleur profonde
Nous fit retirer dans ces lieux :
Un charme assoupissant devait fermer nos yeux,
Jusqu'aux temps fortunés que le destin du monde
Dépendrait d'un héros encor plus glorieux.

ALQUIF.

Ce héros triomphant veut que tout soit tranquille.
En vain mille envieux s'arment de toutes parts :
D'un mot, d'un seul de ses regards,
Il sait rendre à son gré leur fureur inutile.
(*Ensemble.*)
C'est à lui d'enseigner
Aux maîtres de la terre
Le grand art de la guerre ;
C'est à lui d'enseigner
Le grand art de régner.

J'ai recueilli ces traits, parce qu'ils sont mis en oubli, que ces *prologues* n'ont plus lieu, et que personne ne s'avise guère de les lire, persuadé, comme on l'est, qu'ils ne sont pleins que de fades louanges et de petits airs doucereux. On y peut voir que, de tous les flatteurs de Louis XIV, Quinault a été le moins coupable, puisqu'en le louant à l'excès du côté de la gloire des armes, il n'a cessé de mettre au-dessus de cette gloire même la magnanimité, la clémence, la justice, et l'amour de la paix, et que, les lui attribuer comme ses vertus favorites, c'était du moins les lui recommander.

Depuis qu'on a inventé l'opéra-ballet, c'est-à-dire un spectacle composé d'actes détachés quant à l'action, mais réunis sous une idée collective, comme les sens, les éléments, le *prologue* leur a servi de frontispice commun : c'est ainsi que le débrouillement du chaos fait le *prologue* du ballet des éléments; et le début de ce *prologue* est digne d'être cité pour modèle à côté de ceux de Quinault.

> Les temps sont arrivés : cessez, triste chaos.
> Paraissez, éléments. Dieux, allez leur prescrire
>   Le mouvement et le repos.
> Tenez-les enfermés chacun dans son empire.
> Coulez, ondes, coulez. Volez, rapides feux.
> Voile azuré des airs, embrassez la nature.
> Terre, enfante des fruits, couvre-toi de verdure.
>   Naissez, mortels, pour obéir aux dieux.

PROSAÏQUE. Vers *prosaïque*. Style *prosaïque*.

Dans la très-haute poésie, il est aisé de distinguer un vers *prosaïque*, et d'en indiquer le défaut. Le caractère de ce genre de poésie est si marqué par le coloris, l'harmonie, la pompe de l'expression, la hardiesse des tours, des mouvements et des images, que, lorsqu'elle descend au ton et au langage de la prose, c'est-à-dire lorsqu'elle emploie un style dénué d'harmonie et de couleur, faible d'expression, languissant, ou timide dans les tours ou dans les figures, on dit: C'est de la prose; et l'on s'y trompe rarement.

Mais lorsque la poésie se rapproche du style familier, comme dans l'épître et dans la comédie, quel est son caractère distinctif, et à quoi reconnaître le vers qu'on peut appeler *prosaïque?* Citons quelques vers sans couleur, sans inversions, sans hardiesse :

> On plaît moins par l'esprit que par le caractère.
> La honte est dans l'offense, et non pas dans l'excuse.
> Qui n'a point de désir est exempt de besoins.
> L'homme toujours heureux sait-il s'il est aimé?
> On affaiblit toujours ce que l'on exagère.
> Qui méprise sa vie est maître de la mienne.
> Le malheur n'avilit que les cœurs sans courage.
> Nous perdons par degrés les erreurs les plus chères.
> Il faut rendre meilleur le pauvre qu'on soulage.
> Les bêtes ne sont pas si bêtes que l'on pense.
> Chacun croit aisément ce qu'il craint ou désire.
> Qu'il est dur de haïr ce qu'on voudrait aimer!

Voilà certainement d'excellents vers et d'excellentes lignes de prose, à la mesure près : nulle image, nulle licence, nulle métaphore hardie, rien qui ne soit du style le plus naturel et le plus familier. C'est ainsi que l'on parle lorsqu'on parle bien ; et cela même fait encore que ces vers sont meilleurs. Qu'est-ce donc qui distingue un vers *prosaïque* d'un vers qui ne l'est pas? Un seul défaut. Lequel? Le manque d'harmonie? Non, pas encore. Il y a de très-bons vers dont l'harmonie n'est pas sensible.

> Quand tout le monde a tort, tout le monde a raison.
> Tel est devenu fat à force de lecture,
> Qui n'eût été qu'un sot en suivant la nature.
> Un sot savant est sot plus qu'un sot ignorant.

Nulle harmonie dans ces vers : le dernier même est pénible à l'oreille, et n'en est pas moins bon. Quel est donc le défaut qui fait qu'un vers est *prosaïque?* Le mot latin *soluta oratio* nous l'indique ; et ces vers de Boileau nous le font sentir encore mieux :

> Maudit soit le premier dont la verve insensée
> Dans les bornes d'un vers enferma sa pensée,
> Et donnant à ses mots une étroite prison,
> Voulut avec la rime enchaîner la raison.

C'est l'adresse et la précision avec laquelle une pensée est enchâssée dans un vers, dont elle remplit la mesure, sans qu'on y aperçoive ni du vide ni de la gêne, et de manière que l'expression y semble comme jetée au moule ; c'est là ce qui distingue essentiellement les vers bien faits, des vers lâches, des vers contraints, et enfin des vers *prosaïques.*

Ainsi, par exemple, les vers de Campistron et de La Grange sont souvent *prosaïques*, bien que le style en soit plus élevé que celui de la prose, parce qu'ils sont diffus et faibles ; ainsi ceux de Racine ne le sont jamais, parce qu'ils sont pleins. Ainsi les beaux vers de Corneille sont les plus beaux vers de notre langue, parce que la nature elle-même semble les avoir faits, et que la pensée qu'ils expriment semble être née dans la tête du poëte revêtue de son expression. Quoi de plus semblable à de la bonne prose, et quoi de plus heureux que ces vers?

> Rome, si tu te plains que c'est là te trahir,
> Fais-toi des ennemis que je puisse haïr.
> Nous ne sommes qu'un sang et qu'un peuple en deux villes.
> Pourquoi nous déchirer par des guerres civiles?
> Dis-lui que l'amitié, l'alliance, l'amour,
> Ne pourront empêcher que les trois Curiaces
> Ne servent leur pays contre les trois Horaces.

Il y en a mille dans ce poëte, mille dans Racine, mille dans Voltaire, qui, à la mesure près, sont les mêmes phrases que Bossuet ou Massillon auraient employées pour exprimer en prose le même sentiment ou la même pensée. Mais cette alliance parfaite de la justesse, de l'élégance, de la force de l'expression, avec la mesure, la cadence et la rime, procure à l'esprit et à l'oreille en même temps, cette satisfaction mêlée de surprise, qui naît d'une difficulté ingénieusement vaincue, plaisir expressément attaché aux bons vers.

C'est par-là que ce qui n'est souvent dans les vers de Racine qu'une prose élégante et noble, telle que Bossuet l'aurait faite, ne laisse pas de former de beaux vers.

> Pensez-vous être saint et juste impunément?
> Ce temple l'importune, et son impiété
> Voudrait anéantir le dieu qu'il a quitté.
> Pour vous perdre il n'est point de ressort qu'il n'invente :
> Quelquefois il vous plaint, souvent même il vous vante.
> Celui qui met un frein à la fureur des flots,
> Sait aussi des méchants arrêter les complots :
> Soumis avec respect à sa volonté sainte,
> Je crains Dieu, cher Abner, et n'ai point d'autre crainte.

Si mon observation est juste, il n'y a point de style poétique proprement dit; et avec de la poésie (ou ce qu'on appelle communément ainsi), on peut faire de mauvais vers, comme on peut en faire d'excellents avec de la prose; rien, par exemple, de plus semblable à de la prose que ces vers de Molière, et cependant rien de mieux fait.

> Qu'importe qu'elle manque aux lois de Vaugelas?
> Pourvu qu'à la cuisine elle ne manque pas.
> J'aime bien mieux, pour moi, qu'en épluchant ses herbes,
> Elle accommode mal les noms avec les verbes,
> Et redise cent fois un bas et méchant mot,
> Que de brûler ma viande ou saler trop mon pot :
> Je vis de bonne soupe, et non de beau langage.
> Vaugelas n'apprend point à bien faire un potage;
> Et Malherbe et Balzac, si savants en bons mots,
> En cuisine peut-être auraient été des sots.

Au contraire, rien de plus poétique à ce qu'on dit, que des vers où les inversions, les métaphores, les hyperboles, les épithètes éclatantes, les expressions étranges et hardies sont prodiguées; mais dans lesquels tous ces mots entassés ne font que gonfler l'expression, et promener dans un long détour une pensée faible et commune. Ainsi ceux qui refusent le nom de poëmes aux comédies de Molière, au *Tartuffe*, au *Misanthrope*, à *l'École des femmes*, à *l'École des maris*, aux *Femmes savantes*, et qui appellent cela de la prose rimée, et ceux qui se récrient sur la belle versification d'une pièce qui n'est souvent qu'une déclamation traînante ou qu'un pompeux galimatias, me semblent également ignorer ce qui fait les vers *prosaïques*, et ce qui caractérise les bons vers.

Il faut observer cependant que ce qui dans la prose est incompatible avec la précision, avec le tour vif, animé, rapide et de l'expression et de la pensée; ce qui rend l'une trop diffuse et l'autre languissante; ce qui embarrasse ou retarde leur mouvement et les appesantit; des formules de transitions et de raisonnements, de longs mots dénués d'harmonie, des contextures de phrases enchevêtrées ou prolongées; tout cela, dis-je, doit être exclu des vers, par la raison que, dans ce petit cercle où l'expression est renfermée, tout doit être net et pressé. Le nécessaire y doit trouver place comme dans un navire, et l'inutile en être rejeté; ou, pour me servir d'une autre image, la versification est une mosaïque dont il faut remplir le dessin; les pièces en sont presque toutes éparses dans la prose; il s'agit de les discerner, de les choisir, de les mettre à leur place, de les adapter de manière que chacune d'elles porte une nuance au tableau, et que toutes ensemble, sans laisser aucun vide, sans se gêner, sans déborder l'espace qui leur est prescrit, forment un tout dans lequel l'industrie et le travail se dérobent aux yeux.

PROSODIE. Ou les sons élémentaires de la langue française ont une valeur appréciable et constante, et alors sa *prosodie* est décidée; ou ils n'ont aucune durée prescrite, et alors ils sont dociles à recevoir la valeur qu'il nous plaît de leur donner; ce qui ferait de la langue française la plus souple de toutes les langues; et ce n'est pas ce que l'on prétend, lorsqu'on lui dispute sa *prosodie*.

Que m'opposera donc le préjugé que j'attaque? Dire que les syllabes françaises sont en même temps indécises dans leur valeur et décidées à n'en avoir aucune, c'est dire une chose absurde en elle-même : car il n'y a point de son pur ou articulé qui ne soit naturellement disposé à la lenteur ou à la vîtesse, ou également susceptible de l'une et de l'autre; et son caractère ne peut l'éloigner de celle-ci, sans l'incliner vers celle-là.

Les langues modernes, dit-on, n'ont point de syllabes qui soient longues ou brèves par elles-mêmes. L'oreille la moins délicate démentira ce préjugé; mais je suppose que cela soit, les langues anciennes en ont-elles davantage? Est-ce par elle-même qu'une syllabe est tantôt brève et tantôt longue dans les déclinaisons latines? Veut-on dire seulement que dans les langues modernes la valeur *prosodique* des syllabes manque de précision? Mais qu'est-ce qui empêche de lui en donner? L'auteur de l'excellent *Traité de la Prosodie française*, après avoir observé qu'il y a des brèves plus brèves, des longues plus longues, et une infinité de douteuses, finit par décider que tout se réduit à la brève et à la longue; en effet, tout ce que l'oreille exige, c'est la précision de ces deux mesures; et si, dans le langage familier, leur quantité relative n'est pas complète, c'est à l'acteur, c'est au lecteur d'y suppléer en récitant. Les Latins avaient, comme nous, des longues plus longues, des brèves plus brèves, au rapport de Quintilien; et les poëtes ne laissaient pas de leur attribuer une valeur égale.

Quant aux douteuses, ou elles changent de valeur en changeant de place; alors, selon la place qu'elles occupent, elles sont décidées brèves ou longues; ou réellement indécises, elles reçoivent le degré de lenteur ou de vîtesse qu'il plaît au poëte de leur donner ; alors, loin de mettre obstacle au nombre, elles le favorisent ; et plus il y a dans une langue de ces syllabes dociles aux mouvements qu'on leur imprime, plus la langue elle-même obéit aisément à l'oreille qui la conduit. Je suppose donc, avec l'abbé d'Olivet, tous nos temps syllabiques réduits à la valeur de la longue et de la brève : nous voilà en état de donner à nos vers une mesure exacte et des nombres réguliers.

« Mais où trouver, me dira-t-on, le type des quantités de notre langue? L'usage en est l'arbitre, mais l'usage varie ; et sur un point aussi délicat que l'est la durée relative des sons, il est malaisé de saisir la vraie décision de l'usage. »

Il est certain que, tant que les vers n'ont point de mètre précis et régulier dans une langue, sa *prosodie* n'est jamais stable ; c'est dans les vers qu'elle doit être comme en dépôt, semblable aux mesures que l'on trace sur le marbre pour rectifier celles que l'usage altère ; et sans cela comment s'accorder ? La volubilité, la mollesse, les négligences du langage familier sont ennemies de la précision. *Fluxa et lubrica res sermo humanus*, dit Platon. Vouloir qu'une langue ait acquis par l'usage seul une *prosodie* régulière et constante, c'est vouloir que les pas se soient mesurés d'eux-mêmes sans être réglés par le chant.

Chez les anciens, la musique a donné ses nombres à la poésie; ces nombres, employés dans les vers et communiqués aux paroles, leur ont donné telle valeur; celles-ci l'ont retenue et l'ont apportée dans le langage; les mots pareils l'ont adoptée, et par la voie de l'analogie le système *prosodique* s'est formé insensiblement. Dans les langues modernes, l'effet n'a pu précéder la cause, et ce ne sera que long-temps après qu'on aura prescrit aux vers les lois du nombre et de la mesure, que la *prosodie* sera fixée et unanimement reçue.

En attendant, elle n'a, je le sais, que des règles défectueuses; mais ces règles, corrigées l'une par l'autre, peuvent guider nos premiers pas.

1° L'usage, consulté par une oreille attentive et juste, lui indiquera, sinon la valeur exacte des sons, au moins leur inclination à la lenteur ou à la vîtesse.

2° La déclamation théâtrale vient à l'appui de l'usage, et détermine ce qu'il laisse indécis.

3° La musique vocale habitue depuis long-temps nos oreilles à saisir de justes rapports dans la durée relative des sons élémentaires de la langue; et le chant mesuré, dont nous sentons mieux que jamais le charme, va rendre plus précise encore la justesse de ces rapports. Ainsi des observations faites sur l'usage du monde, sur la déclamation théâtrale, et sur le chant mesuré; de ces observations recueillies avec soin, combinées ensemble et rectifiées l'une par l'autre, peut résulter enfin un système de *prosodie* fixe, régulier et complet.

Q.

Question. Toute discussion philosophique ou oratoire suppose un doute à éclaircir; et l'objet du doute est la *question*, le point de la *question*. *Toutes nos idées viennent-elles des sens? La pensée peut-elle être un mode de la matière?* Voilà des *questions* métaphysiques. *Est-ce dans le vide ou dans un fluide que les corps célestes se meuvent? et agissent-ils l'un sur l'autre par un milieu ou sans milieu?* Voilà des *questions* de physique. *Le vice n'est-il pas toujours un faux calcul de l'amour propre? Y a-t-il rien de plus intéressant pour l'homme en société, que d'être juste et bon?* Voilà des *questions* de morale.

On voit que les *questions* philosophiques sont communément générales : elles le sont toujours, dans leur principe et dans leur résultat, lors même que la discussion roule sur un objet particulier, comme de savoir, par exemple, si Socrate n'eût pas mieux fait, en s'échappant de sa prison, d'éviter à ses juges le crime de sa mort; si Caton d'Utique n'eût pas mieux fait d'imiter Solon, et de survivre à la liberté, pour tâcher d'être encore utile à sa patrie, en inspirant quelque pudeur à l'ambition de César.

Les *questions* oratoires sont aussi générales, dans ce que les rhéteurs appellent le genre *indéfini*, c'est-à-dire le genre philosophique orné des formes oratoires. Mais, comme je l'ai dit ailleurs, toutes les fois que la *question* n'en est pas réductible à des espèces particulières, l'éloquence est perdue : son objet doit être usuel; et quelque essor que prenne la spéculation, son but doit être la pratique. L'épervier s'élève jusques aux nues; mais c'est pour fondre sur sa proie avec plus de rapidité : c'est l'image de l'éloquence qui attaque les vices et les abus, et singulièrement de l'éloquence de la chaire.

Dans le genre délibératif, où il s'agit d'une résolution à prendre, il est évident que la *question* est particulière; elle l'est de même dans le genre de controverse, où il s'agit d'un jugement à prononcer. Mais dans l'un et l'autre, il est rare qu'elle ne tienne point à quelque principe général.

Rien ne semble plus isolé qu'une *question* de fait; elle ne laisse pas de conduire souvent à la solution d'un problème : comme de savoir, par exemple, à quel degré de certitude peuvent s'élever les probabilités, ou quelles sont les forces respectives des témoignages et des indices.

Lorsque l'existence du fait ou de la chose est décidée, et que l'on ne dispute que de la qualité, la solution dépend toujours d'un principe qui peut lui-même être reçu ou contesté entre les deux parties.

Milon a-t-il tué Clodius? voilà un fait que Cicéron conteste, mais faiblement; et ce n'est pas l'endroit où il prétend se retrancher. Mais *lequel des deux, de Clodius ou de Milon, a eu dessein d'attaquer l'autre et lui a tendu des embûches?* C'est ici le point capital. Ce n'est donc plus de l'existence, mais de la qualité de l'action qu'il s'agit : si elle est attaque ou défense; si elle est comprise dans ce principe, qu'*un citoyen qui tue un citoyen est coupable et digne de mort;* ou exceptée par celui-ci, que *tout homme a le droit de conserver et de défendre sa propre vie.* C'est là ce qu'on appelle l'état de la *question*.

Le principe n'est pas plus contesté dans le procès qu'Eschine intente à Démosthène : ils conviennent tous les deux qu'un mauvais citoyen, un homme corrompu, un orateur pernicieux, est indigne des honneurs destinés au mérite et à la vertu. Mais que Démosthène ait été ce mauvais citoyen, ou que son zèle, son dévouement, la noblesse de ses conseils, et les services signalés qu'il a rendus à sa patrie, lui aient mérité la couronne d'or que Ctésiphon lui a décernée; c'est le problème de cette grande cause, où Démosthène a déployé toute la vigueur de cette dialectique, qui est le nerf de son éloquence.

Lorsque c'est le principe même qui est en *question*, l'éloquence et la philosophie s'y déploient en liberté; et ce sont les plus belles causes. Telle fut celle de Marc-Antoine, lorsque, forcé d'avouer que Norbanus avait soulevé le peuple contre Cœpion, il osa faire l'apologie d'une sédition populaire. *Toute sédition est criminelle : cela est faux*, disait Antoine : *toute sédition est un malheur sans doute, mais quelquefois un malheur nécessaire, et c'est alors une action légitime : souvenons-nous que c'est à des séditions que Rome a dû sa liberté.*

Quand l'orateur a réfuté le principe de l'adversaire, et qu'il a établi le sien, il lui reste encore le plus souvent à faire voir que la *question* agitée tient au principe qu'il a posé, et que ses conclusions en sont les conséquences. La cause a donc alors deux points de controverse : d'abord, le principe de droit ; et puis, l'espèce et le rapport de la cause avec ce principe. Alors Cicéron recommande de se tenir, le plus que l'on peut, dans la *question* générale, parce qu'elle offre un champ plus vaste à l'éloquence, et que l'orateur y est placé comme dans un poste éminent, d'où il domine sur la cause. Il me semble pourtant que l'attention de l'orateur, comme celle du général d'armée, doit se porter sur le point le plus faible ; et que le principe une fois solidement prouvé, si c'est le fait qui demeure équivoque, c'est vers l'endroit qui périclite que l'éloquence doit se hâter de réunir tous ses efforts. *Voyez* PREUVE.

R.

Récitatif. Du côté du musicien, le *récitatif* est l'espèce de chant qui approche le plus de l'accent naturel de la parole; et du côté du poëte, c'est la partie de la scène destinée à cette espèce de chant.

Lorsqu'en Italie on imagina de noter la déclamation théâtrale, l'objet de la musique fut, comme celui de la poésie, d'embellir la nature en l'imitant, c'est-à-dire de donner à la déclamation chantée une mélodie plus agréable pour l'oreille, et, s'il était possible, plus touchante pour l'ame que l'expression naturelle de la parole, sans toutefois contrarier ni trop altérer celle-ci : en sorte que la ressemblance embellie fît encore son illusion.

Le principe de tous les arts qui se proposent d'imiter la nature, est que l'imitation soit quelque chose de ressemblant, et non pas de semblable.

L'imitation est donc un mensonge, soit dans le moyen, soit dans la manière dont elle fait illusion; et ce qu'il y a de singulier, c'est que le témoignage confus que nous nous rendons à nous-mêmes que l'art nous trompe, est la cause du plaisir sensible et délicat que nous éprouvons à être trompés. Il doit donc y avoir dans l'imitation une ressemblance, afin que l'ame y soit trompée; mais il doit y avoir en même temps une différence sensible, afin que l'ame s'aperçoive et jouisse confusément de son erreur.

Ce n'est pas que la nature même, présentée sur un théâtre avec toute sa vérité, comme dans les combats de gladiateurs ou d'animaux, ne pût faire une sorte de plaisir, si en elle-même elle était assez belle ou assez touchante : mais ce plaisir serait l'effet direct de la réalité, et non l'effet de la surprise que l'art nous cause quand nous admirons son adresse, et que, semblable à Galatée, il se cache, et se laisse encore apercevoir en se cachant.

Alternativement savoir et oublier que l'imitation est un artifice; sentir à chaque instant le mérite de l'art, en le prenant pour la nature; jouir par sentiment des apparences de la vérité, et par réflexion des charmes du mensonge : voilà le composé réel, quoique ineffable, du plaisir que nous font les arts d'imitation.

J'ai dit que le mensonge était tantôt dans le moyen, tantôt dans la manière dont s'opérait l'illusion : dans le moyen, lorsque, par exemple, la peinture, avec une toile et des couleurs, imite des contours, des reliefs, des lointains, etc. ; dans la manière, lorsque le moyen de l'art et celui de la nature sont les mêmes, et que l'art ne fait que le modifier d'une manière qui lui est propre, et qui donne de l'avantage à l'imitation sur le modèle. C'est ainsi que la tragédie s'exprime en vers et d'un ton plus élevé que ne le fut jamais le ton de la nature; c'est ainsi que la comédie réunit dans un seul caractère plus de traits de ridicule, et dans une seule action plus d'incidents et de rencontres singulières, que le même espace de temps ne nous en eût fait voir dans la réalité; c'est ainsi enfin que, dans l'opéra, on a permis de porter la licence de la fiction jusqu'à faire parler en chantant.

De même tous les arts d'imitation ont leurs *données*; et les seules conditions qu'on leur impose sont l'illusion et le plaisir.

S'il est donc vrai que le chant, comme les vers, embellisse l'imitation de la parole, sans détruire l'illusion; on aurait tort de se refuser au nouveau plaisir qu'il nous cause : ce ne sera jamais un peuple doué d'une oreille sensible qui se plaindra qu'on lui parle en chantant.

Les Italiens ont trouvé dans cette licence une source intarissable de sensations délicieuses; et leur imagination, assez vive pour être encore séduite par une imitation éloignée de la nature, n'a presque pas mis de bornes à la liberté accordée au musicien.

Les Français jusqu'ici ont été plus sévères, par la raison peut-être que leur imagination est moins vive, ou leur organe moins sensible.

Cependant, chez les Italiens mêmes, l'art, timide dans sa naissance, se tint le plus près qu'il lui fut possible de la nature. Le *récitatif*, c'est-à-dire une déclamation notée et non mesurée, ou quelquefois seulement accompagnée par la symphonie, et avec elle soumise aux lois de la mesure et du mouvement, fut d'abord tout ce qu'on osa se permettre : dans la suite on fut plus hardi.

Or de savoir s'il fallait s'en tenir à cette première simplicité, ou jusqu'à quel point l'art pouvait s'étendre et s'éloigner de la vérité, à condition de l'embellir ; c'est un problème que la spéculation ne peut résoudre, mais dont l'expérience et le sentiment, chez les différents peuples du monde, nous donnent la solution.

La scène déclamée est ce qu'il y a de plus ressemblant au ton naturel de la parole. La scène chantée sans accompagnement et sans mesure, est ce qui approche le plus de la déclamation. Le récit obligé s'en éloigne un peu davantage, soit parce qu'il est accompagné, et que cette alliance de la symphonie avec la voix n'a point de modèle dans la nature, soit parce qu'il est mesuré, et que l'expression naturelle de nos pensées et de nos sentiments ne l'est pas. Enfin l'air est encore une imitation plus altérée, plus éloignée de la vérité ; car la rondeur, la symétrie, et l'unité du chant ne ressemblent que de très-loin aux modulations libres et naturelles de la voix.

Si donc on ne cherchait dans l'expression musicale que la vérité de l'imitation, et si, pour produire l'illusion, il fallait que l'imitation fût fidèle; il n'y aurait aucun doute que la musique la plus parfaite ne fût le simple *récitatif;* et ce *récitatif* lui-même, moins naturel que la déclamation, n'en eût pas dû prendre la place.

Mais dans l'imitation, on ne cherche pas seulement la vérité; on y désire, comme je l'ai dit, la vérité embellie, c'est-à-dire une impression plus agréable que celle de la vérité même, ou de son exacte ressemblance; il s'agit donc ici d'un calcul de plaisirs.

Ne demandez-vous qu'à être émus par le tableau le plus frappant d'une action pathétique? fuyez loin du théâtre où l'on chante, et allez à celui où des acteurs habiles donnent aux passions leur accent naturel : une voix étouffée, une voix déchirante, les gémissements, les cris, les sanglots d'un Brizard, d'une Dumesnil, vous feront plus d'illusion et une impression plus profonde, que les éclats de voix d'une Le Maure, ou que les sons mélodieux d'une Faustine ou d'un Farinelli; et à l'avantage de l'expression se joindra celui d'un poëme où le génie, n'étant gêné sur rien, n'a eu rien à sacrifier. *Voyez* Lyrique.

Mais voulez-vous joindre, au plaisir d'être ému d'étonnement, de crainte, ou de pitié, celui d'avoir l'oreille agréablement affectée par une succession ou par un ensemble de sons touchants, de sons harmonieux? allez au théâtre où l'on chante, et demandez à ce théâtre que l'art du chant y soit porté au plus haut degré d'expression et de charme.

Qu'on se rappelle donc ce qu'on s'est proposé, lorsque de la tragédie on a fait l'opéra : on a voulu jouir à-la-fois des plaisirs de l'esprit, de l'ame, et de l'oreille. Il a donc fallu d'abord que la déclamation fût, non-seulement expressive, mais encore mélodieuse; et tant qu'on n'a pas eu d'autre chant que le *récitatif*, on a eu raison de le rendre le plus chantant qu'il a été possible; de là les cadences, les ports de voix, les tenues, les prolations que les Français y ont introduites pour y faire briller l'organe d'un Muraire, ou d'une Le Maure.

Les Italiens, au contraire, se sont fait un *récitatif* dénué de tout ornement. Ils n'ont pu noter les accents inappréciables de la parole; mais la voix des chanteurs habiles a su ajouter à la note, des inflexions, des liaisons, des nuances de sons, pour m'exprimer ainsi, qui ont rapproché, autant qu'il est possible, les accents de la mélopée de ceux de la simple déclamation : par-là ils ont rendu leur *récitatif* le moins chantant qu'il pouvait l'être. Mais en revanche ils y ont mêlé des morceaux d'un caractère plus marqué et d'une expression plus énergique. Dans ces morceaux qu'ils appellent *récitatif obligé*, la mesure et le mouvement sont prescrits; la symphonie, qui accompagne la voix, la soutient et la fortifie; elle fait plus, elle devient un nouvel organe de la pensée; et dans les silences mêmes de la voix, elle y supplée par l'expression de ce qui se passe au-dedans de l'ame, ou, pour ainsi dire, autour d'elle.

Mais, dans le courant de la déclamation, les Italiens et les Français avaient également senti que toutes les fois que la nature indiquerait des mouvements plus décidés, des inflexions plus sensibles, il fallait saisir ce moment pour rompre la monotonie du récit ou du dialogue, par un chant plus marqué, qui se détacherait du *récitatif* continu, et qui, saillant et isolé, réveillerait l'attention de l'oreille, en lui offrant un plaisir nouveau : de là ces chants phrasés et cadencés que Lulli et les Italiens de son temps employaient dans la scène. Mais quel charme pouvaient avoir des airs le plus souvent tronqués et mutilés, ou renfermés dans le cercle étroit d'une phrase simple et concise, n'ayant pour tout caractère qu'un mouvement lent ou rapide, ou qu'une succession de sons détachés ou liés ensemble, tantôt plus adoucis et tantôt plus forcés, presque toujours sans mélodie, sans agrément dans le motif, sans précision dans la mesure, sans symétrie dans le dessin?

Jusques-là il est au moins très-douteux que la déclamation eût gagné à être chantée : car du côté de la nature, elle avait évidemment perdu de son aisance, de sa rapidité, de sa chaleur et de son énergie; et du côté de l'art, qu'avait-elle acquis pour compenser toutes ces pertes?

Mais dès que le chant périodique et symétrique fut inventé, tout le prix, tout le charme de la musique fut senti; l'ame connut tout le plaisir que pouvait lui apporter l'oreille; l'Italie et l'Europe entière ne regrettèrent plus rien.

La France elle seule continuait à s'ennuyer d'une musique monotone, qu'elle applaudissait en bâillant, et qu'elle s'obstinait par vanité à faire semblant de chérir. Non-seulement elle dédaignait de connaître cette forme d'airs périodiques dont Vinci était l'inventeur, et que Leo, Pergolèse, Galluppi, Jumelli, avaient porté à un si haut degré d'expression et de mélodie; mais ce *récitatif* obligé, cette déclamation passionnée, énergique, où Porpora avait excellé, nous était encore étrangère; l'orchestre était chez nous le seul acteur qui connût la précision des mouvements et de la mesure; encore l'oubliait-il lui-même, forcé d'obéir à la voix. Le charme et le pouvoir du chant nous étaient inconnus au point qu'on attachait à des accompagnements sans dessin le grand mérite de l'artiste, et que l'on faisait consister l'excellence de la musique dans les accords. C'est presque uniquement à cette partie subordonnée que le célèbre Rameau appliquait son génie, et qu'il a dû tous ses succès.

Le don d'inventer les dessins, de les développer, de les varier avec grâce, et d'assortir au même caractère la mélodie et le mouvement; en un mot, le don de la pensée musicale, le seul auquel les Italiens attachent le nom de *génie*, Rameau en faisait peu de cas, et ne daignait l'employer qu'à ses airs de danse, dans lesquels il a excellé; injuste envers lui-même, il se glorifiait de son savoir et de son art, et méconnaissait son génie. Combiner les accords est le travail de l'homme habile; les choisir, savoir les placer, est le travail de l'homme de goût. Inventer des chants analogues au sentiment ou à la pensée, et dont la modulation variée dans sa belle simplicité enchante à-la-fois l'ame et l'oreille; voilà l'inspiration qui, dans le musicien, répond à celle du poëte, et c'est ce qui, dans notre musique vocale, a été presque inconnu jusqu'à nous.

Cependant, comme on ne saurait prendre sincèrement du plaisir à s'ennuyer, on juge bien que les Français n'épargnaient rien pour se déguiser à eux-mêmes la fatigante monotonie de leur musique vocale. Les faux agréments qu'ils y mêlaient, aux dépens de l'expression, se multipliaient tous les jours; quelques belles voix ayant excellé, les unes à former des cadences brillantes, et les autres à déployer des sons pleins et retentissants, le besoin d'aimer ce qu'on avait, et l'habitude qu'on s'était faite insensiblement d'admirer ce qui était difficile et rare, enfin l'émotion physique de l'organe auquel une belle voix plaît comme une cloche harmonieuse, cette émotion que l'on croyait être, sur la foi d'un long préjugé, le dernier degré de plaisir que pouvait faire la musique, en imposait à une nation qui ne connaissait rien de mieux.

Mais jusqu'à ce que des hommes bien organisés et doués d'une ame sensible aient réellement trouvé le beau, ils éprouvent une inquiétude secrète et confuse qu'aucune espèce d'illusion ne peut calmer : de là les efforts, les dépenses, et toutes les ressources inutiles qu'on a si long-temps employées pour sauver les Français du dégoût de leur opéra; diversité dans les poëmes, multiplicité des machines, magnificence vraiment royale, comme l'appelle La Bruyère, dans les décorations et les vêtements; usage immodéré des danses, jusqu'à faire disparaître l'action théâtrale pour ne plus voir que des ballets; multitude presque innombrable de jeunes beautés assemblées pour en décorer le spectacle; que n'a-t-on pas mis en usage? et ce théâtre a toujours été le seul dont les entrepreneurs, successivement ruinés, n'ont pu soutenir la dépense dans ce même Paris, où, sans secours et presque sans moyens, on a vu fleurir le théâtre des vaudevilles.

La cause de cette décadence continuelle de l'opéra français n'est autre que le dégoût invincible qu'on aura toujours pour une musique dénuée de chant. Le *récitatif*, quel qu'il soit, réduit à sa simplicité monotone, fatiguera toujours l'oreille ; le *récitatif* obligé, quelque expression que l'on donne à l'harmonie qui l'accompagne, quelque énergie qu'elle ajoute aux accents dont il est formé, ne répandra jamais dans la scène assez de variété, d'agréments, et de charmes; les chœurs multipliés se détruiront l'un l'autre, et ne seront plus que du bruit; les danses prodiguées deviendront insipides, comme tous les plaisirs dont on a la satiété.

A ce spectacle, un seul moyen de plaire, toujours varié, toujours sensible, toujours inépuisable dans ses ressources, c'est le chant : parce qu'il prend toutes les formes du sentiment et de la pensée; qu'en même temps qu'il flatte l'oreille, il touche l'ame; qu'il parle à l'esprit comme aux sens; et que dans sa période il réunit le double avantage de faire attendre, désirer, et jouir. Tel était le pouvoir que les anciens attribuaient à la période oratoire; et si l'art de tenir l'esprit suspendu, dans l'attente de la pensée, avait sur eux tant de puissance, qu'il leur faisait considérer l'orateur comme tenant enchaînées les oreilles de tout un peuple; que penser de l'art du musicien qui exercera le même empire, non pas sur l'esprit, mais sur l'ame, et qui saura donner le même attrait à l'expression du sentiment?

Concluons que la partie essentielle de la musique, c'est le chant : que le *récitatif* simple en est la partie faible; que le *récitatif* obligé, qui, dans les mouvements rompus et tumultueux des passions, peut emprunter de l'harmonie tant d'énergie et de puissance, n'est pourtant pas ce qu'on désire le plus vivement, et dont on se lasse le moins; que c'est de la beauté du chant périodique et mélodieux que l'ame et l'oreille sont insatiables; et que par conséquent le poëte qui écrit pour le musicien, doit regarder la partie du *récitatif* simple comme celle qui exige le style le plus rapide, afin que l'oreille, impatiente d'arriver au chant, ne se plaigne jamais qu'on l'arrête au passage; la partie du *récitatif* obligé, comme celle qui demande à être employée avec le plus de sobriété, afin que le sentiment de l'harmonie ne soit point émoussé par la fatigue de n'entendre que des accords sans dessein; et la partie du chant mélodieux et fini, comme celle dont la distribution doit être son premier objet, afin que le charme de la mélodie, le vrai plaisir de ce spectacle, se reproduise sous mille formes, et que, s'il altère la vérité de l'expression naturelle, ce ne soit que pour l'embellir.

Telle doit être, je crois, l'intention commune du poëte et du musicien : et si jamais elle est remplie dans l'opéra français, comme il est sûr qu'elle peut l'être (le succès l'a prouvé); c'est alors que le prestige de la musique, joint à celui de la peinture, des fêtes et du merveilleux qu'y répandra la poésie, fera de ce spectacle un véritable enchantement.

Mais jusques-là, qu'on ne se flatte pas de nous faire goûter un *récitatif* pur et simple ; ce ne serait pas pour l'oreille un plaisir digne de compenser celui d'une déclamation naturelle et d'une poésie affranchie des contraintes de la musique. Nous permettons à l'opéra une déclamation notée, parce que la scène parlée trancherait trop avec le chant; mais ce n'est que dans l'espérance et en faveur du chant, que nous consentons qu'on altère la déclamation naturelle : c'est là le pacte du théâtre lyrique. Qu'il nous fasse donc entendre ce qu'il promet, de beaux airs, des duo touchants, des morceaux de peinture et d'expression, où tout le charme de la mélodie et toute la puissance de l'harmonie se réunissent et se déploient. Non-seulement alors nous permettons au *récitatif* de se dégager des ports de voix, des trils, des cadences, des prolations, etc.; mais nous exigeons qu'il renonce à tous ces ornements futiles, et qu'aussi simple, aussi vrai, aussi courant qu'il sera possible, il ne fasse que rapprocher, par un peu plus d'analogie, la déclamation de la scène, de ces morceaux de chant qu'elle doit amener. Le chant est la partie essentielle et désirée de l'opéra; le *récitatif* en est une partie tolérée, comme indispensable; il faut passer par là pour arriver à ces endroits délicieux où l'oreille et l'ame se promettent de s'arrêter et de jouir; mais le chemin leur paraîtra long si leur espérance est trompée, et l'intérêt de l'action la plus vive aura lui-même bien de la peine à nous sauver de l'impatience et de l'ennui. *Voyez* AIR, CHANT, LYRIQUE.

Depuis que cet article a été imprimé pour la première fois, l'expérience en a confirmé les principes par des succès multipliés : elle m'a sur-tout affermi dans l'idée où j'étais que, pour le simple *récitatif*, le style nombreux et périodique de Quinault est préférable au style concis de Métastase. Je m'étais aperçu que les fréquents repos de ces petites phrases coupées rendaient la marche du *récitatif* pesante et monotone; pesante, à cause des repos trop fréquents; monotone, en ce que la musique a très-peu de moyens de varier ses cadences finales : et pour éviter l'un et l'autre de ces défauts, j'ai essayé de soutenir le sens, et de donner au style plus de liaison et plus d'aisance. Cet essai, que j'ai fait dans l'opéra de *Didon* et dans celui de *Pénélope*, m'a réussi au-delà même de mon attente. Le musicien, n'ayant plus à s'arrêter à chaque instant, s'est développé plus à son aise; sa phrase, articulée et soutenue par des accents plus sensibles, plus variés, a pris en même temps plus de rapidité, de chaleur et de véhémence. L'actrice admirable qui a joué les rôles de Didon et de Pénélope, s'est sentie plus entraînée par l'impulsion de ce style; elle n'a eu qu'à se livrer, pour exprimer à grands traits les sentiments dont elle était remplie; et de-là cette facilité, ce naturel, cette expression à-la-fois si simple et si tragique, qui fait regarder le *récitatif* de ces opéra comme le plus vrai, le plus sensible, le plus parfait qu'on ait entendu sur aucun théâtre du monde.

RECONNAISSANCE. Dans le poëme épique et dramatique, il arrive souvent qu'un personnage ou ne se connaît pas lui-même, ou ne connaît pas celui avec lequel il est en action; et le moment où il acquiert cette connaissance de lui-même ou d'un autre, s'appelle *reconnaissance*. C'est ainsi que, dans le poëme du Tasse, Tancrède reconnaît Clorinde après l'avoir mortellement blessée; c'est ainsi que, dans *la Henriade*, d'Ailly, le père, reconnaît son fils après l'avoir tué de sa main; c'est ainsi que, dans *Athalie*, cette reine reconnaît Joas; que, dans *Mérope*, Égisthe se connaît lui-même, et que Mérope le reconnaît; que, dans *Iphigénie en Tauride* et dans *OEdipe*, Iphigénie et son frère Oreste, OEdipe et Jocaste, sa mère, se reconnaissent mutuellement, et que chacun d'eux se connaît lui-même.

On voit, par ces exemples, que la *reconnaissance* peut être simple ou réciproque, et que des deux côtés, ou d'un seul, ce peut être soi que l'on reconnaisse ou un autre, et soi en même temps.

On peut consulter la poétique d'Aristote et le commentaire de Castelvetro sur ces différentes combinaisons de la *reconnaissance*, et sur les manières de la varier, soit relativement à la situation et à la qualité des personnes, soit relativement aux moyens qu'on emploie pour l'amener, et aux effets qu'elle peut produire.

La *reconnaissance* à laquelle Aristote donne la préférence, est celle qui naît des incidents de l'action même, comme dans l'*OEdipe*; mais je crois pouvoir lui comparer celle qui naît d'un signe involontaire que l'inconnu laisse échapper; comme dans l'opéra de Thésée, où ce jeune prince est reconnu à son épée au moment qu'il jure par elle. Le plus beau modèle en ce genre est la manière dont Oreste se faisait connaître à sa sœur dans l'*Iphigénie* de Polydes, lorsque ce malheureux prince, conduit aux marches de l'autel pour y être immolé, s'écriait : « Ce n'est donc pas assez que ma sœur ait été sacrifiée à Diane, il faut que je le sois aussi! »

La *reconnaissance* doit-elle produire tout-à-coup la révolution ou laisser encore en suspens le sort des personnages? Dacier, qui préfère la plus décisive, n'a vu l'objet que d'un côté.

Si la révolution se fait du bonheur au malheur, elle doit être terrible, et par conséquent tout changer, tout renverser, tout décider en un instant. Si, au contraire, la révolution se fait du malheur au bonheur, et que la *reconnaissance* réunisse des malheureux qui s'aiment, comme dans *Mérope* et dans *Iphigénie*, pour que leur réunion soit attendrissante, il faut que l'événement soit suspendu et caché; car la joie pure et tranquille est le poison de l'intérêt. L'art du poëte consiste alors à les engager, au moyen de la *reconnaissance* même, dans un péril nouveau, sinon plus terrible, au moins plus touchant que le premier, par l'intérêt qu'ils prennent l'un à l'autre. Mérope en est un exemple rare et difficile à imiter.

Il n'y a point de *reconnaissance* sans une sorte de péripétie ou changement de fortune, ne fît-elle, comme dans la fable simple, qu'ajouter au malheur des personnages intéressants. Mais il peut y avoir des révolutions sans *reconnaissance;* et quoiqu'elles ne soient pas aussi belles, les Grecs ne les dédaignaient pas.

Il y a aussi une *reconnaissance* des choses, comme de l'innocence d'Hippolyte, de Zaïre, d'Aménaïde, de la perfidie de Cléopâtre dans Rodogune, de l'empoisonnement d'Inès, etc. ; et celles-ci ne sont pas les moins pathétiques.

La *reconnaissance* est intéressante dans la tragédie, soit avant, soit après le crime ; avant pour empêcher qu'il ne soit commis; après pour en faire sentir tout le regret.

La *reconnaissance* est, dans le comique, une source de ridicules, comme elle est dans la tragédie une source de pathétique; dans celle-ci, c'est une mère qui va tuer son fils, un fils qui vient de tuer sa mère, et qui reconnaissent, l'une le crime qu'elle allait commettre, l'autre le crime qu'il a commis : dans celle-là, c'est un vieux jaloux, qui, par erreur, livre à son rival sa maîtresse, et ne s'aperçoit de sa méprise que lorsqu'il n'est plus temps, comme dans l'*Ecole des maris*; c'est un jeune étourdi, qui ne reconnaît son rival qu'après qu'il lui a confié tout ce qu'il a fait et tout ce qu'il veut faire pour lui enlever sa maîtresse, comme dans l'*Ecole des femmes*; c'est un oncle et un neveu dont l'un veut faire enfermer l'autre, et qui se trouvent camarades de troupe dans une comédie de société, comme dans la *Métromanie*; c'est un fils dissipateur et un père usurier, qui, dans le prêteur et l'emprunteur qu'ils cherchent réciproquement, se rencontrent, comme dans l'*Avare*.

On sent combien la méprise qui précède ces *reconnaissances*, la surprise, l'étonnement, l'embarras, la révolution qui les suit, doivent contribuer à ce qu'on appelle le comique de situation; et si à la *reconnaissance* des personnes on ajoute celles des choses, c'est-à-dire des bévues et des erreurs où le personnage ridicule est tombé, des piéges où il s'est laissé prendre; on aura l'idée de presque tous les moyens, qui, dans la comédie, amènent les révolutions.

RÈGLES. Dans les lettres et dans les arts, les *règles* sont les leçons de l'expérience, le résultat de l'observation sur ce qui doit produire l'effet qu'on se propose.

Il y a un instinct pour tous les arts, et cet instinct, au plus haut degré d'énergie et de sagacité, s'appelle *Génie*. Mais est-il jamais assez parfait, assez sûr de lui-même, pour avoir droit de mépriser les *règles?* et les *règles*, de leur côté sont-elles assez infaillibles, assez étendues, assez exclusivement décisives pour avoir droit de maîtriser le génie?

En supposant les hommes tels que les a faits la nature, et avant que l'imagination et le sentiment soient altérés en eux par le caprice de l'opinion, des modes et des convenances; l'instinct naturel suffirait à un artiste organisé comme eux, pour l'éclairer et le conduire; mais la nature peut deviner et pressentir la nature; l'étude seule, en observant l'homme artificiel et factice, peut faire prévoir les effets de l'art.

Nous connaissons quelques hommes extraordinaires, tels qu'Homère et Eschyle, qui semblent n'avoir eu pour modèle que la nature, et pour guide que leur instinct; mais est-il bien sûr qu'avant Homère, l'art de la poésie épique n'eût pas été cultivé, raisonné, soumis à des lois? Ceux qui regardent ce poëte comme l'inventeur de son art, parce qu'il est le plus ancien des poëtes connus, ressemblent à ceux qui s'imaginent qu'au-delà des étoiles qu'ils aperçoivent il n'y a plus rien dans le ciel. A l'égard d'Eschyle, il est bien certain qu'il a inventé la tragédie : mais le modèle de la tragédie était l'épopée, dont les *règles* lui sont communes ; et quant à celles qui lui sont propres, Eschyle s'en est dispensé, ou plutôt, en les observant, quand il l'a pu sans trop de gêne, il les a lui-même tracées ; et c'est peut-être celui de tous les hommes en qui le goût naturel a été le plus étonnant.

La raison est l'organe du vrai ; le goût est l'organe du beau : c'est la faculté vive et prompte de discerner et de pressentir ce qui doit plaire aux sens, à l'esprit et à l'ame ; c'est un don naturel qui veut être exercé par l'étude et par l'habitude ; et ce n'est qu'après mille épreuves qu'il peut se croire un guide sûr.

Il y a une raison absolue et indépendante de toute convention, comme la vérité ; mais y a-t-il de même un goût par excellence, indépendant, comme la beauté, des caprices de l'opinion ? et s'il y en a un, quel est-il ? La vérité a un caractère inimitable, c'est l'évidence. Y a-t-il aussi quelque signe infaillible qui caractérise l'objet du goût ? (*Voyez* BEAU.) L'évidence même n'est reconnue qu'à la lumière dont elle frappe les esprits ; et dès qu'elle cesse de luire, on ne sait plus qui a raison, ou du petit nombre ou de la multitude.

En fait de goût, le problème est encore plus indécis. Dans tous les temps il y a eu la raison du peuple et la raison des sages; dans tous les temps il y a eu le goût du vulgaire et le goût d'un monde plus cultivé : mais ni le grand ni le petit nombre n'a été constant dans ses goûts. D'un siècle à l'autre, d'un peuple à l'autre, la même chose a plu et déplu à l'excès, la même chose a paru admirable et risible, a excité les applaudissements et les huées; et souvent dans le même lieu et presque dans le même temps, la même chose a été reçue avec transport et rebutée avec mépris. Où sont donc les *règles* du goût? et le goût lui-même est-il le pressentiment de ce qui plaira le plus universellement dans tous les pays et dans tous les âges, ou de ce qui plaira dans tel temps, à telle classe d'hommes qui s'appelle *le monde*, et qui, plus occupée des objets d'agrément, se fait l'arbitre des plaisirs? Voilà, ce semble, une difficulté insoluble et interminable; n'y aurait-il pas quelque moyen de la simplifier et de la résoudre?

En fait de goût, il y a deux juges à consulter et à concilier ensemble : l'un est le bon sens, qui est l'arbitre des vraisemblances, des convenances, du dessein, de l'ordre, des rapports mutuels, soit de la cause avec l'effet, soit de l'intention avec les moyens qu'on emploie. Cette partie du goût est du ressort de la raison; elle est susceptible de cette évidence qui frappe tous les hommes dès qu'ils sont éclairés. Jusques-là les *règles* de l'art ne sont que les *règles* du bon sens, invariables comme lui. L'artiste, doué d'un esprit juste, serait donc en cette partie assez sûr de se bien conduire, et n'aurait pas besoin de guide, s'il voulait se donner la peine de méditer lui-même les procédés de l'art, de les rédiger en méthode; mais quelle triste et longue étude! et le génie impatient de produire, n'est-il pas trop heureux qu'on lui épargne le travail d'une froide réflexion? Corneille eût-il passé si rapidement de Clitandre à Cinna, s'il n'avait pas trouvé sa route comme tracée par Aristote, pour lequel son respect annonce sa reconnaissance. La théorie des beaux arts ressemble aux éléments des sciences : l'homme de génie a de quoi les deviner, s'ils n'étaient pas faits; mais quel temps n'y emploierait-il pas?

Le second juge, en fait de goût, c'est le sentiment, soit qu'on entende par-là l'effet de l'émotion des organes, soit qu'on entende l'impression faite directement sur l'ame par l'entremise des sens.

C'est ici que le goût varie, et que, dans une longue suite de siècles et dans une multitude innombrable d'hommes diversement affectés de la même chose, il s'agit de déterminer quels sont les temps, les lieux, les peuples, dont le jugement fera loi; et le moyen est facile : c'est de recueillir les suffrages des siècles et des nations. Or dans tous les arts qui intéressent les sens, la déférence universelle décidera en faveur des Grecs. La nature semble avoir fait de ce peuple le législateur des plaisirs, le grand maître dans l'art de plaire, l'inventeur, l'artisan, le modèle du beau par excellence dans tous les genres. C'est à lui qu'elle a révélé le secret des plus belles formes, des plus belles proportions, des plus harmonieux ensembles : cette supériorité lui est acquise au moins en sculpture, en architecture; et depuis le temps de Périclès jusqu'à nous, on n'a rien imaginé de plus parfait que les modèles que ce beau siècle nous a laissés, de l'aveu même de tous les peuples : en s'éloignant de ces modèles on n'a fait qu'altérer les beautés pures de ces deux arts. En tracer les *règles*, ce n'est donc que réduire leur méthode en préceptes, généraliser leurs exemples, et enseigner à les imiter.

Lorsque Virgile disait des Romains,

Excudent alii spirantia molliùs œra,

il ne croyait que flatter sa patrie, et la consoler de la supériorité des Grecs dans les arts; il ne croyait pas présager la gloire de l'Italie moderne. C'est cependant ce peuple, amolli par la paix et par une oisive indolence, qui a pris la place des Grecs, et qui, après eux, semble avoir été le confident de la belle nature. Dans les deux arts dont je viens de parler, il n'a fait que les imiter; mais dans les arts dont les modèles ne lui avaient pas été transmis, comme la peinture et la musique, son génie, frappé de l'idée essentielle et universelle du beau, a fait douter si les Grecs eux-mêmes avaient été aussi loin que lui. La sculpture, il est vrai, du côté du dessin, a été le modèle de la peinture : mais le coloris, le clair-obscur, la perspective, ont été créés de nouveau; et du côté de la musique, quelques lueurs confuses sur les rapports des sons, que les anciens nous ont transmises, ne dérobent pas à l'Italie moderne la gloire de l'invention et de la perfection de ce bel art. Ainsi, en sculpture, en architecture, en peinture, en musique, le goût sait où prendre ses *règles* : les modèles en sont les types, l'expérience en est la preuve, et le suffrage universel de tous les peuples y a mis le sceau.

En éloquence et en poésie, nous n'avons pas d'autorité aussi formellement décisive, aussi unanimement reconnue : par la raison que les objets, les moyens, les procédés de ces deux arts sont plus divers; que les modèles en sont moins accomplis; et que dans les goûts qui intéressent l'esprit, l'imagination, et le sentiment, et sur lesquels l'opinion, les mœurs, le génie, et le caractère des peuples ont beaucoup d'influence, il y a plus d'inconstance et de variété. Cependant, comme ces deux arts ont de tout temps fixé l'attention des hommes les plus éclairés et fait l'objet de leurs études, soit pour les exercer eux-mêmes, soit seulement pour en jouir, et lorsqu'étonnés de leur puissance, ils ont voulu en observer, en développer les ressorts; il est certain que les secrets en ont été approfondis, et les moyens réduits en *règles*. Mais il en est de ces *règles* comme des lois, dont la *lettre tue et l'esprit vivifie* : elles sont devenues, dans les mains des commentateurs, de lourdes chaînes, dont ils ont chargé le génie. C'est peu même d'avoir mal entendu et mal expliqué les préceptes dictés par les maîtres de l'art; ils ont voulu faire des lois eux-mêmes : fiers de leur érudition, et fanatiques de l'antiquité, qu'ils se glorifiaient de connaître, ils nous ont donné pour modèle tout ce qu'elle nous a laissé, et ont mis sans discernement l'exemple et l'autorité à la place du sentiment et de la raison. C'est de ces *règles* que l'on peut dire ce que le scythe Anacharsis disait à Solon en parlant des lois écrites, qu'elles ressemblaient aux toiles d'araignée, où se prenaient les petites mouches, et d'où les grosses s'échappaient.

Tout n'est pas beau chez les anciens : les poëtes, les orateurs les plus célèbres ont leurs défauts ou leur côté faible; les ouvrages même les plus admirés sont encore loin d'être parfaits; les plus grands hommes, dans leur art, n'en ont pas atteint les limites; les procédés et les moyens ne leur en étaient pas tous connus; et la route qu'ils ont suivie n'est bien souvent ni la seule ni la meilleure qu'on ait à suivre. Mille beautés ont fait passer mille défauts; mais les défauts qu'elles ont rachetés ne sont pas des beautés eux-mêmes : c'est là ce que les Scaliger, les Dacier, n'ont jamais bien compris. Si Corneille en avait cru Aristote, il se serait interdit le dénouement de *Rodogune*; et si nous en croyons Dacier, ce dénouement est des plus mauvais : car il est d'une espèce inconnue aux anciens et rejetée par Aristote. D'après la même théorie, toutes les pièces où le personnage intéressant fait son malheur lui-même avec connaissance de cause, seraient bannies du théâtre; et l'on n'aurait jamais pensé à y faire voir l'homme victime de ses passions. Voilà comme une théorie exclusivement attachée à la pratique des anciens donne les faits pour la limite des possibles, et veut réduire le génie à l'éternelle servitude d'une étroite imitation.

Une autre espèce de faiseurs de *règles*, ce sont ces artistes médiocres qui commencent par composer, et qui, se donnant pour modèles, font de leur pratique, bonne ou mauvaise, la théorie de leur art.

Les vrais législateurs des arts sont ceux qui, remontant au principe des choses, après avoir étudié, et dans les hommes, et dans la nature, et dans les arts même, les rapports des objets avec l'ame et les sens et les impressions de plaisir et de peine qui résultent de ces rapports; après avoir tiré de l'expérience de tous les siècles, surtout des siècles éclairés, des inductions qui déterminent, et les procédés les plus sûrs, et les moyens les plus puissants, et les effets les plus constamment infaillibles, donnent ces résultats pour *règles*, sans prétendre que le génie s'y soumette servilement, et n'ait pas le droit de s'en dégager toutes les fois qu'il sent qu'elles l'appesantissent ou le mettent trop à la gêne. Ce sont des moyens de bien faire qu'on lui propose, en lui laissant la liberté de faire mieux : celui-là seul a tort, qui fait plus mal en s'écartant des *règles*; et comme il n'y a rien de plus commun qu'un ouvrage régulier et mauvais; il est possible, quoique plus rare, d'en produire un qui plaise universellement, contre les *règles* et en dépit des *règles*. Le poëme de l'Arioste en est un exemple. Mais la licence alors est obligée de mériter, à force d'agréments et de beautés qui lui soient dues, qu'on la préfère à plus de régularité.

On a dit que quelques lignes tracées par un homme de génie sont plus utiles au talent que des méthodes péniblement écrites par de froids spéculateurs. Rien n'est plus vrai, quand il s'agit d'échauffer l'ame et de l'élever. Mais les modèles les plus frappants ne jettent leur lumière que sur un point; celle des *règles* est plus étendue, elle éclaire toute la route : il ne faut donc avoir, pour les *règles* tracées, ni un présomptueux mépris, ni un respect superstitieux et servile. Aristote, Cicéron, et Quintilien, pour les orateurs; Aristote, Horace, Longin, Boileau, pour les poëtes, sont des guides que le génie lui-même ne doit pas dédaigner de suivre : mais pour marcher d'un pas plus sûr, il ne doit pas cesser de marcher d'un pas libre.

RÉVOLUTION. Dans le poëme épique ou dramatique, lorsque la fable est implexe, il arrive, sur la fin de l'action, un événement qui change la face des choses, et qui fait passer le personnage intéressant du malheur à la prospérité, ou de la prospérité au malheur; c'est ce qu'on appelle *révolution*.

Que dans la tragédie la *révolution* soit heureuse ou malheureuse, elle ne doit jamais être prévue par l'acteur; et lorsqu'il est sur le bord de l'abyme, sa situation n'en est que plus touchante s'il a le bandeau sur les yeux.

Mais faut-il de même que la *révolution* soit inattendue pour le spectateur? Non pas si elle est funeste; car en la prévoyant, on frémit d'avance, et la terreur mène à la pitié. On prévoit dès l'exposition d'*OEdipe*, que ce malheureux prince va se convaincre d'inceste et de parricide, éclairer l'abyme où il est tombé, et finir par être en horreur à la nature et à lui-même; et à chaque nouvelle clarté qui lui vient, la terreur et la pitié redoublent. Il n'est donc pas toujours vrai, comme le croyait Aristote, que la terreur et la pitié naissent de la surprise que nous cause l'événement.

C'est lorsque la révolution est heureuse qu'elle ne doit être pour les spectateurs que dans l'ordre des possibles, et des possibles éloignés, dont les moyens sont inconnus : car le personnage en péril cesse d'être à plaindre, dès qu'on prévoit sa délivrance. Mais ne la prévoit-on pas, direz-vous, quand on a lu la tragédie, ou qu'on l'a vu jouer une fois? Le soin qu'aura le poëte de cacher un dénouement heureux sera donc alors inutile. Non, si son intrigue est bien tissue. Quelque prévenu qu'on soit de la manière dont tout va se résoudre, la marche de l'action en écarte la réminiscence ; l'impression de ce que l'on voit empêche de réfléchir à ce que l'on sait, comme je l'ai fait observer ailleurs ; et c'est par ce prestige que les spectateurs qui se laissent toucher, pleurent vingt fois au même spectacle : plaisir que ne goûtent jamais les vains raisonneurs et les froids critiques.

Ceux-ci portent à nos spectacles deux principes opposés, le sentiment qui veut être ému, et l'esprit qui ne veut pas qu'on le trompe. La prétention à juger de tout, fait qu'on ne jouit de rien ; on veut en même temps prévoir les situations et en être surpris, combiner avec l'auteur et s'attendrir avec le peuple, être dans l'illusion et n'y être pas. Les nouveautés sur-tout ont ce désavantage, qu'on y va moins en spectateur qu'en critique : là, chacun des connaisseurs est comme double ; et son cœur a dans son esprit un incommode et fâcheux voisin. Ainsi le poëte, qui ne devrait avoir que l'imagination à séduire, a de plus la réflexion à combattre et à repousser. C'est un malheur pour le public lui-même; mais de son côté il est sans remède : ce n'est que du côté du poëte qu'il est possible d'y remédier; et en voici les moyens.

Le premier et le plus facile est de rendre, par un dénouement funeste, le pathétique de l'événement indépendant de la surprise : le second, de faire naître le dénouement, s'il est heureux, du fond des caractères passionnés et par là susceptibles des mouvements contraires.

Dans le premier cas, ce qui doit arriver étant pitoyable et terrible, lors même que la crainte cesse d'être mêlée d'espérance, l'ame du spectateur ne laisse pas d'être émue encore. Mais comme le pathétique dépend absolument de l'impression réfléchie, qui, de l'ame de l'acteur intéressant, se communique à la nôtre; si l'impression n'était pas violente, le contre-coup serait faible et léger. Pourquoi la mort de Zopire, celle de Sémiramis, celle de Zaïre, celle d'Inès, est-elle pour nous si douloureuse? parce qu'elle est douloureuse à l'excès pour les acteurs dont nous prenons la place. Pourquoi le dénouement de *Britannicus* est-il si froid, tout funeste qu'il est? parce qu'il n'excite, ni dans l'ame de Néron, ni dans celle de Burrhus, ni dans celle d'Agrippine, une assez forte émotion. Junie demande vengence au peuple, et se retire parmi les vestales; sa douleur n'a rien de touchant. Mais Sémiramis égorgée tend les bras à son meurtrier, et son meurtrier est son fils; mais Zopire se traîne vers ses enfants qui viennent de l'assassiner, et leur apprend qu'ils ont plongé le poignard dans le sein de leur père; mais Orosmane, en retirant sa main sanglante du sein de Zaïre, apprend qu'elle était innocente, et qu'elle n'a jamais aimé que lui; mais Inès, entourée de ses enfants, sent les atteintes du poison mortel, et Pèdre, au moment qu'il se croit le plus heureux des époux et des pères, trouve sa femme, qu'il adore, empoisonnée et rendant les derniers soupirs : voilà de ces événements, qui, pour déchirer l'ame des spectateurs, n'ont pas besoin de la surprise, et qui sont même d'autant plus pathétiques, qu'ils sont annoncés et prévus. Aussi les anciens, lorsqu'ils préparaient une catastrophe funeste, ne prenaient-ils aucun soin de la cacher au spectateur; et c'est, pour ce genre de tragédie, un avantage que je n'ai pas voulu dissimuler.

Mais où sera l'incertitude et ce mélange d'espérance et de crainte auquel j'ai dit ailleurs que l'intérêt tragique est attaché? En voyant l'écueil ou l'abyme, on ne sera pas sûr encore que le malheureux qui est en butte à la tempête y périra. Et pour s'intéresser vivement à son sort, il suffit qu'à beaucoup de crainte se mêle encore une faible espérance, jusqu'au moment qu'il se brise ou qu'il s'engloutit. C'est ce qu'éprouvent dans la réalité ceux qui, du bord d'une mer en furie, ont le spectacle d'un naufrage.

Si au contraire le poëte médite un dénouement heureux, il faut absolument qu'il le cache; et le plus sûr moyen est de le faire naître du tumulte et du choc des passions : leurs mouvements orageux et divers trompent à chaque instant la prévoyance du spectateur, et le laissent jusqu'à la fin dans le doute et dans l'inquiétude : le sort des personnages intéressants est encore alors comme un vaisseau dans la tourmente, mais battu par des vents contraires dont l'un peut le faire périr et l'autre le sauver. Fera-t-il naufrage ou gagnera-t-il le port? C'est cette incertitude qui nous attache et qui nous presse de plus en plus jusqu'au dénouement.

« Par les mœurs, dit Aristote, on prévoit les *révolutions.* » Oui, par les mœurs habituelles d'une ame qui se possède et se maîtrise; et voilà celles qu'on doit éviter, si l'on veut cacher un dénouement qui naisse du fond des caractères. Ne faut-il donc employer alors que des personnages sans mœurs, ou dont les mœurs soient indécises? Non; mais il faut que l'événement dépende de la résolution d'une ame agitée par des forces qui se combattent, comme le devoir et le penchant, ou deux passions opposées. Quoi de plus décidé que le caractère de Cléopâtre, et quoi de moins décidé que le parti qu'elle prendra, quand Rodogune propose l'essai de la coupe? quoi de plus surprenant et quoi de plus vraisemblable, que de la voir se résoudre à boire la première, pour y engager, par son exemple, Rodogune et Antiochus? Voilà ce qui s'appelle un coup de génie. Il serait injuste, je le sais, d'en exiger de pareils; mais toutes les fois qu'on aura pour moyen le contraste des passions, il sera facile de tromper l'attente des spectateurs sans s'éloigner de la vraisemblance, et de rendre l'événement à-la-fois douteux et possible.

Pour cacher un dénouement heureux, les anciens, au défaut des passions, n'avaient guère que la reconnaissance; et tout l'intérêt portait alors sur l'incertitude où l'on était, si les acteurs intéressants se reconnaîtraient à propos : tel est l'intérêt de l'*Iphigénie en Tauride. Voyez* RECONNAISSANCE. C'est un excellent moyen pour produire la *révolution*; mais, comme l'observe Corneille, il n'a point la chaleur féconde des mouvements passionnés.

Il est possible d'employer à produire la *révolution*, un caractère équivoque et dissimulé, qui se présente tour-à-tour sous deux faces, et laisse le spectateur incertain de sa dernière résolution. Le seul exemple que je connaisse de ce moyen employé dans la tragédie, c'est la conduite d'Exupère dans l'intrigue d'*Héraclius*.

La ressource la plus commune et la plus facile est celle d'un incident nouveau; mais cet incident ne produit son effet, qu'autant que ce qui le précède le prépare sans l'annoncer. *Voyez* Dénouement.

Rhétorique. Théorie de l'art oratoire. L'éloquence est-elle un art que l'on doive enseigner? Ce fut un problème chez les anciens. Socrate avait coutume de dire que tous les hommes étaient assez éloquents lorsqu'ils parlaient de ce qu'ils savaient bien. Socrate tenait ce langage, après que l'étude, la méditation, l'exercice, la connaissance de l'homme et des hommes, et tout ce que la culture peut ajouter à un beau naturel, avaient fait de lui, non-seulement le plus subtil des dialecticiens, mais le plus éloquent des sages. *Socrates fuit is qui, omnium eruditorum testimonio totiusque judicio Grœciæ, quùm prudentiá, et acumine, et venustate, et subtilitate, tùm verò eloquentiá, varietate, copiá, quam se cumque in partem dedisset, omnium fuit facilè princeps.* (De Orat. lib. 3.) Bon Socrate, aurait-on pu lui dire, vous qui méprisez l'art dans l'éloquence, croyez-vous ne devoir qu'à la simple nature les agréments, la variété, l'abondance qu'on admire dans vos discours? Vous êtes riche; laissez-nous travailler à le devenir.

L'école de Zénon pensait, comme Socrate, que toute espèce d'artifice était indigne de l'éloquence; et cette opinion coûta la vie aux deux hommes peut-être les plus vertueux de l'antiquité.

Le stoïcien Rutilius, par la sainteté de ses mœurs, était à Rome un autre Socrate; il fut calomnié comme lui, et comme lui se laissa condamner, sans vouloir qu'on prît sa défense.

« Que n'avez-vous parlé (dit Antoine à Crassus, dans le livre de l'Orateur), que n'avez-vous parlé pour ce Rutilius, si indignement accusé ! que n'avez-vous parlé pour lui; non pas à la manière des philosophes, mais à la vôtre ! Tout scélérats qu'eussent été ses juges, comme ils le furent en effet, ces citoyens pervers et dignes du dernier supplice, la force de votre éloquence leur aurait arraché du fond de l'ame toute cette perversité. »

On peut dire avec vraisemblance la même chose de Socrate. Ce n'était point un Lysias qui était digne de le défendre, avec la mollesse de son langage; mais un Démosthène, avec la véhémence et la vigueur du sien, l'aurait sauvé : et cette éloquence pathétique, dont Socrate ne voulait point, en faisant horreur à ses juges de l'iniquité qu'ils allaient commettre, leur aurait épargné une crime irrémissible et un opprobre ineffaçable.

Des philosophes moins austères, en admettant comme permis les artifices de l'éloquence, prétendaient que tout son manége nous était donné par la nature; que chacun de nous était né avec le don de caresser et de flatter d'un air timide et suppliant, de menacer son adversaire lorsqu'on voulait l'intimider, d'appuyer de raisons plausibles son opinion ou ses demandes, de réfuter les raisons d'autrui, de raconter les faits avec adresse et à son avantage, enfin d'employer la plainte ou la prière pour obtenir justice ou grâce.

Oui, ce don suffit aux enfants; il suffit même au commun des hommes, dans les débats de la société. Mais pour fléchir César ou le peuple romain, pour réveiller l'indolence d'Athènes, et la soulever contre Philippe, était-ce assez des petits moyens de cette éloquence vulgaire? et la nature nous a-t-elle appris à raisonner, à réfuter, à menacer comme Démosthène, à supplier, à caresser, à flatter comme Cicéron?

Il est assez vrai que tout homme passionné ou vivement ému est éloquent sur l'objet qui le touche, lorsque l'objet est simple et n'a rien de litigieux. Mais si la cause de la vérité, de l'innocence, de la justice, se présente, comme elle est souvent, hérissée de difficultés et obscurcie de nuages; si elle est aride, épineuse, sans attrait pour l'attention et pour la curiosité; si l'on parle devant un juge aliéné ou prévenu, soit par des affections contraires, soit par de fausses apparences, soit par un adversaire adroit et armé de tous les moyens d'une éloquence artificieuse; sera-t-on prudent de se fier au don naturel et commun de parler de ce qu'on sait bien, ou de ce qu'on sent vivement?

Dans tous les genres de contention qui s'élèvent entre les hommes, si la force méprisait l'adresse, la faiblesse l'inventerait. Dès que l'homme s'est exercé à manier la massue ou la fronde, l'art de la guerre a pris naissance; dès que l'homme, avant de parler, a réfléchi à ce qu'il devait dire, la *rhétorique* a commencé. Ainsi, depuis que l'on s'est aperçu que, par la puissance de la parole, on dominait les esprits et les ames ; depuis qu'entre la vérité et le mensonge, entre le bon droit et la fraude, s'est élevée cette guerre, dont l'éloquence est tour-à-tour l'arme offensive et défensive ; chacun à l'envi s'exerçant au combat, pour s'en procurer l'avantage, la *rhétorique* a dû former un art, ainsi que la lutte et l'escrime, ou, pour la comparer à un objet plus noble, ainsi que la guerre elle-même : *Nam quò indigniùs rem honestissimam et rectissimam violabat stultorum et improborum temeritas et audacia, summo cum reipublicæ detrimento; eò studiosiùs et illis resistendum fuit et reipublicæ consulendum.* (De invent. Rhet.)

Si donc la *rhétorique* n'est que le résultat des observations faites par les meilleurs esprits, sur les procédés les plus ingénieux et les moyens les plus puissants de l'éloquence naturelle, il en sera de l'éloquence comme de tous les arts, inventés par l'instinct, éclairés par l'expérience, et perfectionnés par l'usage. *Quæ suâ sponte homines eloquentes fecerunt, ea quosdam observasse atque id egisse : sic esse non eloquentiam ex artificio, sed artificium ex eloquentiâ natum.* (De Orat. lib. 1.)

Or, en effet, la *rhétorique* n'est que la théorie de cet art de persuader, dont l'éloquence est la pratique. L'une trace la méthode, et l'autre la suit : l'une indique les sources, et l'autre y va puiser; l'une enseigne les moyens, et l'autre les emploie : l'une, pour me servir de l'expression de Cicéron, abat une forêt de matériaux, et l'autre en fait le choix et les met en œuvre avec intelligence. La *rhétorique* embrasse les possibles; l'éloquence s'attache à l'objet qu'elle se propose, aux faits qui lui sont présentés : et c'est ainsi que ce premier instinct de l'éloquence naturelle est devenu le plus savant, le plus profond de tous les arts.

Mais quelle en est la véritable école? La Grèce en avait deux, celle des philosophes, et celle des *rhéteurs*. La première donna des hommes éloquents, tels que Périclès, Thémistocle, Alcibiade, Xénophon, Démosthène; la seconde ne fit guère que des sophistes et que de vains déclamateurs.

L'étude de l'homme en général et de l'homme modifié par les diverses institutions, avec ses passions, ses vertus et ses vices, ses affections et ses penchants, semblait former exprès pour l'éloquence les disciples d'Anaxagore, de Socrate, et de Théophraste; et dans ce premier âge, où la philosophie était pour l'éloquence une mère adoptive, la prenait au berceau, l'allaitait, l'élevait, dirigeait ses pas chancelants, l'affermissait dans les sentiers du vrai, du juste et de l'honnête, et, saine et vigoureuse, la menait par la main au barreau ou dans la tribune; dans ce premier âge, dit Cicéron, l'on apprenait en même temps à bien vivre et à bien parler; la vertu, la sagesse, et l'éloquence, ne faisaient qu'un; le même homme, à la même école, était exercé, comme Achille, à la parole et à l'action. *Orator verborum, actorque rerum.*

Il n'en était pas de même des *rhétoriciens* : les philosophes appelaient les orateurs formés à cette école, *des ouvriers de paroles à la langue légère*. Ils prétendaient qu'on y parlait beaucoup de *préambules* et d'*épilogues*, et de semblables niaiseries; mais que de la constitution politique d'un État, de la législation, de la justice, de la bonne foi, des passions à réprimer, des mœurs publiques à former, on n'y en disait pas un seul mot. Ils ajoutaient que ces prétendus maîtres d'éloquence n'avaient pas l'idée de l'éloquence et de ses moyens : que le point important pour l'orateur était d'abord de persuader à ses juges qu'il était bien sincèrement tel lui-même qu'il s'annonçait, ce qu'il ne pouvait obtenir que par la dignité d'une vie exemplaire, article absolument omis dans les préceptes de ces docteurs : que son affaire était ensuite d'affecter l'ame de ceux qui l'écoutaient, comme il voulait qu'elle fût affectée, ce qui n'était possible qu'autant qu'il saurait bien de quelle manière, et par quels objets, et avec quel genre d'éloquence on faisait sur l'ame des hommes telles ou telles impressions. Or, disaient-ils, ces secrets-là sont profondément enfermés et scellés au sein de la philosophie, comme en un vase dont les lèvres des *rhétoriciens* n'ont pas même effleuré les bords.

Ainsi les véritables maîtres d'éloquence, chez les anciens, furent les philosophes; et c'est l'hommage que Cicéron rendait à la philosophie, en avouant que, s'il était orateur lui-même, il l'était devenu dans les promenades de l'académie, non dans les ateliers des *rhétoriciens. Me oratorem, si modò sim, non ex* rhetorum *officinis, sed ex academiæ spatiis exstitisse* (Orat.). . . . . *Nam nec latiùs nec copiosiùs de magnis variisque rebus sine philosophiá potest quisquam dicere.* (De Orat.)

A Rome, la philosophie se détacha de l'éloquence, en même temps que des affaires; et Cicéron compare ce divorce à celui des fleuves qui des sommets de l'Apennin vont se jeter, les uns dans cette heureuse mer de la Grèce, où l'on trouve par-tout des ports favorables et assurés; les autres dans cette mer étrusque, pleine d'orages et d'écueils. C'est dans le texte qu'il faut voir cette image de la tranquille sûreté que se ménageait la philosophie, et des travaux dangereux et pénibles auxquels se livrait l'éloquence. Il n'y a peut-être pas dans les écrits de l'antiquité une plus belle comparaison. *Ut ex Apennino, fluminum, sic ex communi sapientium jugo sunt doctrinarum facta divortia; ut philosophi, tanquàm in superum mare ionium defluerent, græcum quoddam et portuosum; oratores autem in inferum hoc, tuscum et barbarum, scopulosum atque infestum, laberentur, in quo etiam ipse Ulysses errasset.* (De Orat. lib. 3.)

L'école de Zénon (je l'ai déja dit) méprisa l'éloquence comme un artifice également indigne de la vérité et de la vertu; l'école d'Aristippe la rejeta comme impliquée dans les affaires. « Ne leur en faisons pas un reproche, dit Cicéron; car, après tout, ce sont des gens de bien, et des gens heureux, puisqu'ils croient l'être. Mais avertissons-les de garder leur opinion pour eux seuls, fût-elle la vérité même, et de tenir cachée comme un mystère, cette maxime, que le sage ne doit point se mêler de la chose publique; car, si nous tous, bons citoyens, nous en étions persuadés comme eux, il ne leur serait plus possible de conserver ce qu'ils chérissent tant, leur oisive tranquillité ». *Istos sine contumeliá dimittamus ; sunt enim et boni viri, et, quoniam sibi ità videntur, beati; tantùmque eos admoneamus, ut illud, etiamsi est verissimum, tacitum tamen tanquàm myste-*

rium teneant, quod negent versari in republicâ esse sapientis. Nam si hoc nobis atque optimo cuique persuaserint, non poterunt ipsi esse id quod maximè cupiunt otiosi. (De Orat. lib. 3.)

Malgré ce divorce de la philosophie et de l'éloquence, qui fut réellement celui *de la langue et du cœur*, les Romains ne laissèrent pas de s'adonner à l'étude de l'éloquence avec une ardeur incroyable. *Posteaquàm, imperio omnium gentium constituto, diuturnitas pacis otium confirmavit, nemo ferè laudis cupidus adolescens non sibi ad dicendum studio omni enitendum putavit.* (De Orat. lib. 1.) Ils allaient entendre dans la Grèce ce qu'il y restait d'orateurs; ils lisaient les écrits de ceux qui n'étaient plus; en les lisant ils s'enflammaient du désir d'égaler leurs maîtres. *Auditis oratoribus græcis, cognitisque eorum litteris, adhibitisque doctoribus, incredibili quodam nostri homines dicendi studio flagraverunt.* (De Orat. l. 1.) Et en dépit de la philosophie, c'était encore à ses écoles qu'ils allaient prendre les éléments de cette éloquence qu'elle désavouait, et qui, à vrai dire, n'eut bientôt plus assez de droiture et de bonne foi pour se vanter d'être son élève. *Voyez* ORATEUR.

On distingue dans Cicéron les études qu'il avait faites dans les écoles de *rhétorique*, et dont nous avons un extrait, d'avec les leçons bien plus profondes et plus substantielles qu'il avait prises des philosophes, et que lui-même il a fécondées dans ses livres de l'Orateur. Plus on les lit, ces livres que Cicéron lui seul au monde a été en état d'écrire, et sur-tout ce dialogue où il a mis en scène les deux plus grands orateurs du temps qui avait précédé le sien, chacun avec ses opinions, son caractère, et son génie, plus on sent combien l'éloquence artificielle s'était rendue redoutable pour l'éloquence naturelle.

Quintilien en a parlé en homme instruit et judicieux, mais non pas en homme éloquent. Cicéron au contraire respire, même dans ses préceptes, cette éloquence dont il était plein; il la répand plutôt qu'il ne l'enseigne; il semble en exprimer le suc et la substance, pour en nourrir les jeunes orateurs. C'est là qu'on voit se développer cet art, qu'il possédait si éminemment, de manier l'arme de la parole, cet art d'ordonner un discours comme si l'on rangeait une armée en bataille; de rassembler, de distribuer ses forces, de les employer à propos après les avoir ménagées; de prendre un poste avantageux, de s'y tenir comme dans un fort, *præmunitum atque ex omni parte causæ septum.* (De Orat. lib. 3.); de ne sortir de ses retranchemens que pour attaquer l'ennemi, lorsqu'il présente un côté faible; de ne jamais s'engager trop avant dans un défilé périlleux; de se retirer en bon ordre de l'endroit qu'on ne peut défendre, pour tenir ferme dans l'endroit où l'on est mieux fortifié; *Adhibere quamdam in dicendo speciem atque pompam, et pugnæ similem fugam ; consistere verò in meo præsidio, sic ut non fugiendi, sed capiendi loci causâ, cessisse videar* (De Orat. lib. 2.); enfin de préférer l'attaque à la défense, ou bien la défense à l'attaque, selon que l'une ou l'autre promet plus d'avantage. *Si in refellendo adversario firmior est oratio, quàm in confirmandis nostris rebus, omnia in illum conferam tela ; sin nostra faciliùs probari quàm illa redargui possunt, abducere animos à contrariâ defensione et ad nostram traducere.* (De Orat. lib. 3.)

Et c'est cet art inventé, cultivé, élevé dans la Grèce à un si haut degré de gloire et de puissance, adopté, aggrandi, et, à ce qu'il me semble, perfectionné chez les Romains, cet art qui faisait l'étude la plus assidue et la plus sérieuse des Périclès, des Démosthène, les plus sublimes entretiens des Crassus, des Antoine, des Cicéron et des Brutus; c'est cet art que, dans nos colléges, nous croyons enseigner à des écoliers de douze ans.

Quand les *rhéteurs* se pressent d'initier leurs disciples dans les mystères de l'éloquence, ils témoignent qu'eux-mêmes ils n'en ont pas l'idée. La *rhétorique* est de toutes les parties de la littérature celle qui suppose le plus de connaissances et de lumières dans celui qui l'enseigne, le plus de discernement et d'application dans celui qui l'apprend : *Ceteræ enim artes seipsæ per se tuentur singulæ ; benè dicere autem, quod est scienter et peritè et ornatè dicere*, *non habet definitam aliquam regionem cujus terminis septa tueatur.* (De Orat. lib. 2.) Et Quintilien, dont la doctrine est d'ailleurs si sage, n'a pas assez fidèlement suivi, dans sa méthode, les préceptes de Cicéron.

Non, *rhéteurs*, non, ce n'est pas dans un âge où la tête est vide, où la raison n'est point affermie en principes, où les éléments de nos pensées ne sont pas même rassemblés, où presque aucune de nos idées abstraites n'est distincte et complète; où les procédés de l'entendement, du composé au simple, du simple au composé, ne sont encore, si j'ose le dire, que le tâtonnement de l'ignorance et de l'incertitude; où l'on n'a guère que des notions vagues du juste, de l'honnête, de l'utile, et de leurs contraires, des droits de l'homme et de ses devoirs, de ce qui, dans les différentes constitutions de la société, est, ou doit être libre ou prescrit, licite ou illicite, honoré comme utile, négligé comme indifférent, approuvé comme juste, réprimé ou puni comme dangereux ou funeste; ce n'est pas dans cet âge qu'il faut exercer des enfants à discuter de grands objets de morale ou de politique. Pour obtenir des fruits précoces, on les abreuve d'une sève sans consistance et sans vertu; on les empêche d'acquérir les sucs et la saveur de la maturité. C'est de quoi se plaignait Pétrone; et il attribuait à ce vice d'institution la ruine de l'éloquence. *Cruda adhùc studia in forum propellunt; et eloquentiam, quâ nihil esse majus confitentur, pueris induunt adhùc nascentibus. Quòd si paterentur laborum gradus fieri, ut studiosi juvenes lectione severâ mitigarentur, ut sapientiæ præceptis animos componerent, ut verba atroci stylo effoderent, ut quod vellent imitari diù audirent... Jàm illa grandis oratio haberet majestatis suæ pondus.*

Que Quintilien donne à ses disciples à deviner *pourquoi les Lacédémoniens représentaient Vénus armée*, ou *pourquoi l'on dépeint l'Amour sous la figure d'un enfant; pourquoi on lui donne des ailes, des flèches, un flambeau;* avec un peu d'esprit et quelques légères connaissances, ils répondront passablement. Mais qu'il leur donne à examiner *si l'homme de guerre acquiert plus de gloire que le jurisconsulte; s'il est permis de briguer les charges; si une loi est digne d'éloge ou de censure; en quoi deux hommes illustres se ressemblent, et en quoi ils diffèrent; et lequel des deux est supérieur à l'autre en génie ou en vertu;* comment Quintilien veut-il que des questions, qui n'étaient pas au-dessous de Scévola, de Cicéron et de Plutarque, soient accessibles à un enfant?

Qu'on lui raconte une aventure qui l'intéresse, et qu'on l'oblige à la retracer; cet exercice peut lui être utile. Mais les grands procédés de l'éloquence, la délibération, la contestation, l'amplification des faits et des moyens, ce qui demande toute la force d'une raison mûre et solide, toutes les ressources d'un esprit cultivé, profondément instruit, peut-on le proposer à l'impéritie d'un écolier? Si on lui suggère ses raisonnements, ses définitions, ses preuves, ses figures, et ses mouvements oratoires; il répétera en balbutiant ce qu'il en aura retenu : et si on le livre à lui-même, il flottera au gré d'une imagination sans idées, ne produira que des fantômes, ou ne dira que des inepties. Quintilien approuve ces deux méthodes, Rollin les admet d'après lui; plein de respect pour l'un et pour l'autre, j'oserai cependant ne pas être de leur avis : car si la meilleure leçon d'éloquence est, comme disait Socrate, de ne parler que de ce qu'on sait bien, la plus dangereuse habitude est de parler de ce qu'on ne sait pas ou de ce qu'on sait mal : et cette institution, qui a mis l'art de parler éloquemment avant celui de penser juste, et qui nous fait abonder en paroles, dans un âge où nous sommes si dépourvus d'idées, est peut-être l'une des causes qui ont peuplé le monde de raisonneurs à tête vide et de harangueurs importuns.

A quoi donc employer cet âge où l'étude de la *rhétorique* et les exercices de l'éloquence seraient prématurés? Quintilien l'a dit, sans avoir dessein de le dire, lorsqu'il a comparé ses disciples aux petits des oiseaux : l'école est comme un nid, où il faut les nourrir, et leur laisser croître les ailes.

Je distinguerai donc trois temps pour les disciples de la *rhétorique* : le premier, où l'on ne fera guère que leur former l'entendement, et leur remplir l'esprit de ces idées élémentaires que je regarde comme les sources qui grossiront un jour le grand fleuve de l'éloquence; le second, où l'on commencera d'exercer leur talent par de légères tentatives, mais en suivant une méthode dont les anciens nous ont donné l'exemple, et dont je propose l'essai ; le troisième enfin, où, dans l'art oratoire, on leur fera concevoir le plan d'un édifice régulier, dont les parties se correspondent et réunissent dans leur ensemble la grandeur, l'élégance et la solidité.

Après l'étude des langues savantes, et singulièrement de sa propre langue; après l'habitude formée de la parler correctement et purement, avec clarté, facilité, noblesse : la première des facultés à développer et à fortifier dans un enfant, c'est la raison. *Nec verò sine philosophorum disciplinâ, genus et speciem cujusque rei cernere, neque eam definiendo explicare, nec tribuere in partes possumus; nec judicare quæ vera, quæ falsa sint, neque cernere consequentia, repugnantia videre, ambigua distinguere.* (Orat.) C'est donc à la philosophie à commencer l'ouvrage de l'éloquence ; et cette méthode est visiblement indiquée dans la *rhétorique* d'Aristote : car sa manière de former l'orateur est de lui apprendre, avant toutes choses, l'art de bien raisonner et de bien définir, c'est-à-dire de lui apprendre à dessiner avant de peindre.

Je ne veux pas qu'on l'accoutume aux arguties de l'école; mais qu'on lui apprenne à manier le raisonnement avec force et même avec dextérité, et qu'il en connaisse les règles, pour en mieux discerner les vices. Un esprit naturellement juste peut aller droit, sans le secours des règles, dans les sentiers battus de la raison, je le sais bien; mais toutes les routes n'en sont pas également frayées : il en est d'épineuses, d'obliques, d'incertaines; il est mille détours et mille défilés dans lesquels peut nous engager un adversaire adroit, un habile sophiste; et quand, pour soi-même, on n'aurait pas besoin du fil du labyrinthe, il serait encore nécessaire pour ramener l'opinion des autres, lorsqu'elle se laisse égarer.

La dialectique est, si j'ose le dire, le squelette de l'éloquence; et c'est avec ce mécanisme, ces articulations, ces leviers, ces ressorts, qu'il faut d'abord qu'un esprit jeune et vigoureux s'exerce et se familiarise. Viendra le temps où il apprendra, comme le peintre, à revêtir ces ossements des formes les plus régulières d'un corps vivant et animé; et ce sera l'ouvrage de l'amplification, ce grand talent de l'orateur, dont on a fait le jeu de notre enfance.

Mais à cette première organisation du talent oratoire, il faudra bientôt joindre une nourriture qui commence à donner à la raison de la force et de la couleur. Les bons livres en sont la source; et ce moyen est assez connu. Mais ce qui ne l'est pas de même, c'est le fruit que l'on peut tirer de ces lectures amusantes que l'on ferait à haute voix, et qui, bien dirigées, seraient pour les élèves comme les promenades du botaniste avec les siens, lorsqu'en parcourant les campagnes, il leur fait distinguer et connaître les plantes, dont ils doivent un jour savoir appliquer les vertus.

A mesure donc que l'histoire, la poésie, la philosophie morale, et cette fleur de littérature qui forme l'éducation de tous les esprits cultivés, donneraient lieu d'analyser ces idées élémentaires qui doivent former insensiblement le magasin de l'orateur; on ferait aux jeunes élèves un objet d'émulation de les décomposer, de les développer : et ces études philosophiques seraient comme le vestibule du sanctuaire de l'éloquence.

Quoi dira-t-on, des analyses métaphysiques à des enfants! Pourquoi non, si ces analyses n'ont rien de trop subtil, et ne font que leur expliquer, avec plus de précision, les mots qui sont à leur usage?

Je suis loin de vouloir fatiguer leur entendement de ces spéculations stériles où l'esprit de l'homme se perd dans le vague de ses pensées, et après avoir parcouru un vide immense, retombe dans le doute, fatigué de ses vains efforts. La philosophie cherche la vérité dans l'essence des choses; l'histoire, dans les faits : la poésie demande un merveilleux vraisemblable ou un naturel rare, curieux et piquant ; l'éloquence ne veut qu'une vraisemblance commune : elle rejette les paradoxes, et tire sa force des mœurs et de l'opinion générale : *In dicendo autem vitium vel maximum est, à vulgari genere orationis atque à consuetudine communis sensús abhorrere.* (De Orat. l. 1.) Ce n'est pas que ses idées et ses expressions ne soient souvent très-élevées : mais ses hauteurs sont accessibles, ses hardiesses n'ont rien d'étrange, sa route n'a rien d'escarpé; et ce qu'elle dit de sublime ou d'inoui, n'est étonnant que par la lumière imprévue et soudaine qu'elle jette dans les esprits. Ainsi le comble de l'éloquence est de dire ce que personne n'avait pensé avant que de l'entendre, et ce que tout le monde pense après l'avoir entendu.

Il ne s'agit donc que de se tenir (si je puis m'exprimer ainsi) dans la moyenne région des idées abstraites, de s'attacher à celles qui appartiennent à l'éloquence, et d'éviter ces questions frivoles, singulières, et sophistiques, qui ne font qu'altérer dans les enfants la bonne foi du sens intime, rendre l'esprit pointilleux et faux, et tout au plus accoutumer leur langue à une brillante loquacité. *Malim equidem indisertam prudentiam quàm stultitiam loquacem.* (De Orat. l. 3.)

Alors que peut avoir de si effrayant pour eux la métaphysique de l'éloquence? Et, par exemple, quoi de plus clair, de plus sensible, de plus facile à concevoir, que le développement de l'idée de la vertu, tel que Cicéron nous le donne; lorsqu'ils liront qu'elle est à-la-fois *prudence*, *justice*, *force*, et *tempérance*; que la *prudence* est le discernement des choses, bonnes, mauvaises, indifférentes; que la *justice* est l'état habituel d'une ame attentive et fidèle à rendre à chacun ce qui lui est dû, sans préjudice du bien public; que la *force* consiste à braver les périls et à supporter les travaux; qu'elle est composée de *grandeur d'ame*, de *confiance*, de *patience*, et de *persévérance*; *que le propre de la grandeur d'ame* est de former de généreux desseins, et d'y porter une résolution qui leur donne encore plus de lustre; que le caractère de la *confiance* est de compter sur soi, dans de louables entreprises, et de mettre en ses propres forces une espérance ferme d'en vaincre les obstacles et d'en surmonter les dangers; que la *patience* s'exerce à souffrir volontairement et long-temps, pour remplir des devoirs pénibles; que la *persévérance* est une stabilité perpétuelle dans des résolutions mûrement réfléchies, et qu'on n'a prises qu'après avoir tout prévu et tout consulté; que la *tempérance* est la domination d'une raison sévère sur tous les mouvements de l'ame et sur tous ses penchants impétueux et déréglés; que ses espèces sont la *continence*, la *clémence*, et la *modestie*; que sous le frein de la *continence*, la fougue des désirs est réprimée par la raison; que la *clémence* adoucit les transports d'une colère aveugle ou d'un âpre ressentiment; que la *modestie* enfin répand une pudeur honnête dans toute la conduite d'un homme de bien, et ajoute un nouvel éclat à la dignité des actions louables?

Ainsi après avoir commencé par définir en dialecticien, le jeune homme apprendra à définir en orateur; et peu-à-peu se rassemblera dans son entendement cette foule d'êtres intellectuels qui environnent l'éloquence, et qui, classés avec méthode, doivent un jour pouvoir se succéder rapidement et sans confusion dans la pensée de l'orateur.

Ce sera sur-tout dans les faits que lui présentera l'histoire, que l'élève retrouvera sa métaphysique en exemple et sa morale en action, mais modifiée par les circonstances, qui, quelquefois changent l'objet, au point de rendre digne de louange ce qui est en soi digne de blâme, et de rendre digne de blâme ce qui de sa nature est digne de louange. Ici la tâche que le *rétheur* imposera à son disciple sera de démêler, dans le caractère de l'action, ce qui la rend problématique, ou ce qui la distingue et l'excepte de la loi générale et de l'ordre commun.

De ces études on verra se former, non pas un système de philosophie subtile et transcendante, mais un cours de philosophie naturelle et sensible, accommodée à la vie et aux mœurs; ce qui fut toujours, dit Cicéron, le partage de l'éloquence : *Quod semper oratoris fuit.* Et sans prétendre, comme lui, que l'orateur, pour être accompli, doive être en état de parler de tout avec connaissance de cause, et autant d'abondance que de variété, au moins dirai-je qu'en laissant à la philosophie ses subtilités et ses profondeurs, l'éloquence doit être prémunie de toutes les idées morales qui caractérisent les hommes et distinguent leurs actions. *Oratori quæ sunt in hominum vitâ (quandoquidem in eâ versatur orator atque ea est ei subjecta materies), omnia quæsita, audita, lecta, disputata, tractata, agitata esse debent.* (De Orat. l. 3.)

Mais il est temps que l'éloquence elle-même reçoive ses disciples des mains de la philosophie; et je propose pour eux encore un exercice qui convient à leur âge, et dont l'exemple de Crassus et l'autorité de Cicéron garantissent l'utilité.

« Pour me former à l'éloquence (dit Crassus dans le dialogue de *l'orateur*), j'avais d'abord adopté la méthode des exercices de Carbon. Je répétais de souvenir, je commentais, j'amplifiais quelque morceau de poésie ou d'éloquence, que je venais de lire en notre langue. Mais je m'aperçus que cette méthode était mauvaise, en ce que mon auteur s'étant saisi d'abord, pour rendre sa pensée, des termes les plus convenables, les plus forts, les plus élégants, si je me servais de ces mots, je ne faisais rien de moi-même; si j'en employais d'autres, je faisais plus mal. Je préférai d'expliquer de mémoire les oraisons des plus célèbres orateurs grecs; et alors j'eus le choix de tous les termes de ma langue, pour exprimer en liberté les pensées de mon auteur ».

Voilà, je crois, le genre d'exercice le plus propre à former les disciples de l'éloquence; et c'est celui que je substituerais à ces compositions futiles dont on fatigue les enfants.

Cet exercice commencerait, dans l'école assemblée, par la lecture, à haute voix, d'un morceau pris d'un historien, d'un orateur, ou d'un poëte : car on sait bien que l'éloquence est répandue dans toute la sphère de la littérature, *vagam et liberam et latè patentem*, mais dans tel climat plus brûlante, dans tel autre plus tempérée; et qu'en passant sur différents sujets, comme par différentes plumes, elle change de caractère, de mouvement et de couleur. *Nam quùm est oratio mollis, et tenera, et ità flexibilis ut sequatur quocumque torqueas; tùm et naturæ variæ, et voluntates, multum inter se distantia effecerunt genera dicendi.* (Orat.) Ainsi tous les exemples en seraient variés, et tantôt la raison y dominerait, tantôt le sentiment, ou quelque passion violente. Dans les uns, la justesse, la précision, l'énergie; dans les autres, le coloris, la hardiesse des pensées, la vivacité des images; dans les autres enfin, le ton, le style propre aux mouvements passionnés, se présenteraient pour modèles : et après la lecture, qui serait sobrement accompagnée de réflexions, on laisserait chacun exercer sa mémoire, son esprit, son talent, à reproduire dans une autre langue ce qu'il en aurait retenu.

Le jeune élève ne serait, dans ce travail, ni absolument livré à lui-même, ni absolument privé du plaisir de la production : il aurait, comme en traduisant, le mérite et l'attrait de l'invention du style, et de plus le mérite, encore plus attrayant, de l'invention des idées, pour suppléer à ses oublis. J'y crois voir sur-tout l'avantage de lui faire donner toute son attention aux figures, aux mouvements, aux tours du style de l'écrivain qu'on lui aurait donné pour modèle : et combien plus vive et plus profonde serait l'impression de l'exemple, lorsqu'au moment de la correction on lui ferait apercevoir qu'il aurait mal saisi le caractère de son auteur, mal répondu, je le suppose, à l'énergie de Tacite, à la précision de Salluste, à l'élocution pleine, harmonieuse, et oratoire de Tite-Live!

C'est en l'exerçant à travailler ainsi d'après de grands modèles sur des sujets intéressants, qu'on lui éleverait l'esprit, l'ame, et le style, et qu'on lui donnerait cet ardent amour de son art, sans lequel, dans la vie, et singulièrement dans la carrière de l'éloquence, on ne fait rien de grand. *Studium, et ardorem quemdam amoris, sine quo, quùm in vitá nihil quidquam egregium, tùm certè hoc quod tu expetis, nemo unquàm assequetur.* (De Orat. l. 1.)

Dans ces premières études de l'éloquence, Pétrone, le grand ennemi de la déclamation, voulait qu'on fût nourri de la lecture des poëtes, et sur-tout de celle d'Homère :

.... *Det primos versibus annos,*
Mæoniumque bibat felici pectore fontem.

Théophraste reconnaissait que la lecture des poëtes était infiniment utile aux orateurs; Longin la recommande à ceux qui veulent s'élever au ton de la haute éloquence. Quintilien pense comme eux : « C'est dans les poëtes, dit-il, qu'on doit chercher le feu des pensées, le sublime de l'expression, la force et la vérité des sentiments, la justesse et la bienséance des caractères. »

Il ne laisse pas d'y avoir quelques précautions à prendre, pour empêcher que les jeunes gens ne confondent l'éloquence du poëte avec celle de l'orateur; et le maître aurait attention de leur faire bien distinguer, dans les tours, les figures et les images du style poétique, ce qui excède les hardiesses qui sont permises au langage oratoire. Mais la distance de l'un à l'autre n'est pas aussi grande qu'on l'imagine : *Est finitimus oratori poëta numeris adstrictior paulò, verborum autem licentiâ liberior, multis verò ornandi generibus socius ac penè par.* (De Orat. l. 1.) Aussi le Sophocle latin, Pacuvius était-il la lecture la plus habituelle de Crassus et de Cicéron; et je suis bien persuadé que de tous les modèles celui que Massillon avait le plus étudié, c'était Racine.

J'oserai cependant n'être pas de l'avis de Cicéron, lorsqu'il assure que la sphère de l'orateur est aussi étendue que celle du poëte : *In hoc certè propè idem, nullis ut terminis circumscribat aut definiat jus suum.* (De Orat. l. 1.) Et dans le choix des sujets qu'on propose, ou des exemples qu'on présente aux disciples de l'éloquence, on doit se souvenir que tout ce qui convient à un art dont le but n'est que de séduire et de plaire, ne convient pas à un art dont la fin est d'instruire et de persuader. Ainsi les écarts, les épisodes, les détails de pur agrément, qui sont permis à la poésie, ne le sont pas à l'éloquence. Dans celle-ci rien de superflu; tout doit tendre à la persuasion; plaire, émouvoir, n'en sont que les moyens. En deux mots, le luxe, qui n'est que luxe, est interdit à l'éloquence; l'agréable y doit être utile; les ornements de son édifice en doivent être les appuis.

Quant à l'étendue de leur domaine, celui de la poésie embrasse, non-seulement dans la nature, mais au-delà, dans les possibles, dans les espaces du merveilleux, tous les objets, réels ou fantastiques, dont la peinture peut nous plaire : la vérité connue, la feinte, le mensonge, tout est de son ressort. L'éloquence au contraire n'a pour objet que ce qui intéresse sérieusement les hommes, le juste, l'honnête, l'utile, et le vrai dans ces trois rapports, mais le vrai qui n'est pas connu ou qui n'est pas assez senti; sans quoi l'éloquence serait sans objet et n'aurait plus aucune force. Elle aurait beau couler, comme un fleuve rapide, dans un lit vaste et libre; elle paraîtrait calme et semblable à une eau dormante. C'est aux écueils qu'elle rencontre, qu'elle heurte, et qu'elle franchit, c'est au détroit où ses flots se resserrent et redoublent de force et d'impétuosité, c'est là qu'elle se fait connaître, et perd le nom d'élocution, pour prendre celui d'éloquence.

Celsus avait donc quelque raison de dire que l'éloquence ne s'exerçait que sur des choses contestées; mais la résistance est encore plus souvent dans la volonté que dans l'entendement; et c'est la plus difficile à vaincre.

La poésie n'a que la vraisemblance à se donner, et que l'illusion à répandre; l'histoire n'a communément que l'ignorance à éclairer; la philosophie a de plus l'erreur et le préjugé à combattre; l'éloquence a, non-seulement l'opinion, mais les affections, les passions à subjuguer, à dominer : ce sont là ses triomphes; et cette différence fera seule sentir aux jeunes gens pourquoi le caractère de la poésie est une séduction perpétuelle; celui de l'histoire, une sincérité noble et calme; celui de la philosophie, une discussion sagement animée; celui de l'éloquence, une action pleine de chaleur, et plus ou moins véhémente, selon la force des obstacles que son sujet lui donne à renverser. De ces obstacles, le moindre, c'est le doute ; et avec tout le charme du langage, celui qui, n'ayant aucune résistance d'opinion, d'inclination, de doute à vaincre dans son auditoire, ne ferait que lui exposer des vérités connues, serait un beau parleur, et, si l'on veut, un homme disert, mais non pas un homme éloquent. C'est donc toujours un objet sérieux, intéressant, problématique, et relatif à l'un de ces trois points, le juste, l'honnête, et l'utile, qu'il faut choisir, même dans les poëtes, pour y exercer les enfants.

Enfin ce qui me semble décider en faveur de cette espèce de leçons que je propose pour la seconde classe, c'est qu'en devenant tous les jours un peu plus difficiles et un peu plus savantes, elles amènent les disciples à ce troisième degré d'études, où ils auront à saisir d'un coup-d'œil l'ordonnance et la contexture de la harangue et du plaidoyer.

Et sans cette méthode, comment leur faire en même temps observer l'ordre, l'enchaînement, l'accord, et la diversité des parties dont cet ensemble est composé? Une simple lecture ne les captive point, et ne laisse presque jamais dans de jeunes esprits que de légères traces : la traduction est pénible et lente, et l'attention y est absorbée par les détails de l'expression : le travail d'apprendre par cœur est mécanique, dès qu'il est commandé, et se réduit à retenir des mots :

l'extrait n'excite aucune ardeur, aucune émulation dans l'ame : enfin la composition en grand est insensée, avant l'étude des modèles. Quel moyen reste-t-il pour en graver l'empreinte dans l'esprit des élèves, que la méthode de Crassus, une lecture à haute voix, et après la lecture une rédaction, une traduction de mémoire?

Ici l'on n'aura point à craindre l'inapplication des élèves : émus jusqu'à l'enthousiasme par cette lecture enivrante, pleins des beautés qu'ils auront admirées dans les mouvements, les pensées, le langage de l'orateur; en se frappant de ses raisons, ils auront été encore plus saisis des passions qui l'animaient : fatigués de cette foule d'idées et de sentiments qu'il leur aura transmis, ils brûleront de les répandre; et s'ils ont en eux quelque germe d'éloquence naturelle, on verra ces germes éclore à la chaleur vive et profonde dont il les aura pénétrés.

Je ne sais si ce grand exemple de Crassus me fait illusion; mais je crois voir le jeune élève sortir de cette école avec une force d'appréhension, une vigueur de jugement, une habitude à saisir l'ensemble d'un sujet ou l'état d'une cause, son point de vue favorable, ses vrais moyens, et en même temps son côté faible et périlleux; une promptitude à s'affecter des passions dont elle est susceptible; une facilité à changer de ton, de mouvements, et de langage; une impétuosité dans l'attaque, une adresse dans la défense, une souplesse et une agilité à parer tour-à-tour et à porter des coups rapides; enfin une richesse, une abondance d'élocution, que nul autre genre d'étude et d'exercice ne peut donner.

Cependant, comme après avoir exercé longtemps les jeunes peintres à dessiner d'après de grands modèles, on leur permet de composer; on pourrait de même permettre aux élèves de l'éloquence de s'essayer en liberté, lorsqu'ils auraient acquis des forces. Ce serait, même dans les deux classes, une récompense honorable que l'on proposerait à leur émulation.

Mais je persiste à demander, 1° Que le sujet soit pris d'un écrivain du premier ordre, afin d'avoir plus sûrement à leur donner pour correctif, après la composition, le meilleur modèle possible. 2° Que ce soit une question douteuse et sujette à discussion, soit d'une partie avec l'autre, soit de l'orateur avec lui-même; car ce qui serait évident et incontestable ne donnerait plus lieu ni à la preuve ni à la réfutation, le vrai combat de l'orateur : l'élève doit savoir qu'il a toujours un adversaire dans l'opinion opposée à la sienne; et quand cet adversaire est muet, c'est à lui de prendre sa place, et de parler contre lui-même avec autant de force et de chaleur que ferait un homme éloquent. (*Voyez* CHAIRE.) 3° Que pour ces essais on préfère les causes dont le principe est contesté, non-seulement parce qu'elles donnent plus d'espace et d'essor à de jeunes esprits, mais parce qu'elles prêtent au développement de ces idées élémentaires que l'élève a déja reçues, et qu'elles sont les seules où il soit en état de faire quelques pas sans être mené par la main : car d'examiner, comme on le fait dans une cause particulière, si une chose est telle ou telle; ou si le fait dont il s'agit est arrivé de telle ou de telle façon, par malice, par imprudence, involontairement, ou par nécessité; si l'accusé a fait ce qu'on lui impute; et s'il l'a fait selon la loi, hors de la loi, contre la loi, seul, de son propre mouvement, ou par l'impulsion d'un autre, etc.; tout cela tient à des circonstances dont il est impossible que les écoliers soient instruits.

Toutefois en donnant la préférence aux causes générales, non-seulement comme plus simples, mais comme plus propres à faire connaître les grandes régions de l'éloquence (1), et comme un moyen d'accoutumer l'esprit à voir les conséquences dans leur principe (2); je ne laisserai pas d'observer qu'un grand nombre des plus belles causes sont des causes particulières, dont le prin-

---

(1) *Nosse regiones intrà quas venire debeas, ut pervestiges quod quæras.*

(2) *Ubi eum locum omnem cogitatione sepseris, si modò usum rerum percallueris, nihil te effugiet, atque omne quod erit in re occurret atque incidet.* (De Orat. l. 2.)

cipe est reconnu; et c'est pour celles-ci que la méthode des *rhéteurs* serait nécessaire aux élèves.

Ces *rhéteurs* avaient pris la peine de classer toutes les causes oratoires, et d'assigner à chaque espèce les moyens qui lui convenaient : c'est ce qu'on appelait *loca* : arsenal oratoire, où il faut avouer que les armes étaient rangées avec beaucoup d'ordre et de soin.

Cette méthode avait l'avantage de tracer des routes, d'y poser des signaux, d'avertir l'orateur de celle qu'il aurait à suivre; Cicéron lui-même en convient; *Habet enim quædam ad commonendum oratorem.* Mais l'élève qui, après les premières études, aurait besoin d'aller chercher dans ces lieux oratoires les moyens propres à sa cause, serait un esprit lent timide et sans essor : *Quod etiamsi ad instituendos adolescentulos magis aptum est, ut, simul ac posita sit causa, habeant quò se referant, undè statim expedita possint argumenta depromere : tamen et tardi ingenii est rivulos consectari, fontem rerum non videre.* (De Orat. l. 2.)

« Qu'on me donne, disait Antoine dans ce même dialogue, un jeune homme qui ait bien fait ses études; si, avec un peu d'usage de l'art oratoire, il a dans le génie quelque vigueur, je le porterai en un lieu où il trouvera, non pas un filet d'eau enfermée et captive dans des canaux étroits, mais un fleuve entier qui s'élance impétueusement de sa source. » *Si sit is, qui et doctriná li-*

beraliter mihi institutus, et aliquo jàm imbutus usu, et satis acri ingenio esse videatur; illùc eum rapiam, ubi non seclusa aliqua aquula teneatur, sed undè universum flumen erumpat. (De Orat. l. 2.)

Quelle était donc cette source abondante, auprès de laquelle tous les lieux communs des *rhéteurs* ne lui semblaient que des filets d'eau? C'était la cause elle-même; et sa méthode, à lui, consistait à la méditer profondément, à bien savoir quelle en était la nature, *quæ nunquam latet*, disait-il, et à tirer de cette connaissance ses procédés et ses moyens.

La pratique de l'orateur que je viens de citer, pour s'instruire à fond d'une affaire, était d'engager sa partie à plaider sa cause elle-même devant lui, sans témoin, afin qu'elle eût plus d'assurance; et de plaider contre elle, afin de l'obliger à mettre au jour tous ses moyens. « Après avoir renvoyé mon client, je faisais, dit-il, à moi seul, trois personnages différents, le mien, celui de mon adversaire, et celui de nos juges : ainsi je plaidais les deux causes, et le mieux qu'il m'était possible; après cela je prononçais avec la plus rigoureuse équité. »

Voilà une grande leçon et en même temps un moyen assez simple de rendre les causes particulières accessibles aux jeunes gens; car si le *rhéteur* veut se mettre à la place de la partie, et se laisser interroger, l'élève fera de son côté le personnage de l'avocat; et la justesse, la sagacité, la promptitude de son discernement percera dans cet exercice, par le soin qu'on lui verra prendre de démêler, de dénouer les difficultés véritables, par l'attention qu'il donnera aux points essentiels de la cause, par le choix qu'il fera des moyens décisifs; car rien ne distingue plus sûrement une bonne et une mauvaise tête, qu'une curiosité judicieuse qui va au but, et une curiosité vague qui se dissipe et s'égare en chemin.

Il ne faut pas oublier cependant que l'exercice apprend à voir aux jeunes orateurs, comme il apprend à voir aux jeunes peintres, et qu'on prend quelquefois pour manque d'intelligence et d'aptitude, ce qui n'est que légèreté, dissipation, distraction. L'avocat, parce qu'il est instruit, voit d'un coup-d'œil, parmi les circonstances et les moyens qu'on lui expose, ce qui lui est bon et ce qui lui manque; ses recherches sont éclairées; celles de l'écolier peuvent être d'abord inquiètes et indécises. Il faut donc se donner la peine de lui apprendre à examiner, à développer une cause, à la voir sous toutes ses faces, à prévenir dans tous les points ce qu'on pourra lui opposer, et à se tenir préparé pour l'attaque et pour la défense. Or c'est ce qu'on n'a jamais fait.

Le premier tort des *rhéteurs* a été, comme je l'ai dit, de croire enseigner l'art de l'éloquence à des enfants; et pour cela ils l'ont réduit en miettes : *Qui omnes tenuissimas particulas..... ut nutrices infantibus pueris, in os inserant.* (De Orat. lib. 21.) : et au contraire, le moyen de simplifier l'art, de le faciliter, aurait été de l'enseigner en masses : un petit nombre de grands principes, appuyés sur de grands exemples, aurait suffi, et n'aurait ni troublé ni fatigué de jeunes têtes

La même erreur a fait assujettir à des règles minutieuses et à des méthodes serviles ce qu'il y a de plus capricieux, de plus impérieux au monde, l'occasion et la nécessité. La *rhétorique*, ainsi que la tactique, ne peut rouler que sur des hypothèses : dans l'un et l'autre genre de combat il y a deux grands ordonnateurs, le jugement et le génie; mais ils sont tous les deux soumis à des hasards qui déconcertent toutes les méthodes et font fléchir toutes les règles.

Il fallait donc simplifier l'art le plus qu'il eût été possible, ne pas ériger en principe ce qui n'est juste et vrai que sous certains rapports, n'enseigner que le difficile, ne prescrire que l'indispensable, en un mot, laisser au talent, comme les lois doivent laisser à l'homme, autant de sa liberté naturelle qu'il en peut avoir sans danger. Les règles prescrites par les *rhéteurs* sont presque toutes de bons conseils et de mauvais préceptes.

Tout se réduit, dans l'art oratoire, à instruire, à plaire, à émouvoir : encore, des trois, un seul doit-il paraître en évidence; et lors même que l'orateur emploie tous les moyens de se concilier le juge ou l'auditeur, de le flatter, de le fléchir, de l'irriter, ou de l'appaiser, le comble de l'art serait encore de ne sembler occupé qu'à l'instruire. *Una, ex tribus his rebus, res præ nobis est ferenda, ut nihil aliud, nisi docere, velle videamur. Reliquæ duæ, sicut sanguis in corporibus, sic illæ in perpetuis orationibus fusæ esse debebunt.* Cette règle en renferme mille; et si on l'a bien saisie, ni les lieux oratoires, ni les figures, ni les ornements, ni aucune des formules de *rhétorique*, ne s'introduiront, qu'à propos et comme sans étude et sans dessein, dans l'éloquence. Je sais que les figures en sont l'ame et la vie; et il n'en est aucune qui, naturellement employée et mise à sa place, ne donne de la grâce ou de la force à l'élocution. Mais il faut que l'élève apprenne à les connaître, et non pas à les employer. Celles qui, dans la chaleur de la composition, ne se présentent pas d'elles-mêmes, déceleraient trop l'artifice : la nature les a inventées, la nature doit les placer.

A l'égard de l'économie et de l'ordonnance de l'ouvrage oratoire, on le divisera, si l'on veut, en six, en cinq, ou en trois parties. Mais quoiqu'on puisse donner pour modèle un discours dans lequel ces parties, distribuées selon l'usage, tendent au but commun de la persuasion; l'exorde, par sa modestie et sa douceur insinuante; l'exposition, par la clarté d'une division régulière et complète; la narration, par son adresse et son air d'ingénuité; la preuve, par sa solidité, sa vigueur, et sa rapidité pressante; la réfutation, par la dextérité des tours, la force des répliques, et la chaleur des mouvements; la confirmation, par un accroissement de force et d'énergie; la conclusion, par cet éclat qui part des moyens rassemblés; la péroraison, par des mouvements d'indignation et de douleur, quand la cause en est susceptible, ou par la séduction d'un pathétique doux et pénétrant sans violence, quand la cause ne donne lieu qu'à la commisération; le *rhéteur* ne laissera pas d'avertir son disciple que c'est au sujet à prescrire l'économie du discours, à décider du nombre, de la distribution, du caractère de ses parties; et que non-seulement sous différentes formes un discours peut être éloquent, mais que, pour l'être autant qu'il est possible, il ne doit jamais affecter que la forme qui lui convient.

Savoir de quoi, dans quel dessein, à qui, ou devant qui l'on parle; et, dans tous ces rapports, dire ce qui convient, et le dire comme il convient : c'est l'abrégé de l'art oratoire.

Ainsi l'importante leçon, la seule même dont l'élève aurait besoin, si elle était bien développée, serait de lui apprendre à viser à son but, à se demander à lui-même quel est l'effet qu'il veut produire; s'il lui suffit d'instruire, ou s'il veut émouvoir; s'il est en état de convaincre, ou s'il aura besoin d'intéresser et de fléchir; s'il se propose d'exciter l'admiration ou l'indulgence, l'indignation ou la pitié. Alors il sentira si son exorde doit être véhément ou timide; si son exposition, ou sa narration exige la simplicité, la modestie, ou la magnificence; si, dans la preuve, il lui faut insister sur le principe ou sur les conséquences; si, dans la réfutation, il doit agir de vive force, ou ruiner insensiblement les moyens de son adversaire, employer l'artifice de l'insinuation, ou le tranchant du syllogisme, ou les entraves du dilemme, ou le piége de l'induction; si le caractère de sa péroraison doit être la véhémence et l'énergie, ou la douceur de la séduction, un pathétique violent et brûlant, ou cette sensibilité modérée qui fait couler de douces larmes, ou cette douleur déchirante qui pénètre dans tous les cœurs.

Enfin la conclusion de ce long cours d'étude sera d'avertir les élèves les mieux instruits, que ce n'est encore rien que ce qu'ils ont appris : car sans compter, pour l'avocat, cette immense étude des lois; sans compter, pour l'homme d'État, la connaissance de la chose publique dans ses détails et dans tous ses rapports; sans compter, pour l'orateur chrétien, la lecture et la méditation des livres sacrés, dont il doit être plein comme de sa propre substance; leur grande étude à tous, l'étude de toute leur vie, sera celle des hommes qu'ils auront à persuader, à dominer par la parole; et pour cette étude, la véritable, la seule école, c'est le monde : nulle spéculation ne peut y suppléer, nulle hypothèse n'y peut suffire. L'homme est un être si mobile, si changeant, si divers, qu'il est impossible d'enseigner quels seront les hommes de tel lieu, de tel temps, de telle conjoncture; quel sera tel jour, à telle heure, l'esprit dominant de la nation, de la cité, des tribunaux, de l'auditoire. C'est là cependant ce que l'orateur doit savoir; et il ne le saura bien que sur le lieu, sur le temps, en *subodorant*, comme Cicéron, les sentiments et les pensées, en mettant le doigt sur les cœurs. Sans cela l'éloquence est vague, et manque des deux propriétés qui en font toute la force, la convenance et l'à-propos.

Que les jeunes gens sachent donc que l'école n'a été pour eux qu'une lice obscure et paisible, dont les combats étaient des jeux; et que maintenant il s'agit de se porter sur le champ de bataille. *Educenda deindè dictio est ex hâc domesticâ exercitatione et umbratili, medium in agmen, in pulverem, in clamorem, in castra, atque aciem forensem......... periclitandæ vires ingenii, et illa commentatio inclusa in veritatis lucem proferenda est.* (De Orat. lib. I.)

Selon la méthode que je viens de tracer, d'après les plus grands maîtres de l'art, on voit que les études de la *rhétorique* ont trois degrés : que celles de la première classe sont communes à tous les hommes dont on veut former la raison, cultiver l'esprit, et polir le langage, et que jusque-là l'homme du monde et l'orateur ont besoin des mêmes leçons; que celles de la seconde classe deviennent plus propres à l'éloquence, mais conviennent également à l'orateur, au philosophe, à l'historien, et au poëte; enfin que les études de la troisième classe, où l'on enseigne expressément les procédés de l'éloquence, semblent ne convenir qu'aux jeunes gens qui se destinent ou à la chaire, ou au barreau, ou à quelque fonction publique qui demande un homme éloquent. Mais comme, pour développer le corps et lui donner plus de force et plus de souplesse, on exerçait les jeunes Romains au combat de la lutte, sans vouloir en faire des athlètes; de même, si l'on veut m'en croire, on exercera l'esprit de la jeunesse destinée aux fonctions qui demandent le don de la parole, on l'exercera long-temps dans la lice du plaidoyer: car il n'est point de genre d'éloquence qui ne se réduise aux règles de la plaidoirie. Instruire, prouver, réfuter, émouvoir, et persuader, c'est, dans toutes les situations de la vie, l'art de dominer les esprits.

On peut me demander quel temps je veux que l'on donne à ces études. Le temps qu'elles exigeront. Dans les beaux jours de l'éloquence, les anciens ne le comptaient pas, et le croyaient bien employé : aussi le sénateur, le consul, le censeur, l'homme de loi, l'homme d'état, s'y formaient-ils en même temps; et chaque citoyen, destiné aux fonctions publiques, en sortait propre à les remplir. « C'est un beau rêve, me dira-t-on; et s'il a quelque réalité, ce n'est plus nous qu'elle intéresse. Au milieu d'un peuple, à-la-fois législateur et juge, devant qui l'on plaidait, non-seulement pour la fortune et la vie du citoyen, mais pour l'utilité, la gloire, et le salut de la république; dans un état où chacun aspirait à dominer par la parole; que des hommes, sans cesse en guerre dans la lice de l'éloquence, pour leurs amis ou pour eux-mêmes, et qui venaient y décider, comme des gladiateurs, de leur perte ou de leur salut, aient attaché à ce grand art tout l'intérêt de leur sûreté, de leur fortune, et de leur gloire; rien de plus naturel. Mais quel serait pour nous le fruit, l'emploi de ces longues études? où serait la place de ces talents cultivés avec tant de soin? Sommes-nous dans Rome ou dans Athènes? et avons-nous une tribune où l'orateur, homme d'état, puisse parler en liberté? »

Fasse le ciel qu'il s'en élève et en grand nombre, de ces citoyens éloquents! On demande où serait leur place! Par-tout où la voix de la sagesse, de la vérité, de la vertu, de l'intérêt public, de l'amour de l'humanité, a le droit de se faire entendre; et sous ce règne où ne l'a-t-elle pas? L'éloquence n'a plus de tribune! Mais la chaire en est une encore pour cette morale sublime, que rend plus pure encore et plus touchante la sainteté de ses motifs. Mais les académies sont des tribunes, où, la palme à la main, on demande aujourd'hui, comme autrefois dans la place d'Athènes: *Qui veut parler pour le bien public?* Dans Athènes, ce n'était qu'au moment où la république était menacée, dans les jours de crise et de danger, que la voix du héraut se faisait entendre : ici, dans le sein de la paix, et lorsque l'indolence de la sécurité, de la tranquillité publique, semblerait pouvoir refroidir l'intérêt général; ici, tous les jours, et du centre et des extrémités du royaume, la voix s'élève, et dit aux orateurs : « Tel abus règne, tel préjugé domine; pour le combattre et le détruire : *Qui veut parler? Qui veut parler* contre la servitude, contre la rigueur inutile de nos anciennes lois pénales, contre l'iniquité des peines infamantes, sur les moyens de conserver cette multitude innombrable d'enfants qui vont périr dans les asyles de l'indigence, ou sur les moyens de détruire ce vieux fléau de la mendicité, sans manquer au respect que l'on doit au malheur : *Qui veut parler?*

«L'exemple des hautes vertus, des sublimes talents, des travaux héroïques, s'efface dans l'éloignement, et ne jette plus qu'une pâle et froide lumière ; pour en ranimer l'émulation avec le souvenir : *Qui veut parler?* Le génie et l'ambition des souverains se tourne vers la solide gloire, vers celle qui ne coûtera ni larmes ni sang à leurs peuples, et qui sera le prix du bien qu'on aura fait. Les peuples eux-mêmes commencent à sentir qu'une politique funeste les a trompés, en les rendant jaloux et rivaux l'un de l'autre, et que la nature les avait faits pour être amis : *Qui veut parler*, pour applaudir à cette grande révolution, pour y encourager et les rois et les peuples?

Un jeune prince (de Brunswick) se dévoue pour secourir des malheureux qui vont périr; et à l'instant une voix chère à la nation s'élève et demande: *Qui veut parler* avec l'enthousiasme d'une poésie éloquente, pour rendre, à la mémoire de ce héros de l'humanité, l'hommage, les vœux, les regrets de la reconnaissance universelle? qu'il acquitte le genre humain de ce devoir; et la couronne d'or, qu'on refusait à Démosthène, l'attend et lui est assurée. »

Qu'on ne dise donc plus que les grands objets manquent à l'éloquence; mais bien plutôt que l'éloquence manque le plus souvent aux grands objets qui la demandent, qui l'appellent, qui l'invoquent de toutes parts. Son domaine aura ses limites : elle ne sera plus séditieuse et turbulente; elle ne sera plus délatrice et calomnieuse; mais si elle n'a pas toute la liberté de l'éloquence républicaine, aussi n'en aura-t-elle pas la licence et les vices. Elle fera moins de bien peut-être; mais elle ne fera que du bien, et fera de grands biens encore. Je ne parle point du barreau, où la justice et l'innocence auront toujours besoin de son organe; mais par-tout où le bien moral et politique, l'utile, l'honnête et le juste sont mis en délibération, dans les conseils, dans les tribunaux, dans les députations, et dans les assemblées, elle aura lieu de se montrer : elle aura lieu de parler aux peuples au nom du souverain, au souverain au nom des peuples, consolante et sensible en émanant du trône, respectueuse et sage en y portant les vœux, les gémissements des sujets. Elle ne fera point de révolution violente; mais elle amenera des réformes utiles, des changements inespérés : elle rendra du moins l'autorité plus douce, l'obéissance plus facile, le souverain plus cher encore, les peuples plus intéressants.

Mais il est pour elle un empire plus étendu et plus durable. Cet art précieux, que les anciens ne possédaient pas, l'art de l'imprimerie, donne des ailes et cent voix à l'éloquence, comme à la renommée; les livres sont pour elle des ministres rapides, qui, d'une extrémité du monde à l'autre, vont porter la lumière et la persuasion; et n'eût-elle que ces organes, de quel prix ne seraient pas encore le talent, le génie, et l'ame d'un homme vertueux et sage, à qui, pour rendre sa sagesse et sa vertu féconde, le ciel aurait donné le don d'écrire éloquemment! Un livre où les principes d'une saine philosophie, d'une politique morale, d'une sage législation, d'une administration salutaire, seront développés avec une éloquence lumineuse et sensible, sera lui seul pour le monde un bienfait qu'on ne saurait apprécier. La raison sans doute aurait droit de persuader par elle-même ; mais combien de vérités utiles, froidement et négligemment énoncées dans des écrits judicieux, y seraient restées ensevelies, si l'éloquence n'était venue les retirer comme du tombeau, et les rendre à la vie, en leur communiquant tout son charme et tout son pouvoir?

Rime. *La rime* est la consonnance des finales des vers. Cette consonnance doit être sensible à l'oreille : il faut donc qu'elle tombe sur des syllabes sonores ; mais ce n'est point assez : on veut aussi qu'elle frappe les yeux. Pourquoi? pour la rendre plus difficile, et pour ajouter au plaisir que fait la solution de ce petit problème. Je n'en vois pas d'autre raison. C'est un défi donné aux versificateurs. Afin donc que les vers *riment* aux yeux en même temps qu'à l'oreille, on veut que les deux finales présentent les mêmes caractères, ou des caractères équivalents : par exemple, *sultan* ne *rime* point avec *instant; instant* et *attend riment* ensemble.

On appelle *rime masculine*, celles des mots dont la finale est une syllabe sonore ; et *rime féminine*, celle des mots dont la finale est une syllabe muette. Dans la première, il suffit que les finales soient consonnantes ; dans la seconde, la consonnance doit commencer à la pénultième : *revers* et *pervers riment* ensemble ; *source* et *force* ne *rimeraient* pas, quoique la finale muette soit la même ; mais bien *source* et *course*, *exerce* et *diverse*.

On appelle *rime* pleine, celle où non-seulement le son, mais l'articulation est la même : comme *vertu* et *abattu*, *étude* et *solitude*. On appelle *rime* suffisante, celle qui n'est que dans le son, et non dans l'articulation, comme *vertu* et *vaincu*, *timide* et *rapide*. Quand la *rime* qu'on emploie est trop abondante, comme celle des mots en *ant*, on regarde comme une négligence la *rime* qui n'est que dans le son; et qui n'est pas dans la consonne : aussi voit-on peu d'exemples, dans les bons poëtes du temps de Boileau et de Racine, de *rimes* aussi négligées que celle d'*amant* et *constant*. Si toutefois il y a deux consonnes qui précèdent la voyelle, comme dans la finale de *surprend*, c'est assez pour l'oreille que la seconde de ces consonnes soit la même : ainsi ce mot *surprend rimera* très-bien avec *grand*. La *rime* masculine est double, lorsque non-seulement la finale sonore, mais la pénultième, a le même son, comme *attirer*, *respirer*. La *rime* est simple, lorsqu'elle n'est que dans la finale, comme *différer*, *respirer*. Elle est en même temps pleine et double, lorsque l'articulation et le son de deux syllabes sont les mêmes; comme *préférer*, *différer*. Dans les vers féminins l'articulation doit être la même dans les deux mots : *escorte* et *discorde* ne *riment* point, parce que l'articulation de la muette est différente.

Deux syllabes ont le même son et la même articulation, quoiqu'elles ne s'écrivent pas de même : c'est ainsi que *rivaux* et *nouveaux*, *essais* et *succès*, *riment* très-bien ensemble. Mais on exige que les dernières syllabes se terminent par les mêmes lettres ou par leur équivalent, comme je l'ai dit, quoique dans la prononciation on ne les fasse pas entendre. Si l'un des deux mots, par exemple, est terminé par un *t* ou par une *s*, le second mot finira de même ou par l'équivalent : ainsi *prétend rimera* très-bien avec *instant*, *accord* avec *ressort*, *choix* avec *bois*, *glacés* avec *assez*.

A plus forte raison, lorsque la consonne finale se fait entendre, doit-elle être, à la fin des mots, sinon la même pour les yeux, du moins la même pour les oreilles : *sang* ne *rimera* point avec *innocent*, mais avec *flanc*, dont le *c* final a le même son que le *g*.

On s'est permis quelquefois des *rimes* que l'œil ou l'oreille désavoue : par exemple, celle d'*encor* avec *sort*, celle de *mer* avec *aimer*, de *remords* avec *mort*, celle de *toucher* avec *cher*, celle de *fiers* avec *foyers*, etc. Parmi ces licences, les plus usitées sont les *rimes* de *guerre* avec *vulgaire*, de *couronne* et de *trône*, de *travaux* et de *repos*. La dissonnance des deux premières est cependant très-sensible; et quant à la dernière, une oreille un peu délicate s'aperçoit aisément de la différence du son de l'*o* clair et bref de *repos*, et du son de l'*o* plus grave, plus sourd, et plus long de *travaux*. Il n'y a point de voyelle qui ne soit de même, tantôt plus claire et plus brève, tantôt plus grave et plus longue; mais dans les sons de l'*a*, de l'*i*, de l'*u*, de l'*ou*, etc., cette différence n'est pas aussi frappante que dans les sons de l'*e* et dans les sons de l'*o* : aussi ne fait-on pas de difficulté sur la *rime* d'*âge* et de *sage*, d'*île* et de *fertile*, de *gite* et d'*agite*, de *chûte* et d'*exécute*, de *coûte* et de *redoute*, etc. Il n'en est pas de même de *trompette* et de *tempête*, de *terre* et de *mystère*, d'*homme* et d'*atôme*, de *pôle* et de *boussole*, dont la *rime* ne sera jamais qu'une licence.

Peut-on ne pas regarder le travail bizarre de rimer, nous dit l'abbé Dubos, *comme la plus basse des fonctions de la mécanique de la poésie ?* Que n'a-t-il dit la même chose de la mesure et du rhythme du vers d'Homère et de Virgile, et de ces constructions si soigneusement travaillées qui occupaient Démosthène, Platon, Thucydide et Xénophon, chez les Grecs; Cicéron, Tite-Live et Salluste, chez les Latins; et qui les occupaient aussi sérieusement que la recherche et l'enchaînement des pensées? Ce mécanisme de la parole doit paraître bas et puéril à un observateur austère qui ne compte pour rien le charme de l'expression : mais pour l'homme doué d'un organe sensible et d'un goût délicat, cette mécanique a son prix.

Entre le travail qu'exige la *rime*, et celui qu'exige la construction du vers mesuré ou de la période harmonieuse, la différence ne peut être que dans le plus ou le moins de plaisir qui en résulte. Il fallait donc examiner d'abord si la *rime* faisait plaisir, et un plaisir assez sensible pour mériter la peine qu'elle donne.

La *rime* peut causer trois sortes de plaisirs. L'un est relatif à l'organe, c'est le sentiment de la consonnance; et ce plaisir, je l'avoue, est factice : il ressemble à l'usage de certaines odeurs qui ne plaisent pas, qui déplaisent même à ceux qui n'y sont pas accoutumés, et qui deviennent une jouissance et un besoin par l'habitude. Il y aurait peu de bon sens à raisonner cette espèce de plaisir et à le disputer à ceux qui en jouissent : il s'agit seulement de savoir s'il est réel et s'il est sensible; dès-lors, naturel ou factice, c'est un plaisir de plus, et il ne saurait trop y en avoir dans la nature et dans les arts.

La *rime* n'intéresse pas seulement l'oreille, elle soulage, elle aide la mémoire; et si c'est un plaisir pour l'esprit de se retracer fidèlement et sans peine les idées qui lui sont chères, tout ce qui rend léger et facile ce travail de la réminiscence, doit être un agrément de plus. Or il est certain que la *rime* donne à la mémoire des signaux plus marqués, pour retrouver la trace des idées. Par ce rapport de consonnances, un mot en rappelle un autre; et tel vers nous aurait échappé, qui, par cette extrémité que l'on tient encore, sera retiré de l'oubli.

La *rime* est enfin un plaisir pour l'esprit, par la surprise qu'elle cause : et lorsque la difficulté, heureusement vaincue, n'a fait que donner plus de saillie et de vivacité, plus de grâce ou d'énergie à l'expression et à la pensée, soit par la singularité ingénieuse du mot que la *rime* a fait naître, soit par le tour adroit, et pourtant naturel, qu'elle a fait prendre à l'expression, soit par l'image nouvelle et juste qu'elle a présentée à l'esprit; la surprise qui naît de ces hasards réservés au talent, où la recherche est déguisée sous l'apparence de la rencontre, cette surprise mêlée de joie est un plaisir à chaque instant nouveau, pour qui connaît l'indocilité de la langue et les difficultés de l'art.

Ce plaisir est d'autant plus vif, que la *rime* paraît à-la-fois plus rare et plus heureusement trouvée. Dans la langue italienne, où les consonnances ne sont que trop fréquentes, la *rime* doit causer peu de surprise : elle est si commune, qu'en improvisant on la rencontre à chaque pas; et dans la contexture du vers, comme dans celle de la prose, les Italiens ont plus de peine à fuir la *rime* qu'à la chercher.

Elle est plus clair-semée dans la langue française, grâce à la variété de nos désinences : aussi y a-t-il, s'il m'est permis de comparer le poëte au chasseur, plus de bonheur à la découvrir, et plus d'adresse à l'attraper. Ce plaisir est réellement, pour le spectateur, semblable à celui de la chasse; et en suivant la comparaison, on verra que dans l'une et l'autre la sagacité dans la recherche, l'inquiétude dans l'attente, la surprise dans la rencontre, l'adresse et la célérité à tirer juste et comme à la course, sont une suite continuelle et rapide d'agréables émotions.

Un autre avantage que la même comparaison fera sentir en faveur de la *rime*, c'est de donner à l'esprit, à l'imagination, et au sentiment, plus d'ardeur et d'activité, par l'aiguillon de la difficulté qui, à chaque instant, les presse et les anime. L'esprit humain est naturellement porté à l'indolence; et en écrivant en prose, rien de plus difficile que de ne pas se laisser aller à une indulgence paresseuse, et aux négligences qu'elle autorise : au lieu du moins qu'en écrivant en vers, et en vers *rimés*, la difficulté renaissante réveille à tout moment l'attention prête à se ralentir, et la tient, si j'ose le dire, en haleine. Tout le monde connaît les vers de la Faye, où la gêne du vers est comparée à ces canaux qui rendent les eaux jaillissantes; serait-il permis d'ajouter que la *rime*, à la fin d'un vers, est comme l'extrémité plus étroite encore du tuyau d'où les eaux jaillissent? C'est une attention curieuse à donner à la lecture des bons poëtes, que de voir combien d'images nouvelles, de tours originaux, d'expressions de génie, de pensées qu'ils n'auraient pas eues sans la contrainte de la *rime*, leur ont été données par elle; et combien d'heureuses rencontres ils ont faites en la cherchant.

Mais comme c'est en même temps à la difficulté de la *rime* et à l'aisance avec laquelle on a vaincu cette difficulté, que le plaisir de la surprise est attaché; il suit de là que, si la *rime* est trop commune, si les mots consonnants ont trop d'analogie et sont trop voisins l'un de l'autre dans la pensée, comme le simple et le composé, ou comme deux épithètes à-peu-près synonymes, la *rime* n'a plus son effet. De même si elle est trop singulière, tirée de trop loin, trop péniblement recherchée, l'effort s'y fait sentir, et l'idée de bonheur et d'adresse s'évanouit. Boileau appelait *rimes de bouts rimés*, celle de *Sphinx* et de *Syrinx*, et la reprochait à La Motte. L'esclave qui traîne sa chaîne ne nous cause aucune surprise : mais s'il joue avec ses liens, il nous étonne; et encore plus si, par la grâce et la dextérité avec laquelle il en déguise et la gêne et le poids, il s'en fait comme un ornement.

On regarde comme un tour de force d'employer des *rimes* bizarres, et cela est permis dans des poëmes badins, comme le conte et l'épigramme; mais dans le vrai, rien n'est plus facile, et rien ne serait de plus mauvais goût dans un poëme sérieux. De cent personnes qui remplissent passablement des bouts *rimés* hétéroclites, il n'y en a quelquefois pas une en état de faire quatre vers élégants. L'extrême difficulté dans l'emploi de la *rime*, est de la rendre à-la-fois heureuse et naturelle, maniable et docile, au point qu'elle paraisse avoir obéi au poëte, comme le cheval d'Alexandre, que lui seul avait pu dompter. On sent que ce mérite exclut également la *rime* triviale et la *rime* forcée : Racine est en cela le premier modèle de l'art.

Observons cependant qu'à mesure qu'un poëme a, par son caractère, plus de beautés supérieures, plus de grandeur et d'intérêt, le faible mérite de la *rime* y devient plus frivole et moins digne d'attention. Il est encore de quelque conséquence dans la partie descriptive de l'épopée, où la tranquille majesté du récit laisse apercevoir à loisir tous les agréments accessoires du style : mais dès que la passion s'empare de la scène, soit dramatique, soit épique, l'harmonie elle-même est à peine sensible ; le vers se brise, les nombres se confondent, la *rime* frappe en vain l'oreille ; l'esprit n'en est plus occupé. De là vient que, dans plusieurs de nos plus belles tragédies, c'est la partie la plus négligée ; et personne encore ne s'est avisé, en sanglottant et en versant des larmes, de critiquer deux vers sublimes, pour être *rimés* faiblement.

Mais dans des poésies d'un genre moins animé, moins entraînant ; dans celles qui, faibles de pensées et dénuées de passions, tirent presque tout leur mérite de l'ingénieuse industrie de la parole ;

l'écrivain qui néglige la *rime*, renonce à l'un de ses grands avantages. Et que restera-t-il de curieux et de piquant dans la construction de ces vers froids, s'ils ne sont pas *rimés?*

Les versificateurs vulgaires, qui négligent la *rime*, pour resssembler en quelque chose à un grand poëte, qui dans la rapidité de ses compositions l'aura quelquefois négligée, sont loin d'avoir les mêmes droits que lui de se dispenser de la règle. On les entend parler avec dédain de cette attention à bien *rimer*, qu'ils appellent minutieuse. Mais que n'ont-ils, comme Voltaire, vingt mille beaux vers bien *rimés* à produire, pour faire voir que, s'ils le voulaient bien, ils *rimeraient* encore de même ? En s'épargnant la peine d'être corrects, les grands écrivains se donnent des licences, les petits se donnent des airs; et l'affectation de mépriser le talent qu'on n'a pas fut toujours la ressource de la vanité impuissante.

S.

Satire. Peinture du vice et du ridicule, en simple discours, ou en action.

Distinguons d'abord deux espèces de *satire*; l'une politique, et l'autre morale; et l'une et l'autre, ou générale, ou personnelle.

La *satire* politique attaque les vices du gouvernement. Rien de plus juste et de plus salutaire dans un état démocratique; et lorsqu'un peuple qui se gouverne est assez sage pour sentir lui-même qu'il peut ou se tromper ou se laisser tromper; qu'il peut s'amollir ou se corrompre, donner dans des travers ou tomber dans des vices qui lui seraient pernicieux, il fait très-bien d'autoriser des censeurs libres et sévères à lui dire ses vérités, à les lui dire publiquement et par écrit, et sur la scène; à l'avertir de la décadence ou de ses lois, ou de ses mœurs; à lui dénoncer ceux qui abusent de sa faiblesse ou de sa confiance, ses complaisants, ses adulateurs, ses corrupteurs intéressés, l'incapacité de ses généraux, l'infidélité de ses juges, les rapines de ses intendants, la mauvaise foi de ses orateurs, les folles dépenses de ses ministres, les intrigues et les manéges de ses oppresseurs domestiques, etc., etc.

Le peuple athénien est le seul qui ait eu cette sagesse. Non-seulement il avait permis à la comédie de censurer les mœurs publiques vaguement et en général, mais d'articuler en plein théâtre les faits répréhensibles, de nommer et de mettre en scène ceux qui en étaient accusés. Ce qui n'avait été qu'un badinage, qu'une licence de l'ivresse, sur le chariot de Thespis, devint sérieux et important sur le théâtre d'Aristophane.

C'est une chose curieuse de voir ce peuple aller en foule s'entendre traiter d'enfant crédule, ou de vieillard chagrin, capricieux, avare, imbécille et gourmand; s'entendre dire qu'il aime à être flatté, caressé par ses orateurs; que ses voisins se moquent de lui en lui donnant des louanges; qu'il ne veut pas voir qu'on l'abuse, qu'on le vole, et qu'on le trahit; qu'il vend lui-même ses suffrages au plus offrant, et que celui qui sait le mieux l'amadouer est son maître, etc.

On juge bien que la *satire*, autorisée contre le peuple, n'avait plus rien à ménager; de là l'audace avec laquelle Aristophane osa traduire en plein théâtre, d'un côté, le peuple d'Athènes, comme un imbécille vieillard trompé et mené par Cléon; de l'autre, ce même Cléon, trésorier de l'État, comme un impudent, un voleur, un homme vil et détestable.

Athènes n'avait pas toujours été aussi facile, aussi patiente envers les poëtes *satiriques*. Aristophane lui-même avoue que, plus timide en commençant, le sort de ses prédécesseurs les plus célèbres, tels que Magnès, Cratinus et Cratès, lui avait fait peur; ce qui ferait entendre qu'on les avait punis pour avoir pris trop de licence. Mais enfin le peuple avait senti le besoin qu'il avait d'être éclairé, repris lui-même avec aigreur, et de donner aux gens en place le frein de la honte et du blâme. Cette licence de la *satire* avait pourtant quelque restriction; et c'est dans le caractère des Athéniens, un trait de prudence et de dignité remarquable; ils voulaient bien qu'à portes closes, lorsqu'ils étaient seuls dans la ville, comme vers la fin de l'automne, la comédie les traitât sans ménagement, et les rendît ridicules à leurs propres yeux; mais ce qui était permis aux fêtes Lénéennes ne l'était pas aux Dionysiales, temps auquel la ville d'Athènes était remplie d'étrangers.

Lorsque le gouvernement passa des mains du peuple dans celles d'un petit nombre de citoyens, et pencha vers l'aristocratie, l'intérêt public ne tint plus contre l'intérêt de ces hommes puissants qui ne voulurent pas être exposés à la censure théâtrale. Dès-lors la comédie cessa d'être une *satire* politique, et devint par degrés la peinture vague des mœurs.

A Rome, elle se garda bien d'attaquer le gouvernement. Où Brumoi a-t-il pris que Plaute ait quelque ressemblance avec Aristophane? Le poëte qui aurait blessé l'orgueil des patriciens, et qui aurait osé dire au peuple qu'il était la dupe, l'esclave et la victime du sénat; que celui-ci, engraissé de son sang et enrichi par ses conquêtes, nageait dans l'opulence et lui refusait tout; qu'on le jouait avec des paraboles; qu'on l'amorçait par de vaines promesses; que les guerres perpétuelles dont on l'occupait au-dehors, n'étaient qu'un moyen de le distraire de ses injures et de ses maux domestiques; qu'en lui faisant une nécessité d'être sans cesse sous les armes, on lui enviait même le travail de ses mains; qu'en l'appelant le maître du monde, on lui préférait des esclaves; et que dans ce monde qu'il avait soumis, le soldat romain n'avait pas un toit où reposer sa vieillesse, ni le plus petit coin de terre pour le nourrir et l'inhumer; un poëte, enfin, qui aurait osé parler comme les Gracques, aurait été assommé comme eux. Il n'en fallait pas tant; le seul crime d'être populaire perdait à jamais un consul; il payait bientôt de sa tête un mouvement de compassion pour ce peuple qu'on opprimait.

La comédie grecque du troisième âge, celle qui n'attaquait que les mœurs privées en général, sans nommer, sans désigner personne, fut donc la seule qu'on admit à Rome; on l'appelait *Palliata*. Térence l'imita d'après Ménandre, et Plaute d'après Cratinus. Mais aucun ne fut assez hardi pour imiter Aristophane, si ce n'est peut-être Névius, qui fut chassé de Rome par la faction des nobles, sans doute pour quelque licence qu'il avait voulu se donner.

La *satire* politique aurait eu sous les empereurs une matière encore plus ample que du temps de la république; mais une seule allusion, à laquelle, sans y penser, un poëte donnait lieu, lui coûtait la vie ; Emilius-Scaurus en fut l'exemple sous Tibère.

Parmi les nations modernes, la seule qui, suivant son génie, aurait pu permettre la *satire* politique sur son théâtre, c'était la nation anglaise; mais comme elle est toujours divisée en deux partis, il aurait fallu deux théâtres, et sur l'un et l'autre, des attaques trop violentes auraient dégénéré en discorde civile. La petite guerre des papiers publics leur a paru moins dangereuse et suffisamment défensive.

Ce qui doit étonner, c'est que, dans une monarchie, la *satire* politique ait paru sur la scène. Louis XII l'avait permise; et en effet, lorsqu'il y a dans les mœurs publiques de grands vices à corriger, une grande révolution à faire, c'est un moyen puissant dans la main du monarque, que le fléau du ridicule. Ce sage roi l'employa donc contre les vices de son siècle, sur-tout contre ceux du clergé; et afin que personne n'eût à s'en plaindre, il s'y soumit lui-même. Utile et frappante leçon! Mais le monarque qui, comme lui, voudrait donner cette licence, aurait à s'assurer d'abord qu'il n'y aurait à reprendre en lui qu'une économie excessive; beau défaut dans un roi, quand c'est son peuple qui le juge.

Le caractère général de la comédie est donc d'attaquer les vices et les ridicules, abstraction faite des personnes; et en cela elle diffère de la *satire*. Mais ce qui les distingue encore, c'est leur manière de procéder contre le vice qu'elles attaquent. Chaque ligne, dans Aristophane, est une insulte ou une allusion; et ce n'est pas ainsi que doit invectiver la véritable comédie : elle met en scène et en situation le caractère qu'elle veut peindre, le fait agir comme il agirait, et lui fait parler son langage; alors c'est le vice personnifié, qui de lui-même se rend méprisable et risible. Tel fut le comique de Ménandre, et tel est celui de Molière. Aristophane le fait souvent ainsi, mais toujours en poëte *satirique*, et non pas en poëte comique : car l'un diffère encore de l'autre par l'individualité ou la généralité du caractère qu'il expose. Traduire en ridicule un tel homme, Cléon, Lamachus, Démosthène, Euripide, ce n'est pas composer, c'est copier un caractère. La comédie invente, et la *satire* personnelle contrefait en exagérant : l'original de la comédie est le vice; l'original de la *satire* personnelle est tel homme vicieux : tout homme atteint du même vice peut se reconnaître dans le tableau comique; et dans le portrait *satirique* un seul homme se reconnaît: *l'Avare* de Molière ne ressemble précisément à aucun avare; le Corroyeur d'Aristophane ne peut ressembler qu'à Cléon.

La *satire* générale des mœurs se rapproche plus de la comédie ; mais il y a cette différence que j'ai déja remarquée : le poëte, dans l'une, peint, comme Juvénal et Horace, le modèle idéal présent à sa pensée, et en expose le tableau ; le poëte, dans l'autre, personnifie son original, et l'envoie sur le théâtre s'annoncer, se peindre lui-même : Horace dit ce que fait l'avare ; Plaute et Molière chargent l'avare de nous apprendre ce qu'il fait.

Dans la *satire* personnelle, le premier des hommes est sans contredit Aristophane : farceur impudent, grossier et bas, il est véhément, fort, énergique, rempli d'un sel âcre et mordant, d'une fécondité, d'une variété, d'une rapidité inconcevable dans les traits qu'il décoche de toute main ; et si, avec l'aveu de sa république, il n'eût attaqué que la mauvaise foi, l'insolence, l'avidité, les rapines des gens en place, leurs infidélités, leurs lâches trahisons, et l'aveugle facilité du peuple à se laisser conduire par des fripons et des brigands, Aristophane eût mérité peut-être les éloges qu'il se donnait : car la très-grande utilité de sa délation l'emporterait sur l'odieux du caractère du délateur. Mais qu'avec la même impudence et la même rage il se soit déchaîné contre le mérite, et l'innocence, et la vertu ; qu'il ait calomnié Socrate, comme il a poursuivi Cléon ; voilà ce qui fera éternellement sa honte et celle d'Athènes, qui l'a souffert.

Je l'ai dit dans l'*article* ALLUSION, et je le répète :

en supposant même que la *satire* personnelle soit utile et juste, le métier en est odieux, et le *satirique* fait alors la fonction d'exécuteur: un voleur mérite d'être flétri; mais la main qui lui applique le fer brûlant, se rend infâme.

Molière s'est permis une fois la *satire* personnelle dans la scène de Trissotin, mais sur un simple ridicule; et encore est-il bon de savoir que l'idée de cette scène lui fut donnée par Despréaux. Depuis, on a voulu se permettre, avec l'impudence d'Aristophane et sans aucun de ses talents, la *satire* personnelle et calomnieuse sur le théâtre français; et un opprobre ineffaçable a été la peine du calomniateur.

Quant à la *satire* générale des vices, rien de plus innocent et rien de plus permis: elle présente le tableau; mais il dépend de chacun de nous d'en éviter la ressemblance. Elle a été d'usage dans tous les temps, mais plus âpre ou plus modérée. Les poëtes grecs du troisième âge la mirent sur la scène: les latins, en les imitant, lui donnèrent aussi la forme dramatique; mais dénuée d'action et réduite au simple discours, elle eut encore des succès à Rome.

Horace y mit son caractère épicurien, facile, piquant, et léger. Il se joua du ridicule, et quelquefois du vice, sans y attacher plus d'importance. Sa philosophie n'était rien moins que sévère; il s'amusait de tout, il ne voyait les choses que du côté plaisant: lors même qu'il est sérieux, il n'est jamais passionné.

Juvénal, au contraire, doué d'un naturel ardent et d'une sensibilité profonde, a peint le vice avec indignation : véhément dans son éloquence, plein de chaleur et d'énergie; ce serait le modèle des *satiriques*, s'il n'était pas déclamateur.

Dans Horace trop de mollesse, dans Juvénal trop d'emportement; voilà les deux excès que doit éviter la *satire*. Légère dans les sujets légers, elle peut se jouer de la vanité et s'amuser du ridicule; mais lorsque c'est un vice sérieusement nuisible qu'elle attaque, lorsque c'est un excès ou un abus criant, elle doit être alors sévère et vigoureuse, mais juste et mesurée : l'hyperbole affaiblirait tout.

Les *satires* de Boileau furent son premier ouvrage, et on le voit bien. Il a plus d'art, plus d'élégance, plus de coloris que Regnier, mais moins de verve, de naturel et de mordant. N'y avait-il donc rien dans les mœurs du siècle de Louis XIV, qui pût lui allumer la bile? Il n'avait pas encore vu le monde, il ne connaissait que les livres, et que le ridicule des mauvais écrivains: son esprit était fin et juste, mais son ame était froide et lente; et de tous les genres, celui qui demande le plus de feu, c'est la *satire*. Boileau s'amuse à nous peindre les rues de Paris! C'était l'intérieur, et l'intérieur moral, qu'il fallait peindre: la dureté des pères qui immolent leurs enfants à des vues d'ambition, de fortune et de vanité; l'avidité des enfants, impatients de succéder, et de se réjouir sur le tombeau des pères; leur mépris dénaturé pour des parents qui ont eu la folie de les placer au-dessus d'eux; la fureur universelle de sortir de son état où l'on serait heureux, pour aller être ridicule et malheureux dans une classe plus élevée; la dissipation d'une mère, que sa fille importunerait, et qui, n'ayant que de mauvais exemples à lui donner, fait encore bien de l'éloigner d'elle, en attendant que, rappelée dans le monde pour y prendre un mari qu'elle ne connaît pas, elle y vienne imiter sa mère qu'elle ne va que trop connaître; l'insolence d'un jeune homme enrichi par les rapines de son père, et qui l'en punit en dissipant son bien et en rougissant de son nom; l'émulation de deux époux, à qui renchérira, par ses folles dépenses et par sa conduite insensée, sur les travers, sur les égarements, sur les vices honteux de l'autre; en un mot, la corruption, la dépravation des mœurs de tous les états où l'oisiveté règne, où le désœuvrement, l'ennui, l'inquiétude, le dégoût de soi-même et de tous ses devoirs, la soif ardente des plaisirs, le besoin d'être remué par des jouissances nouvelles, les fantaisies, le jeu vorace, le luxe ruineux, causent de si tristes ravages; sans compter tous les sanctuaires fermés aux yeux de la *satire*, et où le vice repose en paix; voilà ce que l'intérieur de Paris présente au poëte *satirique*; et ce tableau, à peu de chose près, était le même du temps de Boileau.

Boileau affecte l'humeur âpre et sévère, pour être flatteur plus adroit; et en même temps qu'il bafoue quelques méchants écrivains, auxquels il ne rougit pas de reprocher leur misère, il prodigue l'encens de la louange à tout ce qui peut le prôner ou le protéger à la cour. Le généreux courage, que celui d'attaquer Cottin, Cassagne, ou Chapelain! et contre Chapelain, qu'est-ce qui le révolte? *Qu'il soit le mieux renté de tous les beaux-esprits!* Passe encore s'il l'eût voulu punir d'avoir osé se déclarer pour Scudéri contre Corneille, et de s'être mêlé de critiquer *le Cid*. Boileau, je le répète encore, avait reçu de la nature un sens droit, un jugement solide; et l'étude lui avait donné tout le talent qu'on peut avoir sans la sensibilité et la chaleur de l'ame : mais il lui manquait ces deux éléments du génie; car il est très-vrai, comme l'a dit le vertueux et sensible Vauvenargues, que les grandes pensées viennent du cœur.

Un jeune poëte de nos jours s'est essayé dans le genre de la *satire*. Il en a fait une contre le luxe; et dans ce coup d'essai, il a laissé loin en arrière celui que les pédants appellent le *satirique français* : il a fait voir de quel style brûlant un homme profondément blessé des vices de son siècle, sait les peindre et les attaquer; il a montré qu'on pouvait avoir la vigueur d'Aristophane, sans impudence et sans noirceur; la véhémence de Juvénal, sans déclamation; l'agrément, la gaieté d'Horace, avec plus d'éloquence, de force, d'énergie; et une tournure de vers aussi correcte que Boileau, avec plus de facilité, de mouvement, et de chaleur.

***

Simple. L'un des trois genres d'éloquence que les rhéteurs ont distingués.

Rollin, qui, d'après Cicéron et Quintilien, a très-bien analysé ces trois genres, le *simple*, le sublime, et le tempéré, compare le *simple à ces tables servies proprement, dont tous les mets sont d'un goût excellent, mais d'où l'on bannit tout raffinement, toute délicatesse étudiée, tout ragoût recherché.* Cette image est d'autant plus juste, qu'en effet, dans l'un et l'autre sens, plus nous avons le goût pur et sain, plus nous aimons les choses *simples*.

Cicéron, de son côté, en parlant de ce genre de style et d'éloquence naturel et modeste, nous le présente sous la figure de ce négligé décent, qui, dans une femme, est quelquefois plus séduisant que la parure, et qui n'admet pour ornement qu'une élégante *simplicité* : *Elegantia modò et munditia remanebit*. Il lui interdit toute espèce de fard : *Fucati verò medicamenta candoris et ruboris omnia repelluntur* ; en quoi il semble faire la satire du genre tempéré, du genre des sophistes, qui admettait ces fausses couleurs.

Quoi qu'il en soit, la même observation qui

confirme la comparaison de Rollin, prouve encore la justesse de celle-ci ; car moins nos yeux sont fascinés par les prestiges de la mode et du luxe, plus nous sommes touchés des charmes de la beauté naïve et *simple*. Mais dans l'une et l'autre image, n'oublions pas que la *simplicité*, pour avoir tout son prix, suppose ou la bonté ou la beauté réelle. Ce sont en effet les deux attributs d'un naturel exquis.

Ici disparaît la distinction que l'on a faite du genre *simple*, du tempéré, et du sublime, en destinant l'un à instruire, l'autre à plaire, et le troisième à émouvoir. Ce sont bien là réellement les trois fonctions de l'éloquence ; mais elles ne sont ni exclusives l'une de l'autre, ni exclusivement attachées au genre qui leur convient le mieux. Il ne serait pas raisonnable de refuser le don de plaire et de toucher à la beauté *simple* et sans fard. Or il est bien vrai qu'en instruisant, il est permis de négliger le soin de plaire ; que, si l'objet dont on s'occupe est sérieux et grave, il a droit d'attacher par son utilité, sans avoir l'attrait du plaisir ; qu'il ne serait pas digne de la philosophie, de l'histoire, de l'éloquence même d'un certain caractère, de donner trop à l'agrément ; mais la sagesse, la vérité, le sentiment, ont leur beauté, leurs grâces naturelles. Et ce n'est pas sans choix, sans étude et sans art, mais avec un choix, une étude, un art imperceptible, et d'autant plus difficile et rare que se compose une *simplicité* qui plaît comme sans le vouloir : *Quod sit venustius, sed non ut appareat.*

Ce genre de beauté, ce don d'attacher et de plaire, convient également au *simple* et au sublime; car l'un et l'autre se confondent assez souvent : rien même ne sied mieux au sublime que d'être *simple*, mais il l'est avec majesté; et voilà ce qui les distingue. En sculpture, l'Apollon, le Laocoon, le Moïse de Michel-Ange, sont du genre sublime; et vraisemblablement le Jupiter de Phidias en était le chef-d'œuvre : le Gladiateur mourant, le Faune, la Vénus, sont du genre *simple*. Il n'y a pas une statue antique du caractère que Cicéron attribue au genre que nous appelons *tempéré*.

Celui-ci cependant, quoique plus visiblement orné que les deux autres, ne laisse pas d'avoir du naturel, lorsque son luxe et sa parure ne semblent être que l'abondance et la richesse de son sujet, et que le *simple*, en s'y mêlant, comme cela doit être, lui donne quelquefois un air de négligence et d'abandon. Mais ce qui fait sa bonté réelle et donne du prix à sa beauté, c'est de ne plaire que pour instruire; et c'est le dégrader que d'en faire un objet frivole et de pur agrément.

A l'égard du don d'émouvoir, il est certain qu'au plus haut degré il caractérise le sublime. Mais distinguons deux pathétiques : l'un, qui sans doute n'appartient qu'aux mouvements de la haute éloquence, c'est celui qui ébranle et renverse; l'autre, qui, plus doux, plus modeste, et souvent humble et suppliant, pénètre et s'insinue sans éclat et sans bruit :

Telephus aut Peleus, quùm pauper et exul uterque.

celui-ci me semble le partage du genre *simple* : à moins qu'on ne dise qu'alors le *simple* est sublime lui-même; et tel est bien mon sentiment. Mais ce n'est pas ce qu'ont dit les rhéteurs.

Il n'y aurait donc que le genre moyen dont l'artifice et la parure seraient incompatibles avec la gravité de l'indignation, avec la fougue et l'énergie de la colère, des menaces, des reproches, de la douleur véhémente et impétueuse, avec l'humilité craintive des prières, des plaintes, des supplications. Mais dans un sujet même où la richesse des peintures et des images solliciterait l'éloquence, et viendrait s'offrir d'elle-même; si l'un ou l'autre genre de pathétique y trouvait sa place, le *simple* ou le sublime prendrait celle du tempéré. Voyez, dans les *Géorgiques*, l'épisode d'Orphée.

Ainsi, sans refuser à aucun des trois genres l'avantage d'instruire, ni les moyens de plaire, ni le don d'émouvoir, tâchons de prendre dans son vrai sens ce partage de Cicéron : *Quot sunt officia oratoris, tot sunt genera dicendi: subtile, in probando; modicum, in delectando; vehemens, in flectendo.*

Voulez-vous instruire, éclairer, persuader par la raison? appliquez-vous à donner à votre éloquence un caractère délié, un langage fin et subtil. Voulez-vous délasser l'attention et un moment vous occuper à plaire? employez-y la séduction d'un style tempéré, légèrement semé de fleurs. (*Voyez* Tempéré). Voulez-vous toucher, émouvoir, étonner, troubler, entraîner vos auditeurs? employez-y la véhémence. Et en effet chacun de ces trois caractères convient plus ou moins au sujet, au lieu, aux personnes, au naturel de l'orateur : l'erreur n'est que de les classer et de leur marquer des limites : car le plus souvent ils se mêlent et se combinent comme les éléments. Telle fable de La Fontaine, telle ode d'Horace, telle page de Cicéron, de Bossuet, ou de Racine, nous les présente tous les trois. Les sujets les plus favorables à l'éloquence sont ceux qui donnent lieu à cette variété harmonieuse et ravissante; et les ouvrages où elle règne sont du petit nombre de ceux dont on ne se lasse jamais.

Situation. En poésie, on appelle *situation*, un moment de l'action épique ou dramatique, où de la seule position des personnages résulte pour le spectateur un saisissement de crainte ou de pitié, si la *situation* est tragique; de curiosité, d'impatience, ou de maligne joie, si la *si-*

tuation est comique. C'est dans l'un et dans l'autre genre le plus infaillible moyen de l'art.

Pour bien juger d'une *situation*, il faut supposer les acteurs muets dans ce moment critique, et se demander à soi-même : Quel mouvement excitera dans le spectacle la seule vue de la scène? Si le spectateur, pour être ému, doit attendre qu'on ait parlé, il n'y a plus de *situation*.

Le père de Rodrigue outragé dit à son fils : « J'ai reçu un soufflet; mon bras, affaibli par les ans, n'a pu me venger; voilà mon épée, venge-moi. — De qui? — Du père de Chimène. » Rodrigue, dès ce moment, n'a qu'à rester immobile et muet d'étonnement et de douleur : nous sentirons, avant qu'il le dise, le coup terrible qui l'accable.

Ce même Rodrigue se présente aux yeux de Chimène, l'épée nue et sanglante à la main : l'impression de cet objet n'a pas besoin, pour être sentie, des paroles qui vont la suivre.

Chimène, à son tour, va se jeter aux pieds du roi et demander vengeance contre un coupable qu'elle adore : ces mots *sire, sire, justice!* nous en disent assez; et tous les cœurs, comme le sien, sont déchirés dans ce moment.

La *situation* tragique est tantôt ce que les Latins appelaient *rerum angustiæ*, un détroit dans lequel l'acteur se voit comme entre deux écueils ou sur le bord de deux abymes : telle est la *situation* du *Cid*; telle est celle de Zamore, lorsqu'on lui propose le choix, ou de renoncer à ses dieux, ou de voir périr sa maîtresse; telle est celle de Mérope, réduite à l'alternative, ou de donner sa main au meurtrier de son époux, ou de voir immoler son fils; telle est la fameuse *situation* de Phocas dans *Héraclius*, lorsqu'entre son fils et son ennemi, et ne pouvant discerner l'un de l'autre, il dit ces vers si beaux et tant de fois cités :

> O malheureux Phocas! ô trop heureux Maurice!
> Tu retrouves deux fils pour mourir après toi,
> Et je n'en puis trouver pour régner après moi.

Tantôt elle ressemble à la position d'un vaisseau battu par deux vents opposés, ou au combat de deux vents contraires : c'est le choc de deux passions ou de deux puissants intérêts : tel est, dans l'ame d'Agamemnon, le combat de l'ambition et de la nature, de la tendresse et de l'orgueil : tel est, dans l'ame d'Orosmane, le combat de l'amour et de la vengeance; tel est, entre Oreste et Pylade, le combat de l'amitié; entre Agamemnon et Achille, celui de l'orgueil irrité; entre Zamti et Idamé, celui de l'héroïsme et de l'amour maternel.

Tantôt c'est un simple danger, mais pressant, terrible, inconnu à celui qui en est menacé : l'acteur ressemble alors au voyageur qui va marcher sur un serpent, ou qui, la nuit, va tomber dans un précipice : telle est la *situation* de Britannicus, lorsqu'il se confie à Narcisse; telle et plus effroyable encore est la *situation* d'OEdipe, cherchant le meurtrier de Laïus; telle est la *situation* de Mérope et d'Iphigénie sur le point d'immoler, l'une son fils, l'autre son frère.

Tantôt c'est comme un orage qui gronde sur la tête du personnage intéressant, ou comme un naufrage au milieu duquel il est au moment de périr : l'horreur du danger lui est connue, mais sans espoir d'y échapper : telle est la *situation* d'Hécube, d'Andromaque, de Clytemnestre, à qui on arrache leurs enfants.

Les *situations* comiques sont les moments de l'action qui mettent le plus en évidence l'adresse des fripons, la sottise des dupes, le faible, le travers, le ridicule enfin du personnage qu'on veut jouer. Pour exemples de ces *situations* comiques, se présentent en foule les scènes de Molière; et ces exemples sont la preuve que le comique de *situation* est presque indépendant des détails et du style : pour rire aux éclats, il suffit de se rappeler, même confusément, les *situations* de *l'Ecole des Maris*, du *Tartuffe*, de *l'Avare*, des deux *Sosies*, de *George Dandin*, etc.

Le premier soin du poëte, dans l'un ou l'autre genre, doit donc être de former son intrigue de *situations* touchantes ou plaisantes par elles-mêmes, sans se flatter que les détails, l'esprit, le sentiment et l'éloquence même puissent jamais y suppléer. Son action ainsi disposée, qu'il prenne soin d'y joindre les développements que la *situation* demande, et que la nature lui indique ; qu'il y emploie le langage propre aux caractères, aux mœurs, à la qualité des personnes; il aura presque atteint le but de l'art : mais ce n'est pas assez, s'il n'a de plus observé les passages, les gradations d'une *situation* à l'autre; et c'est la grande difficulté.

On réussit plus communément à inventer des *situations*, qu'à les bien amener et à les bien lier ensemble. La crainte d'être froid et languissant fait quelquefois qu'on les brusque et qu'on les entasse; alors le naturel, la vraisemblance, l'intérêt même n'y est plus. Ce n'est point par secousses que l'ame des spectateurs veut être émue : un coup de foudre imprévu les étonne; mais ne fait que les étourdir : pour que l'orage imprime sa terreur, il faut qu'il vienne lentement, qu'on l'ait vu se former de loin, et qu'on l'ait entendu gronder.

C'est peu même de savoir amener les *situations* avec vraisemblance et les graduer avec art; quand le personnage y est engagé, il faut savoir l'en faire sortir, soit pour le tirer de péril ou de peine au moment que l'action l'exige, soit pour l'engager dans une *situation* ou plus tragique ou plus risible encore.

Lorsque, dans le *Philoctète* de Sophocle, Néoptolème a rendu à Philoctète ses armes, on se demande, comment, par la seule persuasion, ce cœur ulcéré sera-t-il adouci? et on attend ce prodige ou de la vertu de Néoptolème ou de l'éloquence d'Ulysse. Mais dans la pièce de Sophocle, ni l'une ni l'autre ne l'opère : voilà une *situation* avortée. Dans *Cinna*, *Rodogune*, *Alzire*, lorsque Emilie et Cinna sont convaincus de trahison, lorsque Zamore a tué Gusman et qu'il est pris, lorsque Antiochus a le poison sur les lèvres, on se demande, par quels prodiges échapperont-ils à la mort? et la clémence d'Auguste, la religion de Gusman, l'idée qui se présente à Rodogune de faire faire l'essai de la coupe, viennent dénouer tout naturellement ce qui paraissait insoluble.

Quant aux *situations* passagères, la réponse d'Emilie,

>..................Qu'il dégage sa foi,
> Et qu'il choisisse après entre la mort et moi.

la réponse de Curiace,

> Dis-lui que l'amitié, l'alliance, et l'amour,
> Ne pourront empêcher que les trois Curiaces
> Ne servent leur pays contre les trois Horaces

la réponse de Chimène,

> Malgré des feux si beaux qui troublent ma colère,
> Je ferai mon possible à bien venger mon père;
> Mais malgré la rigueur d'un si cruel devoir,
> Mon unique souhait est de ne rien pouvoir.

la réponse d'Alzire,

> Ta probité te parle, il faut n'écouter qu'elle.

sont des modèles accomplis des plus heureuses solutions.

Dans le comique, un excellent moyen de sortir d'une *situation* qui paraît sans ressource, c'est la ruse qu'emploie la femme de George Dandin, lorsqu'elle fait semblant de se tuer, et qu'elle réussit, par la frayeur qu'elle lui cause, à le mettre dehors et à rentrer chez elle.

Le moyen qu'emploie Isabelle dans *l'École des Maris*, pour empêcher Sganarelle d'ouvrir sa lettre.

<blockquote>Lui voulez-vous donner à croire que c'est moi?</blockquote>

n'est ni moins naturel ni moins ingénieux, et il est d'un plus fin comique.

Mais le prodige de l'art, pour se tirer d'une *situation* difficile, c'est ce trait de caractère du *Tartuffe* :

<blockquote>Oui, mon frère, je suis un méchant, un coupable,
Un malheureux pécheur, tout plein d'iniquité,
Le plus grand scélérat qui jamais ait été.</blockquote>

Ce serait là le dernier degré de perfection du comique, si, dans la même pièce et après cette *situation*, on n'en trouvait une encore plus étonnante : je parle de celle de la table, au-delà de laquelle on ne peut rien imaginer.

SOTISE ou SOTIE. Espèce de drame, qui, sur la fin du quinzième siècle et au commencement du seizième, faisait chez nous la satire des mœurs. La *sotise* répondait à la comédie grecque du moyen âge; non qu'elle fût une satire personnelle, mais elle attaquait les états, et plus expressément l'église. La plus ingénieuse de ces pièces est, sans contredit, celle où l'*Ancien-Monde*, déja vieux, s'étant endormi de fatigue, *Abus* s'avise d'en créer un nouveau, dans lequel il distribue à chaque vice et à chaque passion son domaine; en sorte que la guerre s'allume entre eux, et détruit le monde qu'*Abus* a créé. Alors le *Vieux-Monde* se réveille et reprend son train.

Dans cette satire, le clergé n'est point épargné; il l'est encore moins dans la *sotie* du *Nouveau-Monde*, dont les personnages sont *Pragmatique*, *Bénéfice-Grand*, *Bénéfice-Petit*, *Père-Saint*, le *Légat*, l'*Ambitieux*, etc. *Bénéfice-Grand*, à qui l'on fait violence pour se livrer à *Ambitieux*, se met à crier plaisamment, *volens nolo*, *nolens volo*.

Mais la plus célèbre de toutes les *Soties* est celle de *Mère sote*, composée et représentée par ordre exprès de Louis XII. Dans cette pièce, le prince des *Sots* s'informe de l'état de ses sujets. Le premier *Sot* lui répond:

>Nos prélats ne sont point ingrats,
>Quelque chose qu'on en babille:
>Ils ont fait, durant les jours gras,
>Banquets, beignets, et tels fracas
>Aux mignonnes de cette ville.

Sote commune (le peuple) se plaint au roi des

Sots, qu'elle dépérit de jour en jour, et que l'église enlève tout son bien. *Mère sote* paraît alors, *habillée par-dessous en Mère sote, et par-dessus ainsi que l'Eglise.* En entrant sur la scène, elle déclare à *Sote Occasion* et à *Sote Fiance*, ses deux confidentes, qu'elle veut usurper le temporel des princes. « Disposez de moi, lui dit *Sote Fiance*; je consens à éblouir le peuple par vos amples promesses, et en cela je risque peu de chose » :

> On dit que vous n'avez point d'honte
> De rompre votre foi promise.
>
> SOTE OCCASION.
>
> Ingratitude vous surmonte ;
> De promesses ne tenez compte,
> Non plus que boursiers de Venise.

Mère Sote dit elle-même, sur la prédiction d'un Juif :

> Aussitôt que je cesserai
> D'être perverse, je mourrai.

Elle déclare aux prélats, sujets du prince des *Sots*, que le spirituel ne lui suffit pas, et qu'elle y veut joindre le temporel :

> Pour jouir ainsi qu'il me semble
> Tous les deux veuil mêler ensemble.
>
> PLATE BOURSE.
>
> Mais gardons le spirituel ;
> Du temporel ne nous mêlons.

MÈRE SOTE.

Du temporel jouir voulons.

UN SEIGNEUR.

Notre mère devient gendarme!

MÈRE SOTE.

Prélats, debout : alarme! alarme!

(*Combat de prélats et de princes.*)

Le prince des *Sots*, dans le combat, démasque *Mère Sote*, et la fait connaître pour ce qu'elle est.

STANCE. En parlant de l'ode moderne, *stance* et *strophe* sont synonymes. Mais comme dans l'article *strophe*, je m'occuperai spécialement de la forme de l'ode antique, je distingue ici, sous le nom de *stance*, la coupe de l'ode française.

La *stance* est une période poétique symétriquement composée. Il est bien vrai qu'assez souvent elle contient plusieurs sens finis, et qu'aussi quelquefois le sens n'en est que suspendu; mais je la prends, pour la définir, dans sa forme la plus régulière; et au gré de l'oreille comme au gré de l'esprit, la *stance* la mieux arrondie est celle dont le cercle embrasse une pensée unique, et qui se termine comme elle et avec elle par un plein repos.

J'ai dit quelle était la mesure de la période oratoire. (*Voyez* PÉRIODE.) Celle de la *stance* est à-peu-près la même; et comme la moindre étendue qu'elle ait pu se donner, est celle de quatre petits vers, la plus grande est celle de dix vers de huit syllabes, ou de six vers alexandrins. (*Voyez* PÉRIODE.)

Des distiques, accolés l'un à l'autre, ne sauraient former une *stance* harmonieuse; et cet exemple de Malherbe,

> Il n'est rien ici-bas d'éternelle durée.
> Une chose qui plait n'est jamais assurée :
> L'épine suit la rose; et ceux qui sont contents,
> Ne le sont pas long-temps.

Cet exemple lui-même fera sentir que la rime plate soutiendrait mal le ton de l'ode, et manquerait de grâce dans les *stances* légères. L'oreille y veut au moins quelque entrelacement de rimes, et permet tout au plus un distique isolé à la fin de la *stance,* comme dans l'octave italienne : encore l'essai qu'en a fait Malherbe n'a-t-il rien de bien séduisant.

> Laisse-moi, raison importune;
> Cesse d'affliger mon repos,
> En me faisant, mal-à-propos,
> Désespérer de ma fortune.
> Tu perds temps de me secourir,
> Puisque je ne veux point guérir.

Rousseau n'a pas laissé d'employer une fois cette forme de *stance;* mais pour donner au distique final une cadence harmonieuse, il l'a formé de deux vers héroïques.

> Seigneur, dans ta gloire adorable
> Quel mortel est digne d'entrer?
> Qui pourra, grand Dieu, pénétrer
> Ce sanctuaire impénétrable,
> Où tes saints inclinés, d'un œil respectueux,
> Contemplent de ton front l'éclat majestueux?

En indiquant le vers masculin par une *m*, et le féminin par une *f*, je vais figurer les diverses combinaisons dont est susceptible la *stance*.

Mais je dois faire observer d'abord que la clôture n'en est bien marquée que par un vers masculin, et qu'une désinence muette ne la termine jamais bien. Aussi, dans le haut ton de l'ode, nos poëtes ont-ils évité cette cadence molle et faible. Rousseau, dans ses odes sacrées, se l'est permise une seule fois;

> Peuples, élevez vos concerts;
> Poussez des cris de joie et des chants de victoire.
> Voici le roi de l'univers,
> Qui vient faire éclater son triomphe et sa gloire.

Et une fois dans ses odes profanes :

> Trop heureux qui, du champ par ses pères laissé,
> Peut parcourir au loin les limites antiques,
> Sans redouter les cris de l'orphelin chassé
> Du sein de ses dieux domestiques!

Ce n'est que dans l'ode familière et badine, dont la grâce est la nonchalance, qu'il sied de donner à la *stance* ce caractère de mollesse, comme dans l'ode à l'abbé de Chaulieu.

> Je ne prends point pour vertu
> Les noirs accès de tristesse
> D'un loup-garou revêtu
> Des habits de la Sagesse.
> Plus légère que le vent,
> Elle fuit d'un faux savant
> La sombre mélancolie,
> Et se sauve bien souvent
> Dans les bras de la Folie.

Je dois faire observer encore que les poésies régulières n'admettent guère, d'une *stance* à l'autre, la succession de deux vers masculins ou féminins de rime différente. C'est une dissonnance qui déplaît à l'oreille; et si Malherbe se l'est permise dans des *stances* libres et négligées, comme dans celle-ci,

> Tel qu'au soir on voit le soleil
> Se jeter aux bras du sommeil,
> Tel au matin il sort de l'onde.
> Les affaires de l'homme ont un autre destin :
> Après qu'il est parti du monde,
> La nuit qui lui survient n'a jamais de matin.

> Jupiter, ami des mortels,
> Ne rejette de ses autels
> Ni requêtes, ni sacrifices, etc.

ni ce poëte, ni Rousseau, n'ont pris souvent cette licence dans le style pompeux de l'ode. Ils ont bien senti l'un et l'autre que la succession de deux finales du même genre et de différent son, comme *matin* et *mortels*, était déplaisante à l'oreille, et que, dans un poëme qui par essence doit être harmonieux, il fallait l'éviter.

Parmi les *stances* que je vais figurer on distinguera aisément celles qui n'ont aucun de ces deux vices, et ce seront les seules dont je donnerai des exemples.

Stances de quatre vers.

F, m, f, m.
M, f, m, f.
M, f, f, m.
F, m, m, f.

La première coupe est la seule qui convienne également à la poésie légère et à la poésie majestueuse.

>Votre désert est sauvage ;
>Dans un plus sauvage encor,
>Angélique fière et sage,
>Rencontra le beau Médor.   (Deshoulières.)

>Combien nous avons vu d'éloges unanimes
>Condamnés, démentis par un honteux retour ;
>Et combien de héros glorieux, magnanimes,
>Ont vécu trop d'un jour !   (Rousseau.)

Stances de cinq vers.

Dans la *stance* de cinq vers l'une des deux rimes est triple, comme dans tous les nombres impairs.

F, m, f, f, m.
F, m, m, f, m.
M, f, m, m, f.
M, f, f, m, f.
M, f, m, f, m.
F, m, f, m, f.

De ces combinaisons, les deux premières sont les seules qui conviennent à l'ode.

O que ne puis-je sur les ailes
Dont Dédale fut possesseur,
Voler aux lieux où tu m'appelles,
Et de tes chansons immortelles
Partager l'aimable douceur! (Rousseau.)

Pardonne, Dieu puissant, pardonne à ma faiblesse.
A l'aspect des méchants, confus, épouvanté,
Le trouble m'a saisi, mes pas ont hésité;
Mon zèle m'a trahi, Seigneur, je le confesse,
En voyant leur prospérité. (Rousseau.)

Stances de six vers.

Elles se divisent de deux en deux vers, rimes croisées; ou en un quatrain et un distique, ou mieux encore en deux tercets.

F, m; f, m; f, m.
Ce n'est point par effort qu'on aime;
L'amour est jaloux de ses droits.
Il ne dépend que de lui-même,
On ne l'obtient que par son choix :
Tout reconnaît sa loi suprême,
Lui seul ne connaît point de lois. (Rousseau.)

F, m, m, f; m, m.
Soit que de ses douces merveilles
Sa parole enchante les sens,
Soit que sa voix, de ses accents,
Frappe les cœurs par les oreilles;
A qui ne fait-elle avouer
Qu'on ne la peut assez louer? (MALHERBE.)

F, f, m; f, f, m.
Vous avez vu tomber les plus illustres têtes;
Et vous pourriez encore, insensés que vous êtes,
Ignorer le tribut que l'on doit à la mort!
Non, non, tout doit franchir ce terrible passage :
Le riche et l'indigent, l'imprudent et le sage,
Sujets à même loi, subissent même sort. (ROUSSEAU.)

Cet enlacement est celui que Malherbe et Rousseau, dans la *stance* de six vers, ont le plus fréquemment employé, comme le plus harmonieux.

Les autres coupes du sixain ont été comme rebutées;

M, f, m; f, m, f.
M, m, f; m, m, f.
M, f, f; m, f, f.
F, m, m; f, m, m.
M, m, f; m, f, m.

et la dernière est la seule qu'on trouve dans Rousseau, encore n'est-ce qu'une fois.

Renonçons au stérile appui
Des grands qu'on implore aujourd'hui.
Ne fondons point sur eux une espérance folle.
Leur pompe, indigne de nos vœux,
N'est qu'un simulacre frivole;
Et les solides biens ne dépendent pas d'eux.

Stances de sept vers.

La *stance* de sept vers est composée d'un quatrain et d'un tercet, en sorte que l'une des deux rimes de la première partie est redoublée dans la seconde.

>F, m, m, f; m, f, m.
>L'hypocrite, en fraudes fertile,
>Dès l'enfance est pétri de fard :
>Il sait colorer avec art
>Le fiel que sa bouche distille;
>Et la morsure du serpent
>Est moins aiguë et moins subtile
>Que le venin caché que sa langue répand. (Rousseau.)

Dans la troisième et la huitième du troisième livre des Odes de Rousseau, l'entrelacement est encore le même; et en effet c'est la seule façon de rendre harmonieuse la *stance* de sept vers.

Stances de huit vers.

Les Italiens divisent leur octave en un sixain et un distique.

>*La verginella è simile alla rosa,*
>*Ch' in bel giardin, sulla nativa spina,*
>*Mentre sola e sicura si riposa,*
>*Nè gregge nè pastor sele avvicina;*
>*L'aura soave e l'alba rugiadosa,*
>*L'acqua e la terra al suo favor s'inchina;*
>*Giovani vaghi, e donne innamorate*
>*Amano averne e seni e tempie ornate.*

Mais la coupe la plus naturelle de la *stance* de huit vers, est celle qui la divise en deux quatrains, ou sur des rimes redoublées, comme dans ce chœur de Cyclopes;

> Travaillons, Vénus nous l'ordonne.
> Excitons ces feux allumés,
> Déchaînons ces vents enfermés;
> Que la flamme nous environne;
> Que l'airain écume et bouillonne,
> Que mille dards en soient formés;
> Que sous nos marteaux enflammés,
> A grand bruit l'enclume résonne. (Rousseau.)

ou sur deux rimes différentes, comme dans ces vers:

> La campagne a perdu les fleurs qui l'embellissent;
> Les oiseaux ne font plus d'agréables concerts;
> Les bois sont dépouillés de leurs feuillages verts:
> N'est-il point encor temps que mes craintes finissent?
> Qui peut empêcher le retour
> De ce jeune héros, si cher à ma mémoire?
> Hélas! n'a-t-il donc point assez fait pour la gloire?
> Et ne doit-il rien à l'amour? (Deshoulières.)

Stances de neuf vers.

Elle se divise en un quatrain, et une *stance* de cinq vers.

> F, m, f, m; f, f, m, f, m.
> De la veuve de Sichée
> L'histoire vous a fait peur:
> Didon mourut attachée
> Au char d'un amant trompeur.

Mais l'imprudente immortelle
N'eut à se plaindre que d'elle ;
Ce fut sa faute, en un mot :
A quoi songeait cette belle
De prendre un amant dévot ? (Rousseau.)

M, f, m, f; m, m, f, m, f.
Homère adoucit mes mœurs
Par ses riantes images ;
Sénèque aigrit mes humeurs
Par ses préceptes sauvages.
En vain, d'un ton de rhéteur,
Épictète à son lecteur
Prêche le bonheur suprême ;
J'y trouve un consolateur
Plus affligé que moi-même. (Rousseau.)

Dans le genre gracieux et badin, cette forme a quelque chose de plus libre et de plus léger que le dixain dont je vais parler tout-à-l'heure.

Stances de dix vers.

C'est ici la forme la plus harmonieuse de la *stance* française ; elle se construit régulièrement de deux manières.

F, m, f, m; f, f, m; f, f, m.
F, m, m, f; m, m, f; m, f, m.

La première est en même temps la plus symétrique et la plus majestueuse.

Héros cruels et sanguinaires,
Cessez de vous enorgueillir

> De ces lauriers imaginaires
> Que Bellone vous fit cueillir.
> En vain le destructeur rapide
> De Marc-Antoine et de Lépide
> Remplissait l'univers d'horreur ;
> Il n'eût point eu le nom d'Auguste,
> Sans cet empire heureux et juste
> Qui fit oublier ses fureurs. (ROUSSEAU.)

La seconde coupe est encore belle ; mais elle n'a ni la même pompe, ni la même impulsion. On en voit un exemple dans l'ode où ce même poëte nous peint les vertus d'un bon roi :

> Son trône deviendra l'asyle
> De l'orphelin persécuté ;
> Son équitable austérité
> Soutiendra le faible pupille.
> Le pauvre, sous ce défenseur,
> Ne craindra plus que l'oppresseur
> Lui ravisse son héritage ;
> Et le champ qu'il aura semé
> Ne deviendra plus le partage
> De l'usurpateur affamé.

Le vers qui donne le plus de nombre et de majesté à cette grande période, c'est le vers de huit syllabes ; et dans Malherbe on en voit des exemples que Rousseau n'a pas surpassés. Quelquefois même le vieux poëte a je ne sais quoi de plus antique dans ses tours et dans ses mouvements, et de plus approchant de la verve d'Horace.

La Discorde aux crins de couleuvre,
Peste fatale aux potentats,
Ne finit ses tragiques œuvres
Qu'à la fin même des états.
D'elle naquit la frénésie
De la Grèce contre l'Asie;
Et d'elle prirent le flambeau
Dont ils désolèrent leur terre,
Les deux frères de qui la guerre
Ne cessa point dans le tombeau.

C'est en la paix que toutes choses
Succèdent selon nos désirs.
Comme au printemps naissent les roses,
En la paix naissent les plaisirs.
Elle met les pompes aux villes,
Donne aux champs les moissons fertiles;
Et de la majesté des lois
Appuyant les pouvoirs suprêmes,
Fait demeurer les diadêmes
Fermes sur les têtes des rois.

Ce fut encore Malherbe qui donna le modèle de la *stance* de dix vers de sept syllabes, et qui nous apprit quel noble caractère le nombre pouvait lui imprimer, comme dans l'ode au roi Henri-le-Grand.

Tel qu'aux vagues éperdues
Marche un fleuve impérieux,
De qui les neiges fondues
Rendent le cours furieux.
Rien n'est sûr en son rivage :
Ce qu'il trouve, il le ravage;
Et trainant comme buissons

Les chênes et leurs racines,
Ote aux campagnes voisines
L'espérance des moissons.

Tel et plus épouvantable
S'en allait ce conquérant,
A son pouvoir indomptable
Sa colère mesurant.
Son front avait une audace
Telle que Mars en la Thrace ;
Et les éclairs de ses yeux
Étaient comme d'un tonnerre
Qui gronde contre la terre,
Quand elle a fâché les cieux.

On voit que la marche de ce vers peut être à la fois rapide et ferme, lorsqu'on sait donner à ses nombres du poids et de l'impulsion; mais il a une propriété qui le distingue du vers de huit syllabes; c'est sa légèreté dans les choses badines, lorsqu'il saisit le rhythme du vers d'Anacréon, dont la mesure est son modèle.

La division symétrique de la *stance* de dix vers, est en un quatrain et deux tercets; et Rousseau l'a presque toujours observée. Mais Malherbe ne s'y était pas assujéti; et dans les exemples que j'en ai cités, l'on peut voir ce qui lui arrive le plus souvent, savoir, de marquer le repos au sixième vers, et de lier le septième avec les trois autres : quelquefois même il fait couler rapidement les six derniers sans aucune pause, comme dans l'ode à la régente.

>Que saurait enseigner aux princes
>Le grand démon qui les conduit,
>Dont ta sagesse, en nos provinces,
>Chaque jour n'épande le fruit?
>Et qui justement ne peut dire,
>A te voir régir cet empire,
>Que si ton heur était pareil
>A tes admirables mérites,
>Tu ferais, dedans ses limites,
>Lever et coucher le soleil?

Ce rhythme indécis et irrégulier peut trouver son excuse, en ce que d'une haleine on prononce aisément et sans fatigue six vers de huit syllabes; mais les poëtes qui auront l'oreille scrupuleuse, préféreront la coupe de Rousseau.

Quelques poëtes ont fait le dixain en vers de douze mêlés de vers de huit; mais la période me semble alors trop étendue, et sa marche pénible et lente. C'est à la *stance* de quatre ou de six vers au plus que convient le vers héroïque.

>Pour qui compte les jours d'une vie inutile;
>L'âge du vieux Priam passe celui d'Hector.
>Pour qui compte les faits, les ans du jeune Achille
>   L'égalent à Nestor.

>Le Ciel nous vend toujours les biens qu'il nous prodigue.
>Vainement un mortel se plaint et le fatigue
>   De ses cris superflus :
>L'ame d'un vrai héros, tranquille, courageuse,
>Sait comme il faut souffrir, d'une vie orageuse,
>   Le flux et le reflux.

Tantôt vous tracerez la course de votre onde ;
Tantôt d'un fer courbé dirigeant vos ormeaux,
Vous ferez remonter leur sève vagabonde
　　Dans de plus utiles rameaux.

L'on voit dans ces exemples non-seulement l'art d'entremêler au gré de l'oreille les petits vers avec les grands, mais encore quels sont les petits vers que l'oreille a choisis pour bien assortir ce mélange. Le vers de six syllabes doit naturellement s'allier avec celui de douze, puisqu'il en est un hémistiche. Celui de sept, dont la mesure est tronquée, et le rhythme précipité, ne s'accommode pas de même au caractère du vers héroïque. Celui de huit syllabes, dont la marche est plus ferme, lui est au contraire très-analogue ; et une chose remarquable, c'est que leur alliance répond à celle de l'asclépiade et du vers gliconique, dont Horace a formé une si belle strophe :

Ergò Quintilium perpetuus sopor
Urget ! Cui Pudor, et Justitiæ soror
Incorrupta Fides, nudaque Veritas,
　　Quandò ullum invenient parem ?

Tant il est vrai que les principes de l'harmonie sont immuables en poésie comme en musique, et que dans tous les temps une oreille juste et sensible aura la même prédilection pour des nombres heureux que pour d'heureux accords.

STROPHES. Dans la tragédie grecque, les personnages qui composaient le chœur, exécutaient une espèce de marche, d'abord à droite, et puis à gauche; et ces mouvements, qui figuraient, dit-on, ceux de la terre d'un tropique à l'autre, se terminaient par une station. Or la partie du chant qui répondait au mouvement du chœur allant à droite, s'appelait *strophe;* la partie du chant qui répondait à son retour s'appelait *antistrophe;* et la troisième, qui répondait à son repos, s'appelait *épode* ou *clôture.* Il en était de même des chants religieux.

C'est vraisemblalement de là que la poésie lyrique avait pris le nom de *strophe*, qu'elle a donné à ces couplets de vers dont l'ode ancienne était composée, au moins le plus souvent, comme on le voit dans celles de Pindare, et dans les deux qui restent de Sapho.

Lorsque j'ai dit que dans la poésie lyrique des anciens, la période poétique, ou la *strophe*, avait été moulée sur la période musicale, je n'ai pas entendu que chaque poëte n'eût jamais qu'un chant et qu'une même coupe de vers, ni que l'ode eût toujours cette structure symétrique. Le vers d'Anacréon est toujours le même; mais on n'aperçoit dans ses odes aucune coupe régulière, aucune égalité d'intervalle entre les repos. Peut-être en était-il de même d'Alcman, d'Alcée, etc.

Horace, dans ses odes, semble s'être joué non-seulement à les imiter tour-à-tour, en employant les vers qu'ils avaient inventés, mais à mêler ces vers de vingt manières différentes, en leur associant tantôt l'ïambe, et tantôt l'héroïque : il les a même décomposés; et de leurs éléments il a fait à son gré de nouvelles combinaisons, pour en varier l'harmonie.

Cependant, ni toutes les odes d'Horace ne sont écrites en vers mêlés, ni elles ne sont toutes divisées en *strophes*.

Il y en a trois en vers asclépiades sans mélange, et sans autres divisions que les repos même du sens. Il y en a trois encore en une espèce de vers alcaïques, qui ne diffèrent de l'asclépiade que par une choriambe —◡◡—, intercalé après la césure.

Comme cet article est expressément destiné aux jeunes gens curieux de connaître le mécanisme de la poésie ancienne, je crois devoir pour eux en figurer les éléments.

Vers asclépiade.

Gēns hūmānă rŭĭt pĕr vĕtĭtŭm nĕfās.

Grand alcaïque.

Seū plūrēs hĭĕmēs, seū trĭbŭĭt Jūpĭtĕr ūltĭmăm.

Horace a de plus un grand nombre d'odes qui semblent coupées en distiques, et qui cependant ne le sont pas. Elles sont composées chacune de deux espèces de vers, alternativement croisés et comme accouplés l'un à l'autre; mais vainement y chercherait-on des divisions régulières et marquées par des repos.

Il est bien vrai que par la coupe du dialogue l'ode *Donec gratus eram tibi*, est divisée en parties égales; il est vrai aussi que dans les odes, *Mater sæva cupidinum. Intermissa Venus diù*, et dans quelques autres encore, la même coupe est observée, mais dans les odes, *Sic te diva potens Cypri. Quem tu, Melpomene semel. Quantùm distet ab Inacho. Intactis opulentior. Quò me, Bacche, rapis*, etc., les espaces et les repos n'ont plus aucune symétrie.

>   *Quem tu, Melpomene, semel*
> *Nascentem placido lumine videris,*
>   *Illum non labor isthmius*
> *Clarabit pugilem; non equus impiger*
>   *Curru ducet Achaïco*
> *Victorem; neque res bellica Deliis*
>   *Ornatum foliis ducem,*
> *Quòd regum tumidas contuderit minas,*
>   *Ostendet Capitolio :*
> *Sed quæ Tibur aquæ fertile præfluunt,*
>   *Et spissæ nemorum comæ,*
> *Fingent AEolio carmine nobilem.*

Dans cette continuité de sens, dont le repos n'est qu'au douzième vers, on voit une période soutenue et développée, mais nullement cette coupe en distiques dont les érudits ont parlé.

Dans Horace, les seules de ses odes qui soient

réellement divisées en *strophes*, sont celles où la période est composée de quatre vers d'espèce différente, mais les mêmes dans leur retour, et toujours combinés de même. Ces odes sont au nombre de soixante-dix-neuf, et de quatre formes diverses.

Dans les unes, la *strophe* est celle de Sapho, composée de trois saphiques et du petit vers adonique.

<pre>
O dĕcūs Phōebi, ēt dăpĭbūs sŭprēmī
Grātă tēstūdō Jŏvĭs, ō lăbōrūm
Dūlcĕ lēnīmēn, mĭhī cūnquĕ sālvĕ
    Rītĕ vŏcāntī.
</pre>

Celles-là sont au nombre de vingt-six, et c'est le rhythme du *Carmen sæculare*.

Dans quelques autres, ce sont deux vers asclépiades, un vers hémihexamètre et un gliconique.

<pre>
Vītās hīnnŭlĕō mē sĭmĭlīs, Chlŏĕ,
Quærēntī păvĭdām mōntĭbŭs īnvīīs
    Mātrēm, nōn sĭnĕ vānō
    Aūrārum ēt sīlŭāe mĕtŭ.
</pre>

Celles-ci sont au nombre de sept; et le rhythme en est agréable.

D'autres sont composées de trois asclépiades et d'un gliconique. Elles sont au nombre de neuf, et rien de plus harmonieux.

<pre>
Quāntō quīsquĕ sĭbī plūră nĕgāvĕrĭt,
A dīs plūră fĕrēt. Nīl cŭpĭēntĭūm
</pre>

Nŭdūs cāstră pĕto ; ēt trānsfŭgă dīvĭtūm
Pārtēs līnqŭĕrĕ gēstĭŏ.

Mais la forme qu'Horace paraît avoir le plus aimée, et qui lui est la plus familière, est celle où deux vers alcaïques, divisés comme l'asclépiade, et terminés de même, mais ayant une ïambe, ᴗ—, à la place du premier dactyle, sont suivis d'un vers ïambique de quatre pieds et demi, et d'un alcaïque formé de deux dactyles et de deux chorées.

Fōrtēs crĕāntūr fōrtĭbŭs ēt bŏnĭs :
Est īn jŭvēncīs, ēst īn ĕquīs pătrŭm
Vīrtūs ; nĕc īmbēllēm fĕrōcēs
Prōgĕnĕrānt ăquĭlāe cŏlūmbām.

Ces odes sont au nombre de trente-sept. Le rhythme en est majestueux, et le poëte y a répandu les pensées et les images avec la plus riche abondance. Ainsi, dans les odes d'Horace, la *strophe* est composée de quatre façons différentes ; et avec la plus légère attention de l'oreille, on en distinguera le rhythme.

Il en sera de même des odes en distiques ; et si parmi les formes qu'Horace leur a données, il en est quelques-unes dont l'harmonie n'est pas sensible à notre oreille, le plus grand nombre a pour nous encore une cadence assez marquée : celles, par exemple, qui sont mêlées d'un vers gliconique et d'un asclépiade :

Virtutem incolumem odimus ;
Sublatam ex oculis quærimus invidi.

Celles aussi qui sont composées d'un hexamètre et d'un fragment d'hexamètre :

> *Mista senum ac juvenum densantur funera : nullum*
> *Sæva caput Proserpina fugit.*

Ou d'un hexamètre et de son premier hémistiche en dactyles :

> *Immortalia ne speres monet annus, et almum*
> *Quæ rapit hora diem.*

Ou d'un vers ïambique de six mesures, et d'un vers ïambique de quatre :

> *Videre fessos vomerem inversum boves*
> *Collo trahentes languido.*

Ou d'un hexamètre, et d'un ïambique de quatre pieds :

> *Nox erat, et cœlo fulgebat luna sereno,*
> *Inter minora sidera.*

Ou d'un hexamètre, et d'un ïambique pur :

> *Barbarus, heu ! cineres insistet victor, et urbem*
> *Eques sonante verberabit unguld.*

Mais ce qui ne laisse pas d'être une énigme pour nous, et ce qui nous semble une négligence inexplicable dans un poëte aussi attentif et aussi habile qu'Horace, à donner à ses vers lyriques tous les charmes de l'harmonie ; c'est de voir, même dans les odes qu'il a divisées en quatrains, le sens enjamber à tout moment d'une *strophe* à l'autre, sans qu'il ait cru devoir se donner aucun soin de les couper par des repos.

Tantôt la phrase commence à la fin ou au milieu d'une *strophe*, et va se terminer au milieu ou à la fin de l'autre. Tantôt le vers, et quelquefois le mot, qui devrait clore en même temps la pensée et le rhythme, et qui manque à la *strophe* pour en fixer le sens, se trouve jeté et isolé au commencement de la *strophe* suivante.

>..........*Valet ima summis —*
>*Mutare, et insignem attenuat Deus,*
>*Obscura promens. Hinc apicem rapax*
>　　*Fortuna, cum stridore acuto,*
>　　*Sustulit; hic posuisse gaudet.*　　(L. 1. od. 34.)
>.........*Quid nos dura refugimus*
>*AEtas? Quid intactum nefasti*
>*Liquimus? Undè manum juventus —*
>*Metu deorum continuit? quibus*
>　　*Pepercit aris?....*　　　　　　(L. 1. od. 35.)
>*Ausa et jacentem visere regiam*
>*Vultu sereno, fortis et asperas*
>　　*Tractare serpentes, ut atrum*
>　　*Corpore combiberet venenum, —*
>*Deliberatâ morte ferocior.*　　　　(L. 1. od. 37.)
>*Olim juventas et patrius labor*
>*Nido laborum propulit inscium :*
>　　*Vernique jam nimbis remotis,*
>　　*Insolitos docuére nisus —*
>*Venti paventes.*　　　　　　　　(L. 4. od. 4.)

Dans les odes mêmes où la *strophe* est composée de trois vers asclépiades et d'un gliconique, et dont par conséquent la coupe est si marquée par le rhythme, le sens ne laisse pas d'enjamber d'une *strophe* à l'autre sans aucune suspension.

Nos, Agrippa, neque hæc dicere, nec gravem
Pelidæ stomachum cedere nescii... —
.....tenues grandia. (L. 1. od. 6.)
Quam virgâ semel horridâ. —
Non lenis precibus fata recludere,
Nigro compulerit Mercurius gregi. (L. 1. od. 24.)

Enfin, jusques dans l'ode saphique, où la *strophe* est encore plus détachée par la clôture de l'adonique, vous trouverez le même enjambement.

..........Quorum simul alba nautis
Stella refulsit; —
Defluit saxis agitatus humor.... (L. 1. od. 12.)
........Ego apis matinæ
More modoque —
Grata carpentis thyma per laborem
Plurimum, etc. (L. 4. od. 2.)
Cessit immanis tibi blandienti
Janitor aulæ —
Cerberus. (L. 3. od. 11.)
Neve te nostris vitiis iniquum
Ocior aura —
Tollat. (L. 1. od. 2.)

J'ai cru expliquer ailleurs cette négligence, en disant qu'Horace ne chantait pas ses odes, et que l'enjambement ne blessait pas l'oreille dans la simple récitation. Mais il est bien sûr que Pindare et Sapho chantaient leurs odes sur la lyre; et ils s'y sont permis ce même enjambement. Il est à croire que, dans les retours périodiques de l'air, la liaison était si facile et le passage si rapide, qu'il n'y fallait aucun repos. Quoi qu'il en soit, l'ode française ne s'est point donné cette licence; et à la fin des *strophes* le sens est terminé. *Voyez* STANCE.

Une autre énigme pour notre oreille, c'est l'étrange diversité des nombres dont les vers lyriques anciens étaient composés, et le mélange non moins singulier qu'on faisait de ces vers, si différents de mesure et de rhythme.

On vient de voir, dans les mêmes vers, le spondée, l'iambe, le dactyle, le choriambe, pêlemêle employés. Comment des mesures de trois, de quatre, de six temps, pouvaient-elles aller ensemble, et former un chant régulier? On vient de voir des *strophes* composées de vers dactyliques et de vers ïambiques; comment le mouvement de l'un n'était-il pas rompu, contrarié par l'autre? Les anciens n'avaient-ils donc pas le sentiment de la mesure et du mouvement comme nous? Ils l'avaient si bien, que leur vers héroïque en est un modèle accompli. Ne nous fatiguons pas à vouloir, de si loin et à travers tant de nuages, expliquer comment s'alliaient leur poésie et leur musique. Celle-ci nous est inconnue, et l'autre, par le vice d'une prononciation excessivement altérée, ne peut être sentie que très-confusément du côté du nombre et du mètre. Ce qu'il nous importe de connaître d'Horace, et d'imiter, s'il est possible, c'est la précision, la rapidité, la plénitude de son style, cette *curieuse félicité*, comme dit Quintilien, dans le choix des mots qu'il emploie, le précieux de sa couleur, toujours vraie et toujours brillante, et sur-tout cette merveilleuse affluence de pensées, de sentiments, d'images, de tableaux variés, qui font de ses poésies lyriques l'un des plus beaux et des plus riches monuments de l'antiquité.

STYLE. C'est, dans la langue écrite, le caractère de la diction; et ce caractère est modifié par le génie de la langue, par les qualités de l'esprit et de l'ame de l'écrivain, par le genre dans lequel il s'exerce, par le sujet qu'il traite, par les mœurs ou la situation du personnage qu'il fait parler, ou de celui qu'il revêt lui-même, enfin par la nature des choses qu'il exprime.

On a dit que le *style* d'un écrivain portait toujours l'empreinte du génie national. Cela doit être; et cela vient de ce que le génie national imprime lui-même son caractère à la langue.

Il n'est point de nation chez laquelle ne se rencontrent plus ou moins fréquemment tous les caractères individuels qui sont donnés par la nature. Mais dans chacune d'elles, tel ou tel caractère est plus commun, tel ou tel est plus rare; et c'est le caractère dominant, qui, communiqué à la langue, en constitue le génie. La langue italienne est molle et délicate; la langue espagnole est noble et grave; la langue anglaise est énergique, et sa force a de l'âpreté.

Ainsi, lorsqu'il se trouve, parmi la multitude, un esprit d'une trempe singulière, et, pour ainsi dire, hétérogène, il est contrarié sans cesse, en écrivant, par le génie de la langue. Il faut donc qu'il le dompte, ou qu'il en soit dompté; ou, ce qui arrive le plus souvent, que chacun des deux cède du sien, et s'accommode à l'autre : et de cette espèce de conciliation se forme un *style* mitoyen, qui participe plus ou moins et du génie de la langue et du génie de l'auteur.

Il arrive de là que moins le caractère d'une nation est prononcé, plus celui de sa langue est susceptible des différents modes du *style*. Une langue qui de sa nature serait molle comme l'or pur, ne serait pas susceptible de la trempe de l'acier; tous ses instruments seraient faibles : il faut donc qu'elle réunisse la souplesse avec l'énergie; et ce mélange paraît tenir au caractère national. Aussi voit-on que celles des nations qui sont connues pour avoir eu en même temps le plus de souplesse et de ressort dans le caractère, sont aussi celles dont la langue a été le plus susceptible de toutes les qualités du *style*. La plus belle des langues, la plus habile à tout exprimer, fut celle du peuple du monde qui eut dans le caractère le plus éminemment ce mélange de force, de mobilité, de souplesse : je n'ai pas besoin de nommer les Grecs.

La langue des Romains, pour devenir presque aussi susceptible des métamorphoses du *style*, fut obligée d'attendre que le génie de Rome se fût lui-même détendu et comme assoupli. Tant qu'il eut sa rudesse et son austérité, elle fut inflexible et indomptable comme lui. L'un et l'autre se polirent en même temps; mais ils gardèrent tous les deux assez de leur première force pour être mâles et vigoureux, dans le temps même qu'ils connurent les délicatesses du luxe : et de là résulte l'étonnante beauté de la langue de Cicéron, de Tite-Live, et de Virgile.

Me sera-t-il permis de dire qu'à un grand intervalle de ces deux langues incomparables, la langue française a dû peut-être aussi les facultés qui la distinguent, à la souplesse, à la mobilité, et en même temps au ressort du caractère national? Le génie français n'a exclusivement aucun caractère, et de là vient aussi qu'il n'en a aucun éminemment; mais, au besoin, il les prend tous, et à un assez haut degré : il en est de même de la langue française. Sa qualité distinctive et dominante, c'est la clarté : elle s'est donné tout le reste à force de peine et de soin : et cependant elle n'a manqué ni au génie de Corneille et de Bossuet, ni à celui de Pascal, de la Fontaine, et de Molière, ni à l'éloquente raison de Bourdaloue, ni à la touchante sensibilité de Massillon, ni à l'abondance inépuisable des sentiments que Racine avait à répandre, ni aux émanations célestes de la belle ame de Fénélon, ni à la véhémence et à la profondeur du pathétique de Voltaire.

Aux hardiesses et aux libertés que les langues se sont permises, ou à la timide exactitude de leur syntaxe, on reconnaît quelle sorte d'esprit a présidé à leur formation successive.

Ces façons de parler, que nous appelons *figures de mots*, et dont le plus grand nombre nous est interdit, étaient, dans les langues anciennes, autant de licences que les grands écrivains s'étaient données et avaient fait passer. L'italien a pris de ces langues la liberté des inversions : il s'est donné celle d'employer l'infinitif des verbes, en guise de nom substantif, *un bel pensier*, *un dolce parlar*; *un luongo morir*; il fait usage de deux épithètes sans aucune liaison expresse, sans aucune articulation, *spatiose atre caverne* ; il a un grand nombre d'adjectifs dont la terminaison varie pour diminuer ou agrandir, pour ennoblir ou dégrader; il syncope les mots quand il plaît à l'oreille.

Le français a peu d'inversions, moins de diminutifs encore, et pas un seul augmentatif dans le langage noble. Il s'est fait quelques noms abstraits de l'infinitif de ses verbes, comme *penser*, *parler*, *sourire*, *souvenir*; et ces deux derniers sont restés dans la classe des noms abstraits, *un long souvenir*, *un doux sourire* : mais il en est peu de ce nombre que la langue noble ait conservés. *Un doux parler* n'est plus que du langage familier et naïf; et quelque nécessaire que fût *penser*, il n'est reçu qu'en poésie. Enfin la poésie elle-même n'a presque point de privilége; et pour elle les lois de l'usage, comme celles de la syntaxe, sont presque aussi inviolables et inflexibles que pour la prose. D'où nous vient cette exactitude? d'où nous viennent ces privations? De la délicatesse pointilleuse et craintive de l'esprit de société, qui s'est rendu l'arbitre de la langue. En Italie, Dante, Pétrarque, Bocace, l'Arioste furent les maîtres de l'usage; Montaigne et Amyot le furent aussi parmi nous de leur temps : ce bon temps est passé. *Voyez* Usage.

Autant le génie national aura influé sur celui de la langue, autant le génie de la langue influera sur le *style* des écrivains.

Dans une langue qui n'a rien de séduisant par elle-même, ni du côté de la couleur, ni du côté de l'harmonie, le besoin d'intéresser par la pensée et par le sentiment, et de captiver l'esprit et l'ame en dépit de l'oreille et sans le prestige de l'imagination, force l'écrivain à serrer son *style*, à lui donner du poids, de la solidité, et une plénitude d'idées qui ne laisse pas le temps de regretter ce qui lui manque d'agrément. Au contraire, dans une langue naturellement flatteuse et séduisante par l'abondance, la richesse, la beauté de l'expression, l'écrivain ressemble souvent aux habitants d'un heureux climat, que la fertilité naturelle de leurs campagnes rend à-la-fois indolents et prodigues. Sûr de parler avec grâce en disant peu de choses, il se complaît dans l'élégance de sa langue ; et séduit le premier par son élocution, il croit en faire assez pour plaire, en déployant, sur des idées communes, la parure d'une expression harmonieuse et brillante : son *style* est une symphonie qui peut flatter l'oreille, mais qui ne dit presque rien à l'ame, et ne laisse rien à l'esprit.

L'habile écrivain est celui qui sait en même temps user et n'abuser jamais des avantages de sa langue, et suppléer, autant qu'il est possible, aux avantages qu'elle n'a pas.

Ce qui me distingue de Pradon, disait Racine, *c'est que je sais écrire. Homère, Platon, Virgile, Horace, ne sont au-dessus des autres écrivains*, dit La Bruyère, *que par leurs expressions et par leurs images.* Racine a été trop modeste; et La Bruyère n'a pas été assez juste.

La première et la plus essentielle différence des *styles* est celle des esprits. L'esprit, ou la pensée en activité, a divers caractères. Un esprit clair distingue ses idées, les démêle sans peine, ou plutôt les produit comme une source pure répand une eau limpide; un esprit juste en saisit les rapports, les circonscrit, et les met à leur place; un esprit fin les analyse, et en aperçoit les nuances; un esprit léger les effleure, et s'il est vif, il en parcourt la cime avec une brillante rapidité; un esprit vaste en réduit un grand nombre à l'unité de perception, et les embrasse d'un coup-d'œil; un esprit méthodique en forme une longue chaîne et un ensemble régulier; un esprit transcendant s'élance vers le terme de la pensée, et franchit les milieux; un esprit profond ne s'arrête jamais aux apparences superficielles; sa méditation s'exerce à sonder son objet, et à tirer comme de ses entrailles, *ex visceribus rei*, ce qu'il y a de plus riche et de plus enfoui; un esprit lumineux rayonne, et fait partir du centre même de sa pensée comme des gerbes de lumière, qui en éclairent tout l'horizon; un esprit fécond fait enfanter à une idée toutes celles qui en peuvent naître; et le gland, qui produit le chêne chargé de glands, est le symbole de sa fécondité; un esprit élevé ne daigne apercevoir dans son objet que les rapports qui l'agrandissent; ses conceptions ressemblent à ces pins qui percent les nues, et qui laissent sécher leurs branches les plus voisines de la terre, afin de pousser vers le Ciel avec plus de vigueur et de rapidité. Or toutes ces manières de concevoir se distinguent dans la manière de s'exprimer; et des nuances infinies qui résultent de leur mélange, résulte aussi une variété inépuisable dans les caractères du *style*.

Le caractère de l'écrivain se communique aussi à ses écrits; ses pensées en sont imbues, son expression en est teinte; et l'énergie ou la faiblesse, la hardiesse ou la timidité, la langueur ou la véhémence du *style*, dépendent plus des qualités de l'ame que des facultés de l'esprit.

Mais de la tournure habituelle de son esprit, comme des affections habituelles de son ame, résulte encore, dans le *style* de l'écrivain, un caractère particulier, que nous appelons sa manière; et celle-ci lui est naturelle; au lieu que les singularités qu'il se donne par affectation, par imitation, décèlent toujours l'artifice; et l'écrivain, qui croit alors avoir une manière à soi, n'est que maniéré, n'a que *de la manière*.

A ces différences du *style* se joignent celles qui doivent naître de la diversité des genres.

Le *style* de l'histoire est naturellement grave et d'une simplicité noble; mais ce caractère universel est modifié par le génie de l'écrivain, il l'est aussi par la nature des événements qu'il raconte; harmonieux, haut en couleur, et souvent oratoire dans Tite-Live; plus précis, plus serré, et non moins éloquent dans Salluste; énergique, profond, plein de substance dans Tacite; ainsi des autres historiens.

En parlant des différents genres d'éloquence et de poésie, j'ai pris soin d'indiquer le *style* convenable et propre à chacun d'eux.

Mais à l'égard de la poésie héroïque, je vais placer ici quelques observations qui pourraient m'échapper ailleurs.

Le *style* de l'épopée et celui de la tragédie sont très-distincts par la nature des deux poëmes; car l'hypothèse du poëme épique est que le poëte est inspiré; et quoique l'enthousiasme y soit plus calme que celui de l'ode, qui est le délire prophétique, il ne laisse pas d'être encore dans le système du merveilleux. Dans la tragédie, au contraire, les personnages sont des hommes d'un caractère et d'un rang élevé, mais simplement des hommes; et leur langage, pour être vrai, doit être plus près de la nature que celui du poëte inspiré par un dieu. C'est ce qu'Eschyle n'avait pas encore assez bien senti lorsqu'il inventa la tragédie, mais ce qu'Euripide et Sophocle ne manquèrent pas d'observer.

Leur *style* est simple, rarement figuré : ils ne s'y permettent jamais ni des images trop hardies, ni des épithètes ambitieuses; on croit toujours entendre le personnage qu'ils font parler, et aucune invraisemblance dans l'expression ne décèle le poëte. Homère leur avait donné l'exemple de cette sagesse de *style*, dans tous les morceaux dramatiques de ses poëmes; et en cela on a eu raison de dire qu'il avait été le modèle de la tragédie en même temps que de l'épopée.

Le *style* tragique, chez les Grecs, me semble donc avoir été moins poétique, moins figuré, moins artificiel qu'il ne l'est parmi nous. Cette simplicité se conciliait mieux peut-être avec la noblesse de leur langue. Peut-être aussi, comme le pathétique dominait plus absolument sur leur théâtre, trouvaient-ils que le naturel de l'expression en faisait la force, comme nous l'observons nous-mêmes dans le langage des passions; et la preuve que, dans la scène, ils s'attachaient au naturel par discernement et par choix, c'est que dans les chœurs, qui étaient des odes, ils élevaient le ton et prenaient le *style* lyrique.

Les Italiens, pour distinguer les caractères de la poésie, lui ont attribué trois instruments, la *cithare*, la *trompette*, et la *lyre*. Je ne crois pas leur division complète : car aucun de ces caractères, métaphoriquement exprimés, ne convient à la tragédie.

Quelques-uns, parmi nous, l'ont prise au ton d'Eschyle et de Sénèque, lorsqu'on n'avait pas encore apprécié l'avantage d'une noble simplicité. Mais Racine s'est rapproché de cet heureux naturel; et jamais on n'a fait un plus harmonieux mélange de la langue usuelle et de la langue poétique. Cependant j'ose dire qu'il a formé son *style* plutôt sur celui de Virgile, que sur celui des poëtes grecs, j'entends de Sophocle et d'Euripide, auxquels on l'a tant comparé. Il est encore moins simple, plus poétique, enfin moins naturel que l'un et l'autre : et en cela il a subi peut-être la loi de la nécessité, n'ayant pas, comme eux, une langue dont la simplicité continue fût assez noble pour soutenir la majesté de la tragédie. Voltaire s'est encore un peu plus éloigné du naturel et approché du ton de l'épopée, parce qu'il a trouvé les esprits disposés à recevoir ces hardiesses, et peut-être le goût de la nation décidé à vouloir plus de poésie dans le *style* tragique. Enfin dirai-je ce que je sens? Corneille, dont le goût n'était pas assuré, parce que le goût national était encore à naître; Corneille, qui, par l'impulsion de son génie, s'élevait si haut, et qui tombait si bas lorsque son génie l'abandonnait; Corneille, par ce sublime instinct qui lui fit créer tant de beautés à côté de tant de défauts, nous a donné, à ce qu'il me semble, les plus parfaits modèles du langage tragique; et quand son naturel est dans sa pureté, rien n'est plus digne d'admiration que la majestueuse simplicité de son *style*.

C'est un hommage que Voltaire lui a rendu plus d'une fois. « Il n'y a point là (dit-il en parlant du discours de Sabine, dans le premier acte des *Horaces* : *Je suis romaine, hélas! puisqu'Horace est romain*); Il n'y a point là de lieux communs, point de vaines sentences; rien de recherché ni dans les idées ni dans les expressions. *Albe, mon cher pays!* c'est la nature seule qui parle.

« Dans ce discours (dit-il encore en parlant de la harangue du dictateur); dans ce discours imité de Tite-Live, l'auteur français est au-dessus du romain, plus nerveux, plus touchant; et quand on songe qu'il était gêné par la rime, et par une langue embarrassée d'articles et qui souffre peu d'inversions, qu'il a surmonté toutes ces difficultés, qu'il n'a employé le secours d'aucune épithète, que rien n'arrête l'éloquente rapidité de son discours; c'est là qu'on reconnaît le grand Corneille. »

Un beau vers, dans le *style* tragique, est donc celui où parle la nature avec force et avec noblesse, sans que la facilité, la justesse, la vérité de l'expression, y laissent entrevoir aucun art; c'est un vers *dieu-donné*, si je puis m'exprimer ainsi, qui, comme à l'insu du poëte, a coulé de sa plume; c'est une pensée qu'il a produite, revêtue de son expression, et qui, par un heureux hasard, semble se trouver adaptée à la mesure, au nombre, à la cadence, et à la rime. Et Corneille n'est pas le seul qui nous en donne des exemples : Racine a des morceaux, quelquefois des scènes entières tout aussi simplement écrites que les belles scènes de Corneille. Mais je ne dois pas dissimuler que cette manière d'écrire a un écueil, où Corneille lui-même a souvent échoué.

Les passions tragiques, les sentiments élevés, et les hautes pensées, ont communément, dans les langues, une expression noble qui leur est propre; et quand il s'agit de les rendre, la majesté du *style* est naturellement soutenue par la grandeur de son objet. Mais comme, dans la tragédie, tous les sentiments et toutes les idées n'ont pas la même noblesse, et qu'il y a une infinité de détails qui ont besoin d'être relevés, le poëte, qui ne connaît que les ressources et les beautés du *style* simple, s'abaissera nécessairement jusqu'à devenir familier et commun, toutes les fois qu'il n'aura pas de grandes choses à exprimer. De là vient, pour les commençants, le vrai danger d'imiter Corneille; car ce qu'il peut avoir quelquefois de trop emphatique, est un défaut qu'il est aisé d'apercevoir et d'éviter.

Je conseillerais donc d'étudier plutôt l'art dont Racine a su tout ennoblir, et au risque d'être un peu moins naturel, de rechercher, en écrivant, son élégance enchanteresse, mais en se tenant, comme lui, en-deçà du *style* de l'épopée, et aussi près de la nature qu'il l'a été lui-même dans les morceaux de ses tragédies les plus parfaitement écrits.

Le comble de l'art serait d'être simple dans les grandes choses et dans l'expression des sentimens naturellement élevés ou intéressants par eux-mêmes; et de garder les ornements du *style*, les circonlocutions, et les images poétiques pour les objets qui auraient besoin d'être ennoblis ou d'être embellis, comme dans ce discours d'Orosmane à Zaïre :

> J'atteste ici la gloire, et Zaïre, et ma flamme,
> De ne choisir que vous pour maîtresse et pour femme;
> De vivre votre ami, votre amant, votre époux;
> De partager mon cœur entre la gloire et vous.
> Ne croyez pas non plus que mon honneur confie
> La vertu d'une épouse *à ces monstres d'Asie*,
> *Du serrail des soudans gardes injurieux*,
> *Et des plaisirs d'un maître esclaves odieux :*

> Je sais vous estimer autant que je vous aime,
> Et sur votre vertu me fier à vous-même, etc

Je ne m'étendrai point sur les variétés que doit produire dans le *style* la diversité des objets ou la différence des personnages ; ces détails seraient infinis, et on les trouvera çà-et-là répandus dans les articles de cet ouvrage où il s'agit de l'art d'exprimer et de peindre. Je termine donc celui-ci par une analyse succincte de quelques-unes des qualités du *style* en général.

Comme il y a, du côté de l'esprit, des facultés indispensables et communes à tous les genres, il y a aussi, du côté du *style*, des qualités essentielles, dont l'écrivain n'est jamais dispensé.

La première de ces qualités essentielles est la clarté. Avant d'écrire, il faut se bien entendre et se proposer d'être bien entendu. On croirait ces deux règles inutiles à prescrire; rien de plus commun cependant que de les voir négliger. On prend la plume avant d'avoir démêlé le fil de ses idées; et leur confusion se répand dans le *style*. On laisse du vague et du louche dans la pensée; et l'expression s'en ressent.

L'obscurité vient le plus souvent de l'indécision des rapports; et c'est de tous les vices du *style* le plus inexcusable, au moins dans notre langue. Elle a, je le sais bien, des équivoques inévitables; et qui veut chicaner en trouve mille dans l'ouvrage le mieux écrit. Mais, comme La Motte l'a très-bien observé, il n'y a que l'équivoque de bonne foi qui soit vicieuse dans le *style*; et celle-là n'est jamais difficile à éviter, pour l'écrivain français qui veut bien s'en donner le soin. *Les beaux esprits veulent trouver obscur ce qui ne l'est pas*, dit La Bruyère ; mais les bons esprits trouvent clair ce qui l'est ; et à leur égard, il est aisé de lever l'équivoque de ces pronoms et de ces homonymes, dont on fait aux enfants une si effrayante difficulté. Il n'y a peut-être pas un vers dans Racine, dans Massillon une seule phrase dont l'intelligence coûte au lecteur ni à l'auditeur un moment de réflexion, et j'oserais bien assurer qu'il n'y en a pas une dans *Télémaque*.

Il n'est pas moins facile d'éviter, dans la contexture du *style*, les incidents trop compliqués qui jettent de la confusion et du louche dans les idées ; pour cela il suffit de les répandre à mesure qu'elles naissent, tant que la source en est pure, et de leur donner, si elle est trouble, le temps de s'éclaircir dans le repos de la méditation. L'entassement confus des mots et des phrases entrelacées est un vice de l'art, plus souvent que de la nature. Si on ne le cherche pas, on y tombe rarement ; la preuve en est que, dans le langage familier, presque personne ne s'embarrasse dans de longs circuits de paroles ; et en général, l'affectation nuit plus à la clarté que la négligence.

Personne, sans doute, n'est assez insensé pour écrire à dessein de n'être pas entendu ; mais le soin de l'être est sacrifié au désir de paraître fin, délicat, mystérieux, profond. Pour ne pas tout dire, on ne dit pas assez; et de peur d'être trop simple, on s'étudie à être obscur. Rien de plus mal entendu que cette affectation dans les grandes choses, rien de plus vain dans les petites. *Vous voulez me dire qu'il fait froid? que ne disiez-vous : Il fait froid? Est-ce un si grand mal d'être entendu quand on parle, et de parler comme tout le monde?* (La Bruyère.)

Cependant faut-il renoncer à s'exprimer d'une façon nouvelle, ingénieuse, et piquante? faut-il s'interdire les finesses, les délicatesses du *style?* Non, il faut seulement les concilier avec la clarté, ne pas vouloir briller à ses dépens, et ne rien soigner avant elle. Le *style* fin a son demi-jour, le *style* délicat a son voile; mais c'est dans le secret de rendre les ombres diaphanes, le voile transparent, que consiste l'art d'être fin et délicat, sans être obscur.

C'est peu d'être clair; il faut être précis : car tous les genres d'écrire ont leur précision; et l'on va voir qu'elle n'exclut aucun des agréments du *style*.

La première difficulté qui se présente, est de réunir la précision et la clarté. Mais qu'on ne s'y trompe pas, l'expression la plus précise est la plus claire; et c'est au moyen de la correction et de la justesse du langage, que la clarté se concilie avec la précision; je dirais, au moyen de la propriété, si je ne parlais que du *style* philosophique; mais le *style* oratoire et le *style* poétique ont plus de latitude, et la justesse leur suffit. Dès que l'expression, ou simple ou figurée, répond exactement à la pensée, elle est précise et claire. Tout ce qui intercepte la lumière du *style*, en éteint la chaleur ou en ternit l'éclat. *Voyez* IMAGE.

Un écueil plus dangereux pour la précision, c'est la sécheresse. Mais émonder un bel arbre, ce n'est pas le mutiler; c'est le délivrer d'un poids inutile, *Ramos compesce fluentes* : voilà l'image de la précision. Il n'y a pas un seul mot à retrancher de ces vers de Corneille,

> Rome, si tu te plains que c'est là te trahir,
> Fais-toi des ennemis que je puisse haïr :

ni de ces vers de Racine :

> L'imbécille Ibrahim, sans craindre sa naissance,
> Traîne, exempt de péril, une éternelle enfance;
> Indigne également de vivre et de mourir,
> On l'abandonne aux mains qui daignent le nourrir.

On voit, par ces exemples, que la précision, loin d'être ennemie de la facilité, en est la compagne fidèle. Un vers, une phrase où tous les mots sont appelés par la pensée et placés naturellement, semble naître au bout de la plume. Une période, un vers, où des mots inutiles ne sont placés que pour la symétrie, pour la rime, ou pour la mesure, annonce la gêne et le travail. (*Voyez* DIFFUS.)

Je sais que rien n'est moins facile que de concilier ainsi la précision et la facilité; mais l'art se cache, comme le ver à soie, sous le tissu qu'il a formé.

La précision, comme on doit l'entendre, n'exclut ni la richesse ni l'élégance du *style*. Voyez, dans un dessin de Bouchardon, ce trait qui décrit la figure d'une belle femme; il est aussi moëlleux qu'il est pur; il suit, dans ses douces inflexions, tous les contours de la nature; et l'œil y trouve réunies l'exactitude et la liberté, la correction et la grâce : telle est encore la précision, car elle est toujours relative à l'effet que l'on se propose, et ne consiste qu'à se réduire aux vrais moyens de l'obtenir. Ainsi la précision du *style* de l'orateur et du poëte, n'est pas la précision du *style* du philosophe et de l'historien; mais le principe en est le même, savoir, d'aller droit à son but. Or le *style* philosophique a pour but de démêler la vérité; l'historique, de la transmettre; l'oratoire, de l'amplifier; le poétique, de l'embellir. Tout ce qui rend l'idée plus lumineuse et plus frappante, l'image plus vive et plus forte, le sentiment plus pénétrant, la passion plus véhémente ; tout ce qui ajoute à la persuasion, à l'illusion, aux moyens d'émouvoir, au plaisir d'être ému, n'est donc pas moins nécessaire au *style* de l'orateur et du poëte, que ne l'est au *style* du philosophe et de l'historien ce qui rend l'instruction plus facile et plus attrayante : *ne quid nimis* est leur règle commune ; et si, d'un côté, l'emphase, l'enflure, la rédondance, sont un excès contraire à la précision, la sécheresse est l'excès opposé. Le poëte ou l'orateur qui ferait gloire de préférer une expression laconique, mais faible, froide, et sans couleur, à une expression moins serrée, mais revêtue d'éclat, ou de force, ou de grâce, ne serait pas seulement économe ; il serait avare, et se priverait du nécessaire, en s'abstenant du superflu.

Le *style* du poëte et celui de l'orateur a besoin d'être orné : la richesse, le coloris, l'élégance en sont la parure ; la parure en est la décence ; à moins que la beauté naïve de la pensée ou du sentiment ne demande, pour s'exprimer, que le mot simple de la nature. Encore alors la simplicité même aura-t-elle sa noblesse et son élégance : car il faut savoir être naturel avec choix, simple avec dignité, et négligé même avec grâce.

Ainsi, la vérité et le naturel sont, dans le *style*, inséparables de la décence. La vérité consiste à faire parler à chacun son langage, dans la situation réelle ou fictive où il est placé ; le naturel, à dire ou à faire dire ce qui semble avoir dû se présenter d'abord sans étude, et sans aucun effort de réflexion et de recherche ; la décence, à dire les choses comme il convient à celui qui parle, à l'objet dont il parle, et à ceux qui l'écoutent. *Voyez* Bienséances, Convenances, Analogie du style, Vérité relative ; et pour le choix du naturel le plus exquis, *voyez* Imitation.

Après ces qualités essentielles et communes à tous les genres, viennent celles qui les distinguent, et que je nomme accidentelles, comme la délicatesse, la grâce, la finesse, la légèreté, l'énergie, la gravité, la véhémence, et tous les degrés de noblesse et d'élévation, depuis l'humble jusqu'au sublime.

Comme la plupart de ces qualités sont indiquées et définies dans leurs articles, ou à propos de genres qui le demandent, je me borne ici à donner une idée de celles dont je n'ai pas encore expressément parlé.

La légèreté ne fait qu'effleurer la surface des choses; son nom exprime son caractère: la nommer c'est la définir. Que dans ces vers d'une épître que tout le monde sait par cœur,

>Contente d'un mauvais soupé,
>Que tu changeais en ambroisie,
>Tu te livrais, dans ta folie,
>A l'amant heureux et trompé
>Qui t'avait consacré sa vie.

que le poëte, dis-je, au lieu d'indiquer légèrement ce souper que l'on voit sans qu'il le décrive, en eût fait le détail; qu'il eût appuyé sur le sens de ces deux mots, *heureux* et *trompé*, qui disent tant de choses; son *style* n'avait plus cette légèreté que nous peint l'image de l'abeille.

La gravité du *style* est la manière dont parle un homme profondément occupé de grands intérêts ou de grandes choses : tout ce qui ressemble à l'amusement, à la dissipation, au soin de parer son langage, lui répugne. Exprimer sa pensée avec le moins de mots et le plus de force qu'il est possible, voilà le *style* austère et grave. Ce caractère est celui de Tite-Live et de Tacite dans leurs harangues. Voyez, dans la vie d'Agricola, l'exhortation de cet éloquent Galgacus aux Bretons, pour leur inspirer le courage du désespoir : rien de plus simple, rien de plus pressant : il n'y a pas un mot qui ne porte à l'ame une impression. Le *style* grave tire son nom du poids des mots et des pensées. De sa nature il est donc énergique : car l'énergie du *style* consiste à serrer l'expression, afin de donner plus de ressort au sentiment ou à la pensée. On la reconnaît dans ces vers de Cléopâtre, dans Rodogune :

> Tombe sur moi le ciel, pourvu que je me venge...
> Si je verse des pleurs, ce sont des pleurs de rage....
> Puisse naître de vous un fils qui me ressemble....
> Je maudirais les dieux, s'ils me rendaient le jour...

Et de Camille dans les Horaces :

> Voir le dernier Romain à son dernier soupir,
> Moi seule en être cause, et mourir de plaisir.

Et de Néron, dans Britannicus :

> J'embrasse mon rival, mais c'est pour l'étouffer.

Souvent l'énergie est dans le mot simple.

> Summum *crede* nefas *animam præferre pudori*....
> *Virtutem videant*, intabescantque *relictâ*.

Le grand Condé, à Rocroi, sur le champ de bataille jonché de morts, demande à un officier espagnol, quel était le nombre de leur infanterie. L'Espagnol lui répond: *Comptez; ils y sont tous.*

Souvent elle est dans la force que l'image communique à l'idée :

>..............*Animum rege, qui, nisi paret,*
>*Imperat: hunc* frenis, *hunc tu compesce* catenâ.

Catilina dit en sortant du sénat, où il venait d'être dénoncé : *Incendium meum ruiná restinguam.* Rien de plus beau, rien de plus juste, rien de plus énergique que cette image.

Souvent aussi l'énergie résulte du contraste des idées, lorsque l'expression réunit en deux mots les deux extrêmes opposés : *Nunc seges est ubi Troja fuit;*

> Cinna, tu t'en souviens, et veux m'assassiner ?

Médée dans Sénèque,

> *Servare potui, perdere an possim rogas ?*

Hécube dans Ovide,

> *Dominum matri vix reperit Hector.*

Galgacus aux Bretons, *proindè ituri in aciem, et majores vestros et posteros cogitate.* En allant au combat, pensez à vos ancêtres et à votre postérité.

Les mots sur lesquels se réunissent les forces

accumulées d'une foule d'idées et de sentiments, sont toujours les plus énergiques : *Erravit sine voce dolor* (Lucain): *Dies per silentium vastus, et ploratibus inquies.* (Tac.)

La véhémence dépend moins de la force des termes que du tour et du mouvement impétueux de l'expression : c'est l'impulsion que le *style* reçoit des sentiments qui naissent en foule et se pressent dans l'ame, impatients de se répandre et de passer dans l'ame d'autrui. La conviction est pressante, énergique ; elle fait violence à l'entendement : la persuasion seule est véhémente, elle entraîne la volonté.

La célérité des idées qui s'échappent comme des traits de lumière, communiquée à l'expression, fait la vivacité du *style;* leur facilité à se succéder, même sans vîtesse, imitée par le *style*, en fait la volubilité. Mais ces qualités réunies ne font pas la véhémence : elle veut être animée par la chaleur du sentiment ; elle en est l'explosion rapide ; et lorsqu'elle part d'une ame forte et ardente, elle entraîne tout : c'était la foudre de Périclès, c'était celle de Démosthène. C'est encore plus éminemment le caractère de l'éloquence poétique et le langage des passions.

> Je ne t'écoute plus, va-t'en, monstre exécrable ;
> Va, laisse-moi le soin de mon sort déplorable ;
> Puisse le juste Ciel dignement te payer,
> Et puisse ton supplice à jamais effrayer
> Tous ceux qui, comme toi, par de lâches adresses,

> Des princes malheureux nourrissent les faiblesses,
> Les poussent au penchant où leur cœur est enclin,
> Et leur osent du crime applanir le chemin :
> Détestables flatteurs, présent le plus funeste
> Que puisse faire aux rois la colère céleste!

Rien de plus difficile à définir que les grâces. Celles du *style* consistent dans l'aisance, la souplesse, la variété de ses mouvements, et dans le passage naturel et facile de l'un à l'autre. Voulez-vous en avoir une idée sensible? appliquez à la poésie ce que M. Watelet dit de la peinture. « Les mouvements de l'ame des enfants sont simples; leurs membres, dociles et souples. Il résulte de ces qualités une unité d'action et une franchise qui plaît....... La simplicité et la franchise des mouvements de l'ame contribuent tellement à produire les grâces, que les passions indécises ou trop compliquées les font rarement naître. La naïveté, la curiosité ingénue, le désir de plaire, la joie spontanée, le regret, les plaintes, et les larmes mêmes qu'occasionne un objet chéri, sont susceptibles de grâces, parce que tous ces mouvements sont simples.» Mettez le langage à la place de la personne, croyez entendre au lieu de voir, et cet ingénieux auteur aura défini les grâces du *style*.

SUBLIME. Ce qu'on appelle le *style sublime* appartient aux grands objets, à l'essor le plus élevé des sentiments et des idées. Que l'expression réponde à la hauteur de la pensée, elle en a la *sublimité*. Supposez donc aux pensées un haut degré d'élévation; si l'expression est juste, le style est *sublime;* si le mot le plus simple est aussi le plus clair et le plus sensible, le *sublime* sera dans la simplicité; si le terme figuré embrasse mieux l'idée et la présente plus vivement, le *sublime* sera dans l'image. « Tout était Dieu, excepté Dieu même » (Bossuet); voilà le *sublime* dans le simple. « L'univers allait s'enfonçant dans les ténèbres de l'idolâtrie » (Bossuet); voilà le *sublime* dans le figuré.

« Il n'y a point de style *sublime*, a dit un philosophe de nos jours; « c'est la chose qui doit l'être. Et comment le style pourrait-il être *sublime* sans elle, ou plus qu'elle? » En effet, de grands mots et de petites idées ne font jamais que de l'enflure : la force de l'expression s'évanouit, si la pensée est trop faible ou trop légère pour y donner prise.

Ventus ut amittit vires, nisi robore densæ
Occurrant silvæ, spatio diffusus inani. (Lucret.)

De ce *sublime* constant et soutenu, qui peut régner dans un poëme comme dans un morceau d'éloquence, on a voulu, en abusant de quelques passages de Longin, distinguer un *sublime* instantané, qui frappe, dit-on, comme un éclair; on prétend même que c'est là le caractère du vrai *sublime*, et que la rapidité lui est si naturelle, qu'un mot de plus l'anéantirait. On en cite quelques exemples, que l'on ne cesse de répéter, comme le *moi* de Médée, le *qu'il mourût* du vieil Horace, la réponse de Porus, *en roi*, le blasphême d'Ajax, le *fiat lux* de la *Genèse* : encore n'est-on pas d'accord sur l'importante question, si tel ou tel de ces traits est *sublime*. Laissons là ces disputes de mots.

Tout ce qui porte une idée au plus haut degré possible d'étendue et d'élévation, tout ce qui se saisit de notre ame et l'affecte si vivement, que sa sensibilité, réunie en un point, laisse toutes ses facultés comme interdites et suspendues; tout cela, dis-je, soit qu'il opère successivement ou subitement, est *sublime* dans les choses; et le seul mérite du style est de ne pas les affaiblir, de ne pas nuire à l'effet qu'elles produiraient seules si les ames se communiquaient sans l'entremise de la parole.

Homines ad deos nullá re propiùs accedunt quàm salutem hominibus dando. (Cic.) Il y a peu de pensées plus simplement exprimées, et certainement il y en a peu d'aussi *sublimes* que celles-là; et celle-ci, qui en est le développement, est *sublime* encore : « Il est au pouvoir du plus vil, comme du plus féroce des animaux, d'ôter la vie; il n'appartient qu'aux dieux et aux rois de l'accorder. » Cette maxime d'Aristote, « pour n'avoir pas besoin de société, il faut être un dieu ou une brute, » est encore *sublime* dans la pensée, quoique très-simple dans l'expression.

Dans le Macbeth de Shakespeare, on annonce à Macduff que son château a été pris, et que Macbeth a fait massacrer sa femme et ses enfants. Macduff tombe dans une douleur morne : son ami veut le consoler, il ne l'écoute point; et méditant sur le moyen de se venger de Macbeth, il ne dit que ces mots terribles, *Il n'a point d'enfants!*

Dans Sophocle, OEdipe, à qui l'on amène les enfants qu'il a eus de sa mère, leur tend les bras, et leur dit : *Approchez, embrassez votre...* Il n'achève pas, et le *sublime* est dans la réticence.

En général, comme le *sublime* est communément une perception rapide, lumineuse, et profonde, un résultat soudainement saisi de sentiments ou de pensées; il est plus dans ce qu'il fait entendre que dans ce qu'il exprime; c'est quelquefois le vague et l'immensité de la pensée ou de l'image qui en fait la force et la *sublimité*. Telle est cette peinture de l'état du pécheur après sa mort, *n'ayant que son péché entre son Dieu et lui, et se trouvant de toutes parts environné de l'éternité* (La Rue); telle est cette expression de Bossuet, déja citée, pour peindre le règne de l'idolâtrie, *Tout était Dieu, excepté Dieu même*; tel est l'*erravit sine voce dolor*, et le *nec se Roma ferens* de *la Pharsale*; tel est l'*utinam timerem!*

d'Andromaque, et cette réponse, encore plus belle, de la Mérope de Maffei :

O Cariso, non avrian gia mai gli dei
Cio commendato ad una madre.

Dans un voyage de Pinto, je me souviens d'avoir lu ce récit terrible d'un naufrage. « Au milieu d'une nuit orageuse, nous aperçûmes, dit-il, à la lueur des éclairs, un autre vaisseau qui, comme nous, luttait contre la tempête; tout-à-coup, dans l'obscurité, nous entendîmes un cri épouvantable; et puis nous n'entendîmes plus rien que le bruit des vents et des flots. »

Quelquefois même le *sublime* se passe de paroles; la seule action peut l'exprimer : le silence alors ressemble au voile qui, dans le tableau de Thimante, couvrait le visage d'Agamemnon; ou ces feuillets déchirés par la muse de l'histoire, dans le fameux tableau de Chantilly. C'est par le silence que, dans les enfers, Ajax répond à Ulysse; et Didon à Énée; et c'est l'expression la plus *sublime* de l'indignation et du mépris. Cela prouve que le *sublime* n'est pas dans les mots : l'expression y peut nuire sans doute, mais elle n'y ajoute jamais. On dira que plus elle est serrée, plus elle frappante; j'en conviens, et l'on en doit conclure que la précision est du style *sublime*, comme du style énergique et pathétique en général : mais la précision n'exclut pas les gradations, les développements, qui font eux-mêmes quelquefois le *sublime*. Lorsque les idées présentent le plus haut degré concevable d'étendue et d'élévation, et que l'expression les soutient, ce n'est plus un mot qui est *sublime*, c'est une suite de pensées, comme dans cet exemple : « Tout ce que nous voyons du monde n'est qu'un trait imperceptible dans l'ample sein de la nature ; nulle idée n'approche de l'étendue de ses espaces ; nous avons beau enfler nos conceptions, nous n'enfantons que des atômes au prix de la réalité des choses ; c'est une sphère infinie dont le centre est par-tout, la circonférence nulle part » (Pascal).

On cite comme *sublime*, et avec raison, le *qu'il mourût* du vieil Horace ; mais on ne fait pas réflexion que ces mots doivent leur force à ce qui les précède ; la scène où ils sont placés est comme une pyramide dont ils couronnent le sommet. On vient annoncer au vieil Horace que, de ses trois fils, deux sont morts et l'autre a pris la fuite ; son premier mouvement est de ne pas croire que son fils ait eu cette lâcheté.

> Non, non, cela n'est point ; on vous trompe, Julie.
> Rome n'est point sujette, ou mon fils est sans vie.
> Je connais mieux mon sang, il sait mieux son devoir.

On l'assure, que, se voyant seul, il s'est échappé du combat ; alors à la confiance trompée succède l'indignation :

> Et nos soldats trahis ne l'ont point achevé !

Camille, présente à ce récit, donne des larmes à ses frères.

HORACE.

.........Tout beau, ne les pleurez pas tous;
Deux jouissent d'un sort dont leur père est jaloux.
Que des plus nobles fleurs leur tombe soit couverte;
La gloire de leur mort m'a payé de leur perte....
Pleurez l'autre; pleurez l'irréparable affront
Que sa fuite honteuse imprime à notre front;
Pleurez le déshonneur de toute notre race,
Et l'opprobre éternel qu'il laisse au nom d'Horace.

JULIE.

Que vouliez-vous qu'il fît contre trois?

HORACE.

Qu'il mourût.

Ce qui est *sublime* dans cette scène, ce n'est pas seulement cette réponse, c'est toute la scène, c'est la gradation des sentiments du vieil Horace, et le développement de ce grand caractère, dont le *qu'il mourût* n'est qu'un dernier éclat.

On voit, par cet exemple, ce qui distingue les deux genres du *sublime,* ou plutôt ce qui les réunit en un seul.

On attache communément l'idée du *sublime* à la grandeur physique des objets, et quelquefois elle y contribue; mais ce n'est que par accident et en vertu de nouveaux rapports, ou d'un caractère singulier et frappant que l'imagination ou le sentiment leur imprime; leur point de vue habituel n'a rien d'étonnant ni pour l'ame ni pour l'imagination; la familiarité des prodiges mêmes de la nature les a tous avilis; et dans une description qui réunirait tous les grands phénomènes du ciel et de la terre, il serait très-possible qu'il n'y eût pas un mot de *sublime*.

Ce qui, du côté de l'expression, est le plus favorable au *sublime*, c'est l'énergie et la précision; ce qui lui répugne le plus, c'est l'abondance et l'ostentation de paroles.

En éloquence, on a distingué le *sublime*, le simple, et le tempéré, ou, comme disaient les Grecs, l'*abondant*, le *grêle*, et le *médiocre*. Dans l'un, se déploient toutes les pompes de l'éloquence; dans l'autre, c'est le langage nu de la raison et du sentiment; dans le troisième, une beauté noble et modeste, une parure ménagée et décente. Au premier appartient la grandeur des pensées, la majesté de l'expression, la véhémence, la fécondité, la richesse, la gravité, les grands mouvements pathétiques; tantôt avec une austérité triste, une âpreté sauvage et dédaigneuse de toute espèce d'élégance; tantôt avec un soin industrieux de polir, d'arrondir les formes du discours. *Nam et grandiloqui, ut ità dicam, fuerunt, cum amplá et sententiarum gravitate et majestate verborum, vehementes, varii, copiosi, graves, ad permovendos et convertendos animos instructi et parati : quod ipsum alii asperá, tristi, horridá oratione, neque perfectá, neque conclusá; alii lævi et instructá et terminatá.* (Cic. Orat.)

Le second s'attache au contraire à la finesse, à la justesse d'une expression châtiée et subtile, où les mots pressent la pensée et la rendent avec clarté : satisfait de tout éclaircir, il n'amplifie et n'agrandit rien; et dans ce genre, les uns déguisent leur adresse sous un air d'ignorance et de grossièreté; les autres, pour cacher leur indigence, affectent un air d'enjouement, et se parent de quelques fleurs. *Et contrà tenues, acuti, omnia docentes, et dilucidiora, non ampliora, facientes, subtili quádam et pressá oratione limati; in eodemque genere alii callidi, sed impoliti, et consultò rudium similes et imperitorum; alii in eádem jejunitate concinniores, id est, faceti, florentes etiam, et leviter ornati.* (Cic. Orat.)

Le troisième n'a ni la force et l'élévation du premier, ni la subtilité du second; il participe de l'un et de l'autre; et d'un cours uni et soutenu, il coule sans rien avoir qui le distingue que la facilité et que l'égalité; seulement çà-et-là il se permet quelques reliefs dans l'expression et dans la pensée, dont il se fait de légers ornements. *Est autem quidam interjectus, inter hos medius, et quasi temperatus, nec acumine posteriorum, nec fulmine utens superiorum, in neutro excellens, utriusque particeps... isque uno tenore, ut aiunt, in dicendo fluit, nihil afferens præter facilitatem et æquabilitatem... omnemque orationem ornamentis modicis verborum sententiarumque distinguit.* (Cic. Orat.)

Le premier de ces trois genres était celui de Démosthène ; il a été souvent celui de Cicéron ; il est celui de Bossuet.

Écoutons Longin parlant de Démosthène. Après lui avoir reproché ses défauts, comme d'être mauvais plaisant, de ne pas bien peindre les mœurs, de n'être point étendu dans son style (ce qui n'est pas un vice dans un fort raisonneur), d'avoir quelque chose de dur (ce qui, dans Démosthène comme dans Bossuet, tient peut-être au caractère d'une expression brusque et forte), de n'avoir ni pompe ni ostentation (ce qui est un éloge plutôt qu'une critique); « Démosthène, ajoute Longin, ayant ramassé en soi toutes les qualités d'un orateur véritablement né pour le *sublime*, et entièrement perfectionné par l'étude ce ton de majesté et de grandeur, ces mouvements animés, cette fertilité, cette adresse, cette promptitude, et, ce qu'on doit sur-tout estimer en lui, cette véhémence dont jamais personne n'a su approcher; par toutes ces grandes qualités, que je regarde en effet comme autant de rares présents qu'il avait reçus des dieux, et qu'il ne m'est pas permis d'appeler des qualités humaines, il a effacé tout ce qu'il y a eu d'orateurs célèbres dans tous les siècles, les laissant comme abattus et éblouis, pour ainsi dire, de ses tonnerres et de ses éclairs... et certainement il est plus aisé d'envisager, fixement et les yeux ouverts, les foudres qui tombent du ciel, que de n'être point ému des violentes passions qui règnent en foule dans ses ouvrages. »

C'est là, dans son plus haut degré, le *sublime* de l'éloquence : étonner, enlever, transporter l'ame des auditeurs, les ébranler, les terrasser, ou par des coups imprévus et soudains, ou par la force et la rapidité d'une impulsion qui va croissant, jusqu'à cette impétuosité entraînante à laquelle rien ne résiste; bouleverser l'entendement, dominer, maîtriser la volonté, contraindre l'inclination, la passion même, la gourmander, si j'ose le dire, et tour-à-tour la forcer d'obéir au frein ou à l'éperon, comme un cheval fougueux que dompterait un maître habile; voilà les fonctions du *sublime.* Il sera aisé de le reconnaître par-tout où il se trouvera, même inculte, agreste, sauvage : *asperá, tristi, horridá oratione.*

La Motte, en définissant le *sublime*, y a demandé de l'élégance et de la précision. Le sage Rollin a très-bien observé que l'élégance y est inutile, quelquefois nuisible; et que la précision nécessaire à un mot *sublime* est absolument le contraire de ces beaux développements d'où résulte la *sublimité* d'un discours. Il n'y a point d'élégance dans le *fiat lux;* il n'y a point de précision, comme l'entend la Motte, dans la dernière partie de *la Milonienne.*

A l'égard des deux autres genres, *voyez* SIMPLE et TEMPÉRÉ.

Symbole. Signe ou marque distinctive d'une personne ou d'une chose.

On a vu, dans l'*article* Emblême, que cette espèce de métaphore demande une ressemblance entre l'objet sensible et la pensée qu'il exprime. Il n'en est pas de même du *symbole* : celui-ci ne suppose qu'une liaison d'idées établie par l'habitude. Ainsi, entre le caractère de l'aigle ou du lion, et le caractère d'une ame élevée ou d'une ame forte et courageuse, il y a réellement de l'analogie et de la ressemblance; c'est un emblème : au lieu qu'entre les signes du zodiaque et les saisons de l'année, il n'y a qu'un rapport de co-existence et d'affinité; et ce ne sont que des *symboles*.

Entre les deux idées du *symbole*, c'est-à-dire entre celle du signe et celle de la chose, le rapport est réel, lorsque, dans la réalité, les objets mêmes se correspondent; le rapport est fictif ou conventionnel, lorsque la liaison des idées est l'ouvrage de l'opinion ou de l'imagination : c'est ainsi que le caducée est le *symbole* de l'éloquence. Comme il est rare que la liaison des deux idées soit assez étroite et assez exclusive pour ne laisser aucune équivoque sur leur rapport, l'intelligence du *symbole* a toujours besoin d'un peu d'aide, et sa signification est un mystère auquel il faut être initié : par exemple, quoique le printemps commence sous le signe du bélier, quoique le soc soit le principal instrument de l'agriculture; l'image du bélier et celle de la charrue n'éveilleraient dans l'ame que l'idée de leur objet, si l'on n'était pas convenu d'y attacher les idées du printemps et du labourage.

On doit voir à-présent quelle est la différence du *symbole* et de l'emblême, et comment la même figure peut être l'un et l'autre sous différents rapports. Ainsi l'image du lion sert d'emblême pour exprimer le caractère d'un héros, et de *symbole* pour désigner un des mois de l'année : ainsi le gouvernail est tantôt employé comme *symbole*, pour réveiller l'idée de la navigation; et tantôt comme emblême, pour exprimer allégoriquement l'administration d'un État.

Le *symbole* diffère de l'emblême, comme l'idée particulière diffère de l'idée générale : en sorte que, pour restreindre la signification de l'emblême, on y ajoute le *symbole*. Némésis est la conscience personnifiée : qu'on lui mette en main une balance, c'est la justice distributive; qu'on lui donne une bride et un glaive pour attributs, c'est la justice cohibitive et vengeresse; qu'on l'arme d'un fouet, c'est le remords.

Vénus représente la beauté, ou la femme par excellence. Dans la statue que Zeuxis en a faite, il lui a mis sous le pied une tortue; et avec ce *symbole* de la lenteur, Vénus devient l'emblême d'un sexe destiné à une vie tranquille et retirée.

Les sages de Memphis exprimaient par des

symboles les mystères de leur doctrine; et c'est ce que les Grecs appelaient *hiéroglyphes*, ou gravures sacrées. Ces caractères, inventés d'abord, comme la métaphore dans les langues, par le besoin de s'exprimer et le manque de signes plus simples, servirent ensuite de voile aux idées religieuses que les prêtres d'Égypte voulaient dérober aux profanes et transmettre aux initiés.

Depuis, on appela *symbole* toute expression allégorique dans le langage des philosophes. On nous en a conservé des exemples dans quelques maximes de Pythagore, comme dans celle-ci : *Ne vous asseyez point sur le boisseau*, pour dire, travaillez à acquérir à mesure que vous dépensez. *Ne tendez pas la main droite à tout venant*, pour dire, choisissez vos amis. *Ne portez pas un anneau trop étroit*, pour dire, évitez tout engagement qui gêne votre liberté. *Ne remuez pas le feu avec l'épée*, pour dire, n'irritez pas l'homme colère et violent. *Abstenez-vous de fèves*, pour dire, ne vous mêlez pas des affaires publiques. *Ne vous promenez pas sur les grands chemins*, pour dire, ne vous réglez point sur l'opinion de la multitude. *Aidez celui qui soulève un fardeau*, pour dire, encouragez le travail. *Ne logez point sous vos toits l'hirondelle*, pour dire, ne formez point de liaisons passagères, ne vivez point avec les babillards. *Abstenez-vous des coqs blancs*, pour dire, passez-vous des biens difficiles et rares. *Ne ramassez point les fruits qui tombent*, pour dire, attachez-vous à des idées saines et mûres. *Ne semez pas du bois sur les chemins*, pour dire, ne soyez pas difficile à vivre, ne vous rendez pas embarrassant. *En adorant, tournez autour de vous*, pourdire, voyez Dieu par-tout, et adorez-le en toutes choses.

Les *symboles* de convention sont encore aujourd'hui une langue mystérieuse, et qui n'est entendue que des hommes instruits : c'est pour eux seulement que le pavot réveille l'idée de la fécondité; l'olivier, celle de la paix; la palme ou le laurier, celle de la victoire; le lierre, celle du talent poétique; le cyprès, celle de la mort.

Mais comme l'instruction s'est répandue, cette langue est devenue plus familière et n'est plus une énigme pour un peuple civilisé. Quand le maréchal de Saxe, après la bataille de Fontenoi, revint en France, il voulut, pour l'exemple, qu'à la barrière de Péronne ses équipages fussent fouillés, afin qu'on vît s'il n'y avait rien qui fût sujet aux droits d'entrée. *Passez, Monseigneur*, lui dit un commis, *les lauriers ne paient rien*. Je ne veux pas taire que pour ce mot les fermiers-généraux donnèrent au commis une gratification, qu'il n'aurait pas eue du temps des Turcarets, dont la pie était le *symbole*.

Chez les anciens on donnait par extension le nom de *symbole* à l'étiquette des vases, à l'empreinte des monnaies, aux mots de ralliement dans les guerres civiles, et à ce qu'on appelle le mot du guet dans nos armées. Le mot de ralliement de Marius était *Le dieu Lare;* celui de Sylla, *Apollon delphique;* celui de César, *Vénus mère.* Dans les camps, le mot de l'ordre était, comme aujourd'hui, donné aux sentinelles, et on le changeait tous les jours : c'était *Palme, Gloire, Valeur*, etc.

L'usage des *symboles*, établi une fois et transmis d'âge en âge, a donné lieu aux armoiries; et cette institution, l'une des plus dégradées par la sottise et la vanité, était peut-être une des plus précieuses à conserver dans l'esprit de son origine : car le *symbole* était communément l'expression du caractère de celui qui en décorait ses armes, et un engagement public de ne se démentir jamais. Ce caractère, personnel au chef d'une famille, passait à ses enfants, avec ses armoiries et avec la résolution d'être digne de les porter. Ainsi dans chaque race il y avait un type de mœurs, j'entends de vertu militaire, car on n'en connaissait pas d'autre; et de la part de la noblesse, c'était un garant pour l'État de son ardeur à le servir.

Cet usage est d'une antiquité très-reculée. On dit qu'à la guerre de Thèbes chacun des chefs avait sur ses armes un *symbole* particulier : Polynice, un *sphinx;* Capanée, une *hydre;* Amphiaraüs, un *dragon*, etc. A la guerre de Troie, si l'on en croit Homère, Agamemnon avait de même sur son bouclier un *lion;* Ulysse, un *dauphin;*

Hippomédon, un *Typhon vomissant des feux.* Le *symbole* d'Alcibiade était un *amour la foudre à la main.*

Dans la guerre de Marius contre les Cimbres et les Teutons, on observa que ces barbares portaient sur leurs armes des figures de bêtes féroces. Marius lui-même avait un *aigle* sur son bouclier; et l'*aigle* commença dès-lors à être l'enseigne des Romains, qui jusques-là n'avaient porté que le *manipule* pour étendard. Les légions prirent aussi des enseignes particulières, et sur ces enseignes des figures diverses, de loup, de cheval, de chevreau, de minotaure, etc. Le cachet de Pompée, que César reçut en pleurant, portait l'image d'un lion tenant une épée. César lui-même avait pris pour *symbole* un papillon avec une écrevisse, pour réunir les deux idées de célérité et de lenteur. Il y avait aussi sur son cachet un sphinx, *symbole* de la pénétration et du mystère dans les projets. On sait que dans la suite il prit sur son anneau l'image d'Alexandre, l'objet de son émulation.

Les nations eurent aussi leurs *symboles* particuliers; les Athéniens, l'oiseau de Minerve; les Thébains, l'image du sphinx; les Perses, un aigle d'or, ou l'image du soleil. Les nations modernes ont suivi cet usage : les Suisses ont pour *symbole* des ours; les Belges, des lions; les Anglais, des léopards, etc.

Les rois, les princes, les guerriers avaient aussi

leur *symbole* : la mode en est passée (*Voyez* Devise). Ce qui en reste est en armoiries : mais les armoiries nouvelles n'ont plus de caractère, et ne signifient plus rien ; leur bon temps fut celui de la chevalerie, et ce temps est fort loin de nous : je dis *de nous*, moralement parlant ; car nous avons encore et des Renauds et des Bayards.

T.

Tempéré. Genre d'éloquence qui tient le milieu entre le sublime et le simple. On peut voir, dans l'article Sublime, que Cicéron, en définissant le genre *tempéré*, ne lui accorde que la *facilité*, l'*égalité*, et quelques légers ornements. Ailleurs pourtant il reconnaît que c'est à lui que sont permises toutes les parures du style. *Datur etiam venia concinnitati sententiarum; et arguti, certique, et circumscripti verborum ambitus conceduntur : de industriáque, non ex insidiis, sed apertè ac palàm elaboratur, ut verba verbis quasi dimensa et paria respondeant; ut crebrò conferantur pugnantia, comparentur contraria, et ut pariter extrema terminentur eumdemque referant in cadendo sonum.* (Orat.)

Comment accorder ici avec lui-même ce grand maître de l'éloquence, me demandez-vous? Le voici. Il a permis à l'éloquence *tempérée* ou médiocre, de se parer, lorsqu'elle n'aurait pour objet que le soin de plaire, comme dans les écoles des sophistes et dans les harangues publiques des rhéteurs; faites pour amuser un peuple; mais à cette même éloquence, il a prescrit d'être modeste et réservée dans sa parure, lorsqu'elle se montre au barreau; et cette distinction, il l'exprime à la fin du passage que je viens de citer: *Quæ, in veritate causarum, et rariùs multò facimus, et certè occultiùs.* Isocrate, dans l'éloge d'Athènes, a recherché curieusement, dit-il, tous ces ornements du langage, parce qu'il écrivait, non pour plaider devant les juges, mais pour flatter et délecter l'oreille des Athéniens. *Non enim ad judiciorum certamen, sed ad voluptatem aurium scripserat.* (Orat.)

C'est, selon moi, une marque de mépris que Cicéron donne à cette éloquence oiseuse des sophistes, que de lui laisser avec tant d'indulgence le luxe de l'élocution et le soin curieux de plaire. N'a-t-il pas observé lui-même qu'en éloquence, comme dans tous les grands objets de la nature, le beau et l'utile doivent se réunir, et que les ornements de l'édifice oratoire doivent contribuer à sa solidité? *Columnæ et templa et porticus sustinent; tamen habent non plus utilitatis quàm dignitatis.... hoc in omnibus item partibus orationis evenit, ut utilitatem ac propè necessitatem suavitas quædam et lepos consequatur.* (De Orat.)

N'a-t-il pas observé que, dans le style comme dans les mets, l'assaisonnement, qui d'abord pique le plus le goût, le lasse presque aussitôt et l'émousse, et qu'il n'y a, pour l'esprit, que les aliments simples dont il ne se lasse jamais? *Difficile enim dictu est quænam causa sit, cur ea quæ maximè sensus nostros impellunt voluptate, et specie primá acerrimè commovent, ab iis celerrimè fastidio quodam et satietate abalienemur.* Et après avoir prouvé, par l'expérience de tous nos sens, que la satiété suit de près les raffinements du plaisir; *Si omnibus in rebus voluptatibus maximis fastidium finitimum est :* n'a-t-il pas reconnu qu'il en était de même en éloquence? *In quá vel ex poetis vel ex oratoribus possumus judicare concinnam, distinctam, ornatam, festivam, sine intermissione, sine reprehensione, sine varietate, quamvis claris sit coloribus picta vel poesis vel oratio, non posse in delectatione esse diuturnam.* Enfin n'a-t-il pas établi, comme un principe général, que, dans un discours, les ornements doivent être semés légèrement et par intervalles, jamais accumulés ni également répandus? *Ut porrò conspersa sit (oratio) quasi verborum sententiarumque floribus, id non debet esse fusum æquabiliter per omnem orationem, sed ità distinctum, ut sint quasi in ornatu disposita quædam insignia et lumina.*

Mais dans un sujet frivole et dénué d'intérêt et d'utilité, faut-il laisser à nu ce fonds aride, et ne pas le couvrir de fleurs? Il faut d'abord éviter un sujet dont l'indigence et la sécheresse ont besoin d'être sans cesse ornées; ne jamais se réduire au futile métier de beau parleur; avoir au moins l'intention d'instruire lorsqu'on cherche à plaire; et dans les choses où la raison et la vérité ne demandent qu'à se montrer dans leur simplicité naïve, se contenter d'un style naturel et décent. *In propriis verbis illa laus oratoris, ut abjecta atque obsoleta fugiat, lectis atque illustribus utatur.* Ainsi le simple se mêlera au *tempéré*, comme il s'allie même au sublime, sans détonner avec l'un ni avec l'autre, mais avec cette facilité d'ondulation, si je l'ose dire, qui doit régner dans tous les genres d'éloquence, et sans laquelle le haut style est roide, guindé, monotone, et le style fleuri n'est qu'un papillotage de couleurs, toutes vives et sans nuances, dont l'éclat fatigue les yeux.

C'est au moyen de ce mélange que l'orateur, dans le genre *tempéré* même, peut produire de grands effets. Je ne dis pas que le genre sublime ne s'y mêle aussi quelquefois; mais ce sont des accidents rares : et il me semble que Rollin s'est oublié, lorsqu'à propos de *l'habileté à orner et à embellir le discours*, il rappelle ce que dit Cicéron du stoïcien Rutilius, qui avait dédaigné, comme Socrate, d'employer l'éloquence pathétique pour sa défense. Ce n'était pas des ornements de l'éloquence *tempérée*, mais de la force, de la chaleur de la haute éloquence de Crassus, qu'il s'agissait dans cette cause. C'est le genre sublime dans toute sa vigueur et dans toute sa véhémence, que Cicéron aurait voulu qu'on eût employé pour sauver l'innocence et la vertu même. *Quùm illo nemo neque integrior esset in civitate neque sanctior... quòd si tunc, Crasse, dixisses.... et si tibi pro P. Rutilio, non philosophorum more, sed tuo, licuisset dicere, quamvis scelerati illi fuissent, sicuti fuerunt, pestiferi cives supplicioque digni, tamen omnem eorum importunitatem ex intimis mentibus evellisses vi orationis tuæ.* (De Orat.)

Mais dans un degré de chaleur et de force inférieur à l'éloquence de Crassus, la clarté, les développements, l'abondance, l'éclat des pensées et des paroles, joint aux charmes de l'harmonie, peuvent encore étonner et ravir. Et remarquez qu'en parlant de celui qui produit les plus grands effets, Cicéron ne lui attribue rien qui s'élève au-dessus de l'éloquence *tempérée. In quo igitur homines exhorrescunt? quem stupefacti dicentem intuentur? in quo exclamant? quem deum, ut ità dicam, inter homines putant? qui distinctè, qui explicatè, qui abundanter, qui illuminatè et rebus et verbis dicunt, et in ipsá oratione quasi quemdam numerum, versumque conficiunt : id est quod dico, ornatè.* (De Orat. l. 3.)

Mais tout cela suppose un fond solide et riche, un sujet sérieux, utile, intéressant; et si, sur des questions vaines, sur des objets futiles, on s'efforce d'être ingénieux et éloquent, on sera brillant tant qu'on voudra, on n'éblouira qu'un moment; et à cette enluminure rhétoricienne dont nos écoles et nos académies ont fait vanité si long-temps, j'appliquerai ce que Cicéron disait des tableaux modernes, comparés aux anciens : *Quantò colorum pulchritudine et varietate floridiora sunt in picturis novis pleraque quàm in veteribus; quæ tamen, etiamsi primo aspectu nos cæperunt, diutiùs non delectant; quùm iidem nos in antiquis tabulis illo ipso horrido obsoletoque teneamur?* (De Orat. l. 3.) *Voyez* Simple et Sublime.

Ton. Dans le langage, on appelle *ton*, le caractère de noblesse, de familiarité, de popularité, le degré d'élévation ou d'abaissement, qu'on peut donner à l'élocution, depuis le bas jusqu'au sublime. Ainsi l'on dit que le *ton* de la tragédie et de l'épopée est majestueux ; que celui de l'histoire est noble et simple ; que celui de la comédie est familier, quelquefois populaire.

Ton se dit aussi des autres caractères que l'expression reçoit de la pensée, de l'image, du sentiment. Le *ton* triste de l'élégie, le *ton* galant du madrigal, le *ton* léger de la plaisanterie, le *ton* pathétique, le *ton* sérieux, etc.

On voit par-là, que non-seulement le style peut avoir, mais qu'il doit avoir plusieurs *tons*, relativement aux sujets que l'on traite et aux personnages qu'on fait parler. Et non-seulement dans les divers genres et sur des sujets différents, mais dans le même genre et dans le même ouvrage, le style doit prendre, sans détonner, différentes modulations.

.... *Tristia mœstum*
Vultum verba decent ; iratum, plena minarum ;
Ludentem, lasciva ; severum, seria dictu. (HORAT.)

Ces règles de convenance ne se bornent pas aux sujets que l'on traite, elles s'étendent jusqu'aux personnes qu'on a dessein d'intéresser ou de persuader en écrivant; et c'est dans ces rapports que les bienséances du style sont ce que l'art d'écrire a de plus difficile et de plus essentiel : *Caput artis decere.* (CIC.)

Dans le même sens, le langage de la société a son *bon ton* et son *mauvais ton*. Le naturel dans la politesse, la délicatesse dans la louange, la finesse dans la raillerie, la légèreté dans le badinage, la noblesse et la grâce dans la galanterie, une liberté mesurée et décente dans le langage et les manières, et par dessus tout une attention imperceptible de distribuer à chacun ce qui lui est dû de distinctions et d'égards; c'est là, par tout pays, ce que l'on peut appeler le *bon ton* : le *mauvais ton* est tout le contraire ; et jusques-là le *bon ton* n'est autre chose que le bon goût mis en pratique. S'il est donc vrai qu'il y ait un bon goût reconnu par toutes les nations cultivées, il semblerait que, pour s'assurer d'avoir le *bon ton*, il suffirait d'acquérir le bon goût. Mais malheureusement il n'en est pas ainsi; et il y a des temps où le *bon ton* n'a presque rien de commun avec le bon goût.

Les bienséances, qui sont les premières règles

du bon goût, ne sont pas toujours celles du *bon ton*. Il y a des indécences dont la tournure est du *meilleur ton* dans le monde, comme il y a des politesses du *ton* le plus provincial.

Le *bon ton*, dans ce qui s'appelle la bonne compagnie, est un système de convenances, qu'elle s'est fait à elle-même et qui lui est particulier. Il interdit en général une familiarité déplacée, et par conséquent tous les mots, tous les tours de phrase qui supposent, dans celui qui parle, la négligence des égards qu'il doit à la société. Rien n'est plus juste que cette loi, lorsqu'elle n'est pas trop sévère ; mais quelquefois elle est minutieuse, et se ressent de la petitesse et de la vanité de l'esprit qui l'a faite. D'un autre côté, il consiste dans une aisance noble, qui marque, dans celui qui parle, un usage fréquent du monde ; et cette aisance a ses degrés de réserve, de modestie, de liberté, de familiarité, qui distinguent, par des nuances, le *bon ton* de l'inférieur, du supérieur, et de l'égal. Je me contenterai d'en indiquer quelques exemples.

Lorsqu'un inférieur parle à un homme qualifié, ce n'est point par son nom, c'est par sa qualité que l'usage veut qu'il l'appelle : et au contraire, lorsque les gens de qualité parlent entre eux, c'est rarement par leur qualité qu'ils s'appellent, c'est par leur nom ; ils trouveraient trop d'affectation à se renvoyer mutuellement leurs titres.

Dans le style même de la tragédie, rien de

plus en usage que de dire en parlant aux personnages les plus élevés, *Votre père*, *votre fils*, *votre sœur*, *votre mère* : et dans le monde, rien n'est de plus mauvais *ton*. Si vous parlez d'une mère à sa fille, ou d'un fils à son père, ou d'un frère à sa sœur, le *bon ton* veut que vous disiez : *monsieur* un tel, *madame* une telle, comme s'ils ne leur étaient rien.

L'on voit même des gens qui ne veulent pas être appelés *mon père* et *ma mère* par leurs enfants : *monsieur* et *madame* leur semblent moins ignobles, plus distingués. Mais y a-t-il rien de plus commun, de plus avili que ces appellations? et les substituer aux noms sacrés de la nature, n'est-ce pas la plus ridicule des inventions de la vanité?

Le *bon ton* du supérieur est de questionner souvent. Le *bon ton* de l'inférieur est de ne questionner jamais, ou le plus rarement possible.

Le privilége de l'égalité, de la familiarité, de la supériorité, est de parler à la seconde personne; la déférence, le respect, la grande politesse veulent qu'on parle à la troisième. C'est un usage qui nous est venu d'Italie, avec l'*excellence*, l'*éminence*, et l'*altesse*. En Allemagne, on a renchéri sur cette formule de politesse, en ajoutant le pluriel à la tierce personne, quoiqu'on ne parle qu'à un seul. *Que veulent-ils? Qu'ordonnent-elles?*

Parmi les gens qui ne sont pas très-familiers

ensemble, la politesse la plus commune défend d'appeler par son nom celui à qui on adresse la parole directement et sans équivoque; mais on affecte de nommer celui à qui l'on veut faire sentir sa supériorité : cela est du *bon ton*.

Si dans le monde on vous demande des nouvelles de votre femme, de vos enfants, de votre père; si l'on vous parle de votre procès, de la perte que vous avez faite au jeu, de l'incendie de votre maison; il est du *bon ton* de répondre froidement, légèrement, et en peu de mots. Rien de plus ennuyeux pour les autres que de les occuper de soi. Toutes les questions qu'on vous fait sur vos intérêts personnels, sont des formules de politesse dont vous devez savoir ne jamais abuser : mais si l'on veut savoir la nouvelle du jour, ou une aventure plaisante, ou une anecdote scandaleuse; étendez-vous tout à votre aise: les détails sont permis, ils sont même importants; mais ayez soin de les choisir. Rien de commun, rien d'insipide, rien de triste et de languissant. La grâce, la gaieté, la finesse piquante, le sel de l'enjouement, le sel plus vif encore d'un sérieux malin; et, soit dans vos récits, soit dans vos entretiens, une attention délicate à ne pas abuser de celle qu'on vous donne, et à ne l'occuper qu'autant que vous pouvez l'intéresser : ce sont là quelques-unes des règles du *bon ton*.

Depuis la cour jusqu'à la coterie la plus bourgeoise, la prétention du *bon ton* s'étend. Tout le monde, il est vrai, convient que la cour en est le modèle, mais, de proche en proche, on se flatte d'avoir pris le langage et les manières de ce grand monde. C'est le ridicule que Molière a joué tant de fois, sans avoir pu le corriger. Tel homme nous parle sans cesse du *ton* de la bonne compagnie, qui passe sa vie dans la mauvaise; telle femme se croit l'arbitre des bienséances, avec qui jamais une femme décente n'a osé paraître en public.

Mais la cour elle-même est-elle toujours un juge infaillible, un modèle des convenances du langage? Elle a un *ton* qui la distingue, et qui est comme son symbole; mais son *ton* est aussi changeant que son esprit et que ses mœurs. Le *ton* d'une cour galante et voluptueuse n'est pas le *ton* d'une cour guerrière ou dévote. Le *ton* de la cour de Henri III n'était pas le *ton* de la cour de Henri IV; et, à bien des égards, le *ton* de la cour de Louis XIV sous madame de Montespan n'était pas le même que sous madame de Maintenon. Ce règne cependant avait pris un caractère de dignité qui se soutint, et qui fut véritablement un modèle de bienséance.

Louis XIV, naturellement porté, par l'élévation de son ame, à tout ce qui était noble et décent, avait perfectionné ce goût naturel dans la société des Mortemart, qui était l'école de l'esprit le plus épuré, le plus délicat, le plus aimable. De là cette politesse exquise, cette galanterie ingénieuse, dont il donna le *ton* à sa cour; et ce *ton*, une fois donné, fut bientôt celui de la ville. Ninon Lenclos l'avait reçu de ses amants, madame de Maintenon l'avait pris dans le monde et chez Ninon même. Il s'altéra sous la régence; encore le retrouvait-on dans la liberté même des soupers du régent; et le tour d'esprit de ce prince en était un précieux reste : mais les jolies femmes, qui égayaient ses soupers, ne laissaient pas d'être d'assez mauvais modèles des bienséances du langage; et ce n'était pas dans leur société que Fontenelle en prenait des leçons.

Dans une cour polie, éclairée, élégante, le *bon ton* sera comme la quintessence du bon goût, mais pour le rendre inaltérable, il faut, au centre même de cette cour, une société spirituelle et dominante, qui serve de modèle et qui donne l'exemple. Alors le soin de plaire et le désir de ressembler engagera le reste du grand monde à se former sur ce modèle; et le *ton* général de la cour sera bon. Mais à moins d'un foyer où le goût s'épure et se conserve comme le feu sacré, et d'où il se répande et se communique, il n'est pas sûr de regarder le *ton* même de la cour comme une règle constamment bonne à suivre: car il peut arriver que la cour soit diversement composée; et si le bon esprit et le bon goût n'y font la loi, il est possible que le *bon ton* n'y soit qu'une mode fantasque et passagère, qu'un caprice aura établi, et qu'un caprice fera changer.

Dans les états républicains, le mot de *bon ton* est inconnu. Le *ton* dominant, bon ou mauvais, est celui du grand nombre : il est l'expression du caractère national. De même, dans les monarchies où il n'y a d'autre cour que ce qu'exige à la rigueur la dignité du souverain et le service de sa personne, on ne s'aperçoit presque pas de la différence de *ton* entre la cour et le public. C'est lorsque, pour le délassement et l'amusement des princes, il se forme autour d'eux une société nombreuse et agréablement oisive; c'est alors, dis-je, que la cour se fait à elle-même un langage plus châtié, plus élégant, et plus exquis, ou seulement plus recherché. Il y avait vraisemblablement un *bon ton* à la cour d'Auguste, aux soupers de Mécène; mais le *bon ton* de la cour d'Alexandre était le sien et celui de ses lieutenants. César avait formé son goût, son esprit, son langage à l'école des orateurs; Alcibiade, à celle de Socrate et de Périclès son tuteur. On peut remarquer même qu'à mesure qu'une cour est plus inoccupée, et a plus de loisir de se livrer à la recherche des objets d'agrément, son goût, plus cultivé, donne à son *ton* plus d'élégance et de délicatesse.

En général, on doit s'attendre que lors même que le grand monde n'aura pas, du côté de l'esprit et du goût, assez d'avantages pour se distinguer par des agréments qui ne soient qu'à lui seul, il ne laissera pas de vouloir se faire un langage qui lui soit propre; et ce langage sera, comme ses livrées, une chose de fantaisie. De là toutes les singularités minutieuses et bizarres qu'on a vues érigées en lois du bel usage et en maximes du *bon ton*.

Quel sera donc, au milieu de tant de variations et d'incertitudes, la règle du *bon ton* pour un homme de lettres? La même que celle du goût, l'exemple des hommes qui, de l'aveu de tout un siècle de lumière, ont le mieux observé en écrivant les bienséances du langage. Ce n'était point une commère bel-esprit que Racine consultait sur son style; c'était Boileau, c'étaient les écrivains de Port-Royal. Malheur à lui s'il eût pris le *ton* des précieuses de Rambouillet, toutes persuadées qu'elles étaient de leur suffisance infaillible.

Les vrais modèles du *bon ton*, c'est-à-dire des grâces nobles, de l'élégance, de l'urbanité du langage, c'est Racine lui-même, c'est madame de Sévigné, c'est madame de Maintenon, c'est Hamilton, c'est La Bruyère, c'est Voltaire, dans ce qu'il a écrit à Paris avant sa vieillesse; et si jamais leur *ton* cessait d'être celui du monde et de la cour, il faudrait encore avoir le courage de s'en tenir à ces modèles.

Lorsqu'un écrivain fait parler des personnages dont le *ton* est connu et distinctement décidé, il doit imiter leur langage : les originaux de Molière avaient droit de juger s'il les avait bien copiés. Mais hors de là, l'homme de lettres a lui-même le droit d'examiner si le *ton* de son siècle et du monde où il vit, est un bon modèle pour lui. C'est pour n'avoir pas eu cette attention ou ce discernement, que Voiture a gâté son style : c'est pour avoir eu le courage opposé à la complaisance de Voiture, que Pascal a donné au sien une bonté inaltérable : son secret fut d'éviter toute manière, et de donner toujours la préférence à l'expression la plus simple et au tour le plus naturel.

TRADUCTION. Les opinions ne s'accordent pas sur l'espèce de tâche que s'impose le *traducteur*, ni sur l'espèce de mérite que doit avoir la *traduction*. Les uns pensent que c'est une folie de vouloir assimiler deux langues dont le génie est différent; que le devoir du *traducteur* est de se mettre à la place de son auteur autant qu'il est possible, de se remplir de son esprit, et de le faire s'exprimer dans la langue adoptive, comme s'il se fût exprimé lui-même s'il eût écrit dans cette langue. Les autres pensent que ce n'est pas assez : ils veulent retrouver dans la *traduction*, non-seulement le caractère de l'écrivain original, mais le génie de sa langue, et, s'il est permis de le dire, l'air du climat et le goût du terroir.

Ceux-là semblent ne demander qu'un ouvrage utile ou agréable; ceux-ci, plus curieux, demandent la production d'un tel pays et le monument d'un tel âge. La première de ces opinions est communément celle des gens du monde; la seconde est celle des savants. La délicatesse des uns, ne cherchant que des jouissances, non-seulement permet que le *traducteur* efface les taches de l'original, qu'il le corrige et l'embellisse, mais elle lui reproche, comme une négligence, d'y laisser des incorrections : au lieu que la sévérité des autres lui fait un crime de n'avoir pas respecté ces fautes précieuses, qu'ils se rappellent d'avoir vues, et qu'ils aiment à retrouver. Vous copiez un vase étrusque, et vous lui donnez l'élégance grecque; ce n'est point là ce qu'on vous demande et ce que l'on attend de vous.

Chacun a raison dans son sens. Il s'agit, pour le *traducteur*, de se consulter, et de voir auquel des deux goûts il défère. S'il s'éloigne trop de l'original, il ne *traduit* plus, il imite; s'il le copie trop servilement, il fait une *version*, et n'est que translateur. N'y aurait-il pas un milieu à prendre?

Le premier et le plus indispensable des devoirs du *traducteur* est de rendre la pensée; et les ouvrages qui ne sont que pensés sont aisés à *traduire* dans toutes les langues. La clarté, la propriété, la justesse, la précision, la décence font alors tout le mérite de la *traduction*, comme du style original : et si quelques-unes de ces qualités manquent à celui-ci, on sait gré au copiste d'y avoir suppléé. Si au contraire il est moins clair ou moins précis, on l'en accuse, lui ou sa langue. Pour la décence, elle est indispensable, dans quelque langue qu'on écrive. Rien de plus choquant, par exemple, que de voir le plus grave et le plus noble des historiens, *traduit* en proverbes des halles. Mais jusques-là il n'est pas difficile de réussir, sur-tout dans notre langue, qui est naturellement claire et noble. Un homme médiocre a *traduit* l'*essai sur l'entendement humain*, et l'a *traduit* assez bien pour nous, et au gré de Locke lui-même.

Mais si un ouvrage profondément pensé est écrit avec énergie, la difficulté de le bien rendre commence à se faire sentir : on chercherait inutilement, dans la prose si travaillée de d'Ablancourt, la force et la vigueur du style de Tacite.

Quoique la brièveté donne toujours, sinon plus de force, au moins plus de vivacité à la pensée; on ne l'exige de la langue du *traducteur* qu'autant qu'elle en est susceptible; et quoique le français ne puisse atteindre à la concision du latin de Salluste, il n'est pas impossible de le *traduire* avec succès. Mais l'énergie est un caractère de l'expression si adhérent à la pensée, que ce sera un prodige dans notre langue, diffuse et faible comme elle est en comparaison du latin, si Tacite est jamais *traduit*.

Ainsi à mesure que, dans un ouvrage, le caractère de la pensée tient plus à l'expression, la *traduction* devient plus épineuse. Or les modes que la pensée reçoit de l'expression sont la force;

comme je l'ai dit, la noblesse, l'élévation, la facilité, l'élégance, la grâce, la naïveté, la délicatesse, la finesse, la simplicité, la douceur, la légèreté, la gravité, enfin le tour, le mouvement, le coloris, et l'harmonie : et de tout cela, ce qu'il y a de plus difficile à imiter n'est pas ce qui semble exiger le plus d'effort. Par exemple, dans toutes les langues, le style noble, élevé, se *traduit;* et le délicat, le léger, le simple, le naïf, est presque *intraduisible.* Dans toutes les langues, on réussira mille fois mieux à *traduire Cinna* qu'une fable de La Fontaine ou qu'une épître de Voltaire, par la raison que toutes les langues ont les couleurs entières de l'expression, et n'ont pas les mêmes nuances. Ces nuances appartiennent sur-tout au langage de la société; et rien n'est plus difficile à imiter, d'une langue à une autre, que le familier noble. Or c'est ce naturel exquis et pur qui fait le charme de ce qu'on appelle les ouvrages d'agrément. C'est là que le travail est plus précieux que la matière.

L'abondance et la richesse ne sont pas les mêmes dans toutes les langues. La nôtre, dans l'expression du sentiment et de la passion, est l'une des plus riches, et ne l'est pas encore assez. Dans les détails physiques, soit de la nature ou des arts, elle est plus pauvre et manque à tout moment, non pas de mots, mais de mots ennoblis. Cela vient de ce que nos poëtes célèbres se sont plus exercés dans la poésie dramatique que dans la poésie descriptive. Aussi les combats d'Homère sont-ils plus difficiles à *traduire* dans notre langue que les belles scènes de Sophocle et d'Euripide ; les *Métamorphoses d'Ovide*, plus difficiles que ses *Elégies* ; les *Géorgiques de Virgile*, plus difficiles que *l'Enéide* ; et dans celle-ci, les jeux célébrés aux funérailles d'Anchise, plus difficiles à bien rendre que les amours de Didon. A l'égard des *Géorgiques*, M. l'abbé de Lille a vaincu la difficulté ; et c'est un coup de maître dans l'art d'écrire.

Dans le genre noble, dès que le mot d'usage, le terme propre n'est pas ennobli, le *traducteur* n'a de ressource que dans la métaphore ou dans la périphrase : et quelle fatigue pour lui de suivre par mille détours, à travers les ronces d'une langue barbare, un écrivain qui, dans la sienne, marche dans un chemin droit, uni, parsemé de fleurs !

On peut voir à l'*art*. MOUVEMENTS DU STYLE, ce que j'entends par-là. Ces mouvements peuvent s'imiter dans toutes les langues, mais le tour de l'expression les rend plus ou moins vifs et plus ou moins rapides. Or la différence des tours est extrême d'une langue à une autre ; et sur-tout des langues où l'inversion est libre, à celles où les mots suivent timidement l'ordre naturel des idées.

On a dit tout ce qu'on a voulu sur l'inversion des langues anciennes ; on a cherché, on a trouvé des phrases où les mots transposés avaient par-là même plus d'analogie avec le trouble et le désordre de la pensée ; je le veux bien. Mais en général l'intérêt seul de flatter l'oreille ou de suspendre l'attention, décidait de la place que l'on donnait aux mots. Prenez des cartes numérotées, mêlez le jeu, et donnez-le-moi à rétablir dans l'ordre indiqué par les chiffres ; voilà l'image très-fidèle du mélange des mots dans la construction des anciens. Or quelle assimilation peut-il y avoir entre une langue dans laquelle, pour donner plus de grâce, plus de finesse, ou plus de force au tour de l'expression, il est permis de transposer tous les mots d'une phrase, de les combiner à son gré ; et une langue où, dans le même ordre que les idées se présentent naturellement à l'esprit, les mots doivent être rangés ? Les ouvrages où la clarté fait le mérite essentiel et presque unique de l'expression, ne perdront rien, gagneront même à ce rétablissement de l'ordre naturel : mais lorsqu'il s'agit d'agacer la curiosité du lecteur, d'exciter son impatience, de lui ménager la surprise, l'étonnement et le plaisir que doit lui causer la pensée, ou de séduire son oreille par les modulations d'un style harmonieux ; quelle comparaison, entre la ligne droite de la phrase française, et l'espèce de labyrinthe de la période des anciens !

Le coloris de l'expression tient à la richesse du langage métaphorique, et à cet égard chaque langue a ses ressources particulières. La différence tient encore plus à l'imagination de l'écrivain qu'au caractère de la langue; et comme, pour imiter avec chaleur les mouvements de l'éloquence, il faut participer au talent de l'orateur; de même, et plus encore, pour imiter le coloris de la poésie, il faut participer au talent du poëte. Mais, à l'égard de l'harmonie, ce n'est pas seulement une oreille juste et délicate qui la donne, elle doit être une des facultés de la langue dans laquelle on écrit. Les Italiens se vantent d'avoir d'excellentes *traductions* de Lucrèce et de Virgile; les Anglais se vantent d'avoir une excellente *traduction* d'Homère; quoi qu'il en soit du coloris, les Italiens peuvent-ils se dissimuler combien, du côté de l'harmonie, leurs faibles *traducteurs* sont loin de ressembler et à Lucrèce et à Virgile? Pope lui-même, tout élégant et orné qu'il est, peut-il donner la plus faible idée de l'harmonie des vers d'Homère, s'il est vrai que les vers d'Homère soient au moins aussi harmonieux que les vers de Virgile? Qu'a de commun le vers rhythmique des Italiens et des Anglais avec l'hexamètre ancien; avec ce vers dont le mouvement est si régulier, si sensible, si varié, si analogue à l'image ou au sentiment; avec ce vers qui est le prodige de l'harmonie de la parole?

Il n'y a pour les modernes, il le faut avouer, aucune espérance d'approcher jamais des anciens dans cette partie de l'expression, soit poétique, soit oratoire. La prose de Tourreil, de d'Olivet, celle de Bossuet lui-même, s'il avait *traduit* ses rivaux, n'aurait pas plus d'analogie avec celle de Démosthène et de Cicéron, que les vers de Corneille et de Racine avec les vers de Virgile et d'Homère.

Quelle est donc alors la ressource du *traducteur?* De supposer, comme on l'a dit, que ces poëtes, ces orateurs eussent écrit en français, qu'ils eussent dit les mêmes choses; et, soit en prose, soit en vers, de tâcher d'atteindre, dans notre langue, au degré d'harmonie, qu'avec une oreille excellente et beaucoup de peine et de soin, ils auraient donné à leur style.

C'est ici le moment de voir s'il est essentiel aux poëtes d'être *traduits* en vers; et la question, ce me semble, n'est pas difficile à résoudre.

Entre la prose poétique et les vers, nulle différence, que celle de l'harmonie. La hardiesse des tours et des figures, la chaleur, la rapidité des mouvements, tout leur est commun. C'est donc à l'harmonie que la question se réduit. Or quel est, dans notre langue, l'équivalent des vers anciens le plus consolant pour l'oreille? N'est-ce pas le vers tel qu'il est? Oui, sans doute; et quoique la prose ait son harmonie, elle nous dédommage moins. Il y a donc, tout le reste égal, de l'avantage à *traduire* en vers, des vers même d'une mesure et d'un rhythme tout différent. Mais cette différence de rhythme et l'extrême difficulté de suivre son modèle à pas inégaux et contraints, cette difficulté d'être en même temps fidèle à la pensée et à la mesure, rend le succès si pénible et si rare, qu'on pourrait assurer que, dans tous les temps, il y aura plus de bons poëtes que de bons *traducteurs* en vers.

Cependant le moyen, dit-on, de supporter la *traduction* d'un poëte en prose? Eh quoi! serait-ce donc une chose si rebutante que de lire en prose harmonieuse un ouvrage plein de génie, d'imagination, et d'intérêt, qui serait un tissu d'événements, de situations, de tableaux touchants ou terribles, où la nature serait peinte, et dans les hommes et dans les choses, avec ses plus vives couleurs? Je ne veux pas disputer à nos vers les charmes qu'ils ont pour l'oreille; mais sans ce nombre de syllabes périodiquement égal, ces repos et ces consonnances, l'expression noble, vive, et juste de la pensée et du sentiment, ne peut-elle plus nous frapper d'admiration et de plaisir?

Parlons vrai; il est des poëmes dont le mérite éminent est dans la mélodie; ceux-là tombent, si le prestige du vers ne les soutient; car dès que l'ame est oisive, l'oreille veut être charmée. Mais prenez les morceaux touchants ou sublimes des anciens, et *traduisez*-les seulement, comme a fait Brumoi, en prose simple et décente; ils produiront leur effet. Je prends cet exemple dans le dramatique; et c'est réellement le genre qui se passe le mieux du prestige des vers, parce qu'il est intéressant et d'une chaleur continue. Mais, par la raison contraire, on doit désirer que l'épopée et le poëme didactique soient *traduits* en vers. Les scènes touchantes de *l'Iliade* se soutiennent dans la prose même de madame Dacier; mais les descriptions, les combats auraient besoin, dans notre langue, d'être *traduits*, comme en Anglais, par un Pope, ou par un Voltaire.

En général, le succès de la *traduction* tient à l'analogie des deux langues, et plus encore à celle des génies de l'auteur et du *traducteur*. Boileau disait de Dacier, *Il fuit les grâces, et les grâces le fuient*. Quel malheur pour Horace d'avoir eu pour *traducteur* le plus lourd de nos écrivains! La prose de Mirabeau, toute froide qu'elle est, n'a pu éteindre le génie du Tasse; mais elle a émoussé la gaieté piquante de l'Arioste, elle a terni toutes les fleurs de cette brillante imagination. C'était à La Fontaine ou à Voltaire de *traduire* le poëme de *Roland furieux*.

Tout homme qui croit savoir deux langues, se croit en état de *traduire*. Mais savoir deux langues assez bien pour *traduire* de l'une à l'autre, ce serait être en état d'en saisir tous les rapports, d'en sentir toutes les finesses, d'en apprécier tous les équivalents; et cela même ne suffit pas: il faut avoir acquis par l'habitude la facilité de plier à son gré celle dans laquelle on écrit; il faut avoir le don de l'enrichir soi-même, en créant, au besoin, des tours et des expressions nouvelles; il faut avoir sur-tout une sagacité, une force, une chaleur de conception presque égale à celle du génie dont on se pénètre, pour ne faire qu'un avec lui, en sorte que le don de la création soit le seul avantage qui le distingue; et dans la foule innombrable des *traducteurs*, il y en a bien peu, il faut l'avouer, qui fussent dignes d'entrer en société de pensée et de sentiment avec un homme de génie. Madame La Fayette comparait un sot *traducteur* à un laquais que sa maîtresse envoie faire un compliment à quelqu'un. *Plus le compliment est délicat*, disait-elle, *plus on est sûr que le laquais s'en tire mal.* Presque toute l'antiquité a eu de pareils interprètes : mais c'est encore plus sur les poëtes que le malheur est tombé, par la raison que les finesses, les délicatesses, les grâces d'une langue sont ce qu'il y a de plus difficile à rendre; et que, par une singularité remarquable, presque tout ce qui nous reste en prose de l'antiquité se réduit à l'éloquence et au raisonnement, deux genres d'écrire sérieux et graves, dont les beautés solides peuvent passer dans toutes les langues sans trop souffrir d'altération, comme ces liqueurs pleines de force qui se transportent d'un monde à l'autre sans perdre de leur qualité, tandis que des vins délicats et fins ne peuvent changer de climat.

Mais une image plus analogue fera mieux sentir ma pensée. On a dit de la *traduction* qu'elle était comme l'envers de la tapisserie ; cela suppose une industrie bien grossière et bien mal adroite. Faisons plus d'honneur au copiste, et accordons-lui en même temps l'adresse de bien saisir le trait et de bien placer les couleurs : s'il a le même assortiment de nuances que l'artiste original, il fera une copie exacte, à laquelle on ne désirera que le premier feu du génie; mais s'il manque de demi-teintes, ou s'il ne sait pas les former du mélange de ses couleurs, il ne donnera qu'une esquisse, d'autant plus éloignée de la beauté du tableau, que celui-ci sera mieux peint et plus fini. Or la palette de l'orateur, de l'historien, du philosophe, n'a guère, si j'ose le dire, que des couleurs entières, qui se retrouvent par-tout : celle du poëte est plus riche en nuances; et ces nuances, le plus souvent, sont exclusivement données à la langue dans laquelle il a composé. J'ai presque dit avec laquelle il a pensé; car l'idée, en naissant, cherche le mot qui doit la rendre; et s'il lui manque, elle s'éteint.

TRAGÉDIE. Lorsqu'on a lu ces beaux vers de Lucrèce :

Suave, mari magno, turbantibus æquora ventis,
E terrâ magnum alterius spectare laborem;
Non quia vexari quemquam est jucunda voluptas,

Sed quibus ipse malis careas quia cernere suave est (1).

on croit avoir trouvé dans le cœur humain le principe de la *tragédie;* mais on se trompe. Il est bien vrai que l'homme se plaît naturellement à s'effrayer d'un danger qui n'est pas le sien, et à s'affliger en simple spectateur sur le malheur de ses semblables. Il est vrai aussi que la joie secrète d'être à l'abri des maux dont il est témoin, peut contribuer par réflexion au plaisir que lui cause le spectacle de l'infortune. Mais d'abord les enfants, qui ne font certainement pas cette réflexion, ont un plaisir très-vif à être émus de crainte et de pitié par des récits terribles et touchants; ce plaisir n'est donc pas, dans la simple nature, l'effet d'un retour sur soi-même. De plus, si la vue du danger ou du malheur d'autrui nous était agréable, comme le dit Lucrèce, par la comparaison de nous-mêmes avec celui que nous voyons dans le péril ou la souffrance, plus sa situation serait affreuse, plus nous aurions de plaisir à n'y être pas; la réalité nous en serait encore plus agréable que l'image; et dans l'image, plus l'illusion serait forte, plus le spectacle nous serait doux. Or il arrive au contraire que, si l'i-

---

(1) « Lorsque les vents soulèvent la vaste mer, il est doux de contempler du rivage le travail et le danger d'autrui : non que ce soit un plaisir de voir son semblable dans la souffrance; mais parce qu'il est doux de se dire à soi-même : Voilà des maux dont je suis exempt. »

mage est trop ressemblante et le spectacle trop horrible, l'ame y répugne, et ne peut le souffrir. (*Voyez* Illusion.) Enfin si la joie de se voir exempt des maux auxquels on s'intéresse faisait le charme de la compassion, plus le péril serait loin de nous, plus le plaisir serait pur et sensible; rien de plus rassurant en effet que la différence de celui qui souffre avec celui qui voit souffrir; rien de plus effrayant au contraire que les rapports d'âge, de condition, de caractère de l'un à l'autre : et cependant il est certain que plus l'exemple nous touche de près, par les rapports du malheureux avec nous-mêmes, plus l'intérêt qui nous y attache a pour nous de force et d'attrait. Ce n'est donc pas, comme le dit Lucrèce, par réflexion sur nous-mêmes que nous aimons à nous effrayer, à nous affliger sur autrui.

Principe de la tragédie. Le vrai plaisir de l'ame, dans ses émotions, est essentiellement le plaisir d'être émue, de l'être vivement, sans aucun des périls dont nous avertit la douleur. Ainsi la sûreté personnelle, *tui sine parte pericli*, est bien une condition sans laquelle le spectacle *tragique* ne serait pas un plaisir; mais ce n'est pas la cause du plaisir qu'on y éprouve : il naît de l'attrait naturel qui nous porte à exercer toutes nos facultés et du corps et de l'ame, c'est-à-dire à nous éprouver vivants, intelligents, agissants, et sensibles. C'est cet exercice modéré de la sensibilité naturelle, qui rend les enfants si avides du merveilleux qui les effraie; c'est ce qui fait courir une populace grossière au lieu du supplice des criminels; c'est ce qui fait chérir à quelques nations les combats d'animaux et de gladiateurs, ou des spectacles horriblement *tragiques;* c'est ce qui entraîne des nations plus douces, plus sensibles, ou, si l'on veut, plus faibles, au théâtre des passions; c'est, en un mot, ce qui fait le charme de la poésie de sentiment.

Mais peu de sentiments sont assez pathétiques pour animer un long poëme. La joie ou la volupté peut animer une chanson; la tendresse peut animer une idylle ou une élégie; l'indignation, une satire; l'enthousiasme, une ode; l'admiration, par intervalles, peut suppléer, dans l'épopée et même dans la *tragédie*, à un intérêt plus pressant. Mais le vrai, le grand pathétique est celui de la terreur et de la pitié: ces deux sentiments ont sur tous les autres l'avantage de suivre le progrès des événements, de croître à mesure que le péril augmente, de presser l'ame par degré, jusqu'au terme de l'action; au lieu que, par exemple, l'admiration et la joie naissent dans toute leur force, et s'affaiblissent presque en naissant.

Essence de la tragédie. Le double intérêt de la terreur et de la pitié doit donc être l'ame de la *tragédie*. Pour cela, il est de l'essence de ce spectacle, 1° de nous présenter nos semblables dans le péril et dans le malheur; 2° de nous les présenter dans un péril qui nous effraie, et dans un malheur qui nous touche; 3° de donner à cette imitation une apparence de vérité qui nous séduise et nous persuade assez pour être émus comme nous nous plaisons à l'être, jusqu'à la douleur exclusivement. De là toutes les règles sur le choix du sujet, sur les mœurs et les caractères, sur la composition de la fable, et sur toutes les vraisemblances du langage et de l'action.

Du sujet. L'homme tombe dans le péril et dans le malheur par une cause qui est *hors de lui*, ou *en lui-même*. *Hors de lui*, c'est sa destinée, sa situation, ses devoirs, ses liens, tous les accidents de la vie, et l'action qu'exercent sur lui les dieux, la nature, les hommes : de ces causes, les plus *tragiques* sont celles que le malheureux chérit, et dont il n'avait lieu d'attendre que du bien. *En lui-même*, c'est sa faiblesse, son imprudence, ses penchants, ses passions, ses vices, quelquefois ses vertus : de ces causes, la plus féconde, la plus pathétique, et la plus morale, c'est la passion combinée avec la bonté naturelle.

Deux systèmes de tragédie. Cette distinction des causes du malheur, ou *hors de nous*, ou *en nous-mêmes*, fait le partage des deux systèmes de *tragédie*, ancien et moderne; et d'un coup-d'œil, on y peut voir les caractères de l'un et de l'autre, leurs différences, leurs rapports, les genres propres à chacun d'eux, et tous les genres mitoyens qui résultent de leur mélange.

Systéme ancien. Sur le théâtre ancien, le malheur du personnage intéressant était presque toujours l'effet d'une cause étrangère; et lorsqu'il y avait de sa faute par imprudence, faiblesse, ou passion, comme dans OEdipe, Hécube, Phèdre, etc.; le poëte avait soin de donner à cette cause une cause première, comme la destinée, la colère des dieux ou leur volonté sans motif, en un mot la fatalité; et cela, dans les sujets même qui semblent les plus naturels. Par exemple, si Agamemnon était assassiné en arrivant dans son palais, un dieu l'avait prédit, et le poëte ne manquait pas de faire annoncer par Cassandre que telle était la destinée de ce malheureux fils d'Atrée et de Tantale: de même si les fils d'OEdipe se déclaraient une guerre impie, c'était l'effet inévitable des imprécations de leur père; et les poëtes avaient grand soin d'en avertir les spectateurs.

Dans les sujets tirés du théâtre des Grecs ou de leur histoire fabuleuse, ce même dogme a été reçu sur tous les théâtres du monde. Oreste, condamné par un dieu à tuer sa mère, et, pour ce crime inévitable, tourmenté par les Euménides, n'est guère moins intéressant pour nous que pour les Athéniens; car la vraisemblance et l'effet théâtral n'exigent pas que l'on croie à la fiction, mais qu'on y adhère: et c'est à quoi se sont mépris les spéculateurs, qui, de leur cabinet, ont voulu régler le théâtre.

Les poëtes ont mieux jugé du pouvoir de l'illusion, et de la facilité qu'on a toujours à déplacer les hommes : ils ont pris les sujets des Grecs; fait du théâtre de Paris le théâtre d'Athènes; ressuscité Mérope, OEdipe, Iphigénie, Oreste; rétabli sur la scène le culte, les mœurs, les usages antiques, avec toutes les circonstances des lieux, des hommes, et des faits; et les Français à ce spectacle, sont devenus Athéniens. Ainsi nous avons vu revivre l'ancienne *tragédie* avec tout ce qu'elle eut jamais de plus touchant, de plus terrible, mais avec une plénitude et une continuité d'action, une gradation d'intérêt, un enchaînement de situations, un développement de mœurs, de sentiments, de caractères, un art et des ressorts inconnus aux anciens.

Cependant comme cette source n'était pas inépuisable, et que de nouvelles circonstances indiquaient de nouveaux moyens, le génie a tenté de s'ouvrir une autre carrière.

Système moderne. Les anciens, à côté du système de la fatalité, donné par la religion et par l'histoire de leur pays, avaient, comme nous, le système des passions actives, donné par la nature; ils l'ont employé quelquefois, comme dans l'*Électre* et dans le *Thyeste*: mais soit qu'il leur parût moins imposant, moins pathétique, soit qu'il ne s'accordât pas si bien avec la forme, les moyens, et l'intention de leur théâtre, ils l'avaient négligé. Les modernes s'en sont saisis : ils ont fait de la *tragédie*, non pas le tableau des calamités de l'homme esclave de la destinée, mais le tableau des malheurs et des crimes de l'homme esclave de ses passions. Dès-lors le ressort de l'action *tragique* a été dans le cœur de l'homme, et tel est le nouveau systême dont Corneille est le créateur.

Subdivision des deux systêmes. Mais chacun de ces deux systêmes se subdivise en divers genres.

Chez les Grecs, il y avait quatre sortes de *tragédie*, l'une pathétique, l'autre morale, et l'une et l'autre simple ou implexe. La *tragédie* morale se terminait, au gré de la loi, par le succès des bons et par le malheur des méchants. La *tragédie* pathétique se terminait au contraire par le malheur du personnage intéressant, c'est-à-dire naturellement bon et digne d'un meilleur sort : Aristote voulait qu'il eût contribué à son malheur par quelque faute involontaire; mais, dans le systême ancien, cet adoucissement n'est constamment fondé ni en raisons ni en exemples. La *tragédie* simple était celle qui n'avait point de révolution décisive, et dans laquelle les choses suivaient un même cours, comme dans le *Thyeste*: celui qui méditait de se venger, se venge; celui qui, dès le commencement, était dans le péril et le malheur, y succombe, et tout est fini. Dans cette espèce de fable, il y a des moments où la fortune semble changer de face; et ces demi-révolutions produisent des mouvements très-pathétiques; mais elles ne décident rien. Dans la fable implexe, il y a révolution ou changement de fortune; et la révolution est simple, ou double en sens contraire. (*Voyez* Révolution.) Voilà toutes les formes de la *tragédie* ancienne; et l'on voit que les différences ne sont que dans l'événement et dans la façon de l'amener. Aristote distingue aussi les fables dont les incidents viennent du dehors, et les fables dont les incidents naissent du fond du sujet; mais par le fond du sujet, il entend les circonstances de l'action, et non les mœurs des personnages: aussi dit-il expressément que la *tragédie* n'agit point pour imiter les mœurs, qu'elle peut même s'en passer; et tout ce qu'il demande pour émouvoir, c'est un personnage sans caractère, mêlé de vices et de vertus, ou, si l'on veut, sans vertus et sans vices, qui ne soit ni méchant ni bon, mais malheureux par une erreur ou par une faute involontaire; et en effet c'en était assez dans le système des anciens.

Quand les modernes ont employé le système des passions, tantôt ils l'ont réduit à sa simplicité, et tantôt ils l'ont combiné avec celui de la destinée : de là les divers genres de la *tragédie* nouvelle.

Lorsque, dès l'avant-scène jusqu'au dénouement, la volonté, la passion, ou la force des caractères agit seule et par elle-même, produit les incidents et les révolutions, noue, enchaîne, et dénoue l'action théâtrale; c'est le système des modernes dans toute sa simplicité, et ce genre se subdivise en trois. Le premier est celui où le personnage intéressant fait son malheur soi-même, comme Roxane et le fils de Brutus; le second est celui où le caractère intéressant est aux prises avec des méchants, est qu'il et menacé d'en être la victime, comme Britannicus, comme Zopire et ses enfants; le troisième est celui où, sans le concours des méchants, le personnage intéressant est malheureux par la situation pénible et douloureuse où le réduit le contraste de ses devoirs et de ses penchants, ou de deux intérêts contraires, et par la violence qu'il se fait à lui-même, ou qu'on fait à sa volonté, mais avec un droit légitime, comme dans le *Cid*, dans *Inès*, dans *Zaïre*.

Si la violence vient du dehors, soit des dieux, soit de la fortune, soit d'un pouvoir irrésistible; ces incidents, étrangers aux mœurs des personnages qui sont en scène, rentrent dans l'ordre de la fatalité : mais ce genre, approchant de celui des Grecs, ne laisse pas d'être plus fécond, en ce qu'il déploie tous les ressorts du cœur humain, et qu'il établit sur la scène le combat le plus douloureux entre la nature et la destinée, entre la passion qui veut être libre et la fatale nécessité qui l'enchaîne et lui fait la loi.

A-présent, si l'on considère que ces divers genres peuvent se réunir dans le même sujet et se combiner dans une même fable, comme je l'ai fait observer dans l'*Iphigénie en Aulide*, et comme on peut le voir dans la *Sémiramis*; qu'il est du moins très-naturel que le mobile soit dans la passion, et l'obstacle dans la fortune; qu'il est même rare que l'action soit assez simple pour n'avoir qu'un ressort; que, dans le concours de divers caractères intéressés à l'événement, chacun d'eux étant passionné et naturellement bon, ou méchant, ou mixte, ce n'est plus une passion qui agit, mais une foule de passions contraires, et chacune selon le naturel du personnage qu'elle anime, du rapport d'âge, de rang, et de qualités respectives, comme du fils au père et du sujet au roi; si, dans ce choc, on fait concourir les droits du sang et de l'hymen, de l'amour et de l'amitié, de la nature et de la patrie, etc.; on sera étonné de la fécondité que les mœurs donnent à l'action, et l'on aura de la peine à concevoir que les anciens les aient comptées pour si peu de chose.

Avantages du systéme ancien. Ce n'est pourtant pas sans raison que les anciens avaient préféré le systême de la fatalité. 1° Il était le plus pathétique. Quoi de plus capable en effet de frapper les esprits de compassion et de terreur, que de voir l'homme, esclave d'une volonté qui n'est pas la sienne, et jouet d'un pouvoir injuste, capricieux, inexorable, s'efforcer en vain d'éviter le crime qui l'attend ou le malheur qui le poursuit? C'est ce dogme que les stoïciens enseignaient, et que Sénèque a exprimé en deux mots: *Volentem ducunt fata, nolentem trahunt*; c'est cette déplorable condition de l'homme, que l'Œdipe français expose en si beaux vers.

> Misérable vertu, don stérile et funeste,
> Toi, par qui j'ai tissu des jours que je déteste,
> A mon noir ascendant tu n'as pu résister.
> Je tombais dans le piége en voulant l'éviter.
> Un dieu plus fort que moi m'entraînait dans le crime;
> Sous mes pas fugitifs il creusait un abyme;
> Et j'étais, malgré moi, dans mon aveuglement,
> D'un pouvoir inconnu l'esclave et l'instrument.
> Voilà tous mes forfaits : je n'en connais point d'autres.
> Impitoyables dieux, mes crimes sont les vôtres;
> Et vous m'en punissez!

Ainsi l'innocence, confondue avec le crime par le caprice aveugle et tyrannique de l'inflexible destinée, est sans cesse exposée sur le théâtre ancien à la compassion des hommes asservis sous la même loi. L'antre de Polyphême, où Ulysse et ses compagnons voyaient tous les jours dévorer quelqu'un de leurs amis, et attendaient leur tour en frémissant, est le symbole du théâtre d'Athènes. C'est là sans doute le *tragique* le plus fort, le plus terrible, le plus déchirant, et celui qui, dans tous les temps, fera verser le plus de larmes.

2° Il était plus facile à manier. Les dieux agissent comme bon leur semble : la destinée est impénétrable et ne rend point compte de ses décrets : au lieu que la nature en action est soumise à ses propres lois, et que ces lois nous sont connues. La balance de la volonté a ses poids et ses contre-poids : le flux et le reflux des passions, leurs accès, leurs relâches et leurs révolutions, leur choc et le degré de force qui décide de l'ascendant, tout a sa règle au-dedans de nous-mêmes; et un coup-d'œil sur les combinaisons que je viens d'indiquer en parlant des mœurs, fera sentir la difficulté de mettre chaque pièce de cette machine à sa place, et de lui donner le degré de ressort et d'activité qu'elle doit avoir. Que l'on compare le mécanisme de l'*OEdipe* de Sophocle ou de l'*Oreste* d'Euripide, avec celui de *Polyeucte*, de *Britannicus*, ou d'*Alzire;* et l'on verra combien les Grecs devaient être à leur aise avec la destinée et la fatalité.

Rien de plus *tragique* sans doute que de voir un ami, sans le savoir, tuer son ami; un fils, son père; une mère, son fils; un fils, sa mère : j'en conviens avec Aristote. Rien de plus effrayant que la situation du malheureux, qui, par erreur, va répandre un sang qui lui est cher. Corneille ne voyait rien de pathétique dans la situation de Mérope et d'Iphigénie, l'une allant immoler son fils, l'autre, son frère; et Corneille était dans l'erreur. « Ce frère, disait-il, et ce fils leur étant inconnus, ils ne peuvent être pour elles qu'ennemis ou indifférents ». Mais si Mérope ou Iphigénie ne connaissent pas le crime qu'elles vont commettre, le spectateur en est instruit; et par un pressentiment du désespoir où serait une mère qui aurait immolé son fils, une sœur qui aurait tué son frère, on frémit pour elle de son erreur et du coup qu'elle va frapper.

A plus forte raison, rien de plus intéressant que la situation d'un tel personnage, si le crime n'est reconnu qu'après qu'il est commis.

Mais à la place d'une erreur involontaire ou d'une nécessité inévitable, que l'on mette la passion ; quel art ne faut-il pas alors pour concilier l'intérêt avec des crimes bien moins horribles, pour faire plaindre, par exemple, le meurtrier de Zaïre, ou l'indigne fils de Brutus? Il est des crimes que, dans l'emportement, un homme naturellement bon peut commettre; chacun de nous, dans un accès de passion, en est capable; et c'est ce qui nous fait chérir encore et plaindre ceux qui les ont commis. Mais si le crime révolte la nature, la passion même la plus violente ne suffit pas pour l'excuser : un parricide n'est pas seulement un homme passionné, c'est un monstre; ce monstre ne peut nous toucher. Il y a plus : on ne pardonne à la passion la simple cruauté que dans un mouvement soudain, rapide, involontaire; la cruauté préméditée rend le criminel odieux, quelque passionné qu'il soit. Nulle difficulté au contraire dans les sujets où la fatalité domine : Hercule, rendu furieux par la haine de Junon, tue ses enfants et sa femme; Oreste, forcé d'obéir à un dieu, assassine sa mère, et pour ce crime inévitable il est livré aux Euménides; Hercule et

Oreste sont intéressants, et d'autant plus que leur action est plus atroce. Il en est de même de l'erreur d'OEdipe. Toute l'indignation se rejette sur les dieux, la compassion reste aux hommes. Le pathétique de l'action ne se réduit pas à la catastrophe : le crime peut être annoncé ; et si l'on voit de loin l'inexorable destinée se complaire à dresser les piéges, à creuser, à cacher l'abyme où le malheureux doit tomber, l'y attirer ou l'y conduire, l'y pousser elle-même et l'y précipiter ; plus ce prodige de méchanceté nous est odieux, et plus nous devient cher celui qui en est la victime. Voilà pourquoi, entre tous les sujets, Aristote préfère ceux où le crime serait le plus atroce, s'il était volontaire et libre.

3° Le système des anciens était plus favorable à la grandeur de leurs théâtres et à la pompe solennelle des spectacles qu'on y donnait. Ces spectacles faisaient partie des fêtes où toute la Grèce accourait ; il fallait donc que l'amphithéâtre pût contenir une multitude assemblée, et que le théâtre fût proportionné à ce cercle immense de spectateurs. Mais une scène spacieuse demandait une action grande et forte, où tout fût peint comme dans un tableau destiné à être vu de loin : et c'est à quoi le système de la fatalité s'accommodait mieux que le nôtre ; car en faisant venir du dehors les événements *tragiques*, il simplifiait tout, et ne laissait à l'action théâtrale que des masses à présenter. La peinture des passions, dont tous les détails nous enchantent, n'aurait eu là aucun relief: ces touches délicates, ces reflets, ces nuances, ces développements, si précieux pour nous, auraient été perdus; et au contraire, des traits de force, qui, vus de près, feraient sur nous des impressions trop douloureuses, adoucis par la perspective, n'avaient de pathétique que ce qu'il en fallait pour l'ame des Athéniens. C'est sur leur théâtre que Philoctète devait paraître couvert de lambeaux, se traînant, se roulant par terre, et rugissant de douleur; c'est là qu'OEdipe devait paraître, les yeux crevés, versant sur ses enfants des gouttes de sang au lieu de larmes; qu'Oreste, poursuivi par les furies, devait tomber dans les convulsions, et demander à sa sœur Electre qu'elle essuyât l'écume de ses lèvres; c'est là que le supplice de Prométhée, les tourments d'Hercule, et les fureurs d'Ajax étaient en proportion avec la grandeur du spectacle.

4° Ce système remplissait mieux l'objet religieux, politique, et moral que l'on se proposait alors. Il est évident, quoiqu'en dise Aristote, que le caractère de l'action *tragique* prenait trop sur la liberté; et soit que le personnage intéressant ressemblât par son caractère à l'agneau docile et timide qui se laisse mener à l'autel, ou au taureau fougueux qui se débat sous le couteau du sacrificateur, l'événement n'en était pas moins l'accomplissement d'un décret qui décidait du sort de l'homme; et quel que fût l'instrument du malheur, et quelle qu'en fût la victime, l'un et l'autre étaient sous l'empire de l'inflexible nécessité. Par-là l'objet poétique était rempli : *car la terreur nous vient*, dit Aristote, *de la possibilité que nous voyons à ce qu'un malheur semblable nous arrive ; et la pitié nous vient de l'indignité de ce malheur, qui nous semble peu mérité.* Mais où était le but moral? où était le fruit de l'exemple? De ce qu'OEdipe a tué son père sans le savoir, et qu'il a épousé sa mère, quelle conséquence tirer? que c'est un crime horrible d'exposer ses enfants. Mais avant que Jocaste eût exposé le sien, son sort lui avait été prédit. Dans cet exemple, le malheur n'est donc pas la suite du crime. OEdipe a été imprudent : un homme, dit-on, menacé de tuer son père et d'épouser sa mère, aurait dû ne pas voyager, n'avoir de querelle avec personne, et ne se marier jamais. Mais ceux qui raisonnent si bien ont oublié que, dans le système des Grecs, la destinée était inévitable, et qu'il était dans celle d'OEdipe de faire tout ce qu'il a fait.

Il est donc vrai, comme l'a reconnu Marc-Aurèle, que le but moral, religieux, et politique de la tragédie ancienne, était de frapper les esprits de l'ascendant de la destinée, afin d'accoutumer les hommes aux événements de la vie, de les y résigner d'avance, et de les rendre patients, courageux et déterminés. Cette habitude, donnée à un peuple, de tout voir sans étonnement et de tout souffrir sans faiblesse, était favorable aux mœurs publiques; et quant à ce qui pouvait résulter, dans le détail des mœurs privées, du système de la nécessité, les poëtes s'en inquiétaient peu : c'était aux lois à y pourvoir.

A l'avantage de former, dans un état républicain exposé aux plus grands revers, une masse d'hommes préparés à tout et résolus à tout, se joignait celui de leur faire voir que tous les hommes étaient égaux sous l'empire de la destinée; que les plus élevés étaient sujets à l'imprudence et à l'erreur; que les dieux se jouaient des rois; que tout ce qui flatte l'orgueil était fragile et périssable; et que les plus grandes calamités et les plus grands crimes étant réservés aux souverains, il était également insensé d'aspirer à l'être, et de souffrir qu'il y en eût. C'est ce qu'il était important d'inculquer à des peuples libres.

Voilà les raisons de préférence qui avaient décidé les anciens en faveur du système de la fatalité; mais puisque ce système avait tant d'avantages, pourquoi nous en être éloignés? Est-ce pour écarter l'idée d'une destinée injuste, d'une aveugle nécessité? Nullement; et l'on voit assez que, tant que les modernes ont pu tirer de ce système des spectacles intéressants, ils ne s'en sont pas fait scrupule. Est-ce que, l'opinion ayant changé, la vraisemblance et l'intérêt des anciennes fables seraient perdus pour nous? Encore moins : l'illusion supplée à la croyance. Les sujets les plus pathétiques de notre théâtre sont pris du théâtre des Grecs. L'*OEdipe*, l'*Oreste*, la *Phèdre*, les deux *Iphigénies*, la *Mérope*, le *Philoctète*, etc., réussiront dans tous les temps et chez tous les peuples du monde.

Mais si ce n'a pas été pour rendre la *tragédie* plus morale ou plus intéressante qu'on en a fait un nouveau système, qu'est-ce donc qui l'a introduit? Le cours naturel des choses, un nouvel ordre de circonstances, la difficulté qu'éprouvait l'art à s'accommoder des anciens sujets, leur épuisement, des avantages d'une autre espèce que l'on croyait trouver dans le système des passions.

Avantages du nouveau système. Voyez d'abord dans l'article Poésie, combien l'histoire fabuleuse des Grecs, leur religion, et leurs mœurs, étaient favorables à leur système, et combien ce qui leur était propre est étranger par-tout ailleurs.

Les spectateurs, comme je l'ai dit, se dépaysent aisément; mais l'illusion qui les entraîne tient elle-même aux convenances, et ce système religieux des Grecs ne peut convenir qu'aux sujets qu'il a consacrés. Il n'eût donc jamais fallu sortir de leur histoire fabuleuse; et dans ce cercle, le génie *tragique* se fût trouvé trop à l'étroit.

Il est bien vrai que, dans tous les temps et chez tous les peuples du monde, on semble reconnaître dans la fortune, et dans ce qu'on appelle le hasard des événements, une espèce de fatalité, et que par conséquent il était possible d'inventer des sujets où tout fût conduit par le sort ou par des causes inévitables; mais des accidents sans rapports, sans liaison de l'un à l'autre, aussi dénués de vraisemblance que de vérité, n'ayant pour eux ni l'opinion réelle ni la tradition fabuleuse, auraient manqué de consistance et d'autorité sur la scène, et n'auraient pas été assez évidemment l'effet d'une puissance tyrannique, attachée à rendre les hommes ou coupables ou malheureux, pour que de ces spectacles du malheur et du crime, on reçût la même impression de terreur dont les Grecs se sentaient frappés, et dont leur système religieux nous frappe encore nous-mêmes dans les sujets où il est empreint.

Cet amas d'incidents fortuits, dont il n'y a rien à conclure, ont pu occuper nos aïeux à la renaissance des lettres; et quand ni l'esprit, ni le goût, ni le jugement même, n'étaient formés, on en faisait sur tous les théâtres de l'Europe des comédies sans comique, des *tragédies* sans intérêt. La curiosité, la surprise, étaient les seules émotions qu'on éprouvait à ces spectacles; mais ne connaissant rien de mieux, on croyait voir le mieux possible.

Enfin Corneille ayant découvert, au milieu de ce chaos, une nouvelle source d'événements *tragiques* aussi intéressants dans leurs causes que terribles dans leurs effets, ce fut un cri universel ; et l'Europe moderne reconnut la *tragédie* qui lui était propre.

L'homme libre sous un dieu juste, qui permettait le mal sans en être la cause, l'homme en proie à ses passions, en butte à celles de ses semblables, et rendu malheureux par lui-même ou par eux, devint l'objet de la *tragédie* et le nouveau spectacle affligeant et terrible dont elle frappa les esprits.

Or les avantages de ce nouveau système sont d'être plus fécond, plus universel, plus moral, plus propre à la forme et à l'étendue de nos théâtres, plus susceptible de tout le charme de la représentation.

1° *Plus fécond*, parce qu'il met en jeu tous les ressorts du cœur humain, qu'il en fait les mobiles de l'action théâtrale, qu'il donne lieu aux développements de toutes les passions actives, que de leur mélange il compose des caractères pleins d'énergie et de chaleur, que de leurs contrastes il tire des situations variées à l'infini, que de leurs combats il fait naître une foule de mouvements qui étaient inconnus aux anciens.

Non-seulement la passion agite l'ame, mais elle altère la raison, la séduit, la trompe, l'égare et la range de son parti : de là tout l'artifice qu'elle emploie pour en imposer à celui qu'elle obsède et à tous ceux qu'elle a intérêt de persuader et d'émouvoir ; de là l'éloquence de deux passions contraires, pour se vaincre mutuellement; de là les changements rapides d'opinion, de sentiments, et de langage, dans le même homme, soit que deux passions le tourmentent et le dominent tour-à-tour, soit qu'une seule passion ait à combattre en lui la bonté naturelle, à triompher de l'innocence, à vaincre un reste de pudeur, à faire taire le devoir, à surmonter la vertu même, à se délivrer de la honte, et à s'affranchir du remords. Voilà ce qui ouvre à notre théâtre un champ si vaste et si fécond.

Quand l'homme agit par une impulsion étrangère et irrésistible, il n'y a pas à balancer; mais quand il doit se décider par les mouvements de son cœur, et que ces mouvements, comme celui des flots, sont tumultueux et rapides, qu'il est tour-à-tour entraîné en sens contraires avec la même violence; que presqu'au même instant que le désir l'emporte, la honte le repousse; et qu'au moment où l'espérance commence à l'élever, il se sent abattu par la crainte et par la douleur; c'est là qu'un naturel sensible, ardent, impétueux, se montre sous toutes les faces et dans toutes les attitudes; c'est là que le génie a de quoi s'exercer dans l'art d'imiter et de peindre. Le système moderne, osons le dire, est le seul où le cœur humain ait été pris par tous les côtés sensibles, et savamment approfondi.

2° *Plus universel.* Le système ancien est fondé sur une opinion locale. Il est vrai que cette opinion sera reçue par-tout comme hypothèse;

mais il ne sera permis d'y adapter que l'histoire des temps et des lieux où elle a régné. Au contraire, le système des passions est de tous les pays et de tous les siècles : par-tout l'homme a été conduit par les mouvements de son cœur ; par-tout il s'est rendu coupable et malheureux par ses passions. Notre théâtre est le tableau du monde.

3° *Plus moral.* C'est une chose utile sans doute que d'habituer l'homme au malheur, puisqu'il y est exposé sans cesse ; mais, d'un côté, l'indignation, l'impiété, le désespoir ; de l'autre, le découragement, l'abattement, l'abandon de soi-même, sont les écueils d'une ame ou forte ou faible, qui s'est laissée frapper de l'ascendant de la destinée, de la nécessité d'en subir les décrets : au lieu qu'il est d'une utilité absolue d'apprendre à l'homme à se craindre lui-même, à être sans cesse en garde contre les ennemis qu'il recèle au fond de son cœur.

Dans un État exposé à de grands périls, sujet à de grandes révolutions, où tout homme devait être déterminé à tout risquer, à tout souffrir, peut-être cet abandon de soi-même aux décrets de la destinée était-il la vertu de premier besoin, et devait-il former le caractère national ; mais dans une monarchie vaste et tranquille, où une partie des forces de la nation suffit à sa défense, le bonheur public tient essentiellement à des mœurs tempérées. La *tragédie*, qui réprime les mouvements de l'ame, est donc une leçon politique, en même temps qu'une leçon de mœurs. La haine, la colère, la vengeance, l'ambition, la noire envie, et sur-tout l'amour, étendent leur ravage dans tous les états, dans tous les ordres de la société. Ce sont là les vrais ennemis domestiques, et ceux qu'il est le plus essentiel de nous faire craindre, par la peinture des malheurs où ils peuvent nous entraîner, puisqu'ils y ont entraîné des hommes souvent moins faibles, plus sages et plus vertueux que nous; et c'est à quoi les Grecs n'ont pas même pensé. Si, dans la *tragédie* ancienne, la passion est quelquefois la cause ou l'instrument du malheur, ce malheur ne tombe pas sur l'homme passionné, mais sur quelque victime innocente. Or pour réprimer en nous la passion, il ne s'agit pas de nous faire voir qu'elle est funeste aux autres, mais à nous-mêmes. On dirait que les Grecs évitaient à dessein le but moral que nous cherchons, car ils n'ont pu le méconnaître. Quoi de plus simple en effet pour guérir les hommes de leurs passions, que de leur en montrer les victimes? quoi de plus terrible que l'exemple d'un homme à qui la nature et la fortune avaient tout accordé pour être heureux, et en qui une seule passion, la même dont chacun de nous porte le germe dans son sein, a tout ravagé, tout détruit? C'est ce rapport, cette induction qui rend l'exemple salutaire; et Aristote lui-même l'a reconnu, mais dans sa rhétorique. « L'orateur, dit-il, pour imprimer la crainte à ses auditeurs, doit leur faire voir qu'ils sont en péril; et pour cela mettre sous leurs yeux l'exemple de ceux qui sont tombés dans les malheurs dont il les menace. » Mais l'orateur ne leur dit point : *Si vous disputez le pas à un inconnu, comme fit OEdipe, ou si vous êtes curieux comme lui, vous tuerez votre père, vous épouserez votre mère, vous vous arracherez les yeux.* Il leur dit : *Si vous vous livrez à vos passions, vous en serez les victimes; si vous calomniez le juste, si vous opprimez l'innocent, le Ciel, qui les aime, les vengera.* S'il nous présente un ravisseur horriblement puni, comme Thyeste, il ne nous fera pas voir à côté un monstre exécrable, comme Atrée, jouissant de sa vengeance et du jour qu'il a fait pâlir; mais il opposera l'innocent au coupable, et nous montrera celui-ci plus malheureux dans ses succès que l'autre au comble de l'infortune, l'enfer dans l'ame d'Anitus, le ciel dans l'ame de Socrate. Enfin, s'il nous met sous les yeux des exemples de la peine attachée au crime, ce crime ne sera pas l'effet de l'erreur, car de l'erreur il n'y a rien à conclure; mais de la faiblesse, de l'imprudence, ou de la passion, car on peut y remédier. Il est donc évident que le dessein qu'Aristote attribue à l'orateur et celui qu'il attribue au poëte ne sont pas les mêmes. Le but de l'orateur, dans son sens, est de rendre les hommes justes et sages par crainte; et le but du poëte est de les guérir de la crainte, en les habituant au malheur.

Or cette disparate n'existe plus entre la morale de l'éloquence et celle de la *tragédie;* et dans le système moderne, le but du poëte est le même que celui de l'orateur.

4° *Ce systéme est encore plus propre à la forme de nos théâtres : j'en ai déja indiqué la raison.* Le théâtre a sa perspective : le nôtre est nécessairement moins vaste que celui des Grecs; le spectacle, qui chez eux était une solennité, n'est chez nous qu'un amusement; au lieu d'une nation assemblée, c'est un petit nombre de citoyens; au lieu d'un grand cirque en plein ciel, c'est une assez petite salle. L'avantage du théâtre ancien était donc dans la pantomime et dans la force des tableaux; l'avantage du nôtre est dans l'éloquence et dans la beauté des détails. On a dit cent fois que les Grecs avaient dédaigné de mettre l'amour sur leur théâtre : on n'a pas vu qu'il leur eût été impossible de l'y peindre comme nos poëtes l'ont peint; que ces détails, ces gradations, ces nuances si délicates, qui en font la décence et le charme, répugnent à la seule idée du mannequin, du casque, du porte-voix d'un homme jouant Ariane, et reprochant au parjure Thésée le crime de l'abandonner : on n'a pas vu que la même cause avait exclu de leur théâtre presque toutes les passions actives, et que, si quelquefois ils les y ont employées, ce n'a été que par esquisses, en les ébauchant à grands traits. Les Grecs allaient à leur théâtre apprendre à souffrir, et non pas à se vaincre. Avec des plaintes, des cris, des larmes, des mouvements d'effroi, de douleur et de désespoir, un malheureux poursuivi par les dieux ou accablé par la destinée était sûr d'émouvoir, d'attendrir tout un peuple. C'étaient moins de beaux vers que des hurlements effroyables, ou des gémissements profonds, que l'on entendait de si loin.

Chez nous aucun des accents de l'ame, aucun des traits les plus délicats de la passion n'est perdu; tous les détails de l'expression, toutes les nuances de la pensée et du sentiment sont aperçus et vivement sentis.

Je ne dis pas que le *tragique* moderne soit dénué de force; je dis qu'il en a moins, qu'il en doit moins avoir que le *tragique* ancien, parce qu'il est vu de plus près; je dis qu'en s'affaiblissant du côté des peintures, il a dû s'en dédommager du côté des sentiments, et que pour cela le système qui prête le plus à l'éloquence de l'ame, est ce qui lui convient le mieux.

5° *Il est plus susceptible de tout le charme de la représentation.* En parlant de la scène antique, on ne cesse de nous vanter ces théâtres immenses que le ciel éclairait; et on ne fait pas attention que, dans des spectacles donnés quatre fois l'an à toute la Grèce assemblée, cette vaste étendue était d'une nécessité indispensable, bien plus nuisible qu'avantageuse à la beauté de l'imitation; qu'elle faisait violence à toute espèce de vraisemblance et d'illusion théâtrale; qu'il était impossible au peintre de distribuer les lumières et les ombres dans les décorations d'un théâtre éclairé par le jour; que l'acteur jouait sous un masque, dont la bouche arrondie en trompe lui tenait lieu de porte-voix; que ce masque n'exprimait rien; et qu'un homme jouant Électre, Iphigénie, ou Phèdre, avec un masque et un porte-voix, devait être au moins peu touchant; que le cothurne, en exhaussant la taille jusqu'à la hauteur de huit pieds, en faisait un colosse énorme et grotesquement composé; que, s'il est vrai, comme on le dit, que la tête de l'acteur fût dans un casque et le corps dans un mannequin, c'était le comble de la difformité; et qu'en supposant même, par impossible, entre la taille, la figure, et le geste d'un homme ainsi façonné, quelque espèce de proportion et d'ensemble, il en serait toujours de cette imitation dramatique, relativement à la nôtre, comme d'une statue colossale grossièrement taillée, comparée à une statue de grandeur naturelle dont tous les traits seraient finis.

Mais au lieu d'un théâtre immense, qui dans l'éloignement dérobait à la vue ces difformités, supposez les *tragédies* de Sophocle et d'Euripide, sans aucun changement, représentées à notre manière, et sur des théâtres proportionnés à l'étendue de la voix, et à la portée de la vue : alors le naturel, la vraisemblance, l'illusion théâtrale y sera; mais alors même combien l'art de l'acteur ne sera-t-il pas à l'étroit? L'expression de la souffrance est pathétique; mais du côté de l'art elle n'a rien qui favorise et développe les grands talents. L'acteur le plus commun, dans des tourments ou dans des fureurs, imitera les cris de Philoctète ou les rugissements d'Oreste; et dans la déclamation, comme dans la peinture, les mouvements forcés, violents, convulsifs, sont ce qu'il y a de plus aisé. La grande difficulté de l'art est dans l'expression simultanée de deux sentiments qui agitent l'ame, dans le passage de l'un à l'autre, dans les gradations, les nuances, les mouvements divers ou d'une seule passion ou de deux passions contraires, dans leur calme trompeur, dans leur fougue rapide, dans leurs élans impétueux, enfin dans cette foule d'accidents variés qui forment ensemble le tableau des orages du cœur humain. Que l'on compare les rôles les plus passionnés du théâtre grec, avec les rôles de Néron, d'Orosmane, de Rhadamiste, avec les rôles de Cléopâtre dans *Rodogune*, de Roxane dans *Bajazet*, d'Hermione dans *Andromaque*, d'Alzire et de Sémiramis; que l'on compare la *Phèdre* d'Euripide avec celle de Racine, l'*Électre* de Sophocle avec celle de Voltaire, avec ce rôle qui a été le triomphe de la célèbre Clairon; dans le grec, on verra des couleurs fortes, mais entières, sans reflets et sans demi-teintes; dans le français, mille nuances qui, loin d'affaiblir la peinture, ne la rendent que plus vivante, plus variée, et plus sensible. C'est le grand avantage que nous avons tiré de la petitesse de nos théâtres; et ceux qui proposent de les agrandir, ne savent pas le tort qu'ils veulent faire à l'art du poëte et à celui de l'acteur.

Des mœurs et des caractères. Si l'on a bien conçu le système des anciens, on sera peu surpris qu'Aristote ait subordonné les mœurs à l'action, et ne les ait pas même regardées comme nécessaires à la *tragédie.* Que l'homme en péril ne fût pas méchant, que le malheureux, poursuivi par son mauvais sort, ne l'eût pas mérité; c'en était assez pour être un objet de terreur et de compassion.

Mais lorsqu'il a fallu que les hommes entre eux se fissent leurs destins eux-mêmes; leurs qualités, leurs inclinations, leurs affections, leur naturel, enfin leurs caractères et leurs mœurs ont été les ressorts de l'action théâtrale.

Dans la *tragédie,* il y a deux sortes de caractères; les uns dévoués à la haine des spectateurs; et dans ceux-là le naturel, l'habituel, l'actuel, tout peut être mauvais; les vices les plus bas, les crimes les plus noirs, les sentiments les plus dénaturés, les perfidies les plus atroces, et les plus lâches trahisons; toutes ces horreurs, ennoblies comme elles peuvent l'être, forment le caractère d'un Atrée, d'un Narcisse, d'une Cléopâtre ; et dans le tableau dramatique ces figures ont leur beauté.

Un méchant homme, quelque malheureux qu'il soit, n'inspirera point la pitié ; mais il inspirera la terreur de deux manières, et les voici. Dans le cours de l'action, il fera trembler pour l'homme innocent ou vertueux dont il méditera la perte ; et au dénouement, si le méchant triomphe, on frémira, comme dans *Mahomet*, de se livrer à ses pareils. Si au contraire c'est lui qui succombe, et s'il est puni comme dans *Rodogune*, on frémira de lui ressembler. « Si les furies poursuivaient Néron pour avoir fait périr sa mère, dit Castelvetro, cela n'exciterait ni pitié ni crainte ; mais qu'elles poursuivent Oreste, pour avoir obéi au dieu qui l'a forcé au crime, cela est terrible et digne de pitié. » Castelvetro a raison dans son sens. D'abord il est absolument vrai que Néron n'exciterait point la pitié : il est encore vrai qu'il n'exciterait pas la même espèce de crainte que nous fait éprouver Oreste, celle que devait inspirer aux hommes l'iniquité bizarre de la destinée et des dieux. Mais Néron, poursuivi par les furies, remplirait de terreur les cœurs dénaturés, et de cette terreur qu'inspirent des dieux justes, qui poursuivent le parricide jusque sur le trône du monde, et qui pour le punir déchaînent les enfers. Il est donc de l'intérêt des mœurs, comme de l'intérêt de l'art, qu'on rende les méchants, sur la scène, aussi odieux qu'ils peuvent l'être.

Mais les caractères auxquels on veut concilier la bienveillance et la commisération, doivent avoir un fond de bonté qui nous attache. Ils peuvent être criminels, jamais vicieux ni méchants.

Il faut donc bien discerner entre les inclinations habituelles et les affections accidentelles du cœur humain, celles qui se concilient avec la bonté d'ame, celles dont le personnage intéressant peut s'applaudir, celles qu'il peut se pardonner, celles qu'il doit désavouer et se reprocher à lui-même : car c'est sur-tout à l'équité du juge intérieur que l'on reconnaît la bonté morale.

Ainsi les qualités essentielles du caractère intéressant sont la droiture, la sensibilité, la candeur, la noblesse, et mieux encore la grandeur d'ame. Si la passion qui le domine le rend injuste, il doit s'en accuser; s'il dissimule, ce ne doit être que malgré lui et en rougissant; s'il est forcé de paraître ingrat, il doit en avoir honte et s'en faire un crime. Son caractère actuel peut être la faiblesse, jamais la fausseté; l'ambition, jamais l'envie; la haine, jamais la calomnie, et encore moins la trahison; le ressentiment, la vengeance, jamais la dureté, la lâcheté, ni la noirceur; la violence, l'emportement, jamais la cruauté froide, tranquille, et réfléchie. Sa colère ne doit être qu'une sensibilité révoltée par l'excès de l'injure; qu'une fierté blessée par l'indignité de l'offense; qu'un vif ressentiment du mal fait à lui-même ou à ce qu'il a de plus cher ; qu'un mouvement d'indignation contre l'orgueil qui l'humilie, l'ingratitude qui l'aigrit, la force injuste qui l'opprime, le crime, en un mot, qui l'irrite, ou le vice impudent qui lui est odieux; les fureurs de sa jalousie ne doivent être que les transports d'un amour violent qui se croit outragé. Ainsi toutes ses passions doivent porter avec elles une sorte d'excuse et d'apologie, qui le fasse plaindre d'en être la victime, et qui empêche de le haïr.

C'est en cela qu'on nous accuse de rendre les passions aimables; et il est vrai que nous les parons, mais comme des victimes, pour apprendre à les immoler. Il ne s'agit pas de les faire haïr, mais de les faire craindre; c'est l'attrait qui en fait le danger; pour en prévenir la séduction, il faut donc les peindre avec tous leurs charmes. On tenterait en vain de rendre odieux des sentiments dont un bon naturel est bien souvent la cause. Le ressentiment des injures, la colère, l'ambition, l'amour, les faiblesses du sang, le désir de la gloire, peuvent être funestes dans leurs effets, quoiqu'intéressants dans leur cause. C'est avec ce mélange de bien et de mal qu'il faut qu'on les voie sur le théâtre; car c'est ainsi qu'on les verra dans la nature; et ce n'est que par la ressemblance que l'exemple en est effrayant.

Plus le personnage est intéressant, plus son malheur sera terrible; sa bonté, ses vertus elles-mêmes n'en feront que mieux sentir le danger de la passion qui l'a perdu; et plus la cause de son malheur est excusable par notre faiblesse, plus nous voyons de près le bord du précipice où il est tombé.

Cette constitution de la fable, du côté des mœurs, est à-la-fois si utile et si intéressante, si analogue à la nature et à tous les principes de l'art, qu'elle semble avoir dû se présenter d'abord aux inventeurs de la *tragédie;* et ceux qui entendent citer depuis si long-temps les anciens comme nos modèles, doivent trouver bien étrange ce que j'ai osé avancer, que le théâtre des Grecs ne fut jamais celui des passions.

On s'autorise de leur exemple pour nous reprocher d'avoir fait de l'amour la passion dominante de la scène *tragique*. Croit-on de bonne foi qu'un caractère comme celui d'Hermione n'eût pas été beau à Athènes comme à Paris? Mais qui l'aurait joué? qui l'aurait entendu? Ce flux et ce reflux de passions contraires, le dépit, la fierté, l'amour, la jalousie, et la vengeance, leurs accents, leurs traits, leur langage, tout se serait perdu sous le masque ou dans l'éloignement. Voilà pourquoi la peinture de l'amour et des passions qu'il engendre leur était interdite; et s'ils n'en ont pas fait usage, il n'en est pas moins vrai, comme je l'ai prouvé dans l'*article* Mœurs, que, de toutes les passions actives, l'amour est la plus théâtrale, la plus intéressante, la plus féconde en tableaux pathétiques, la plus utile à voir dans ses redoutables excès.

Il faut convenir qu'en peignant l'amour avec tous ses dangers, on le peint avec tous ses charmes; et c'est par-là qu'on rend les malheureux qu'il a séduits plus dignes de pitié que de haine; mais c'est aussi par-là qu'on rend cette passion redoutable, autant qu'elle est intéressante. Il faut que l'homme sache, non-seulement qu'elle l'égare, mais par quels détours elle peut l'égarer; c'est aux fleurs qui couvrent le piége qu'il doit le reconnaître; l'attrait l'avertit du danger.

Si l'homme passionné qui fait lui-même son malheur peut être intéressant, à plus forte raison l'homme vertueux. Mais si la vertu même est cause du malheur, quel intérêt peut-il en naître? 1° L'intérêt de la bienveillance et de l'admiration, quand le malheur est absolument volontaire, comme celui de Décius; mais j'avoue que de tels sujets ne seraient pas assez *tragiques*. 2° L'intérêt de la pitié mêlée d'admiration et d'amour, quand l'homme de bien, malheureux par son choix, n'a pu se dispenser de l'être, comme Brutus, Régulus, et Caton. Et si l'alternative est telle que, sans honte, l'homme n'ait pu éviter son malheur, il est, pour la vertu, dans l'ordre des maux nécessaires; telle est la situation de Rodrigue, et c'est par-là qu'elle est si touchante.

Le pathétique des mœurs, chez les anciens, consistait, non pas dans les passions *actives*, causes du crime et du malheur, mais dans des affections qui rendaient le crime involontaire plus horrible pour celui qui l'avait commis, et le malheur plus accablant. Ces sentiments, que j'appellerai *passifs*, sont ceux de l'humanité, de l'amitié, de la nature. Les anciens les ont exprimés avec beaucoup de force, de chaleur, et de vérité, parce qu'ils en étaient remplis. Le nom de *piété*, qu'ils leur donnaient, exprime l'idée de sainteté qu'ils y avaient attachée. On ne lit pas sans émotion ce que disait l'un de leurs plus grands hommes, Épaminondas, que de toutes ses prospérités, celle qui lui avait donné le plus de joie, était d'avoir gagné la bataille de Leuctre du vivant de ses père et mère. L'héroïsme de l'amitié et de la piété filiale était familier parmi eux. L'amour paternel et maternel n'était pas moins passionné. C'étaient les trésors de leur théâtre. Les modernes, chose étonnante, les avaient négligés, ces trésors précieux, jusqu'à Voltaire : c'est lui qui le premier a répandu dans la *tragédie* cet intérêt si doux de la touchante humanité; c'est lui qui, sur la scène, a fait un sentiment religieux de la bienfaisance universelle; c'est lui qui a mis dans les sujets modernes toutes les tendresses du sang; et quel pathétique il en a tiré! Mérope et Jocaste, il est vrai, comme Andromaque, Hécube et Clytemnestre, sont prises du théâtre ancien; mais les caractères de Brutus, de César, de Lusignan, d'Alvarès, de Zopire, d'Idamé, de Sémiramis, ne sont pris que dans la nature. C'est ce grand secret de la *tragédie*, presque oublié depuis Euripide, qui a valu à Voltaire l'honneur d'être mis à côté de Corneille et de Racine, ou plutôt la gloire d'être élevé au-dessus d'eux, comme ayant mieux connu ou plus fortement remué les grands ressorts du cœur humain.

Ce genre de pathétique se concilie également avec les deux systèmes. Mais une nouvelle différence de l'un à l'autre, c'est la liberté que nous avons, et que les anciens n'avaient pas, de prendre l'action *tragique* dans la vie obscure et privée. La crainte des dieux et la haine des rois étaient les deux objets de la *tragédie* ancienne; et à cet intérêt religieux et politique se joignait l'intérêt national, le plaisir qu'avaient les peuples de la Grèce à voir retracer sur leur théâtre les événements de leur histoire fabuleuse : or de cette histoire rien n'était conservé que les aventures des rois ou des héros. Aristote exprimait donc le vœu des spectateurs, en demandant que l'on choisît pour la *tragédie*, parmi les hommes d'un rang illustre et d'une grande réputation, quelque homme d'une fortune éclatante, qui fût devenu malheureux : l'exemple en était plus célèbre, plus terrible, plus pitoyable, et plus directement relatif au but que l'on se proposait. Mais nous, qui n'avons presque jamais aucun intérêt national au sujet de la *tragédie*; nous qui ne voulons qu'intimider les hommes par les exemples du danger et du malheur des passions; n'est-ce que dans les rois que nous pouvons trouver de ces exemples effrayants?

Sans doute la dignité des personnages donnant plus de poids à l'exemple, il est avantageux pour la moralité de prendre au moins des noms fameux. D'ailleurs, le sort d'un héros, d'un monarque, donne plus d'importance à l'action théâtrale, et il en résulte, pour le spectacle, plus de pompe et de majesté. Quant à ce qu'on a dit, que l'élévation des personnes fait que leur sort nous touche moins, que les revers qui les menacent ne menacent point le commun des hommes, et que plus leur fortune excite l'envie, moins leur malheur excite la pitié; c'est ce qu'on peut au moins révoquer en doute. Mérope, Hécube, Clytemnestre, Brutus, Orosmane, Antiochus, sont, par leur rang, fort élevés au-dessus du peuple qu'ils attendrissent; et nous pleurons, nous frémissons pour eux, comme s'ils étaient nos égaux. Un roi, dans le bonheur, est pour nous un roi; dans le malheur, il est pour nous un homme, et même d'autant plus à plaindre, qu'il était plus heureux, et que chacun de nous, se mettant à sa place, sent tout le poids du coup qui l'a frappé.

Le but de la *tragédie* est, selon nous, de corriger les mœurs, en les imitant, par une action qui serve d'exemple : or que la victime de la passion soit illustre, que sa ruine soit éclatante, la leçon n'en est pas moins générale. La même cause qui répand la désolation dans un État, peut la répandre dans une famille. L'amour, la haine, l'ambition, la jalousie, et la vengeance empoisonnent les sources du bonheur domestique, comme celles du bonheur public. Il y a par-tout des hommes colères comme Achille, des mères faciles comme Hécube, des amantes faibles comme Inès, et crédules comme Ariane, ou emportées comme Hermione, des amants capables de tout dans la jalousie, comme Orosmane et Rhadamiste, et furieux par excès d'amour.

Mais c'est faire injure au cœur humain et méconnaître la nature, que de croire qu'elle ait besoin de titres pour nous émouvoir. Les noms sacrés d'ami, de père, d'amant, d'époux, de fils, de mère, de frère, de sœur, d'homme enfin, avec des mœurs intéressantes ; voilà les qualités pathétiques. Qu'importe quel est le rang, le nom, la naissance du malheureux que sa complaisance pour d'indignes amis et la séduction de l'exemple ont engagé dans les piéges du jeu, et qui gémit dans les prisons, dévoré de remords et de honte ? Si vous demandez quel il est, je vous réponds : Il fut homme de bien, et pour son supplice il est époux et père ; sa femme qu'il aime et dont il est aimé, languit, réduite à l'extrême indigence ; et ne peut donner que des larmes à ses enfants qui demandent du pain. Cherchez dans l'histoire des héros une situation plus touchante, plus morale, en un mot plus *tragique;* et au moment où ce malheureux s'empoisonne, au moment où, après s'être empoisonné, il apprend que le Ciel venait à son secours, dans ce moment douloureux et terrible, où, à l'horreur de mourir, se joint le regret d'avoir pu vivre heureux, dites-moi ce qui manque à ce sujet pour être digne de la *tragédie?* L'extraordinaire, le merveilleux, me direz-vous. Et ne le voyez-vous pas, ce merveilleux épouvantable, dans le passage rapide de l'honneur à l'opprobre, de l'innocence au crime, du doux repos au désespoir, en un mot, dans l'excès du malheur attiré par une faiblesse? Quelle comparaison de *Béverley* avec *Athalie,* du côté de la pompe et de la majesté du théâtre! mais aussi quelle comparaison du côté du pathétique et de la moralité?

On a donné à Paris cette pièce anglaise, et le soulèvement des joueurs a été général contre le succès qu'elle a eu. Les femmes disaient: *Cela est horrible;* les hommes: *Ce n'est pas un joueur.* Non, ce n'est pas un joueur consommé; c'est un joueur qui commence à l'être, comme vous avez commencé, par complaisance, sans passion, sans voir le danger de céder à l'exemple. Il s'est engagé pas à pas, il a perdu plus qu'il ne voulait; le regret, joint à l'espérance, l'a fait *courir après son argent,* façon de parler aussi commune que l'imprudence qu'elle exprime : nouvelle perte, nouveaux regrets, nouvelle ardeur de regagner : enfin la gravité du mal lui a fait risquer le plus violent remède, et en voulant se tirer de l'abyme, il y est tombé jusqu'au fond. Cela est horrible, sans doute; mais cela est très-naturel, et peut-être aussi très-commun; et si ce n'est pas à la passion invétérée du jeu que cet exemple peut être salutaire, c'est du moins à la passion naissante, et qui, faible encore et timide, n'a pas aliéné la raison. Ce ne sera pas un remède, ce sera un préservatif.

La *tragédie* populaire a donc ses avantages, comme l'héroïque a les siens : mais il ne faut pas dissimuler une utilité exclusivement propre à celle-ci du côté des mœurs. Les rois ont de la peine à concevoir que les malheurs de la vie commune soient un exemple effrayant pour eux : ils ne se reconnaissent que dans leurs pareils : il leur faut donc une *tragédie* qui soit propre à la royauté; et celle-ci est pour eux une leçon d'autant plus précieuse, que c'est presque la seule qu'ils daignent recevoir : l'attrait du plaisir les y engage; et comme elle n'est pas directe, elle ne peut les offenser. Ils se trouvent comme invisibles dans des cours étrangères, et présents à ce qui se passe dans les temps les plus reculés. C'est là que la vérité leur parle avec une noble hardiesse; c'est là qu'on plaide avec courage la cause de l'humanité, que tous les droits sont mis dans la balance, que tous les devoirs sont prescrits et tous les pouvoirs limités ; c'est là que tous les préjugés d'une éducation corruptrice sont ébranlés par les maximes de la nature et de la raison ; c'est là que l'orgueil est confondu, la vaine gloire humiliée ; c'est là que le despotisme impérieux voit ses écueils, et l'ambition ses naufrages ; c'est là que les penchants favoris d'un prince sont repris sans ménagement, et châtiés dans ses pareils ; c'est là qu'il sent tout le danger des mouvements impétueux d'une ame à qui tout cède, de ces mouvements dont un seul fait le malheur de tout un peuple, quelquefois la ruine ou la honte d'un roi ; c'est là qu'il voit ce que jamais on n'a osé lui faire entendre, que ses faiblesses sont des crimes, et ses passions des fléaux ; c'est là qu'il apprend qu'il est homme, qu'il peut avoir besoin de la pitié des hommes, et qu'il aura toujours besoin de leur amour ; c'est enfin là qu'il voit sans masque le mensonge, l'intrigue, l'adulation, et les ressorts cachés de tous les mouvements qui s'exécutent dans sa cour. Ainsi, par un renversement assez singulier, la cour d'un roi est pour lui un spectacle, et la *tragédie* est le développement du mécanisme qui le produit : l'illusion est dans le palais, et la vérité sur la scène.

C'est ce qui donnera toujours à la *tragédie* héroïque une grande prééminence : car il y a mille façons de réprimer le naturel d'un peuple, et rien de plus rare que les moyens d'instruire et de former les rois.

Chez les Grecs la *tragédie* était nationale, et, à tous égards, elle eût perdu à ne pas l'être; chez nous, elle est universelle, comme l'empire des passions. Mais comme elle peut être prise dans l'histoire de tous les pays et de tous les âges, peut-elle être aussi de pure invention? Brumoi tient pour la négative. « Un sujet d'imagination, dit-il, préviendrait le spectateur incrédule, et l'empêcherait de concourir à se laisser tromper. » Castelvetro pense comme Brumoi, et il est encore plus sévère; car il n'en coûte rien à ces messieurs d'appauvrir le génie et l'art.

Mais Aristote, leur oracle, décide formellement que tout peut être d'invention, et les faits et les personnages : soyons de son avis : la pratique du théâtre le confirme, et la raison le persuade encore plus. Un fait n'est pas connu dans l'histoire; et qu'importe? Avons-nous tous les lieux, tous les siècles présents? et qui de nous s'inquiète de savoir où le poëte a pris ce tableau qui le touche, ce caractère qui l'enchante? On serait plus fondé à craindre qu'en attribuant à un personnage illustre ce qui ne lui est point arrivé, on ne fût comme démenti par le silence de l'histoire : mais si les convenances y sont bien observées, chacun de nous suppose que cette circonstance d'une vie célèbre lui est échappée; et dès qu'elle s'accorde avec ce qui lui est connu des lieux, des temps, et des personnages, il ne demande plus rien.

De la composition de la Fable. On a vu, dans l'*article* INTRIGUE, à quoi cette partie se réduisait chez les anciens. Un ou deux personnages vertueux ou bons, ou mêlés de vices et de vertus, qni, malheureux constamment, succombent, ou qui, par quelque accident imprévu, échappent au danger qui les menaçait; voilà leurs fables les plus renommées. Aristote les réduit toutes à quatre combinaisons. « Il faut, dit-il, que le crime s'achève on ne s'achève pas, et que celui qui le commet ou va le commettre, agisse sans connaissance ou de propos délibéré ». J'ai déja dit qu'il donne la préférence, tantôt à celle de ces combinaisons où la connaissance du crime que l'on va commettre empêche qu'il ne s'exécute, tantôt à celle où le crime n'est reconnu qu'après qu'il est exécuté. La vérité est que le crime connu avant d'être commis, et le crime commis avant d'être connu, font deux actions très-touchantes; mais celle-ci réserve le fort de l'intérêt pour le dénouement, comme dans l'*OEdipe;* l'autre l'épuise avant la révolution, comme l'*Iphigénie en Tauride.* Le crime commis avant d'être connu, rend la catastrophe terrible, et remplit l'objet du système ancien. Le crime connu avant d'être commis, rend la solution du nœud consolante, et convient mieux au système moderne. La fatalité manque son effet, si le crime n'est pas consommé; la passion a produit le sien, dès qu'elle a conduit l'homme au bord du précipice.

Un genre de fable qu'Aristote semblait avoir banni du théâtre, et que Corneille a réclamé, est celle où le crime entrepris avec connaissance de cause ne s'achève pas. « Cette manière, dit le philosophe grec, est très-mauvaise; car outre que cela est horrible et scélérat, il n'y a rien de *tragique*, parce que la fin n'a rien de touchant. » C'est ainsi qu'il devait raisonner, persuadé, comme il l'était, que le pathétique résidait dans la catastrophe : aussi ajoute-t-il que, dans ces occasions, il vaut mieux que le crime s'exécute, comme celui de Médée; et c'est à ce genre de fable qu'il donne le troisième rang. Corneille, au contraire, avait en vue les mouvements que doit exciter le pathétique intérieur de la fable jusqu'au moment de la solution; et c'est par-là qu'il s'est décidé. « Lorsqu'on agit, dit-il, avec une entière connaissance, le combat des passions contre la nature, et du devoir contre l'amour, occupe la meilleure partie du poëme; et de là naissent les grandes et les fortes émotions. » Il convient donc qu'un crime résolu, prêt à se commettre, et qui n'est empêché que par un changement de volonté, fait un dénouement vicieux; mais si celui qui l'a entrepris fait ce qu'il peut pour l'achever, et si l'obstacle qui l'arrête vient d'une cause étrangère; « il est hors de doute, poursuit Corneille, que cela fait une *tragédie* d'un genre peut-être plus sublime que les trois qu'Aristote avoue. »

Aristote et Corneille ont été conséquents. L'un se proposait de laisser la terreur et la pitié dans l'ame des spectateurs après le dénouement; il devait donc souhaiter que le crime fût consommé. L'autre se proposait d'exciter ces deux passions durant le cours du spectacle, peu en peine de ce qui en résulterait quand tout serait fini, et que l'illusion aurait cessé : or tant que l'innocence et la vertu sont en péril et que l'on croit voir approcher l'instant où elles vont succomber, on s'attendrit, on frémit pour elles, et plus le danger est pressant, plus la crainte et la pitié redoublent: de là les grands mouvements du cinquième acte de *Rodogune*, qu'il s'agissait de justifier.

A l'égard du crime empêché par un changement de résolution dans celui qui allait le commettre avec connaissance de cause, il y en a des exemples sur notre théâtre, comme dans *l'Orphelin de la Chine*; et pourvu que l'action préméditée ne soit pas atroce, ces dénouements ont leur beauté. Il arrive même souvent que l'action *tragique*, sans être un crime, ne laisse pas d'être funeste; comme serait la vengeance d'Auguste dans *Cinna*, et celle de Gusman dans *Alzire*, dont le dénouement n'est autre chose qu'un changement de volonté.

Ainsi le système des passions admet toutes les formes de fable, excepté celle dont l'événement est favorable au crime; et encore l'a-t-on soufferte quand le dénouement donné par l'histoire n'a pu être changé, comme dans *Britannicus* et dans *Mahomet*. Mais la grande difficulté est dans la disposition intérieure de la fable; et pour la rendre féconde en incidents, en révolutions pathétiques, le vrai moyen est d'y réunir l'importance du sujet, la force et le contraste des caractères, et la chaleur des sentiments et des intérêts opposés. Tout le reste naît de soi-même ; et dans une fable ainsi constituée, on verra les situations, les scènes vives et pressantes, se succéder sans peine et sans relâche, et se pousser comme les flots : au lieu que, si les intérêts n'ont rien de passionné, comme dans *Sertorius*, si les caractères opposés au caractère principal sont négligés, comme dans *Ariane*, si tout est faible, et le sujet, et les caractères, et les sentiments, comme dans *Bérénice*, le tissu de l'action se ressentira de cette faiblesse, et toute l'éloquence du poëte sera insuffisante pour en remplir les vides et en ranimer la langueur.

L'on sent bien quelle est la faiblesse du sujet de *Sertorius*, et qu'avec toute son importance il n'a rien de passionné. Mais pourquoi le sujet de *Bérénice* est-il plus faible que celui d'*Ariane*, que celui d'*Inès*, que celui de *Didon*? n'est-ce pas le même problème, la même alternative? Non : la simple maladie de l'amour n'est point *tragique;* il faut, si je l'ose dire, qu'elle soit compliquée. Le malheur de Bérénice n'est que la peine légitime d'un amour imprudent; or c'est l'indignité du malheur qui le rend pathétique. Titus, en renvoyant Bérénice, n'est qu'un homme sage, qui cède à sa gloire et à son devoir; Thésée est un perfide, Énée est un ingrat, Pèdre serait un monstre. Qu'une femme se plaigne comme Bérénice, qu'on ne la préfère pas à l'empire du monde; sa douleur touche faiblement : mais qu'une femme se plaigne d'être trahie, déshonorée, abandonnée par un amant à qui elle a tout sacrifié, pour qui elle a tout fait, comme Ariane, ou Didon; il n'est personne qui ne ressente les déchirements de son cœur : ils sont encore plus douloureux, si elle est épouse et mère comme Inès. Ce n'est plus l'amour seul, c'est tout ce qu'il y a de plus cher et de plus saint dans la nature, qui est compromis dans ces sujets, l'honneur, la bonne foi, la reconnaissance, et dans Inès les nœuds de l'hymen et du sang. Ainsi tous les poisons de la perfidie, de l'ingratitude, et de la honte, versés dans les plaies de l'amour, les enveniment; et c'est là ce qui le rend *tragique*.

On verra mieux, dans l'*article* ACTION, ce que j'entends par la force du sujet. Quant à celle des caractères, elle consiste dans l'énergie et la chaleur des sentiments si le personnage est en action, et dans la fermeté de l'ame lorsqu'il ne fait que résistance. Dans un roi, dans un père, une froide rigueur, une autorité inflexible, une vertu inexorable suffit pour rendre malheureux deux jeunes cœurs passionnés. Mais soit du côté de l'action, soit du côté de l'obstacle, soit dans le choc de deux mouvements opposés, chacun des caractères, dans sa situation, doit être ce qu'il est, le plus qu'il est possible, sans passer les bornes de la vraisemblance et les forces de la nature. Si Burrhus pouvait être plus vertueux, Narcisse plus scélérat, Cléopâtre, dans *Rodogune*, plus ambitieuse, Ariane plus tendre, Orosmane plus amoureux, ils ne le seraient pas assez. De la force des caractères naît la chaleur des sentiments, et de là celle de l'action.

L'*action* et ses qualités, comme la *vraisemblance*, les *unités*, l'*intérêt*, le *pathétique*, la *moralité*; ses parties essentielles, l'*exposition*, l'*intrigue*, le *dénouement*; ses divisions et ses repos, les *actes* et les *entr'actes*; ses moyens, les *mœurs*, les *situations*, les *révolutions*, les *reconnaissances*, ont leurs articles séparés : on peut les voir à leur place.

Il ne me reste plus qu'à tirer, de l'essence de la *tragédie* et de la différence de ses deux systèmes quelques inductions relatives au langage et à la représentation.

J'en ai assez dit sur le style dans les articles relatifs à cette partie essentielle de l'art ; je me bornerai ici à deux questions intéressantes. L'une, pourquoi la *tragédie* ancienne est plus en action qu'en paroles ; et la moderne, au contraire, plus en paroles qu'en action. Observez d'abord que j'entends ici par *action* la pantomime théâtrale, les incidents, et les tableaux, en un mot, le spectacle des yeux ; et dans ce sens-là, il est vrai que la *tragédie* moderne est bien souvent inférieure à l'ancienne. Mais la différence n'est pas toujours à l'avantage de celui-ci ; et je crois l'avoir fait sentir en parlant de la PANTOMIME, et des différences de la représentation sur l'un et sur l'autre théâtre. Il y a des situations tranquilles pour les yeux, et très-pathétiques pour l'ame : c'est de l'action sans mouvement : et au contraire, il arrive souvent, dans les pièces à incidents, que sur la scène tout paraît agité, et que, dans les esprits et dans les cœurs, tout est tranquille : c'est du mouvement sans action. (*Voyez* ACTION, SITUATION.) Quant à la profusion des paroles qu'on nous reproche, il est encore vrai que nous donnons quelquefois trop à l'éloquence poétique, en faisant parler nos personnages lorsqu'ils ne devraient que sentir. Mais aussi ne faut-il pas croire que le langage des passions se réduise à des sens suspendus, à des mots entrecoupés, à d'éternelles réticences. Dans le trouble et l'égarement, dans les accès d'une passion, ou dans le choc rapide et violent de deux passions opposées, ces mouvements interrompus sont naturels et à leur place; mais tant que l'ame se possède et peut se rendre compte à elle-même des sentiments dont elle est remplie, non-seulement la passion permet des développements, mais elle en exige, pour être vivement et fidèlement peinte. Lorsqu'Orosmane attend Zaïre pour la poignarder, il ne doit dire que quelques mots terribles : lorsque Phèdre apprend que Thésée est vivant et qu'il arrive, un silence morne serait l'expression la plus vraie de l'horreur dont elle est saisie ; c'est dans ses yeux qu'on devrait voir la résolution de mourir. Mais lorsqu'Orosmane, se possédant encore, croit venir accabler Zaïre de ses reproches et de son *froid mépris*; lorsque Phèdre annonce à OEnone qu'elle a une rivale ; ce serait méconnaître la nature, que de trouver qu'ils parlent trop : à plus forte raison dans des situations moins violentes, de longs discours sont-ils placés. Le théâtre ancien n'a rien de pareil à la scène d'Auguste avec Cinna ; et tant pis pour le théâtre ancien. C'est par ces développements du sentiment et de la pensée, lorsqu'ils sont à leur place, que nos belles *tragédies* ont tant d'avantage à la lecture sur toutes celles qui ne sont qu'en mouvements et en tableaux. *La* tragédie *est faite pour être représentée*, nous disent ceux qui ne savent pas écrire ou qui ne savent pas lire. On peut leur répondre que si les esprits sont éclairés en même temps qu'ils sont émus, si, après que l'illusion et l'émotion théâtrale ont cessé, le spectateur s'en va la tête pleine de grandes choses grandement exprimées, la *tragédie* n'en vaut pas moins. On peut leur répondre que *Cinna, les Horaces, Phèdre, Britannicus, Zaïre,* et *Mahomet* ne perdent rien à être représentés, quoiqu'ils soient faits aussi pour être lus ; et que le *Cid* n'en eut que plus de gloire, lorsqu'après lui avoir donné tant de larmes à la représentation, tout le monde le sut par cœur.

L'autre question est de savoir pourquoi, dès son origine et chez tous les peuples du monde, la *tragédie* a parlé en vers.

Il est bien sûr que de tous les genres de poésie, le dramatique est celui qui paraît le mieux pouvoir se passer de cet ornement accessoire, par la raison que, dans la chaleur du dialogue et de l'action, l'ame est assez émue, ou par la vivacité du comique, ou par la véhémence du *tragique*, pour ne rien désirer de plus; et pourvu que l'oreille ne soit point offensée, c'en est assez: un sentiment plus cher que celui de la mélodie nous occupe dans ce moment. Aussi voit-on que la comédie réussit en prose comme en vers; et dans les scènes comiques de l'*Avare* ou du *Bourgeois gentilhomme*, on ne pense pas même que ce dialogue si naturellement écrit, ait jamais pu l'être autrement. On voit de même que, dans les *tragédies* vraiment pathétiques et mal versifiées, comme *Inès*, ce défaut n'est pas aperçu; et je ne doute pas qu'*Inès*, écrite en excellente prose, n'eût réussi de même.

Les anciens avaient reconnu que la poésie dramatique exigeait un langage plus naturel que le poëme lyrique et l'épopée, et ils avaient pris pour la scène celui de leurs vers dont le rhythme approchait le plus de la prose. Ceux qui, comme moi, ont le malheur de ne lire Euripide et Sophocle que dans de faibles traductions, sentent très-bien que le charme et l'effet des scènes touchantes ou terribles ne tenait point à l'harmonie du vers; et une prose comme était celle de Platon ou d'Isocrate, de Thucydide ou de Démosthène, eût très-bien pu y suppléer.

Pourquoi donc tous les poëtes grecs s'étaient-ils accordés à écrire en vers la *tragédie*? L'usage reçu, l'habitude, un goût de prédilection pour cette cadence régulière, la facilité de la langue à s'y prêter, l'analogie à conserver entre la scène récitée et le chœur qui était chanté, la mélopée ou la déclamation théâtrale, qui était elle-même une espèce de chant, seraient des raisons suffisantes de cette préférence que la *tragédie* avait donnée aux vers sur la prose : mais la comédie, le plus libre de tous les poëmes, le plus approchant de la nature, n'aurait-elle pas dû s'en tenir au langage le plus naturel? dans les bouffonneries d'Aristophane, dans ses farces grossières, il serait bien étrange qu'on eût cherché le plaisir délicat de la cadence et de la mesure.

La poésie dramatique en général avait donc quelque autre avantage à s'imposer la contrainte du vers; et cet avantage était commun à l'oreille et à la mémoire : c'était pour l'une et l'autre un besoin plutôt qu'un plaisir.

La plus grande incommodité des grands théâtres est la difficulté d'entendre ce qui est prononcé de si loin : la bouche des masques en porte-voix, et les vases d'airain qu'on avait placés de manière à réfléchir le son, prouvent le mal par le remède. Or les vers, dont la mesure est connue et auxquels l'oreille est habituée, donnent la facilité de suppléer ce que l'on n'entend pas, ou de corriger ce que l'on entend mal. Le seul espace du mot l'indique, et l'auditeur remplit le vide des sons qui lui sont échappés. Il en est de même pour la mémoire. Ainsi, soit pour entendre les paroles, soit pour les retenir, la marche régulière des vers était d'un grand secours; et cela seul l'eût fait préférer à la prose.

Dans nos petites salles de spectacles, la difficulté n'est pas si grande pour l'oreille, mais elle est la même pour la mémoire; et c'en serait assez encore pour qu'on donnât la préférence aux vers, dont un hémistiche amène l'autre, et dont la rime seule nous rappelle le sens. *Voyez* Vers et Rime.

Dans la comédie, où il y a communément peu de chose à retenir, on a été dispensé d'écrire en vers; mais dans la *tragédie*, dont les détails sont précieux à recueillir et intéressants à rappeler, le vers a paru nécessaire. On distingue même, parmi les comédies, celles qui méritaient d'être écrites en vers, comme *le Misanthrope*, *le Tartuffe*, *les Femmes savantes*, *le Méchant*, *la Métromanie*; et celles qui n'auraient rien perdu à être écrites en prose, comme *l'Étourdi*, *le Dépit amoureux*, *l'École des Femmes*, *l'École des Maris*. Il en est de même chez les anciens: on sent qu'Aristophane et Plaute n'avaient aucun besoin de la mesure de l'iambe: on sent que Térence, et vraisemblablement Ménandre, son modèle, auraient beaucoup perdu à ne pas exprimer en vers tant de détails, si délicats, si vrais, que l'on aime à se rappeler.

Mais il y a une raison plus intéressante pour les poëtes d'écrire en vers la *tragédie*, et quelquefois la comédie ; et cette raison était la même pour les anciens que pour nous. Tout n'est pas également vif dans le comique ; dans le *tragique*, tout n'est pas également passionné : il y a des éclaircissements, des développements, des passages inévitables d'une situation à l'autre; il y a des délibérations tranquilles, en un mot, des moments de calme, où, n'étant pas assez émue par l'intérêt de la chose, l'ame demande à être occupée du charme de l'expression, pour ne pas cesser de jouir. C'est alors que le coloris de la poésie doit enchanter l'imagination, que l'harmonie du vers doit enchanter l'oreille; et c'est un avantage que Racine et Voltaire ont très-bien senti, et que Corneille a méconnu. Les pièces de Racine les mieux écrites sont les plus faibles du côté de l'action, comme *Athalie* et *Bérénice*. Dans Voltaire, comme dans Racine, les scènes les moins pathétiques sont celles où il a le plus soigneusement employé la magie des beaux vers : voyez le premier acte de *Brutus;* voyez la scène de Zopire et de Mahomet; voyez les scènes de César et de Cicéron, dans *Rome sauvée*; voyez de même l'exposition de *Bajazet*, la grande scène de Mithridate avec ses deux fils, et celle d'Agrippine avec Néron, dans le quatrième acte de *Britannicus*. Corneille a aussi des scènes tranquilles de la plus grande beauté; c'était même là son triomphe : mais observez qu'il y était porté par la grandeur de son objet, et que toutes les fois qu'il n'a que des choses communes à dire, il semble dédaigner le soin de les parer et de les ennoblir. Racine et Voltaire n'ont rien de plus soigné que ces détails ingrats ; ils sèment des fleurs sur le sable. Corneille ne fait jamais de si beaux vers, que lorsque la situation l'inspire, et qu'elle s'en passerait : dès que son sujet l'abandonne, il s'abandonne aussi lui-même, et il tombe avec son sujet. Les deux autres, tout au contraire, ne s'élèvent jamais si haut par l'expression, que lorsque la faiblesse de leur sujet les avertit de se soutenir et d'employer leurs propres forces. Tel est le grand avantage des vers.

Mais à cet avantage on oppose le charme de la vérité et du naturel, qu'on ne saurait disputer à la prose. *Dans aucun pays du monde*, dit-on, *dans aucun temps, les hommes n'ont parlé comme on les fait parler sur la scène; les vers sont un langage factice et maniéré.* J'en conviens; mais est-ce la vérité toute nue qu'on cherche au théâtre ? On veut qu'elle y soit embellie; et c'est cet embellissement qui en fait le charme et l'attrait. On sait qu'on va être trompé, et l'on est disposé à l'être, pourvu que ce soit avec agrément, et le plus d'agrément possible. C'est donc ici le moment de se rappeler ce que j'ai dit de l'illusion : elle ne doit jamais être complète; et si elle l'était, le spectacle *tragique* serait pénible et douloureux. Les accessoires de l'action en doivent donc tempérer l'effet : or l'un des accessoires qui tempèrent l'illusion en mêlant le mensonge avec la vérité, c'est l'artifice du langage, artifice matériel, qui n'est sensible qu'à l'oreille, et qui n'altère point le naturel de la pensée et du sentiment; car au spectacle il faut bien observer que tout doit être vrai pour l'esprit et pour l'ame, et que le mensonge ne doit être sensible que pour l'oreille et pour les yeux. Il en est donc de la forme des vers comme de la forme du théâtre ; les yeux et les oreilles sont avertis par-là que le spectacle est une feinte, tandis que l'esprit et l'ame se livrent à la vraisemblance parfaite des situations, des mœurs, des sentiments, et des peintures. Quelle est donc en nous cette duplicité de perception? C'est une énigme dont le mot est le secret de la nature; mais, dans le fait, rien de plus réel. *Voyez* Illusion.

J'ai déja fait sentir combien la différence des deux théâtres est à l'avantage du nôtre du côté de la déclamation et de l'action pantomime. Chez les anciens, les accents de la voix, l'articulation, le geste, tout devait être exagéré. Le jeu du visage, qui chez nous est aussi éloquent que la parole, était perdu pour eux; leurs masques et leurs vêtements étaient quelque chose de monstrueux; leur usage de faire jouer les rôles des femmes par des hommes prouve combien toutes les finesses, toutes les délicatesses de l'imitation, leur étaient interdites par cet éloignement de la scène qui en sauvait les difformités.

C'est donc une bien vaine déclamation que les éloges prodigués à ces grands théâtres ouverts, où l'on avait, dit-on, l'honneur d'être éclairé par le ciel, chose aussi incommode dans la réalité que magnifique dans l'idée; à ces théâtres, dis-je, qu'on n'aurait pas manqué de lambrisser, s'il eût été possible, et qu'à Rome on couvrait, faute de mieux, de voiles soutenues par des mâts et par des cordages.

Les Grecs avaient tout fait céder à la nécessité d'avoir un vaste amphithéâtre : voilà le vrai. Pour nous, loin de nous plaindre d'avoir des théâtres moins vastes où la parole et l'action soient à la portée de l'oreille et des yeux, nous devons nous en applaudir, et tirer de cet avantage, du côté de l'acteur comme du côté du poëte, tout ce qui peut contribuer au charme de l'illusion. L'acteur de Racine ne doit pas être celui d'Eschyle ou d'Euripide; et autant le poëte français est plus délicat, plus correct, plus varié, plus fin, autant le comédien doit l'être. (*Voyez* Déclamation). Ainsi la *tragédie* moderne, au lieu d'être, comme l'ancienne, une esquisse de Michel-Ange, sera un tableau de Raphaël.

Tutoiement. Façon de parler à quelqu'un à la seconde personne du singulier. La politesse veut que, dans notre langue, on fasse comme si la personne à qui l'on adresse la parole était double ou multiple, et qu'on lui dise *vous* au lieu de *tu* : c'est une singularité qui répond à celle de dire *nous*, quoiqu'on ne soit qu'un, lorsque celui qui parle est un souverain ou une personne constituée en dignité, et qu'elle fait un acte solennel de sa volonté ou de son autorité : usage qui, je crois, prit naissance chez les empereurs romains, lorsqu'ils faisaient semblant de prendre conseil du sénat, et d'exprimer dans leurs édits une volonté collective. Le *nous* est encore réservé aux personnes en dignité ou en fonctions sérieuses. Le *vous* est devenu d'un usage commun et indispensable entre les personnes qui, n'étant pas familières l'une avec l'autre, veulent se traiter décemment.

« Le *tutoiement*, dit Fontenelle (*Vie de Pierre Corneille*), ne choque pas les bonnes mœurs, il ne choque que la politesse et la vraie galanterie; il faut que la familiarité qu'on a avec ce qu'on aime soit toujours respectueuse, mais aussi il est quelquefois permis au respect d'être un peu familier. On se *tutoyait* anciennement dans le tragique même, aussi-bien que dans le comique; et cet usage ne finit que dans l'*Horace* de Corneille, où Curiace et Camille le pratiquent encore.

Naturellement le comique a dû pousser cela un peu plus loin; et à cet égard le *tutoiement* n'expire que dans *le Menteur*. »

Je ne suis pas tout-à-fait de l'avis de Fontenelle. Le *tutoiement*, d'égal à égal et dans une situation tranquille, est sans doute une familiarité; mais, soit dans le tragique, soit dans le comique, cette familiarité sera toujours décente, non-seulement du frère à la sœur, de l'ami à l'ami, mais encore de l'amant à la maîtresse, lorsque l'innocence, la simplicité, la franchise des mœurs l'autorisera, comme dans le langage des villageois, des peuples agrestes, ou sauvages, ou même peu civilisés, et dont les mœurs sont âpres et austères. Alzire et Zamore se *tutoient*, et il n'y a rien d'indécent. C'est peut-être la même raison, ou plutôt un sentiment exquis de la vérité des mœurs, qui a engagé Corneille à donner cette nuance de familiarité au langage de Curiace et de Camille.

En général, toutes les fois que la familiarité douce n'aura l'air que de l'innocence et de l'ingénuité, le *tutoiement* sera permis. Il l'est de même dans tous les mouvements d'une tendresse vive, ou d'une passion violente.

OROSMANE, *à Zaïre*.

Quel caprice étonnant que je ne conçois pas!
Vous m'aimez! Et pourquoi vous forcez-vous, cruelle,
A déchirer le cœur d'un amant si fidèle?
Je me connaissais mal; oui, dans mon désespoir,

J'avais cru sur moi-même avoir plus de pouvoir.
Va, mon cœur est bien loin d'un pouvoir si funeste.
Zaïre, que jamais la vengeance céleste
Ne donne à ton amant, enchaîné sous ta loi,
La force d'oublier l'amour qu'il a pour toi.
Qui, moi ? que sur mon trône une autre fût placée !
Non, je n'en eus jamais la fatale pensée :
Pardonne à mon courroux, à mes sens interdits,
Ces dédains affectés et si bien démentis :
C'est le seul déplaisir que jamais dans ta vie
Le Ciel aura voulu que ta tendresse essuie.
Je t'aimerai toujours.... Mais d'où vient que ton cœur,
En partageant mes feux, différait mon bonheur ?
Parle ; était-ce un caprice ? est-ce crainte d'un maître,
D'un soudan, qui pour toi veut renoncer à l'être ?
Serait-ce un artifice ? Épargne-toi ce soin :
L'art n'est pas fait pour toi, tu n'en as pas besoin :
Qu'il ne souille jamais le saint nœud qui nous lie.
L'art le plus innocent tient de la perfidie.
Je n'en connus jamais, et mes sens déchirés,
Pleins d'un amour si vrai....

ZAÏRE.

    Vous me désespérez.
Vous m'êtes cher, sans doute, et ma tendresse extrême
Est le comble des maux pour ce cœur qui vous aime.

OROSMANE.

O Ciel ! expliquez-vous. Quoi ! toujours me troubler !

Cet exemple fait voir bien sensiblement par quels mouvements de l'ame on peut passer avec bienséance du *vous* au *tu,* et du *tu* au *vous;* mais ce qui est naturel et décent dans le caractère d'Orosmane, ne le serait pas dans celui de Zaïre, parce qu'il n'est que tendre, et qu'il n'est point passionné. Tant que la passion d'Hermione est contrainte, elle dit *vous*, en parlant à Pyrrhus:

> Du vieux père d'Hector la valeur abattue
> Aux pieds de sa famille expirante à sa vue,
> Tandis que dans son sein votre bras enfoncé
> Cherche un reste de sang que l'âge avait glacé;
> Dans des ruisseaux de sang Troie ardente plongée;
> De votre propre main Polyxène égorgée,
> Aux yeux de tous ces Grecs indignés contre vous;
> Que peut-on refuser à ces généreux coups?

Mais dès que son indignation, son amour, sa douleur, éclatent, Hermione s'oublie : le *tutoiement* est placé.

> Je ne t'ai point aimé, cruel! qu'ai-je donc fait?
> J'ai dédaigné pour toi les vœux de tous nos princes;
> Je t'ai cherché moi-même au fond de tes provinces;
> J'y suis encor, malgré tes infidélités,
> Et malgré tous ces Grecs, honteux de mes bontés....
> Mais, seigneur, s'il le faut, si le Ciel en colère
> Réserve à d'autres yeux la gloire de vous plaire, etc.

Un singularité remarquable dans l'usage du *tutoiement*, c'est qu'il est moins permis dans le comique que dans le tragique; et la raison en est, que le sérieux de celui-ci écarte davantage l'idée d'une liberté indécente. Pour que deux amants se *tutoient* dans une scène comique, il faut qu'ils soient d'une condition où les bienséances ne soient pas connues, ou que leur innocence et leur candeur soit si marquée, qu'elle donne son caractère à leur familiarité.

Une autre bizarrerie de l'usage est de permettre le *tutoiement*, du moins en poésie, dans l'extrême opposé à la familiarité : c'est ainsi qu'en parlant à Dieu et aux rois, on les *tutoie*, soit à l'imitation des anciens, soit parce que le respect qu'ils impriment est trop au-dessus du soupçon, et que le caractère en est trop marqué pour ne pas dispenser d'une vaine formule.

>Grand Dieu, tes jugements sont remplis d'équité.
>Grand roi, cesse de vaincre, ou je cesse d'écrire.

Les deux caractères extrêmes du *tutoiement* se font sentir dans ces deux épîtres de Voltaire :

>Philis, qu'est devenu le temps, etc.
>Tu m'appelles à toi, vaste et puissant génie, etc.

Dans l'une, il est l'excès de la familiarité; dans l'autre, l'excès du respect et le langage de l'apothéose.

A propos de l'usage qui, dans notre langue, veut qu'on mette le pluriel à la place du singulier, je demande pourquoi, dans un écrit qui est l'ouvrage d'un seul homme, l'auteur, en parlant de lui-même, se croit obligé de dire *nous?* Ce n'est certainement pas pour donner à ce qu'il avance une sorte d'autorité qui ait plus de volume et de poids; c'est au contraire une formule à laquelle on attache une idée de modestie. Mais sur quoi porte cette idée? *Nous croyons, nous ne pensons pas, nous avons prouvé*, etc., est-ce dire autre chose que *je crois, je ne pense pas, j'ai prouvé?*

Il est vraisemblable que cet usage s'est introduit par des ouvrages de société, où le travail était commun et l'opinion collective; et que dans la suite, pour donner à leur style plus de gravité, quelques écrivains ont suivi cet exemple. Mais lorsqu'un homme, en se nommant, propose ses idées comme venant de lui, la formule de *nous* est au moins inutile; et la preuve que, dans l'usage et dans l'opinion, le personnel au singulier n'est pas un trait de vanité, c'est qu'en parlant ou en opinant, jamais orateur, ni sacré ni profane, ne s'est cru obligé de dire *nous*.

U.

Unité. Ce n'est pas rendre l'idée d'*unité* avec assez de justesse et de précision, que de la définir, *Une qualité qui fait qu'un ouvrage est partout égal et soutenu.*

Un ouvrage d'un ton décent et convenable, d'un style analogue au sujet, qu'aucune négligence ne dépare, et qui d'un bout à l'autre se ressemble à lui-même, comme celui de La Bruyère, est un ouvrage *égal et soutenu*, et il n'y a point d'*unité*.

Mais lorsqu'en écrivant on se propose un but général, un objet unique, tout doit se diriger et tendre vers ce but : voilà l'*unité de dessein*. C'est ainsi que, dans l'*Essai sur l'Entendement humain* de Locke, tout se réunit à ce point, l'*origine de nos idées*.

Le caractère du sujet, le caractère dont s'est revêtu l'écrivain, si c'est lui qui parle, le caractère qu'il a donné à ses personnages, s'il en introduit et s'il leur cède la parole, décident le caractère du langage; et celui-ci doit se soutenir et se ressembler à lui-même : c'est ce qu'on appelle *unité de ton et de style*. Voyez Analogie.

Dans la poésie épique et dramatique on a prescrit d'autres *unités* : savoir, dans l'une et dans l'autre, l'*unité* d'action, l'*unité* d'intérêt, l'*unité* de mœurs, l'*unité* de temps, et de plus, dans le dramatique, l'*unité* de lieu.

Sur l'*unité* d'action, la difficulté consistait à savoir comment la même action peut être *une* sans être simple, ou composée sans être double ou multiple; mais en se rappelant la définition que j'ai donnée de l'action, soit épique, soit dramatique, on jugera au premier coup-d'œil quels sont les incidents, les épisodes, qui peuvent y entrer sans que l'action cesse d'être *une*.

L'action, ai-je dit, est le combat des causes qui tendent ensemble à produire l'événement, et des obstacles qui s'y opposent. Une bataille est *une*, quoique cent mille hommes d'un côté et cent mille hommes de l'autre en balancent l'événement et se disputent la victoire : voilà l'image de l'action. Tout ce qui, du côté des causes ou du côté des obstacles peut naturellement concourir à l'un des deux efforts, peut donc faire partie de l'un des deux agents; et l'événement n'étant qu'*un*, les agents ont beau se multiplier; s'ils tendent tous, en sens contraire, au même point, l'action est *une* : en sorte que, pour avoir une idée juste et précise de l'*unité* d'action, il faut prendre l'inverse de la définition de Dacier, et dire, non pas que toutes les actions épisodiques d'un poëme doivent être des dépendances de l'action principale, mais au contraire, que l'action principale d'un poëme doit être une dépendance, un résultat de toutes les actions particulières qu'on y emploie comme incidents ou épisodes.

Il n'en est pas moins vrai que, tout le reste égal, plus une action est simple, plus elle est belle; et voilà pourquoi Horace recommande l'un et l'autre : *Simplex et unum*. Mais si l'on est obligé de simplifier l'action le plus qu'il est possible, ce n'est pas pour la réduire à l'*unité*; c'est pour éviter la confusion, et sur-tout pour donner d'autant plus d'aisance, de développement et de force à un plus petit nombre de ressorts. Dans une foule, rien ne se distingue et rien ne se dessine : de même, dans une multitude de personnages et d'incidents, aucun n'a le temps et l'espace de se développer; aucun n'est saillant, arrondi, détaché, comme il devrait l'être.

Homère est celui de tous les poëtes qui a le mieux dessiné ses caractères, qui les a marqués le plus distinctement, le plus fortement prononcés; encore le nombre de ses héros fait-il foule dans *l'Iliade*; et la mémoire, rebutée du travail de les retenir, se réduit à un petit nombre des plus frappants, et laisse échapper tout le reste. Le Tasse, en imitant Homère, a simplifié son tableau; chacun des personnages y tient une place distincte : Armide, Clorinde, Herminie, Godefroi, Soliman, Renaud, Tancrède, Argan, sont présents à tous les esprits.

L'épopée donne à l'action un champ plus vaste

que la tragédie; et c'est leur étendue qui décide du nombre d'incidents que l'une et l'autre peut contenir. Un épisode détaché de l'action historique suffit à l'action épique, un incident de l'action épique suffit à l'action dramatique. Ce n'est pas que l'action épique ne soit *une*, ce n'est pas que l'action historique ne soit *une* encore : dès qu'une cause produit un effet, c'est une action, et cette action est *une;* mais la cause et l'effet peuvent être simples ou composés, ou plus composés ou plus simples. L'une des causes incidentes de la ruine de Troie est le sacrifice d'Iphigénie; et cette fable détachée a fait un poëme dramatique. La colère d'Achille n'est que l'un des obstacles de la même action; et cet incident détaché a produit seul un poëme épique. On peut comparer l'action au polype, dont chaque partie, après qu'elle est coupée, est encore elle-même un polype vivant, complètement organisé. Mais l'action totale n'en est pas moins *une;* elle est seulement plus composée ou moins simple que chacune de ses parties. Ainsi, en faisant un poëme de toute la guerre de Troie, on n'a pas manqué à l'*unité*, mais à la simplicité d'action : on s'est chargé d'un trop grand nombre de caractères à peindre, d'événements à décrire, de ressorts à développer; on a surchargé la mémoire, fatigué l'imagination, refroidi l'ame, dissipé l'intérêt, dont la chaleur est d'autant plus vive, que le foyer est plus étroit; enfin on a excédé ses propres forces, épuisé ses moyens; on s'est mis hors d'haleine au milieu de sa course; et l'on a fini par être froid, stérile et languissant. Voilà pourquoi, même dans l'épopée, il est si important de simplifier et de resserrer l'action.

Brumoi a pris, comme Dacier, l'inverse de la vérité sur l'*unité* d'action; il veut qu'*elle soit sans mélange d'actions indépendantes d'elle* : il fallait dire, *d'actions dont elle soit indépendante*; et ce n'est pas ici une dispute de mots; car de son principe il infère que l'épisode d'Ériphile, dans l'*Iphigénie en Aulide*, fait duplicité d'action; or par la constitution de la fable, l'action dépend de cet épisode; car c'est Ériphile qui empêche Iphigénie de s'échapper. Le poëte, à la vérité, pouvait prendre un autre moyen; mais pourvu que le moyen soit vraisemblable et naturellement employé, il est au choix du poëte.

C'est un étrange raisonneur que Brumoi! il compare l'*Iphigénie* de Racine avec celle d'Euripide; et de sa cellule il décide que le poëte français a tout gâté. *Supposons*, dit-il, *qu'Euripide revînt, que dirait-il de l'épisode d'Ériphile, espèce de duplicité d'action et d'intérêt, inconnue aux Grecs?* Que dirait Euripide? il dirait qu'il n'y a point de duplicité d'action, et qu'Ériphile vaut mieux qu'une biche; que l'intérêt est si peu double, qu'au moment qu'on sait qu'Ériphile a été l'Iphigénie sacrifiée, les larmes cessent et tous les cœurs sont soulagés. *Que dirait-il de la galan-*

terie française d'Achille? Il dirait qu'Achille n'est point galant, et qu'il est Achille amoureux, qu'il parle d'amour en Achille. *Que dirait-il du duel auquel tendent les menaces de ce héros?* Il dirait qu'il n'y a pas plus de duel que dans l'*Iliade*, et que par tout pays un héros fier et offensé menace de se venger. *Que dirait-il des entretiens seul à seul d'un prince et d'une princesse?* Il dirait que la décence y règne, et que, dans les tentes d'Agamemnon, Achille a pu se trouver deux moments seul avec Iphigénie. *Ne serait-il pas révolté de voir Clytemnestre aux pieds d'Achille ?* Il serait jaloux de Racine, il lui envierait ce beau mouvement, et il trouverait que rien n'est plus naturel à une mère au désespoir, dont on va immoler la fille.

Revenons à notre sujet. Si l'épisode est absolument inutile au nœud ou au dénouement de l'action, comme l'amour de Thésée et celui de Philoctète dans nos deux *OEdipes*, et comme l'amour d'Antiochus dans la *Bérénice* de Racine, il fait duplicité d'action : de là vient que l'amour d'Hippolyte pour Aricie est plus épisodique dans la *Phèdre*, que l'amour d'Ériphile dans l'*Iphigénie*.

Mais ce qu'on a dit avec quelque raison de l'épisode d'Aricie, on l'a dit aussi de l'épisode d'Hermione; et en cela on s'est trompé. Sans Hermione, il était possible que Pyrrhus indigné livrât aux Grecs le fils d'Hector et d'Andromaque; mais, l'événement supposé tel que Racine le donne, il était difficile d'imaginer, pour la révolution, un moyen plus tragique, une cause plus naturelle de la mort de Pyrrhus, que la jalousie d'Hermione, ni un plus digne instrument de ses fureurs, que le sombre et fougueux Oreste.

N'a-t-on pas dit aussi que l'amour nuisait à l'*unité* d'action, *parce que cette passion étant naturellement vive et violente, elle partageait l'intérêt?* Mais si l'amour même est la cause du crime ou du malheur, s'il en est la victime, où est le partage de l'intérêt? Et ce partage même ferait-il que l'action ne serait pas *une?*

On ne s'est pas moins mépris sur l'*unité* d'intérêt que sur l'*unité* d'action, et l'équivoque vient de la même cause. L'action une fois bien définie, on voit que le désir, la crainte, et l'espérance, doivent se réunir en un seul point ; mais pour cela il n'est pas nécessaire qu'ils se réunissent sur une seule personne : l'événement que l'on craint ou que l'on souhaite peut regarder une famille, un peuple entier ; il peut même concilier deux partis contraires, qui, tous les deux intéressants, font souhaiter et craindre pour tous les deux la même chose. Deux jeunes gens aimables et amis l'un de l'autre tirent l'épée et vont s'égorger, sur un mal-entendu, ou sur un mouvement de dépit et de jalousie : vous tremblez pour l'un et pour l'autre ; vous désirez qu'il arrive quelqu'un qui leur impose, les désarme, et les réconcilie : voilà un intérêt qui semble partagé, et qui pourtant n'est qu'*un*. Tel est souvent l'intérêt dramatique.

L'*unité* de mœurs consiste dans l'égalité du caractère, ou plutôt dans son accord avec lui-même; car un caractère peut être inégal, flottant, et variable, ou par nature ou par accident: alors son *unité* consiste à être constamment inconstant, également léger, changeant, ou par le flux et le reflux des passions qui le dominent, ou par l'ascendant réciproque et alternatif des divers mouvements dont il est agité; mais c'est alors par un fonds de bonté ou de méchanceté, de force ou de faiblesse, de sensibilité ou de froideur, d'élévation ou de bassesse, que se décide le caractère; et ce fonds du naturel doit percer à travers tous les accidents. Or c'est dans ce fonds, bien marqué, bien connu, et constamment le même, que se fait sentir l'*unité* : c'est par là que deux hommes placés dans les mêmes situations, exposés aux mêmes épreuves, se font distinguer l'un de l'autre; et que chacun, s'il est bien peint, se ressemble à lui-même, et ne ressemble qu'à lui. Dans l'application de ce principe, que le caractère ne doit jamais changer, on n'a pas assez distingué le fond d'avec la forme accidentelle; et dans celle-ci, ce qui est inhérent d'avec ce qui n'est qu'adhérent. Le vice est une trop longue habitude pour se corriger en trois heures; c'est une seconde nature : mais ce qui n'est qu'un travers d'esprit, un égarement passager, une folie, une méprise, un moment d'ivresse, ce qui dépend des mouvements tumultueux des passions, peut changer d'un instant à l'autre. Ainsi, de l'erreur au retour, de l'innocence au crime, et du crime au remords, le passage est prompt et rapide; ainsi, l'avare ne change point, mais le dissipateur change; ainsi, Tartuffe est toujours Tartuffe, mais Orgon passe de son erreur et de l'excès de sa crédulité à un excès de défiance ; ainsi, Mahomet doit toujours être fourbe, mais Séide doit cesser d'être crédule et fanatique. O combien sur les arts, comme sur autre chose, on a perdu de temps à brouiller les idées par l'abus qu'on a fait des mots!

Dans le poëme épique, l'*unité* de temps n'est réglée que par l'étendue de l'action, et celle-ci que par la faculté commune d'une mémoire exercée: en sorte que l'action épique n'a trop d'étendue et de durée que lorsque la mémoire ne peut l'embrasser sans effort; et cette règle n'est pas gênante, car il s'agit, non des détails, mais de l'ensemble de l'action et de ses masses principales. Or si elle est bien distribuée, si les épisodes en sont intéressants, s'ils s'enchaînent bien l'un à l'autre, si les passions qui animent l'action, si l'intérêt qui la soutient, nous y attachent fortement, la mémoire la saisira, quelque étendue qu'on lui donne. Brumoi la compare à un édifice qu'il faut embrasser d'un coup-d'œil; et quel édifice, dans son vrai point de vue, n'embrasse-t-on pas d'un coup-d'œil, si l'ensemble en est régulier? Si donc un poëte avait entrepris de chanter l'enlèvement d'Hélène vengé par la ruine de Troie, et que, depuis les noces de Ménélas jusqu'au partage des captives, tout fût intéressant, comme quelques livres de l'*Iliade* et le second de l'*Énéide;* l'action aurait duré dix ans, et le poëme ne serait pas trop long.

Nous avons des romans bien plus longs que le plus long poëme ; et par le seul intérêt qui nous y attache, les incidents multipliés en sont tous très-distinctement gravés dans notre souvenir.

Il n'en est pas de même de l'action dramatique. Dans le *récit*, on peut franchir des années en un seul vers ; mais dans le drame, tout est présent et tout se passe comme dans la nature. Il serait donc à souhaiter que la durée fictive de l'action pût se borner au temps du spectacle; mais c'est être ennemi des arts et du plaisir qu'ils causent, que de leur imposer des lois qu'ils ne peuvent suivre sans se priver de leurs ressources les plus fécondes et de leurs plus rares beautés. Il est des licences heureuses, dont le public convient tacitement avec les poëtes, à condition qu'ils les emploient à lui plaire et à le toucher ; et de ce nombre est l'extension feinte et supposée du temps réel de l'action théâtrale. De l'aveu des Grecs, elle pouvait comprendre une demi-révolution du soleil, c'est-à-dire un jour. Nous avons accordé les vingt-quatre heures ; et le vide de nos entr'actes est favorable à cette licence : car il est bien plus facile d'étendre en idée un intervalle que rien ne mesure sensiblement, qu'il ne l'était de prolonger un intermède occupé par le chœur, et mesuré par le chœur même.

A la faveur de la distraction que l'intervalle vide d'un acte à l'autre occasionne, on est donc convenu d'étendre à l'espace de vingt-quatre heures le temps fictif de l'action; et c'est communément assez, vu la rapidité, la chaleur progressive que doit avoir l'action dramatique. Mais si les Espagnols et les Anglais ont porté à l'excès la licence contraire, il me semble que, sans supposer comme eux des années écoulées dans l'espace de trois heures, il doit au moins être permis de supposer qu'il s'est écoulé plus d'un jour, si un beau sujet le demande; et de cette liberté, rachetée par de grands effets qu'elle rendrait possibles, il n'y aurait jamais à craindre et à réprimer que l'abus.

La même continuité d'action, qui, chez les Grecs, liait les actes l'un à l'autre, et qui forçait l'*unité* de temps, n'aurait pas dû permettre le changement de lieu; les Grecs ne laissaient pourtant pas de se donner quelquefois cette licence, comme on le voit dans les *Euménides,* où le second acte se passe à Delphes, et le troisième à Athènes. Pour la comédie, elle se permettait, sans aucune contrainte, le changement de lieu, et avec plus d'invraisemblance ; car, au moins dans la tragédie, les Grecs supposaient, comme nous, que le spectateur ne voyait l'action que des yeux de la pensée; et en effet il est sans exemple que, dans la tragédie grecque, les personnages aient adressé la parole au public, ou qu'ils aient fait semblant de le voir ou d'en être vus; au lieu que dans la comédie grecque, à chaque instant le chœur s'adresse à l'assemblée, et par-là, le lieu fictif de la scène et le lieu réel du spectacle sont identifiés, de façon que l'un ne peut changer sans que l'autre change, et qu'en même temps que l'action se déplace, le spectateur doit croire se déplacer aussi.

Il n'en est pas de même de notre théâtre; soit dans le tragique, soit dans le comique, le spectateur, comme je l'ai déja observé, n'est censé voir l'action qu'en idée, et l'action est supposée n'avoir pour témoins que les acteurs qui sont en scène. Or dans cette hypothèse, non-seulement je regarde le changement de lieu comme une licence permise; mais je fais plus, je nie que ce soit une licence pour nous. L'entr'acte est une absence des acteurs et des spectateurs. Les acteurs peuvent donc avoir changé de lieu d'un acte à l'autre; et les spectateurs n'ayant point de lieu fixe, ils sont par-tout où se passe l'action : si elle change de lieu, ils changent avec elle.

Ce qui doit être vraisemblable, c'est que l'action ait pu se déplacer; et pour cela il faut un intervalle. Ce n'est donc presque jamais d'une scène à l'autre, mais seulement d'un acte à l'autre, que peut s'opérer le changement de lieu.

Je sais bien que, pour le faciliter au milieu d'un acte, on peut rompre l'enchaînement des scènes et laisser le théâtre vide un instant; mais cet instant ne suffirait point à la vraisemblance, sur-tout si les mêmes acteurs qu'on vient de voir, passaient incontinent dans le nouveau lieu de la scène. Après tout, ce n'est pas trop gêner les poëtes, que d'exiger d'eux à la rigueur l'*unité* de lieu pour chaque acte, avec la possibilité morale du passage d'un lieu à un autre dans l'intervalle supposé.

La plus longue durée qu'on suppose à l'entr'acte est celle d'une nuit; le trajet possible dans une nuit est donc la plus grande distance qu'il soit permis de supposer franchie dans l'intervalle d'un acte à l'autre; ainsi la mesure du temps que l'on peut donner aux intervalles de l'action, détermine l'éloignement des lieux où l'on peut transporter la scène. Une règle plus sévère priverait la tragédie d'un grand nombre de beaux sujets, ou l'obligerait à les mutiler. On voit même que les poëtes qui ont voulu s'astreindre à l'*unité* de lieu rigoureuse, ont bien souvent forcé l'action d'une manière plus opposée à la vraisemblance que ne l'eût été le changement de lieu; car au moins ce changement ne trouble l'illusion qu'un instant; au lieu que, si l'action se passe où elle n'a pas dû se passer, l'idée du lieu et celle de l'action se combattent sans cesse; or la vérité relative dépend de l'accord des idées, et l'illusion ne peut être où la vraisemblance n'est pas.

Il fallait, dit Brumoi en parlant du théâtre grec, *que l'action, pour être vraisemblable, se passât sous les yeux et par conséquent dans un même lieu.* Il aurait donc fallu que le lieu de l'action fût la place d'Athènes : car si l'action se passait à Delphes, comment pouvait-elle se passer sous les yeux des Athéniens? *Le spectateur*, ajoute-t-il, *ne saurait s'abuser assez grossièrement sur le lieu de la scène, pour s'imaginer qu'il passe d'un palais à une plaine, ou d'une ville dans une autre, tandis qu'il se voit enfermé dans un lieu déterminé.* Ainsi Brumoi prétend qu'*il faut que la scène se voie, et par conséquent qu'elle soit bornée, non pas en général dans l'enceinte d'une ville, d'un camp, d'un palais, mais dans un endroit limité d'un palais, d'une ville, ou d'un camp.* Voilà une belle théorie!

Et de sa place le spectateur voit-il cet endroit du camp ou de la ville? Non : car sa place est toujours l'amphithéâtre d'Athènes; et l'endroit de la scène est en Aulide, à Delphes, à Mycène, en Tauride, etc. Il s'y transporte donc en esprit dès le premier acte. Or ce premier pas fait, pourquoi le second, le troisième, lui coûteraient-ils davantage? Et si, dans les actes suivants, il est besoin qu'il se transporte en esprit dans un autre lieu, pourquoi s'y refuserait-il? La même vivacité d'imagination qui le rend présent à ce qui se passe dans la ville, lui manquera-t-elle pour voir ce qui se passe dans le camp et pour y être présent de même? Sans cette illusion, tout spectacle est absurde; mais on se la fait sans effort, et la vraisemblance n'y manque que lorsque, la scène étant continue et sans intervalle, le changement de lieu s'opère maladroitement et sans qu'aucune distraction du spectateur le favorise.

C'était là réellement le grand obstacle que trouvaient les Grecs au changement de lieu : aussi se le permettaient-ils rarement dans la tragédie. Que faisaient-ils donc? Ils faisaient d'autres fautes contre la vraisemblance; ils ne changeaient pas de lieu, mais ils réunissaient dans un même lieu ce qui devait se passer en des lieux différents. La scène était un endroit public, un espace vague, un temple, un vestibule, une place, un camp, quelquefois même un grand chemin. L'aire du théâtre répondait en même temps à plusieurs édifices, d'où les acteurs sortaient pour dire au peuple, qui composait le chœur, ce qu'ils auraient dû rougir de s'avouer à eux-mêmes. *Voyez* CHŒUR.

Si donc nous avons perdu quelque chose à la suppression du chœur, qui, chez les Grecs, remplissait les vides de l'action; du moins y avons-nous gagné la liberté du changement de lieu, que l'entr'acte nous facilite.

Il est aisé de sentir à-présent combien porte à faux ce que dit Dacier, que « les actions de nos tragédies ne sont presque plus des actions visibles; qu'elles se passent la plupart dans des chambres et des cabinets; que les spectateurs n'y doivent pas plus entrer que le chœur; et qu'il n'est pas naturel que les bourgeois de Paris voient ce qui se passe dans les cabinets des princes. » Il trouvait sans doute plus naturel que les bourgeois d'Athènes vissent du théâtre de Bacchus ce qui se passait sous les murs de Troie ou de Thèbes? Comment Dacier n'a-t-il pas compris que, quel que soit le lieu de la scène, un palais, un temple, une place publique, si le spectateur était censé y être présent et voir les acteurs, les acteurs seraient censés le voir? Nous ne sommes, je le répète, présents à l'action qu'en idée; et comme il n'en coûte rien de se transporter de Paris au capitole dès le premier acte, il en coûte encore moins, dans l'intervalle du premier au second, de passer du capitole dans la maison de Brutus.

Le plus grand avantage du changement de lieu est de rendre visibles des tableaux, des situations pathétiques, qui sans cela n'auraient pu se retracer qu'en récit. Mais il faut bien se souvenir que ces tableaux ne sont faits que pour donner lieu au développement des passions; que, s'ils sont trop accumulés, en se succédant, ils s'effacent l'un l'autre; que l'émotion qu'ils nous causent ne se nourrit que des sentiments qu'ils font naître dans l'ame même des acteurs; et qu'interrompre cette émotion avant qu'elle ait pu se répandre et qu'on ait eu le temps de s'y livrer et d'en jouir, c'est faire au cœur la même violence qu'on fait à l'oreille, lorsqu'on éteint mal-à-propos le son d'un corps harmonieux. Une tragédie composée de ces mouvements brusques, sans suite et sans gradations, est un assemblage de germes dont aucun n'a le temps d'éclore. L'invention des tableaux est donc une partie essentielle du génie du poëte; mais ce n'est ni la seule ni la plus importante. La tragédie est la peinture du jeu des passions, et non pas du jeu des machines.

On n'a pas toujours, ni par-tout, reconnu comme indispensable la règle des *unités;* on sait que, sur le théâtre anglais et sur le théâtre espagnol, elle est violée en tous points et contre toute vraisemblance. Il en était de même sur notre théâtre avant Corneille; et non-seulement l'*unité* de lieu n'y était pas observée, mais elle y était interdite. Le public se plaisait au changement de scène; il voulait qu'on le divertît par la variété des décorations, comme par la diversité des incidents et des aventures; et lorsque Mairet donna *la Sophonisbe*, il eut bien de la peine à obtenir des comédiens qu'il lui fût permis d'y observer l'*unité* de lieu.

On s'est enfin généralement accordé sur l'*unité*

d'action pour la tragédie ; mais à l'égard de l'épopée, la question a été problématique et indécise jusqu'à nos jours. A l'autorité d'Aristote et à l'exemple d'Homère et de Virgile, on a opposé le succès de l'Arioste, qui, ayant négligé cette règle, n'en est pas moins lu et relu, dit le Tasse, « par les personnes de tout âge et de tout sexe ; qui plaît à tout le monde, que tout le monde loue ; qui revit et rajeunit sans cesse dans sa renommée, et vole glorieusement, de bouche en bouche, chez toutes les nations du monde. »

Le Tasse, après avoir rendu ce beau témoignage à l'Arioste, ne laisse pourtant pas de se décider pour l'*unité* d'action. « La fable, dit-il, est la forme du poëme : s'il y a plusieurs fables, il y aura plusieurs poëmes ; si chacun d'eux est parfait, leur assemblage sera immense ; et si chacun d'eux est imparfait, il valait mieux n'en faire qu'un qui fût complet et régulier. » Gravina est du nombre de ceux qui pensaient que le poëme épique était dispensé de l'*unité* d'action ; et la raison qu'il en donne suffirait seule pour faire sentir son erreur.

J'avouerai, avec lui, qu'un poëme qui embrasse plusieurs actions, ne laisse pas d'être un poëme ; mais la question est de savoir si ce poëme est bien composé ; or, quelques beautés qu'il puisse avoir d'ailleurs, quelques succès qu'elles obtiennent, il est certain que la duplicité, la multiplicité d'action divise l'intérêt et par conséquent l'affaiblit.

La Motte prétend que, dans l'épopée, l'*unité* des personnages supplée à l'*unité* d'action, et qu'elle suffit à l'intérêt de l'épopée. Distinguons, pour plus de clarté, dans l'intérêt même de l'action, l'*unité* collective et l'*unité* progressive. L'*unité* collective consiste à réunir tous les vœux en un point, et à décider dans l'ame du lecteur ou du spectateur ce qu'il doit désirer ou craindre. Toutes les fois qu'on nous présente des hommes opposés d'intérêts, dont les succès sont incompatibles, et dont l'un ne peut être heureux que par la perte ou le malheur de l'autre, notre cœur choisit, de lui-même et sans le secours de la réflexion, celui dont la bonté ou la vertu est le plus digne de nous attacher; et nous nous mettons à sa place. Dès-lors tout ce qui le touche nous est personnel; notre ame passe dans la sienne : voilà l'intérêt décidé. Si les deux partis opposés nous présentent des personnages intéressants, et qui balancent notre affection; ou le bonheur de l'un est incompatible avec celui de l'autre, ou ils peuvent se concilier. Dans le premier cas, l'intérêt se partage et s'affaiblit dans ses alternatives; dans le second, notre inclination prend une direction moyenne, et se termine au point où les deux partis peuvent enfin se réunir. Le poëte doit avoir grand soin de rendre ce point de réunion sensible; c'est de là que dépend la décision de nos vœux, et ce qu'on appelle *unité d'intérêt*. Enfin si les partis opposés nous sont odieux ou indifférents l'un et l'autre, nous les livrons à eux-mêmes, sans nous attacher à leur sort; c'est la guerre des vautours; alors il n'y a d'autre intérêt que celui de la curiosité, qui se réduit à peu de chose. Il s'ensuit que, dans toute composition intéressante, il doit y avoir au moins un parti fait pour gagner notre bienveillance; mais qu'il n'y ait dans ce parti qu'une seule personne, ou qu'il y en ait mille, cela est égal; l'*unité* de vœu fera l'*unité* d'intérêt, et c'est l'*unité* collective.

L'*unité* progressive est autre chose : elle consiste à fixer le désir, la crainte, l'espérance, en un mot, l'attente inquiète du spectateur ou du lecteur sur *un seul* point, sur *un* événement *unique*, qui soit la solution du problème et le dénouement de l'action. Dans la tragédie des *Horaces*, quel aura été le succès du combat? voilà l'objet de notre attente; dès qu'on le sait, tout est fini. Après cela, que le meurtre de Camille soit puni ou soit pardonné, c'est un nouveau problème, une nouvelle action, un nouvel objet d'espérance ou de crainte; cet événement naît de l'autre, il en est dépendant; mais il n'y a point d'*unité*.

Or il est vrai que l'*unité* de personne supplée en quelque chose à l'*unité* progressive de l'action; mais si les accidents réunis sur le même personnage ne se terminent pas à *un seul* dénouement, l'intérêt de chaque situation cesse au moment qu'il en sort; nouvel incident, nouvelle inquiétude; nouveau péril, nouvelle crainte; nouveau malheur, nouvelle pitié. D'un poëme tissu d'incidents détachés, l'intérêt peut donc renaître d'instants en instants; mais alors la crainte, la pitié, l'inquiétude s'évanouissent à la solution de chacun de ces nœuds; et s'il y a une action principale, elle devient indifférente. Pour réunir les intérêts épisodiques, il faut donc qu'elle en soit le centre, c'est-à-dire que l'événement qui doit la terminer dépende des incidents, et que chacun d'eux fasse partie ou des moyens ou des obstacles.

Le Tasse a peint l'*unité* d'action par une grande et belle image. « Le monde, qui renferme dans son sein tant de choses si différentes, n'a cependant qu'une forme, qu'une essence; c'est par un seul et même nœud que toutes ses parties sont liées avec une harmonie qui a l'apparence de la discorde ; et, quoique dans sa structure il ne manque rien, il n'y a pourtant rien qui ne concoure à son utilité et à son ornement. »

Mais dans cette image on ne voit que ce qui contribue au succès de l'action, l'on n'y voit pas ce qui le retarde et le rend douteux ou pénible; or l'*unité* dépend du concours des obstacles, comme de celui des moyens. Du reste, l'alternative proposée par le Tasse, que toutes les parties du poëme soient, comme dans le mécanisme du monde, ou de nécessité ou de simple agrément; cette alternative donne aux poëtes une liberté dont ils ont abusé souvent. Je sais qu'on ne doit pas exiger, dans le tissu de l'épopée, des liaisons aussi étroites, aussi intimes que dans celui de la tragédie; mais encore faut-il que les parties fassent un tout, et que les détails forment un ensemble. L'épisode d'Armide est l'exemple de la liberté légitime dont les poëtes peuvent user. La délivrance des lieux saints est l'action de ce poëme; et les charmes d'une enchanteresse, qui prive l'armée de Godefroi de ses héros les plus vaillants, concourent à nouer l'action en même temps qu'ils l'embellissent; au lieu que l'épisode d'Olinde et de Sophronie, quoique touchant en lui-même, est hors d'œuvre et ne tient à rien.

Pope compare le poëme épique à un jardin. « La principale allée est grande et longue, et il y a de petites allées où l'on va quelquefois se délasser, qui tendent toutes à la grande. » Si l'on considère ainsi l'épopée, il est évident qu'il n'y a plus cette *unité* d'où dépend l'intérêt : car d'allée en allée le jardin de Pope sera bientôt un labyrinthe; et comme il n'en est aucune que l'on ne pût supprimer sans changer la grande, il n'en est aucune aussi qui ne pût mener à de nouvelles routes multipliées à l'infini. J'aime mieux l'image du fleuve dont les obstacles prolongent le cours, mais qui, dans ses détours les plus longs, ne cesse de suivre sa pente : il se partage en rameaux, forme des îles qu'il embrasse, reçoit des torrents, des ruisseaux, de nouveaux fleuves dans son sein; mais soit qu'il entre dans l'Océan par une ou plusieurs embouchures, c'est toujours le même fleuve qui suit la même impulsion.

Montaigne, avec ce sens profond et ce goût naturel dont il était doué, a parlé du mérite de la simplicité, de l'*unité*, dans l'action épique et dramatique, comme nous ferions aujourd'hui. Il disait de Virgile et de l'Arioste : *Celui-là, on le voit aller à tire d'aile, d'un vol haut et ferme, suivant toujours sa pointe; cettui-ci, voleter et sauteler de conte en conte, comme de branche en branche, ne se fiant à ses ailes que pour une bien courte traverse, et prendre pied à chaque bout de champ, de peur que l'haleine et la force lui faille* : Excursusque breves tentat. Aussi ne pouvait-il souffrir *la bêtise et la stupidité barbaresque de ceux qui, à cette heure, comparaient l'Arioste à Virgile.*

Il n'était pas moins choqué du mauvais goût *de ceux qui appariaient Plaute à Térence.* Mais ce qui le blessait bien davantage dans les faiseurs de comédies de son temps, c'était de voir qu'ils employaient *trois ou quatre arguments de celles de Térence ou de Plaute, pour en faire un des leurs. Ils entassent*, dit-il, *en une seule comédie cinq ou six contes de Bocace. Ce qui les fait ainsi se charger de matière, c'est la défiance qu'ils ont de pouvoir se soutenir de leurs propres grâces.* Il *faut qu'ils trouvent un corps où s'appuyer; et n'ayant pas, du leur, assez de quoi nous arrêter, ils veulent que le conte nous amuse.* Il en va de mon auteur (de Térence) *tout au contraire : les perfections et beautés de sa façon de dire nous font perdre l'appétit de son sujet ; sa gentillesse et sa mignardise nous retiennent par-tout. Il est par-tout si plaisant*, liquidus, puroque simillimus amni, *et nous remplit tant l'ame de ses grâces, que nous en oublions celles de sa fable.*

Montaigne aurait fait, comme on voit, peu de cas de tous ces drames pantomimes, où, de notre temps comme du sien, on fait sans cesse remuer ses personnages, pour s'épargner la peine de les faire agir. Il aurait dit de ces compositeurs de tableaux mouvants, et d'intrigues échafaudées : *A mesure qu'ils ont moins d'esprit, il leur faut plus de corps: ils montent à cheval, parce qu'ils ne sont pas assez forts sur leurs jambes : tout ainsi qu'en nos bals, ces hommes de vile condition qui en tiennent école, pour ne pouvoir représenter le port et la décence de notre noblesse, cherchent à se recommander par des sauts périlleux, et autres mouvements étranges et bateleresques.* (Essais, liv. 3, chap. 10.)

USAGE. Dans la manière de s'exprimer, comme dans celle de se vêtir, l'*usage* diffère de la mode, en ce qu'il a moins d'inconstance : mais l'*usage*, comme la mode, ne reconnaît pour règle que le goût; et selon que les mœurs publiques, le caractère et l'esprit dominant rendent le goût d'une nation plus raisonnable ou plus fantasque, l'*usage* est aussi plus sensé ou plus capricieux dans ses variations.

Chez les peuples qui ne parlent que pour se faire entendre, la langue est presque invariable; et qu'elle suffise au commerce de la vie et de la pensée, c'en est assez : elle a pour eux le nécessaire, et ils ignorent le superflu.

Mais à mesure que, dans son langage comme dans ses vêtements, une nation se livre à l'attrait du luxe, et qu'en parlant pour son plaisir, plus que pour ses besoins, elle s'occupe de l'élégance et de l'agrément de l'élocution; le désir et le soin de plaire la rendent inquiète, curieuse, incertaine dans la recherche de ses parures : et de là les raffinements et les caprices de l'*usage*.

Cependant on observe que, de toutes les langues, celle qui a le plus donné à l'ornement et au luxe de l'expression, la langue grecque, a été peu sujette aux variations de l'*usage;* et la différence de ses dialectes une fois établie, on ne s'aperçoit plus qu'elle ait changé depuis Homère jusqu'à Platon. La langue d'Homère semblait douée, ainsi que ses divinités, d'une jeunesse inaltérable : on eût dit que l'heureux génie qui l'avait inventée, eût pris conseil de la poésie, de l'éloquence, de la philosophie elle-même, pour la composer à leur gré. Vouée aux grâces dès sa naissance, mais instruite et disciplinée à l'école de la raison, également propre à exprimer, et de grandes idées, et de vives images, et des affections profondes; à rendre la vérité sensible, ou le mensonge intéressant; jamais l'art de flatter l'oreille, de charmer l'imagination, de parler à l'esprit, de remuer le cœur et l'ame, n'eut un instrument si parfait. Pandore, embellie à l'envi des dons de tous les dieux, était le symbole de la langue des Grecs.

Il n'en fut pas de même de celle des Latins. D'abord rude et austère comme la discipline et comme les lois dont elle était l'organe, pauvre comme le peuple qui la parlait, simple et grave comme ses mœurs, inculte comme son génie, elle éprouva les mêmes changements que le caractère et les mœurs de Rome. De sa nature, elle eut sans peine la force et la vigueur tragique qu'il fallait à Pacuvius, la véhémence et la franchise que demandait l'éloquence des Gracques; mais lorsqu'une poésie séduisante, voluptueuse, ou magnifique, en voulut faire usage; lorsqu'une éloquence insinuante, adulatrice, et servilement suppliante, voulut l'accommoder à ses desseins; il fallut qu'elle prît de la mollesse, de l'élégance, de l'harmonie, de la couleur, et que, dans l'art de prêter au langage un charme intéressant et une douce majesté, Rome devînt l'écolière d'Athènes, avant que d'en être l'émule. Ce qu'ont fait les Latins pour donner de la grâce à une langue toute guerrière, est le chef-d'œuvre de l'industrie; et dans les vers de Tibulle et d'Ovide, elle semble réaliser l'allégorie de la massue d'Hercule, dont l'amour, en la façonnant, se fait un arc souple et léger.

Celles de nos langues modernes qui se sont le plutôt fixées, sont l'espagnol et l'italien; l'une à cause de l'incuriosité naturelle des Castillans, et de cette fierté nationale, qui, dans leur langue, comme en eux-mêmes, fait gloire d'une noblesse pauvre, et dédaigne de l'enrichir; l'autre, à cause du respect trop timide que les Italiens conçurent pour leurs premiers grands écrivains, et de la loi prématurée qu'ils s'imposèrent à eux-mêmes de n'admettre, dans le bon style et dans le langage épuré, que les expressions consignées dans les écrits de ces hommes célèbres. De telles lois ne conviennent aux arts qu'à cette époque de leur virilité où ils ont acquis toute leur force et pris tout leur accroissement : jusques-là rien ne doit contraindre cette intelligence inventive qui élève l'industrie au-dessus de l'instinct; et réduire les arts, comme l'on fait souvent, à leurs premières institutions, c'est perpétuer leur enfance. La langue italienne se dit la fille de la langue latine : mais elle n'a pas recueilli tout l'héritage de sa mère; l'Arioste et le Tasse même, à côté de Virgile, sont des successeurs appauvris.

Le même esprit de liberté et d'ambition qui

anime la politique et le commerce de l'Angleterre, lui a fait enrichir sa langue de tout ce qu'elle a trouvé à sa bienséance dans les langues de ses voisins; et sans les vices indestructibles de sa formation primitive, elle serait devenue, par ses acquisitions, la plus belle langue du monde. Mais elle altère tout ce qu'elle emprunte, en voulant se l'assimiler. Le son, l'accent, le nombre, l'articulation, tout y est changé; ces mots dépaysés ressemblent à des colons dégénérés dans leur nouveau climat, et devenus méconnaissables aux yeux mêmes de leur patrie.

Nous avons mis moins de hardiesse, mais plus de soin à perfectionner notre langue : et s'il n'a pas été permis de la refondre, au moins a-t-on su la polir ; au moins a-t-on su lui donner des tours mieux arrondis, des mouvements plus doux, des articulations plus faciles et plus liantes; et en même temps qu'elle a pris plus de souplesse et et d'élégance, elle a de même acquis plus de noblesse et de dignité.

Cependant, quelque différente que soit la langue de Racine et de Fénélon, de celle de Baïf et de Dubartas; il est encore possible, sinon de la rendre plus douce et plus mélodieuse, au moins de l'enrichir, d'ajouter à son énergie, de la parer de nouvelles couleurs, d'en multiplier les nuances; et plus on en fait son étude, mieux on sent qu'elle n'en est pas à ce point de perfection où une langue doit se fixer.

Comme vivante, elle est variable, mais elle l'est dans les deux sens : elle peut acquérir et perdre; et cette alternative, on voulait autrefois qu'elle dépendît de l'*usage*, uniquement, absolument, et sans qu'il fût permis à la raison, dit Vaugelas, de lui opposer sa lumière.

Soyons moins superstitieux. Mais pour éviter un excès, ne donnons pas dans l'autre; et si l'on a trop accordé à l'autorité de l'*usage*, modérons-la, sans oublier qu'elle a ses droits, comme elle a ses limites. Reconnaissons, avec Vaugelas, que l'*usage a fait beaucoup de choses avec raison*, même beaucoup plus qu'on ne pense. En effet, il y a dans la langue mille façons de parler qu'on attribue au pur caprice de l'*usage*, et dont la raison se découvre dans une métaphysique très-déliée, qui semble avoir conduit la multitude à son insu, et qu'aperçoit celui qui examine la langue avec un œil philosophique. Dans les irrégularités même que l'*usage* a reçues et qu'il a fait passer en lois, on remarque souvent que ce qui les a introduites, c'est qu'elles donnent à l'expression plus de vivacité, de grâce, ou d'énergie; et jusques-là rien n'est plus juste que de se soumettre à l'*usage*.

Reconnaissons encore que, dans ce que l'*usage* a fait, ou *sans raison*, ou même *contre la raison*, dès que le temps, l'exemple, la sanction publique, durant un siècle de lumière, l'ont ratifié, l'ont confirmé, rien ne dispense plus d'observer ses lois positives, c'est-à-dire ce qu'il prescrit. Mais tenons-nous sur la réserve à l'égard de ce qu'il défend : car autant il serait à craindre que la liberté ne fût sans frein, autant il serait dangereux que l'autorité fût sans bornes. Et c'est dans le centre des lettres, au milieu de leur république, et en présence de leurs amis, que je viens réclamer leurs droits. *(Ce morceau a été lu dans une assemblée publique de l'académie française.)*

Je dirai donc qu'en observant ce que l'*usage* aura prescrit, on aura droit d'examiner ce qu'il lui plaira d'interdire ; et cette restriction, que je crois devoir mettre à sa puissance illimitée, est fondée sur deux motifs.

1° Quand l'*usage* prescrit, sa loi porte, il est vrai, quelque atteinte à la liberté, mais ne la détruit pas : je puis, par un détour, éluder sa décision, et par une façon de parler qui me plaît, éviter celle qui me déplaît ; ce sera une gêne, mais non pas une servitude. Il n'en est pas de même de ses lois négatives : elles nous ôtent toute liberté de faire ce qu'elles défendent ; et pour les éluder, il n'est point de détour.

2° Si les lois positives de l'*usage* sont défectueuses, le mal est fait : la langue est telle ; des hommes de génie n'ont pas laissé de la rendre éloquente, pleine de majesté, d'élégance et de grâce : il reste à la parler comme eux ; et c'est le cas de dire, avec Horace, *ainsi* l'usage *l'a voulu*. Mais à l'égard de ses lois négatives ou prohibitives, rien n'est fixe, rien n'est constant; ce sont les décrets d'un tyran bizarre, dont les dégoûts s'annoncent par des proscriptions. *Cela ne se dit point, cela ne se dit plus*, telle est leur formule ordinaire. Mais si cela s'est dit, pourquoi ne plus le dire? mais si cela est bien dit en soi, quoiqu'on ne l'ait pas dit encore, pourquoi ne le dirait-on pas? La langue est-elle déjà si riche et si complète, qu'elle n'ait plus rien à acquérir? a-t-elle une surabondance qui nous console de ses pertes? Comment se fût-elle formée, si, depuis Joinville jusqu'à Fénélon, personne n'avait osé dire pour la première fois ce qu'on n'avait pas encore dit? Comment se conservera-t-elle, si, au lieu de se reproduire à mesure qu'elle se dépouille, ce n'est plus qu'un vieux arbre, dont les rameaux séchés se brisent, et qui ne repousse jamais?

Quel est donc ce droit négatif, arbitraire, et indéfini, qu'on a laissé prendre à l'*usage?* et si l'expression nouvelle ou rajeunie est douce à l'oreille, claire à l'esprit, sensible à l'imagination; si la pensée la sollicite, et si le besoin l'autorise; si le tour en est animé, précis, naturel, énergique; si elle est conforme à la syntaxe et au génie de la langue; si elle ajoute à sa richesse; si par elle on évite une périphrase traînante, une épithète lâche et diffuse; si elle n'a point d'équivalent pour exprimer une nuance intéressante, ou dans le sentiment, ou dans l'idée, ou dans l'image; où est la raison de ne pas l'employer?

Ce sont les téméraires, dit Vaugelas, *qui inventent les mots comme les modes*. La parité n'est pas exacte : car dans les modes presque tout est de fantaisie, de caprice, ou de vanité; au lieu que dans la langue, ainsi que dans les arts, l'invention a souvent pour objet la nécessité, l'utilité, la beauté réelle. Alors où est la témérité d'oser être inventeur? Malherbe fut-il *téméraire*, lorsqu'il emprunta du latin *insidieux* et *sécurité?* et Desportes, lorsqu'il transplanta dans notre langue le mot *pudeur*, pour exprimer cette espèce de honte délicate et timide, qui saisit une ame innocente, ou une ame noble et sensible à la première idée de ce qui peut blesser sa fierté ou sa modestie; mot précieux que La Fontaine a si bien mis à sa place dans la fable des *deux amis?* *Dévouloir*, proposé par Malherbe, pour dire, *cesser de vouloir*, n'a pas été reçu; mais que deux ou trois bons écrivains l'eussent adopté, il faisait fortune, et la langue y gagnait un mot clair et précis. Vaugelas regardait *sortir de la vie* comme un barbarisme; fallait-il que, sur sa parole, La Fontaine s'abstînt de dire, en parlant de la vieillesse,

> Je voudrais qu'à cet âge
> On *sortît de la vie*, ainsi que d'un banquet?

C'était, nous dit ce même Vaugelas, *la plus saine partie de la cour*, c'était *la plus saine partie des auteurs du temps*, qui étaient les arbitres de l'usage; et dans cette espèce d'aristocratie, composée de deux puissances souvent contraires l'une à l'autre, on ne savait à laquelle obéir. Ainsi une foule de mots qui manquaient à la langue et qu'on y voulait introduire étaient arrêtés au passage, et le plus souvent rebutés. *Féliciter* paraissait barbare ; *face* n'était pas du bon style ; la cour ne voulait pas que l'on dît *ambitionner* ; *ployer* choquait l'oreille, c'était *plier* qu'il fallait dire ; *transfuge* n'était point admis, non plus qu'*insulter* et qu'*insulte*.

Heureusement vinrent des hommes qui surent donner à la langue plus d'aisance et de liberté, et en même temps plus d'autorité et de consistance à l'*usage*. « *Les grands hommes du siècle passé*, dit Voltaire, *ont enseigné à penser et à parler.* Ce fut d'abord l'auteur de *Cinna*, des *Horaces*, de *Polyeucte*, et après lui, La Rochefoucault, le cardinal de Retz, Pascal, Bossuet, Bourdaloue, Molière, Pélisson, Boileau, Racine, Fénélon, La Bruyère, qui formèrent l'esprit, la langue, et le goût de la nation. »

On voit alors comment l'*usage*, en se fixant, put acquérir une autorité légitime ; et comment les juges naturels de la langue usuelle, formés à l'école des maîtres de la langue écrite, purent prétendre à juger celle-ci. Mais ce droit acquis à une nation cultivée ne s'étend pas jusqu'à interdire aux artisans de la parole toute espèce d'innovation : et s'il arrivait que le goût devînt trop minutieux, trop efféminé, trop timide, ou que la fantaisie, le caprice, la vanité du faux bel-esprit, voulussent marquer à leur gré les bornes de la langue écrite, et défendre au génie de les passer; je ne présume pas qu'il dût à leur défense une aveugle docilité.

Un goût délicat et craintif se croit le goût par excellence, lorsqu'il s'abstient de ce qui peut déplaire; mais un goût très-supérieur serait celui qui hasarderait, avec une hardiesse éclairée, ce qui, après avoir déplu quelques moments, serait fait pour plaire toujours.

Je dirai plus encore : dans un public imbu d'une saine littérature, ce ne sera jamais ni au plus grand nombre ni à l'élite des bons esprits que l'on risquera de déplaire par d'heureuses innovations, par des rénovations utiles. Ce sont toujours des hommes indignes d'être libres, qui veulent que chacun soit esclave comme eux. Mais qu'a de commun la timide inertie de leur instinct avec la noble audace du génie?

C'est un Scudéri qui défend à l'auteur du *Cid*, à Corneille, de dire :

> Plus l'*offenseur* est cher, et plus grande est l'offense
> *Je dois* à ma maîtresse aussi-bien qu'à mon père.
> *Je rendrai mon sang pur* comme je l'ai reçu.
> On l'a pris *tout bouillant* encor de sa querelle.

C'est Scudéri qui prétend qu'*arborer des lauriers, gagner des combats, instruire d'exemple*, ne sont pas des phrases françaises. Et voilà le modèle de cette foule de critiques dont Racine fut assailli, lors même qu'il portait la langue à son plus haut degré de gloire. Ce qu'on admire aujourd'hui dans son style, comme les hardiesses d'un maître, lui était reproché de son temps comme les fautes d'un écolier. O Subligni, tu prétendais savoir la grammaire mieux que Racine! Ainsi l'œil louche de l'envie, ou l'œil trouble de l'ignorance, en examinant les écrits des grands hommes vivants, y prend pour incorrections les élégances les plus exquises; et c'est toujours l'*usage* que le faux goût met en avant, comme si l'homme de génie n'avait jamais droit de parler sans l'*usage* et avant l'*usage*.

Il y a dans notre langue, de l'aveu même de Vaugelas, une infinité de phrases qui sont les dépouilles des langues savantes, et qui, accommodées à son génie, font une partie de ses richesses. Or je demande à Vaugelas : ces façons de parler, et toutes celles qui de la langue écrite passent dans la langue usuelle, ou qui restent comme en réserve dans le trésor de la poésie et de l'éloquence, qui nous les a données? Ne sont-ce pas les gens de lettres, et n'est-ce pas surtout en cela que consiste cette invention du style, qui caractérise et distingue nos plus grands écrivains, et nommément cet Amyot, que Vaugelas a tant loué? Or si Amyot fut louable d'avoir osé les inventer, ces expressions heureuses que nous avons laissées vieillir, pourquoi celui qui les rajeunirait serait-il si répréhensible?

Que l'on soit soumis à l'*usage* dans les formules établies, comme dans l'emploi des articles, des particules, et des pronoms, rien de tout cela n'est gênant; et de toutes les difficultés grammaticales dont Vaugelas s'est occupé, il n'y en a peut-être pas une qui intéresse sérieusement la poésie ou l'éloquence. Mais ce qui peut contribuer à la richesse de l'expression, à sa délicatesse, ou à son énergie, toutes ces façons de parler, qui, négligées dans la langue usuelle, ne laissent pas d'avoir leur place et leur utilité dans la langue écrite, soit pour l'idée, soit pour l'image, soit pour la précision, le nombre, et l'harmonie, sont-elles condamnées à ne jamais revivre? et l'éloquence et la poésie n'ont-elles plus aucun espoir de recouvrer les larcins que leur a faits l'*usage*, ou plutôt que leur a faits l'oubli? Car le plus grand nombre de ces phrases et de ces mots perdus pour elles, ont été délaissés plutôt que rebutés; et l'on ne s'en sert plus, par la seule raison qu'on a cessé de s'en servir.

Lorsque les grands écrivains ne sont plus, on nous les cite comme des modèles de déférence et de docilité pour les défenses de l'*usage*. On ne sait pas, ou l'on oublie combien de fois ils se sont permis ce que l'*usage* n'approuvait pas. On ne sait pas, en lui cédant, combien il leur en a coûté de dégoûts et de sacrifices; combien de fois, dans l'expression des mouvements de l'ame ou des saillies du caractère, ils ont envié l'énergie, la franchise, le naturel, le tour vif et rapide de la langue du peuple ; combien de fois ils ont soupiré après la liberté de l'imagination et de la plume de Montaigne. Quoi qu'il en soit, si de grands écrivains ont méconnu leur ascendant et se sont fait un devoir trop étroit de céder à l'*usage*, lorsqu'ils auraient voulu et dû lui résister ; c'est un excès de modestie, dont nous les louons à regret, comme d'une vertu timide.

Rien, ou presque rien de la langue de Pascal n'a vieilli : cela prouve sans doute un goût pur et sévère, mais trop sévère et trop exquis. Pascal, en épurant la langue, l'a, pour ainsi dire, passée à un tamis trop fin. Il n'a pas assez conservé de la substance de Montaigne. On trouve à celui-ci une force et une saveur préférables à la pureté même. Ce n'est pas que son vieux langage n'eût grand besoin d'être purgé, et que la langue, dans son état actuel, ne soit mille fois préférable : elle a plus de clarté, d'aisance, de noblesse, de décence et de dignité, de délicatesse et de grâce, d'harmonie et de coloris ; mais son élégance a trop pris sur sa vigueur ; ses polisseurs l'ont affaiblie ; elle a perdu de sa naïveté, de sa concision, et de son énergie ; et je crois qu'il était possible d'en perfectionner les formes, et d'en moins altérer le fond.

Je ne mets certainement pas au nombre de ses pertes la rouille qu'elle a déposée, les inversions dures, les tours forcés, les locutions mal construites, les termes bas ou pédantesques, d'un son déplaisant, d'un sens louche, d'une articulation pénible, ou qui avaient de l'affinité avec des objets dégoûtants; et je ne reproche à l'*usage* que d'avoir manqué trop souvent de discernement dans son choix.

Mais à mesure qu'il rebutait une foule de tours naïfs, qu'on ne retrouve plus que dans La Fontaine, un grand nombre de tours vigoureux et concis, et de phrases substantielles, qui sont perdues depuis Montaigne, une multitude de mots harmonieux, sensibles, faits pour parler à l'ame, faits pour plaire à l'oreille; je demande comment les hommes qui, en fait de goût, disposaient de l'opinion, ont pu laisser périr tant de richesses? Qui les eût empêchés de les conserver dans leur style?

La cour, dont le langage roule sur un petit nombre de mots, la plupart vagues et confus, d'un sens équivoque ou à demi-voilé, comme il convient à la politesse, à la dissimulation, à l'extrême réserve, à la plaisanterie légère, à la malice raffinée, ou à la flatterie adroite; la cour a pu, dans tous les temps, négliger une infinité d'expressions naïves ou franches, dont elle n'avait pas besoin. Le monde poli et superficiel, qui suit l'exemple de la cour, et qui croit qu'il est du bon ton de parler de tout froidement, légèrement, à demi-mot, sans chaleur et sans énergie; ce monde, dis-je, a dû laisser tomber tout ce qui n'était pas de sa langue usuelle. L'expression fine et piquante a dû lui être chère; il l'a dû conserver : il a dû conserver de même le langage du sentiment dans toute sa délicatesse, comme essentiel au caractère de politesse et de galanterie, qui est la surface de ses mœurs. Mais son dictionnaire n'a pas dû s'étendre au-delà du cercle de ses besoins; et mille façons de parler, nécessaires à l'homme qui pense fortement et qui veut s'exprimer de même, à l'homme qui s'affecte d'un sentiment passionné ou d'une image pathétique, et qui veut rendre ce qu'il sent, en deux mots, le langage de l'éloquence et de la poésie n'a pas dû trouver dans le monde des conservateurs bien zélés. Mais en négligeant des richesses qui leur étaient inutiles, la cour et le monde faisaient-ils une loi de les abandonner comme eux? Et ceux à qui toutes les couleurs, toutes les nuances de la langue étaient si précieuses, n'auraient-ils pas été au moins bien excusables de ne pas les laisser périr?

La langue usuelle se trouve riche, parce qu'elle fournit abondamment au commerce intérieur de la société; mais la langue écrite ne laisse pas d'être indigente et nécessiteuse, parce que ses besoins s'étendent au-dehors. Tous les jours elle est obligée de correspondre à des mœurs étrangères, à des *usages* qui ne sont plus; tous les jours l'historien, le poëte, le philosophe se transplante dans des pays lointains, dans des temps reculés; et que deviendra-t-il, si sa langue n'est pas cosmopolite comme lui, si elle n'a pas les analogues et les équivalents de celles des pays et des temps qu'il fréquente? Que deviendra surtout le traducteur d'un écrivain assez habile pour avoir mis en œuvre toutes les richesses de sa propre langue? Il en est qu'il est impossible de traduire fidèlement; et la raison n'en est que trop sensible; c'est que les langues, dont le but commun devrait être une parfaite correspondance, se sont enorgueillies de leurs propriétés, et ont négligé leur commerce. Ce qui dans l'une surabonde, manque dans l'autre; et réciproquement. Ce sont, pour changer de figure, des palettes de peintres, qui n'ont pas les mêmes couleurs; et c'eût été aux gens de lettres à s'en apercevoir et à les assortir. C'est ce qu'ont fait Montaigne, Amyot, La Fontaine, souvent Racine. Leur langue est conquérante; elle prend les tours et les formes des langues éloquentes et poétiques qu'elle a pour adversaires, comme les Romains empruntaient les armes de leurs ennemis.

Si, plus asservis à l'*usage*, nous renonçons à ce droit de conquête, au moins que ne conservons-nous ce que nos pères ont acquis? et sans parler des phrases que nous avons perdues (car ce détail nous mènerait trop loin), par quelle complaisance avons-nous renoncé à une infinité de mots ou négligés, ou rebutés, ou, si je l'ose dire, dégradés de noblesse par le caprice de l'*usage*?

Val, par exemple, n'eût-il pas dû garder sa place dans de beaux vers, comme *vallon*? *Ombreux* n'avait-il pas sa nuance à côté de *sombre*, et *rais* à côté de *rayons*? *Labeurs*, au figuré, ne valait-il pas bien *travaux*, et pour le sens et pour l'oreille? Quel goût assez bizarre aurait pu rebuter *blondir*? *Soulagement* est-il plus doux que *léniment*, qu'*allégement*, ou qu'*allégeance*? *Alléger* lui-même, en parlant de peines, aurait-il dû être interdit au langage du sentiment? *Dévaler* devait-il être moins durable que *ravaler*, dérivé de la même source? *Rancune* est populaire, mais *rancœur* serait noble et plus fort que *ressentiment*. *Ardre*, au moral, n'a point d'équivalent; et il serait si nécessaire! *Se prendre* exprime une action plus forte que *s'attacher;* pourquoi *se détacher* est-il plus noble que *se déprendre*? Et *secouer*, dont le son est si faible, a-t-il bien remplacé *brandir*? Et *inflexible* ne laisse-t-il jamais regretter *imployable*? *Aventureux* n'aurait-il pas dû se soutenir à côté d'*aventure*? Et puisqu'on a détourné le sens de *délayer*, ne fallait-il pas conserver, à *délai*, son verbe *dilayer*, qui valait mieux que *traîner en longueur*, et qui n'a pas d'autre synonyme? Ne fallait-il pas laisser à *émouvoir*, *émoi*? à *se souvenir*, *souvenance*? *Bruit* n'eût-il pas dû garder *bruire*, dont on a retenu *bruyant*? Pourquoi *fallacieux* a-t-il péri depuis Corneille, et *affres* depuis Bossuet? Pourquoi l'*usage* a-t-il conservé *oubli*, et abandonné *oublieux?* Pourquoi du verbe *simuler* n'avons-nous que le participe, et ne disons-nous pas, comme les Latins, *simuler* et *dissimuler? Feindre* exprimerait les mensonges de l'imagination, *simuler* exprimerait les mensonges du sentiment ou de la pensée. Pourquoi *loisible*, nuance fine et délicate de *permis*, n'est-il plus du haut style? Pourquoi dit-on *durable*, et ne dit-on plus *perdurable*, qui l'agrandit? Pourquoi *calamité*, et non *calamiteux? peuplé*, et non *populeux?* Pourquoi *prépondérant*, et non pas *pondérant*, qui nous serait si nécessaire, et auquel ni *grave*, ni *lourd*, ni *pesant* ne peuvent suppléer? Car *pondérant* se dirait du style; il se dirait de l'éloquence; il se dirait de l'esprit même; et ce serait toute autre chose qu'un style *pesant*, qu'une éloquence *grave*, qu'un esprit *lourd*. On croit n'avoir perdu que des synonymes, et l'on se trompe. *Écumant* se dirait des vagues; *écumeux* se dirait de l'écueil ou du rivage blanchi d'écume; *oisif* se dirait de la personne, *ocieux* de la situation; pourquoi l'avoir abandonné? *Discord*, dans ses trois sens, ne devait-il pas être inséparable de *discorde*; et ne devrait-on pas dire encore *un caractère inégal et discord, des esprits divers et discords, les discords qui troublent le monde? Apre* donnait *exaspérer; entrave* donnait *entraver; redonder* a donné *redondant;* pourquoi l'un de ces mots a-t-il vieilli, et non pas l'autre? Pourquoi *félon* et *félonie* ne se trouvent-ils plus que dans le code criminel? *Loyal* et *déloyal, loyauté*, et *déloyauté* auraient-ils dû jamais être bannis du langage héroïque? *Ferveur* devait-il être exclu du langage de l'amitié, devait-il l'être de celui de l'amour, à qui d'ailleurs on a laissé tous les caractères du culte? *Déhonté* ne devait-il pas se dire aussi long-temps que *honte? Instabilité* devait-il être plus heureux qu'*instable?* et *importun* plus heureux qu'*opportun?* Pourquoi a-t-on perdu le pluriel de *jeunesse*, qui exprimait si bien d'un seul mot les illusions, les erreurs, les folies de ce bel âge? Si *cour* et *courtisan* sont nobles, pourquoi leurs analogues, *courtois* et *courtoisie*, ne sont-ils plus du même ton? Quel mot remplacera *liesse*, pour exprimer une douce joie et la volupté du bonheur?

Qu'on se donne la peine de remettre à leur place quelques-uns de ces mots, et qu'on se demande à soi-même s'ils feraient tache dans le style.

Supposons, par exemple, que, pour exprimer la chûte de ce qui roule ou glisse par une longue pente, avec lenteur et sans bondir, on employât le vieux mot *dévaler*,

Les neiges par monceaux *dévalaient* des montagnes :

ne serait-ce pas une image de plus? Si on faisait dire à un homme affligé, qu'il trouve à sa douleur une douce *allégeance*, qu'on applique à ses maux un faible *léniment ;* si l'on disait d'une province, qu'elle n'était pas *populeuse* de sa nature, mais qu'elle a été *peuplée* par l'industrie et le commerce;

Si l'on disait que tout ce qui dépend de la fortune ou de l'opinion est *instable* comme elles;

Qu'une longue *souvenance* du passé éclaire un vieillard sur l'avenir, et qu'il la tourne en prévoyance;

Qu'en politique, la dissimulation est permise, mais non pas la *simulation;*

Que, dans les temps *calamiteux*, l'humeur du peuple s'*exaspère;* qu'il faut le contenir; mais non pas l'*entraver;*

Que d'élever un homme, en un instant, du rang *infime* au rang suprême, ce n'est qu'un jeu pour la fortune;

Qu'un riche étale son opulence avec un orgueil *outrageux;*

Que le caractère du peuple est uniforme dans les pays du despotisme, et qu'il est *multiforme* dans les pays de liberté;

Si l'on disait qu'un homme déshonoré, mais impudent, lève un front *déhonté* contre la renommée;

Si l'on disait,

Les temps *calamiteux* sont féconds en grands hommes;
Qu'attendez-vous d'un homme *oublieux* des bienfaits?
Le Ciel enfin pour nous sera-t-il *exorable?*
Il parvint à la gloire à force de *labeurs;*
Respirer la fraîcheur des *ombreuses* vallées;

Les vents *bruyaient* au loin dans les forêts profondes;
Ils ont de leurs *discords* fatigué l'univers;
De ses *rais* argentés Diane se couronne;
Les épis ondoyants commençaient à *blondir :*

parlerait-on une langue étrangère? ne serait-on pas entendu? ne le serait-on pas même avec le plaisir qu'on éprouve à retrouver des biens que l'on croyait perdus, et qu'on a long-temps regrettés?

Mais un tort bien plus sérieux et d'une conséquence plus étendue, que font à la langue les lois prohibitives de l'*usage*, c'est de la dégrader et de rendre inutile au langage noble et soutenu la meilleure partie de ses richesses. Les bons écrivains la décorent de nouvelles translations de mots et de nouvelles alliances; mais son vrai fonds, ses termes propres, ses analogues, ses synonymes, ses diminutifs, ses primitifs, ses dérivés, et, si j'ose le dire enfin, ses richesses de première nécessité périssent tous les jours pour l'orateur et le poëte; or ce serait à conserver cette partie si précieuse du langage de la poésie et de l'éloquence, qu'on devrait donner tous ses soins.

Une communication habituelle entre les différentes classes de la société, fait que la langue du peuple dérobe tous les jours quelque chose à celle d'un monde plus cultivé; et celle-ci, pour se dédommager, usurpe aussi tous les jours quelques termes du langage plus relevé de l'éloquence et de la poésie. Ainsi, par degrés, l'héroïque devient familier, le familier devient populaire; en sorte que la langue écrite est, à l'égard de la langue usuelle, comme une île au milieu d'un fleuve qui la ronge insensiblement et finira par la submerger.

Ce qu'Horace a dit de la vie, on peut le dire de la langue :

Tous les ans, dans leur cours, nous font quelques larcins.

Le terme propre est devenu commun; le tour naturel est usé; l'épithète la plus hardie et la plus forte n'est plus qu'un mot parasite et vague; l'expression figurée est ternie; l'élégance a perdu sa fleur; et si l'on veut donner au style un peu d'éclat, il faudra bientôt tirer de loin des mots auxiliaires, accumuler des métaphores, enfin se rendre étrange, de peur d'être commun en osant être naturel.

Que faire donc pour retarder au moins cette dégradation successive et continuelle? Opposer à l'*usage* la même force de résistance pour retenir ce qu'il veut rebuter, qu'on lui oppose quelquefois pour rebuter ce qu'il veut introduire. Ne voit-on pas quel est le sort de ces mots *aventuriers* dont parle La Bruyère, qui courent le monde pour tenter fortune, et qui, après une vogue éphémère, sont délaissés et tombent dans l'oubli? Pourquoi donc, si le bon esprit et le bon goût font périr les mots qu'ils dédaignent, n'auraient-ils pas le droit de faire vivre les mots qu'ils auraient adoptés, si ces mots ont de l'harmonie, de la clarté, de la couleur, et une noblesse naturelle, je veux dire de l'analogie avec des idées et des images nobles, sans nulle affinité avec des objets rebutants?

Le peuple, dit-on, s'exprime ainsi. Eh bien, alors le peuple s'exprime noblement. Où en serions-nous si l'écrivain, même le plus élégant, ne devait rien dire comme le peuple? Une grande partie de la langue est commune à tous les états; et cette espèce de domaine public est plus ou moins étendu, selon le caractère et l'esprit de la multitude. Le peuple d'Athènes parlait la langue de Théophraste, et croyait même la parler mieux que lui. Le peuple romain, du temps de Scipion, ne parlait pas la langue de Térence; mais avant même le règne d'Auguste, il était, en fait de langage, si difficile et si sévère, qu'il intimidait ses orateurs. Le peuple de Toscane parle aujourd'hui l'italien le plus pur. Les paysans de la Castille parlent leur langue dans toute sa noblesse. Par quelle vanité voulons-nous que, dans la nôtre, tout ce qui est à l'*usage* du peuple contracte un caractère de bassesse et de vileté? Faut-il qu'une reine dise *bon jour* en d'autres termes qu'une villageoise?

Par-tout sans doute, et dans tous les temps, il y a des façons de parler qu'il faut laisser au peuple et qui n'appartiennent qu'à lui, parce qu'elles sont analogues aux idées qui lui sont propres, et qu'elles tiennent à ses coutumes, à ses travaux, ou à ses mœurs; mais ce qui n'a pas ces rapports exclusifs, et qui n'a rien de rebutant ni pour l'esprit ni pour l'oreille, appartient à toute la langue.

Quel sera donc, dira quelqu'un, le caractère distinctif du langage élevé, du haut style? Une réserve semblable à celle que je viens d'assigner au langage du peuple, c'est-à-dire, un grand nombre de termes et d'images exclusivement analogues aux mœurs, aux habitudes, à la façon de voir, de penser et d'agir des hommes d'un rang élevé. Mais à cet apanage réservé à leur classe, elle joindra la jouissance de tout le domaine commun, d'où la vanité veut l'exclure, et qu'une fausse délicatesse lui conseille d'abandonner.

Quoi! parce que le peuple dit tous les jours: *Comment faire? vous savez sa coutume; pousser à bout quelqu'un; être instruit de ce qui se passe; prendre son chemin vers un endroit;* parce qu'il dit, *vous qui parlez pour lui; attendrait-il si tard; pour bien faire il faudrait; attendre après quelqu'un; réglez-vous là-dessus; prenez votre parti*, et mille choses qu'on ne peut dire autrement que le peuple, sans les dire plus mal que lui; faut-il pour cela que ces façons de parler simples et naturelles soient interdites à la poésie? Fallait-il que Racine (de qui je les emprunte) se les refusât au besoin? Ne voit-on pas qu'entremêlées avec des termes et des images d'un ton plus haut, elles donnent au style un air de vérité, de naïveté, qu'il n'aurait pas s'il était plus tendu? C'est l'artifice qu'Aristote enseigne aux poëtes pour sauver l'invraisemblance du merveilleux, que d'y mêler des choses simples et communes, afin, dit-il, que la croyance accordée à ce qui est naturel, se communique à ce qui ne l'est pas. Il en sera de même de la vraisemblance du langage, si le naturel s'y marie avec le rare et le merveilleux.

Qu'on affecte au contraire de se tenir sans cesse au-dessus du ton familier, bientôt on ne parlera plus que par figures accumulées; et la langue écrite le fera si artistement et si pompeusement, qu'elle ne fera plus aucune illusion. *Il faut,* nous dit Voltaire, *qu'une métaphore soit naturelle, vraie, lumineuse* (et il ajoute), *et qu'elle échappe à la passion.* Or comment peut-elle paraître échapper à la passion, si la passion en est prodigue, et si son langage n'est qu'un amas de figures accumulées et de termes évidemment recherchés et tirés de loin?

L'expression ne doit jamais être plus simple que lorsque la pensée ou le sentiment est sublime; or tout ce qui est simple dans une langue, y devient nécessairement familier par le progrès de l'imitation. L'on voit même que parmi nous, soit au théâtre, soit dans les livres, soit dans le monde, le peuple a déjà pris les expressions les plus fortes de la poésie et de l'éloquence ; un accident le fait *frémir* ; une calomnie lui fait *horreur* ; un caractère lui paraît *odieux, détestable, atroce* ; un artisan est *désolé, désespéré* de s'être fait attendre ; il est *pénétré, confondu, inconsolable*, etc. Il ne faut donc pas s'imaginer que tout ce qui devient familier au peuple soit populaire ; et en dépit de l'*usage* et de ses abus, la langue noble a droit de conserver, non-seulement ce qui lui est propre, mais ce qui doit lui être commun avec tous les autres langages.

Cependant l'art d'écrire, comme tous les arts d'agrément, doit s'occuper du soin de plaire à ce public qui s'est rendu l'arbitre de la langue. Il est donc inutile d'examiner, me dira-t-on, si le caprice et la fantaisie, ou la réflexion et le goût, président à ses décisions ; et dès que la langue est l'instrument des arts destinés à lui plaire, il faut la parler à son gré.

C'est là, je crois, l'objection la plus forte qu'on puisse faire en faveur de l'*usage* ; et je conviens qu'elle est sans réplique pour les ouvrages dont le succès dépend de l'émotion simultanée du public assemblé : car dans ces assemblées l'*usage* est dans toute sa force et dans la plénitude de son autorité ; il y décide, et ne raisonne pas ; et il fallait tout l'art de Racine, tout l'ascendant de Bossuet, pour risquer au théâtre et dans la chaire d'éloquentes témérités.

Mais hors de là, et dans des écrits jugés par

des lecteurs isolés et tranquilles, pourquoi, si l'on est sûr d'avoir pour soi la raison et le goût, n'oserait-on parler d'après soi-même et pour le petit nombre? L'*usage*, comme l'opinion, existe, sans que l'on puisse dire quelle en est l'origine ni quelle en sera la durée. C'est une assimilation de langage, comme l'opinion est une assimilation d'idées, l'une et l'autre le plus souvent fortuite et passagère, sans autre cause que l'exemple, sans autre lien qu'une adhésion superficielle des esprits. Si donc l'homme qui veut penser avec une liberté sage, commence par se dégager du pouvoir de l'opinion, et ose lui-même s'en rendre juge; pourquoi l'homme qui veut écrire avec une noble franchise ne commence-t-il pas de même par soumettre l'*usage* à son propre examen? Comment veut-on que la parole suive le vol de la pensée, si tandis que l'une sera libre, l'autre est chargée de liens? Cela me rappelle un emblême, où un aigle attaché à un vieux tronc de chêne, s'efforçait de prendre l'essor; ses ailes étaient déployées, mais son corps était enchaîné.

Lorsque le goût du temps a paru aux hommes de génie, dans tous les arts, ou trop timide ou trop frivole, qu'ont fait ces grands artistes? Ils se sont recueillis, retirés de leur siècle, et se sont mis devant les yeux les grands exemples du passé, pour être dignes, en les imitant, des suffrages de l'avenir. Pourquoi donc l'écrivain solitaire et indépendant, qui ne sera jamais livré aux mouvements de la multitude, et qui n'aura pour juge qu'un lecteur isolé et solitaire comme lui, n'aurait-il pas le même courage que le peintre et que le statuaire a dans son atelier? Son style y prendra, je le sais, un caractère un peu sauvage; mais je sais bien aussi qu'il en aura une vigueur plus mâle, une vérité plus naïve, enfin plus d'abondance, plus de sève et plus de saveur.

J'entends ici les vrais amis du goût et les zélés conservateurs de la pureté du langage, me demander si, en accordant aux écrivains cette liberté légitime que je sollicite pour eux, on n'ouvrira point la barrière à une licence immodérée, et si je pense qu'il en résulte plus d'avantages que d'abus?

A cela je réponds, que l'éternel écueil de la liberté c'est la licence, et que la liberté n'en est pas moins le premier bien des arts, comme le premier bien des hommes. Je réponds, qu'il importe peu que les mauvais écrivains en abusent, pourvu que les bons en profitent : car ce n'est jamais à la foule qui va périr, mais au petit nombre qui doit vivre, qu'il faut penser en s'occupant des arts. Un écrivain judicieux sentira mieux que je n'ai pu le dire, à quelles conditions il peut oser ce que l'*usage* lui défend ou ne lui permet point encore; et celui à qui la nature aura refusé ce discernement juste et sain, cette sagacité d'intelligence et de sentiment qui fait l'homme de goût, celui-là, dis-je, n'a pas besoin, pour mal écrire, qu'on lui en facilite les moyens.

Qu'il se rencontre, par exemple, un de ces esprits vains et vagues, qui, pour déguiser leur faiblesse et leur inanité, s'efforcent de produire des mots en guise de pensée, et qui, n'ayant que des idées communes, les fardent et les enluminent pour leur donner un air de singularité ; rien ne l'empêchera de se faire un langage aussi bizarrement construit que péniblement travaillé.

Qu'il se rencontre un cerveau brûlant, d'une chaleur stérile et sans lumière, comme celle d'un sable aride ; un de ces hommes qui, sans talent, veulent se donner du génie ; rien ne l'empêchera de se former un style aussi obscur, aussi incohérent, aussi informe que ses pensées. Avec des notions superficielles et confuses, il tâchera de se montrer profond ; vigoureux et hardi, avec des idées faibles ; plein de verve et d'enthousiasme, avec une ame sans ressort et une imagination sans élan : il cherchera la nouveauté, la hardiesse, l'énergie, dans un mélange monstrueux de mots étrangers l'un à l'autre, et d'images incompatibles ; et donnant sa bizarrerie pour de l'originalité, je crois l'entendre s'applaudir d'avoir un langage qui n'est qu'à lui. Tant mieux qu'il ne soit qu'à lui seul. Mais eût-il des imitateurs, des admirateurs même, pourquoi s'en mettre en peine ? Jetons les yeux sur le passé ; et de ces productions sauvages dont le vaste champ de la littérature fut hérissé dans tous les temps, regardons ce qui reste : observons à quel petit nombre de bons esprits et de bons écrivains tient la gloire de tout un siècle ; et pourvu que ceux-là prospèrent, laissons la foule des faux talents se débattre dans les liens de l'*usage*, ou s'en échapper, n'éviter la bassesse et la trivialité que par l'enflure et l'extravagance, et ne faire un moment quelque bruit qu'en passant de l'obscurité dans l'oubli.

V.

Vérité relative. Dans l'imitation poétique, la *vérité relative* est souvent contraire et toujours préférable à la *vérité* absolue. Il n'est pas nécessaire qu'une pensée soit vraie en elle-même, mais qu'elle soit l'expression vraie de la nature. Il n'est pas nécessaire qu'un sentiment soit celui du commun des hommes, mais celui de tel homme dans telle situation. Chacun doit parler son langage; et c'est à quoi le faux goût et le faux esprit se méprennent le plus souvent.

Un peintre qui, dans l'éloignement, peindrait les objets dans tous leurs détails, avec leur forme, leur couleur, et leur grandeur naturelle, exprimerait la *vérité* absolue, et n'observerait pas la *vérité relative*. Un poëte qui ferait penser juste tous ses personnages, remplirait de *vérités* un ouvrage qui serait faux d'un bout à l'autre.

Il est une *vérité relative* aux passions. Elles exagèrent; et l'hyperbole, qu'elles emploient fréquemment, sensible pour ceux qui écoutent, ne l'est point pour celui qui parle : c'est dans ce sens-là que Quintilien a dit qu'elle devait être *extra fidem, non extra modum*. Toutes les fois que l'expression dit plus qu'on ne doit penser naturellement, elle est fausse ; elle est juste toutes les fois qu'elle n'excède pas l'idée qu'on a ou qu'on peut avoir. C'est dans cette *vérité* relative que consiste la précision de l'hyperbole même ; car il n'y a point d'exception à cette règle, que chacun doit parler d'après sa pensée et peindre les choses comme il les voit. Celui qui soupirait de voir Louis XIV trop à l'étroit dans le Louvre, et qui disait pour sa raison,

>   Une si grande majesté
>   A trop peu de toute la terre,

le pensait-il? pouvait-il le penser? C'est la pierre de touche de l'hyperbole.

L'un des grands vices de notre ancienne poésie, c'est l'hyperbole demesurée. Malherbe en est plein dans ses odes. Quoi de plus extravagant, par exemple, que ces présages des exploits du dauphin, dont il prédisait à la reine la naissance et les destinées?

>   O combien lors aura de veuves
>   La gent qui porte le turban !
>   Que de sang rougira les fleuves
>   Qui lavent les pieds du Liban !
>   Que le Bosphore en ses deux rives
>   Aura de sultanes captives !
>   Et que de mères à Memphis,
>   En pleurant, diront la vaillance
>   De son courage et de sa lance,
>   Aux funérailles de leurs fils !

C'est une maxime bien vraie en fait de goût,

qu'*on affaiblit toujours ce que l'on exagère;* mais *exagérer*, dans ce sens-là, veut dire d'aller au-delà, non de la *vérité* absolue, mais de la *vérité relative*. Celui qui exprime une chose comme il la sent n'exagère point ; il rend fidèlement son sentiment ou sa pensée. L'objet qu'il peint n'a pas tous les charmes qu'il lui attribue ; le malheur dont il est accablé n'est pas aussi grand qu'il se l'imagine; le danger qui menace son ami, sa maîtresse, ce qu'il a de plus cher, n'est ni aussi terrible, ni aussi pressant qu'il le croit : mais ce n'est pas d'après la réalité même, c'est d'après son imagination qu'il les peint ; et pour en juger d'après lui et comme lui, on se met à sa place. Ainsi, dans l'excès de la passion, l'hyperbole la plus insensée est elle-même quelquefois l'expression de la nature et de la *vérité*.

L'habitude, le préjugé, l'opinion, sont autant de verres diversement colorés, à travers lesquels chacun de nous voit les objets; la passion est un microscope. Le caractère modifié par tous ses accidents doit donc modifier le sentiment et la pensée ; et c'est l'expression fidèle de ces altérations qui fait la *vérité* des mœurs. Il ne s'agit donc pas de ce qui est conforme à la droite raison, mais de ce qui est conforme à l'esprit et au caractère de celui qui parle.

Rien de plus commun cependant que d'entendre juger une pensée en elle-même, et décider qu'elle est fausse par cela même qui la rend vraie. Voulez-vous qu'un homme insensé raisonne comme un sage? remettez à sa place ce qui vous paraît faux; alors vous le trouvez juste.

Voici deux beaux vers de Corneille :

>Et qui veut tout pouvoir doit savoir tout oser.
>Et qui veut tout pouvoir, ne doit pas tout oser.

Lequel des deux est vrai? chacun l'est à sa place; et à la place l'un de l'autre, tous les deux seraient faux. *Mors summum bonum, diis denegatum*, a dit Sénèque; et cette pensée, folle dans la bouche d'un sage, devient naturelle et vraie dans le caractère de Calypso, *malheureuse d'être immortelle.*

Si la mort était un bien, dit Sapho, *les dieux n'en seraient pas exempts.* Ceci est d'un naturel plus commun, mais n'en est pas plus vrai; car la mort, qui serait un mal pour les dieux, pourrait être un bien pour les hommes.

Pline l'ancien a dit : *Natura nihil hominibus brevitate vitæ prestit melius.* Cela me semble outré.

Mais que Mérope dise :

>Lorsqu'on a tout perdu, lorsqu'on n'a plus d'espoir,
>La vie est un opprobre et la mort un devoir.

Mais que Cérès, dans l'opéra de Proserpine, dise,

>Infortunée, hélas! le jour m'est odieux;
>Et je suis pour jamais condamnée à la vie!

C'est là ce qui est dans la nature.

Quoi qu'on vous dise, endurez tout, disait un héros à son fils. *Quel héros*, va-t-on s'écrier, *qui donne le conseil d'un lâche!* Oui ; mais ce lâche était Ulysse, qui allait bientôt lui seul exterminer tous les amants de Pénélope, et dont, en attendant, *le cœur rugissait au-dedans de lui-même, comme un lion rugit autour d'une bergerie où il ne saurait pénétrer* : c'est ainsi que le peint Homère.

Les Spartiates, dans leurs prières, demandaient aux dieux de pouvoir supporter l'injure ; et du côté de la bravoure, les Spartiates nous valaient bien. Notre point-d'honneur est le vice du héros de *l'Iliade*; et ce qui parmi nous déshonore un soldat, fut admiré dans Thémistocle. La valeur grecque se réduisait à vaincre ou à mourir en combattant pour la patrie; et Homère, qui fait essuyer tant d'injures à ses héros, n'a pas fait voir une seule fois, dans *l'Iliade*, un Grec suppliant dans le combat, ni pris vivant par l'ennemi.

Ce sont ces différences nationales qu'il faut avoir étudiées pour juger les mœurs du théâtre. Que penserions-nous, par exemple, du poëte qui ferait dire par le fier Alexandre; que *c'est acte de roi que de souffrir le blâme pour bien faire?* Nous renverrions cette maxime à Fabius; et cependant elle est d'Alexandre lui-même.

C'est une *vérité* rare, en fait de mœurs, que celle du caractère d'Achille, dans son entrevue avec Priam; et à le juger par les mœurs actuelles, il paraîtrait bien étrange que le meurtier d'Hector s'établît le consolateur de son père, et lui tînt ce discours, qui, dans les mœurs antiques et dans l'opinion de la fatalité, est si naturel et si beau. « Ah! malheureux prince, par quelles épreuves avez-vous passé? Comment avez-vous osé venir seul dans le camp des Grecs, et soutenir la présence d'un homme qui a ôté la vie à un si grand nombre de vos enfants, dont la valeur était l'appui de vos peuples? il faut que vous ayez un cœur d'airain. Mais asseyez-vous sur ce siège, et donnons quelque trêve à notre affliction. A quoi servent les regrets et les plaintes? Les dieux ont voulu que les chagrins et les larmes composassent le tissu de la vie des misérables mortels.... Mon père en est une preuve bien signalée : les dieux l'ont comblé de faveurs depuis sa naissance; sa fortune et ses richesses passent celles des plus grands rois... Il n'a de fils que moi, qui suis destiné à mourir à la fleur de mon âge, et qui, pendant le peu de jours qui me restent, ne puis être près de lui pour avoir soin de sa vieillesse; car je suis éloigné de ma patrie, attaché à une cruelle guerre sur ce rivage, et condamné à être le fléau de votre famille et de votre royaume, tandis que je laisse mon père sans consolation et sans secours. Et vous-même n'êtes-vous pas encore un exemple épouvantable de cette *vérité?*... Mais supportez courageusement votre sort, et ne vous abandonnez point à un deuil sans bornes : vous n'avancerez rien, quand vous vous désespérerez pour la mort de votre fils, et vous ne le rappellerez point à la vie; mais vous l'irez rejoindre, après avoir achevé de vider ici-bas la coupe de la colère des dieux. » C'est là ce qu'on appelle les mœurs locales et la *vérité relative*.

Le poëte ne nous doit la *vérité* absolue, que lorsqu'il parle lui-même, ou qu'il donne celui qui parle, pour un homme sage, éclairé, vertueux, comme Burrhus, Alvarès, Zopire : dans tout le reste, il ne répond que de la *vérité relative;* et il est absurde de lui faire un crime de la scélératesse d'Atrée, de Narcisse, ou de Mahomet. C'est pourtant là ce que ne manquent jamais de faire les cagots, les délateurs, les calomniateurs des talents, et sur-tout cette foule d'écrivains faméliques, plus impudents, plus méprisables, plus multipliés que jamais.

VERS. Le sentiment du rhythme nous est si naturel, que, chez les peuples même les plus sauvages, la danse et le chant sont cadencés. Or la poésie ancienne, dans sa naissance, était chantée: *Illud quidem certum omnem poesin olim cantatam fuisse* (Isaac Vossius). La parole, accommodée au chant, fut donc aussi soumise à la mesure et à la cadence. Telle fut l'origine du *vers* métrique des Anciens.

Tout *vers* métrique n'est pourtant pas régulièrement mesuré. Rappelons-nous d'abord que ce *vers* était composé de pieds; et le pied, de syllabes, dont chacune était brève ou longue : la brève, ⌣, ne faisait qu'un temps dans la mesure; la longue, −, en valait deux. La mesure à trois temps était donc l'ïambe, ⌣−; le chorée, −⌣; et le tribrache, ⌣⌣⌣. Les mesures à quatre temps, les plus en usage, étaient le spondée, −−; le dactyle, −⌣⌣; et l'anapeste, ⌣⌣−. Avec l'intelligence de ces figures, on verra d'un coup-d'œil quelle était la forme des vers.

L'hexamètre était régulier et plein d'un bout à l'autre; et en même temps il était susceptible d'une variété continuelle, par la liberté qu'on avait d'y employer, dans les quatre premières mesures, ou le dactyle ou le spondée. Le cinquième pied seulement exigeait le dactyle, et le sixième le spondée : encore, si le caractère de l'expression ou l'harmonie imitative le demandait, pouvait-on mettre au cinquième pied le spondée au lieu du dactyle, qu'on plaçait au quatrième, et le vers alors s'appelait spondaïque.

Vers hexamètre.

−−, −−, −−, −⌣⌣, −−.
−⌣⌣, −⌣, −⌣⌣. . . . .

Vers spondaïque.

. . . . −⌣⌣, −−, −−.

C'est l'égalité de ces deux mesures et la liberté qu'avait le poëte de les combiner à son gré, c'est là, dis-je, ce qui faisait de l'hexamètre le plus harmonieux de tous les vers; aussi était-il consacré à la poésie héroïque.

Les pieds du pentamètre et de l'asclépiade sont tous, comme ceux de l'hexamètre, des mesures à quatre temps. Mais dans l'un et l'autre il y avait une césure à l'hémistiche; et à la fin du pentamètre une autre syllabe en suspens.

Pentamètre.

$--, --, -; -\cup\cup, -\cup\cup, -.$
$-\cup\cup, -\cup\cup, -; \ldots \ldots \ldots$

Asclépiade.

$--, -\cup\cup, -; -\cup\cup, -\cup\cup.$

Le vers ïambique, tout composé de mesures inégales, était le plus irrégulier et le plus approchant de la prose : car non-seulement il était entremêlé de spondées et d'ïambes,

$$\overset{1}{--},\ \overset{2}{\cup-},\ \overset{3}{--},\ \overset{4}{\cup-},\ \overset{5}{--},\ \overset{6}{--};$$

mais à ses pieds impairs il recevait le dactyle, ou l'anapeste, ou les trois brèves à la place de l'ïambe; et cette marche libre et variée l'avait fait préférer pour la poésie dramatique.

Mais ce qui est une énigme pour notre oreille,

c'est que les *vers* employés dans l'ode, et qu'on appelait *vers* lyriques, étaient aussi presque tous composés de mesures inégales, comme les *vers* de Sapho et d'Alcée. *Voyez* Strophe.

Dans la basse latinité, lorsqu'on abandonna le *vers* métrique, c'est-à-dire, le *vers* mesuré prosodiquement, pour le *vers* rhythmique, beaucoup plus facile, parce que la prosodie n'y était plus observée, et qu'il suffisait d'en compter les syllabes sans nul égard à leur valeur; les poëtes sentirent que des *vers* privés du nombre avaient besoin d'être relevés par l'agrément des consonnances : de là l'usage de la rime, introduit dans les langues modernes, adopté par les Provençaux, les Italiens, les Français, et par tout le reste de l'Europe.

On vient de voir que dans le *vers* métrique régulier la mesure est constamment la même, tandis que le nombre des syllabes varie. Un hexamètre, composé de cinq dactyles et d'un spondée, est un *vers* de dix-sept syllabes, tandis qu'un hexamètre, composé de cinq spondées et d'un dactyle, n'en a que treize.

On peut voir de même que, quel que fût le nombre des syllabes et le mélange des deux pieds, la mesure du *vers* était inaltérable.

 Pāndĭtŭr īntĕrĕā dŏmŭs ōmnĭpŏtēntĭs ŏlīmpī.
 Lūctāntēs vēntōs tēmpēstātēsquĕ sŏnōrās.
 Sīlvēstrēm tĕnŭī mūsām mĕdĭtārĭs ăvēnā.
 Īllă vĕl īntāctāe sĕgĕtĭs pēr sūmmă vŏlārēt.

Au contraire, nos *vers* rhythmiques ont tous, à l'élision près, le même nombre de syllabes; et entre mille, il n'y en a pas deux de suite dont la mesure soit égale, à compter le nombre des temps.

Nos *vers* réguliers sont de douze, de dix, de huit ou de sept syllabes; c'est ce qu'on appelle *mesure*. Le *vers* de douze est coupé par un repos après la sixième; et le *vers* de dix, après la quatrième : le repos doit tomber sur une syllabe sonore; et le *vers* doit tantôt finir par une sonore, tantôt par une muette : c'est ce qu'on appelle *cadence*. Toutes les syllabes du *vers*, excepté la finale muette, doivent être sensibles à l'oreille; et c'est ce qu'on appelle *nombre*.

La syllabe muette est celle qui n'a que le son de cet *e* faible qu'on appelle *muet* ou *féminin*; c'est la finale de *vie* et de *flamme*. Toute autre voyelle a un son plein.

Dans le cours du *vers* l'*e* féminin n'est admis sans élision qu'autant qu'il est soutenu d'une consonne, comme dans *Rome* et dans *gloire*. S'il est seul, sans articulation, comme à la fin de *vie* et d'*année*, il ne fait pas nombre, et l'on est obligé de placer après lui une voyelle qui l'élide, comme *vi' active, anné' abondante*.

On peut élider l'*e* muet final, quand même il est articulé et soutenu d'une consonne; mais on n'y est pas obligé. *Gloire durable*, et *gloir' éclatante*, sont au choix du poëte.

Si l'on veut que l'*e* muet articulé fasse nombre, il faut éviter qu'il soit suivi d'une voyelle; comme si l'on veut qu'il s'élide, il faut qu'une voyelle initiale lui succède immédiatement. Dans la liaison, d'*hommes illustres*, l'*e* muet d'*hommes* ne s'élide point; l'*s* finale y met obstacle.

Le repos de l'hémistiche ne peut tomber que sur une syllabe pleine. Si donc le mot finit par une syllabe muette, elle doit s'élider, et l'hémistiche s'appuyer sur la syllabe qui la précède.

Il n'y a d'élision que pour l'*e* muet; la rencontre de deux voyelles sonores s'appelle *Hiatus*, et l'hiatus est banni du *vers*. Je crois avoir prouvé qu'on a eu tort de l'en exclure. Quoi qu'il en soit, l'usage a prévalu. *Voyez* HIATUS.

Le repos de l'hémistiche est une suspension dans le sens: mais la plus légère y suffit; et pourvu qu'il n'y ait pas une continuité absolue, c'en est assez. Ainsi, entre le nominatif et le verbe, entre le verbe et son régime, entre le substantif et son adjectif, entre deux termes comparés ou relatifs l'un à l'autre; la suspension est assez sensible, si la voix y peut faire la plus petite pause. C'est même un art que de ménager de temps en temps, dans la coupe du *vers*, des repos plus marqués que le repos de l'hémistiche. *Voyez* ALEXANDRIN.

J'ai dit que la finale du *vers* est tour-à-tour sonore et muette. Le *vers* à finale sonore s'appelle *masculin*: les Anglais le nomment *vers à rime simple;* et les Italiens *vers tronqué*. Le *vers* à la finale muette s'appelle *féminin* ; les Anglais et les Italiens le nomment *vers à rime double*. Dans le *vers* français la finale muette est plus faible que dans le *vers* italien : mais l'une est aussi brève que l'autre, et c'est de la durée, non de la qualité des sons, que résulte le nombre du *vers*. *Voyez* Muet.

Cette finale sur laquelle la voix expire, n'étant pas assez sensible à l'oreille pour faire nombre, on la regarde comme superflue, et on ne la compte pas. Le *vers* féminin, dans toutes les langues, a donc le même nombre de syllabes que le *vers* masculin, et de plus sa finale muette ou brève.

Les *vers* masculins sans mélange auraient une marche brusque et heurtée ; les *vers* féminins sans mélange auraient de la douceur, mais de la mollesse. Au moyen du retour alternatif ou périodique de ces deux espèces de *vers*, la dureté de l'un et la mollesse de l'autre se corrigent mutuellement ; et la variété qui en résulte, est, je crois, un avantage de notre poésie sur celle des Italiens, dont la finale est toujours faible, excepté dans les *vers* lyriques.

On a voulu jusqu'à-présent que la tragédie et l'épopée fussent rimées par distiques, et que ces distiques fussent tour-à-tour masculins et féminins. On a permis les rimes croisées au poëme lyrique, à la comédie, à tout ce qu'on appelle *poésies familières* et *poésies fugitives*. Ainsi la gêne et la monotonie sont pour les longs poëmes, et les plus courts ont le double avantage de la liberté et de la variété. N'est-ce pas plutôt aux poëmes d'une longue étendue qu'il eût fallu permettre les rimes croisées? Je le croirais plus juste, non-seulement parce que les *vers* masculins et féminins entrelacés n'ont pas la fatigante monotonie des distiques, mais parce que leur marche libre, rapide, et fière, donne du mouvement au récit, de la véhémence à l'action, du volume et de la rondeur à la période poétique. On a pris pour de la majesté la pesanteur des *vers* qui se tiennent comme enchaînés deux à deux, et qui se retardent l'un l'autre : mais la majesté consiste dans le nombre, le coloris, l'éclat et la pompe du style. Le morceau le plus majestueux de la poésie française, la prophétie de Joad dans *Athalie*, est écrit en rimes croisées, et qui plus est en *vers* de douze et de huit syllabes entrelacés. J'ajouterai que la nécessité gênante et continuelle de deux rimes accouplées amène souvent des *vers* faibles et superflus.

Les *vers* à rimes croisées sont tantôt de la même mesure, tantôt de mesure inégale; et dans l'un et dans l'autre cas, ils sont ou symétriquement ou librement entremêlés : symétriquement, comme dans les stances; librement, comme dans les pièces de *vers* qui ont pris le nom de poésies libres.

Dans les stances, les *vers* de mesure inégale qui s'entremêlent avec le plus de grâce et d'harmonie, sont les *vers* de douze et de huit, et les *vers* de douze et de six. La cadence des *vers* de sept brise celle des *vers* de huit, et n'est point analogue à l'harmonie du *vers* de douze; les *vers* de sept ont une marche sautillante qui leur est propre, et ils veulent être isolés.

Le *vers* de dix syllables se mêle quelquefois aux *vers* de douze, mais en laissant une mesure vide, ce qui est pénible à l'oreille; et ce n'est jamais dans la stance que ce mélange doit avoir lieu. *Voyez* STANCE.

Les *vers* de mesure inégale, bien assortis dans les poésies familières, en font l'harmonie et le charme.

Dans le poëme lyrique, et singulièrement dans le récitatif, cet art d'entrelacer des *vers* d'inégale mesure, et d'en croiser les rimes pour donner à la période une forme plus élégante, exige une oreille exercée. C'était l'un des secrets de la magie de Quinault.

Quelqu'un cependant s'est moqué de l'attention qu'on y donnait, et a demandé si, sans ce mélange de rimes, les Grecs ne faisaient pas de bonne musique? Que ne demandait-il de même si, sans la forme que Malherbe avait donnée à nos stances françaises, Pindare et Horace n'avaient pas fait de belles odes? Assurément la rime n'est pas plus nécessaire à la poésie qu'à la musique : mais si dans une langue la poésie est telle qu'au défaut d'une prosodie régulière et sensible, la rime en marque la mesure, les intervalles, et les repos; et si par habitude l'oreille s'est fait un plaisir de ces finales consonnantes; le sentiment de l'harmonie naît en partie de cet enlacement, et Quinault, ainsi que Malherbe, a eu quelque mérite à l'y faire contribuer. Il doit y avoir entre la phrase poétique et la phrase musicale une exacte correspondance. L'une se modèle sur l'autre : c'est la coupe des *vers* qui en décide la forme; c'est la rime qui la divise, et qui en marque à l'oreille les articulations. Il n'est donc pas indifférent au musicien que le poëte, dans le mélange des *vers* et l'entrelacement des rimes, ait bien ou mal dessiné, divisé, développé, circonscrit la phrase ou la période poétique ; et nous parler de la musique grecque, à propos de la nôtre, pour nous persuader que des rimes entremêlées au hasard, ou des rimes artistement entrelacées dans nos *vers*, sont une chose indifférente; c'est en même temps se moquer de la rime et de la raison.

Mais de quelque façon qu'on entrelace les rimes, l'oreille exige qu'il n'y ait jamais de suite deux finales pleines ni deux muettes de différents sons, comme *vainqueur* et *combat*, comme *victoire* et *couronne*. Elle demande aussi que la rime ne change qu'au repos absolu. C'est une règle trop négligée.

Dans les *vers* rimés deux à deux, le sens peut finir au premier, et le second peut commencer une nouvelle période. Mais dans les *vers* entrelacés, la rime et la pensée doivent se clorre ensemble, si l'on veut que la période poétique soit nombreuse et bien arrondie. C'est ce qu'on désire souvent dans les poésies de Chaulieu. Qui croirait, par exemple, que ces *vers* fussent d'une pièce rimée ?

> Il faut encor que mon exemple,
> Mieux qu'une stoïque leçon,
> T'apprenne à supporter le faix de la vieillesse,
> A braver l'injure des ans.

Si la rime enjambe d'un sens à l'autre, la pensée a parcouru son cercle avant que l'harmonie ait achevé le sien : l'esprit est en repos ; l'oreille est encore en suspens.

Quoique nos *vers* n'aient point de mesure précise, le caractère qui les distingue ne laisse pas de se faire sentir. Le *vers* de douze syllabes, l'alexandrin, a de la noblesse, de la pompe, de l'harmonie ; et malgré cette égalité continue et invariable de ses deux hémistiches, qui semble le rendre monotone, un écrivain, qui a de l'oreille et assez d'art pour donner à son style le mouvement de la pensée ou du sentiment qu'il exprime, saura bien varier encore la coupe et le rhythme du *vers*. J'en indiquerai les moyens avant de finir cet article.

Le *vers* français de dix syllabes répond au *vers* héroïque italien, que les Anglais ont adopté ; avec cette différence, que dans le *vers* français le repos est constamment après la quatrième syllabe, et que le *vers* italien s'appuie tantôt sur la quatrième, tantôt sur la sixième ; en sorte qu'il est divisé par son repos en quatre et six, ou en six et quatre. Ce changement de coupe répugnerait à notre oreille. Mais les *vers* héroïques italiens étant féminins, sans mélange, ils seraient monotones, s'ils avaient tous la même coupe : au lieu que de notre *vers* de dix syllabes la marche est régulière, et n'est point fatigante : il coule de source, il est doux sans lenteur, il est rapide sans cascade ; et l'inégalité des deux hémistiches, avec le mélange des finales alternativement sonores et muettes, suffit pour le sauver de la monotonie.

Le *vers* de huit syllabes, qui répond au *vers* glyconique,

Cui flavam religas comam.

a du nombre et de l'impulsion, et il est susceptible de tous les mouvements de la passion et de l'enthousiasme. Le *vers* de sept syllabes a de la vîtesse, de la légèreté ; et la gaieté sur-tout en est le caractère. Qu'un poëte, avec de l'oreille, ait bien étudié les éléments de l'harmonie de notre langue, il trouvera donc aisément dans nos *vers* les moyens de tout exprimer.

J'ai observé, dans l'*article* Nombre, que le *vers* métrique des anciens, même le plus régulier, l'hexamètre, n'était pas toujours harmonieux, et la raison en est que la précision de la mesure ne suffit pas à l'harmonie de la parole. Elle y contribue, elle y ajoute ; mais, sans le choix des mots les plus expressifs par le son en même temps que par le nombre, sans le mélange et la succession des voyelles et des consonnes les plus sensiblement analogues au caractère de la pensée, du sentiment, ou de l'image, la mesure seule, en poésie, serait ce qu'elle est en musique, lorsqu'elle est dénuée du charme de la mélodie et de l'expression de l'accent.

De même aussi que la musique, sans être mesurée, peut être harmonieuse par l'heureux choix des modulations et des accords, la poésie, sans observer une mesure exacte, un mouvement réglé, peut se donner encore une harmonie très-sensible ; et nos beaux *vers* en sont la preuve. Les nombres n'en sont pas égaux ; mais lorsqu'ils sont mis à leur place, et qu'ils ont ensemble un rapport assez marqué avec le mouvement de la pensée, du sentiment, ou de l'image, l'oreille en est encore ravie : ainsi, sans être comparables aux *vers* de Virgile du côté du rhythme, les *vers* de Racine ne laissent pas d'avoir une harmonie enchanteresse ; et celui qui, comme Racine, saura donner à un certain nombre de syllabes, sans mesure précise, cette harmonie plus libre, et cependant si rare encore, aura un très-grand avantage à écrire en *vers* plutôt qu'en prose. C'est ce que La Motte n'a pas senti. J'ai observé d'ailleurs que la rime a pour nous l'attrait d'une curiosité piquante, et que la surprise que nous cause cette difficulté vaincue avec une adresse ingénieuse, est pour nous encore un plaisir. J'ai reconnu de plus qu'on était quelquefois redevable à la rime d'une heureuse singularité d'idées incidentes, ou de mots imprévus qu'elle faisait trouver. Enfin je n'ai rien dissimulé de ce qui la rend chère à l'oreille, et secourable pour la mémoire. *Voyez* RIME.

J'ajoute encore qu'il dépend de nos poëtes de donner à leurs *vers*, sinon toute la précision du nombre et de la mesure, au moins une apparence de cadence métrique qui en impose agréablement à l'oreille. Et ce que je n'ai fait qu'énoncer ailleurs, je vais tâcher de le rendre sensible.

Je fonderai mes observations sur la récitation la plus cadencée, sans dissimuler cependant qu'il serait mal de l'affecter, soit au théâtre, soit à la lecture. Mais, quoiqu'il faille scander les *vers* latins pour en faire sentir exactement le nombre, l'altération que la mesure éprouve quand on récite naturellement, n'empêche pas une oreille délicate et juste de sentir la rondeur périodique du vers; et de deux morceaux de poésie récités avec la même négligence pour la mesure, la multitude même ne laissera pas de distinguer le plus harmonieux. Il en est du *vers* français comme du vers latin : quoi que l'on donne au sens et à l'expression, la beauté physique du nombre n'échappe jamais à l'oreille; et le *vers* dont la scandaison a le plus d'harmonie, est encore celui qui en a le plus, naturellement déclamé.

J'ai dit que le *vers* asclépiade des anciens avait servi de modèle au *vers* héroïque français : et en effet un asclépiade est un *vers* français de la plus parfaite régularité.

<small>Pāstōr, cūm trăhĕrēt pĕr frĕtă nāvĭbŭs.</small>

Mais cela n'est pas réciproque. Dans l'un et l'autre la quantité numérique des syllabes et le repos sont bien les mêmes; mais la valeur prosodique des sons et la place de chaque nombre est déterminée dans le latin et ne l'est pas dans le français : il est même impossible, vu la rareté de nos dactyles, de faire continuement, dans notre langue, des asclépiades réguliers; et quand cela serait facile, il faudrait l'éviter : en voici la raison. L'asclépiade est invariable dans toutes ses parties, et par conséquent monotone : aussi ne l'employait-on jamais que dans de petits poëmes lyriques, et le plus souvent mêlé de quelque autre espèce de vers. *Voyez* Strophe. Nous avons destiné au contraire notre *vers* de douze syllabes, sans aucun mélange, à l'épopée, à la tragédie, aux poëmes dont l'étendue exigerait le plus de variété.

D'ailleurs, plus l'asclépiade est compassé dans sa mesure, plus il s'éloigne de la liberté du langage naturel : il ne convient donc point à la poésie dramatique, dont le style doit être si près de la nature; et dans toutes les scènes qui animent l'épopée, elle est dramatique elle-même. Enfin le caractère de notre langue est d'appuyer sur la pénultième ou sur la dernière syllabe des mots; et presque tous les pieds de l'asclépiade s'appuient sur l'antépénultième et glissent sur les deux suivantes. C'en est assez pour faire sentir que nous ne pouvons ni ne devons affecter l'asclépiade pur.

Mais n'y aurait-il pas moyen de varier les nombres de l'asclépiade sans en altérer le rhythme, comme on varie les notes de musique sans altérer la mesure du chant? C'est ce que j'ose proposer. Et si quelqu'un regarde cette idée comme fantasque et chimérique, je le préviens que dans Racine, Voltaire, La Fontaine, Quinault, que j'ai actuellement sous les yeux, il y a mille *vers* mesurés comme j'entends qu'ils peuvent l'être. Je n'en cherchais que quelques exemples, j'en ai trouvé sans nombre ; et je ne propose aux jeunes poëtes que d'essayer par réflexion ce que leurs maîtres ont fait sans y penser, et par un sentiment exquis de la cadence et de l'harmonie. Figurons-nous d'abord les deux pieds de l'asclépiade.

— —.

— ͜ ͜.

N'est-il pas vrai que, sans altérer la mesure de ces deux nombres isochrones, on peut les remplacer par l'un de ces équivalents?

⏑ ⏑ —.
⏑ — ⏑.
⏑ ⏑ ⏑ ⏑.

Prenons ensuite un asclépiade pur,

Gēns hūmānă rŭit pēr vĕtĭtūm nĕfăs.

et n'y changeons que les dactyles,

Aū sēin tŭmŭltŭeūx dĕ lă gūerrĕ cĭvīle.
Ils sōnt ēnsĕvĕlīs soŭs lă māssĕ pĕsānte.
Il pārt. Dāns cĕ mŏmēnt d'Estrēe ĕvănŏuĭe.
Lēur coūrs nĕ chāngĕ poīnt; ĕt vŏus ăvĕz chāngĕ.

N'est-ce pas encore le même rhythme, quoique les pieds soient différents? Changeons à-présent le spondée de l'asclépiade en dactyle, et le premier dactyle en spondée.

Riēn nĕ mĕ fāit roūgīr que la honte de vivre.

Supposons encore le second hémistiche composé d'un spondée et d'un dipyrriche,

Et je lui porte enfin mōn coēur ă dĕvŏrĕr.

ou d'un dipyrriche et d'un spondée:

Vient enflammer mon sang ĕt dĕvŏrĕr mōn coēur.

Les combinaisons différentes qui auront varié les nombres du *vers*, en auront-elles changé le rhythme; et n'est-ce pas toujours la même somme de temps, divisée de même? Voilà ce que j'appelle l'asclépiade français, et un *vers* très-harmonieux. Ce n'est pas tout.

L'asclépiade est coupé à l'hémistiche par un repos qui fait un vide de deux temps, et ce silence, joint à la syllabe longue qui marque la césure, forme une mesure complète. Mais si dans notre *vers* le silence n'est pas compté, ou s'il occupe une mesure entière, le premier hémistiche alors se saisissant de la syllabe superflue, ne formera que deux pieds absolus, et se divisera en deux et quatre, en quatre et deux, ou en trois et trois.

Division en deux et quatre.

Enfīn jĕ mĕ dĕrŏbe à la foule importune.

Division en quatre et deux.

Cĕ qŭe lă nŭit dēs tēmps enferme dans ses voiles.

Division en trois et trois.

Lĕ mŏmēnt oū jĕ pārle est déja loin de moi.
Să crōupĕ sĕ rĕcoūrbe en replis tortueux.
Māis lĕ zĕphīr lĕgĕr et l'onde fugitive.
Anīmĕ l'ŭnĭvērs, et vit dans tous les cœurs.
Jĕ soūhāitĕ, jĕ crāins, je veux, je me repens.

Enfin, parmi les temps du *vers*, peuvent être comptés les petits silences de la récitation; et c'est un des moyens qu'emploient les bons lecteurs, même sans s'en apercevoir, pour donner à nos *vers* une marche nombreuse.

On a voulu réduire nos *vers* héroïques à la mesure de l'ïambe trimètre; mais l'analogie n'en est pas la même qu'avec l'asclépiade; et aucun poëte, en les récitant, ne leur donne la coupe de l'ïambe. J'en excepte les occasions où le rhythme, changé d'un hémistiche à l'autre, rend l'harmonie imitative, comme dans l'expression des mouvements passionnés.

> Ils nous ont appelés crŭĕls, tĭrāns, jăloŭx.

On emploie aussi quelquefois ces cadences rompues, pour donner à l'expression le caractère de l'image.

> Trăçāt ă pās tārdĭfs un pénible sillon.

La preuve que Boileau mesurait ce premier hémistiche en ïambes, c'est qu'il ne s'aperçut pas de cette cacophonie, *traçât à pas tar*, que lui reprochait un mauvais poëte; et c'est ainsi qu'en tronquant le rhythme et en altérant la mesure, un critique mal intentionné ou mal instruit, gâtera de beaux *vers*.

Voyons à-présent si tous nos vers français sont, comme le *vers* héroïque, réductibles aux lois du nombre.

Le *vers* de six syllabes n'est que le second hémistiche du *vers* de douze; et de là vient qu'ils se marient si bien ensemble.

> Mais elle était du monde, où les plus belles choses
>   Ont le pire destin;
> Et rose, elle a vécu ce que vivent les roses,
>   L'espace d'un matin. (MALHERBE.)

En vain, pour satisfaire à nos lâches envies,
Nous passons près des rois tout le temps de nos vies
A souffrir des mépris, à ployer les genoux.
Ce qu'ils peuvent n'est rien : ils sont ce que nous sommes,
Véritablement hommes,
Et meurent comme nous. (MALHERBE.)

Le *vers* de dix syllabes est aussi le *vers* de douze, auquel il manque un pied, s'il est frappé sur la seconde et mesuré en ïambique; et un demi-pied, s'il est frappé sur la première et mesuré en asclépiade.

Iambique de dix syllabes.

L'Amoūr ēst nŭ; māis īl n'ēst pās crŏttĕ.

Iambique de douze.

Lĕ dīeu d'Amoūr ēst nŭ; māis īl n'ēst pās crŏttĕ.

Asclépiade tronqué.

Êtrĕ l'Amoūr qŭelquĕfoĭs jĕ dĕsīre.

Asclepiade plein.

Lēs ārmĕs dē l'Amoūr qŭelquĕfoĭs jĕ dĕsire

Le vers que les Italiens appellent hendécasyllabe, n'est que notre *vers* de dix syllabes ïambique, à finale brève, mais coupé tantôt à la cinquième, comme le saphique :

Pindarum quisquis studet æmulari.

ou comme l'alcaïque :

Qualem ministrum fulminis alitem.

tantôt coupé à la sixième, comme le phaleuce, qui dans Catulle a tant de mollesse et de grâce :

Passer mortuus est puellæ meæ.

variété sans laquelle il serait monotone, par l'uniformité de ses désinences *tombantes*.

Le *vers* français de dix syllabes n'a pas la même diversité de coupe; son repos est à la quatrième. Cependant, comme je l'ai dit, il est sauvé de la monotonie par l'inégalité de ses deux hémistiches, par la diversité de ses désinences, et singulièrement par la variété de rhythme dont il est susceptible, selon qu'il est coupé en ïambes ou en dactyles. Moins majestueux que le *vers* de douze, il a sur lui l'avantage d'un mouvement plus vif et plus pressé, dans le passage d'un vers à l'autre; et par-là il me semble convenir beaucoup mieux à la poésie familière et légère. Ceci demande à être expliqué.

Quand les *vers* débutent par une mesure complète, l'intervalle de l'un à l'autre est un vide absolu, de l'espace d'un pied; au lieu que si le *vers* commence par une mesure tronquée, le silence d'un *vers* à l'autre n'en sera que le complément. Par exemple, si un *vers* dactylique débute par un ïambe, l'intervalle n'est que d'un temps, lequel, avec les trois temps de l'ïambe, forme une mesure complète. Aussi nos *vers* de dix syllabes, dans leur succession rapide, sont-ils plus susceptibles d'enjambement que nos *vers* héroïques, dont l'intervalle est plus marqué.

Le *vers* de sept syllabes a, sur le *vers* de huit, ce même avantage d'être moins suspendu et moins ralenti dans sa course. Il semble avoir pris pour modèle le *vers* anacréontique; et selon qu'il est frappé sur la première ou sur la seconde, il a le mouvement ou du chorée, — ◡, ou de l'ïambe, ◡—.

Le rhythme du chorée est plus favorable à la poésie italienne qu'à la nôtre : 1° parce que le chorée est assez rare dans notre langue, et très-fréquent dans la langue italienne: *l'aura, l'onda, caro, fonte, pianto, sorte, canto, tremo, senti, venti.* Une foule de noms, une foule de verbes italiens sont jetés dans ce moule; et au contraire le peu que nous avons de chorées dans notre langue, sont encore le plus souvent précédés d'un article ou d'un pronom qui les altère, à moins qu'il ne s'élide : *la plainte, mes larmes, je tremble, tu n'oses,* etc. : 2° parce que l'*e* muet qui, dans notre langue, est la finale du chorée, n'a pas autant de son que la brève italienne, et ne nous donnerait qu'une cadence faible et languissante, si elle était continue : 3° parce que le *vers* trochaïque italien,

Frēmĕ l'ōndă, mānc̆a l'ārtĕ.

a quatre mesures complètes; au lieu que le *vers* français de sept syllabes, mesuré en trochées, n'est que de trois mesures et demie, lorsqu'il n'a pas la finale muette :

Bĕllĕ nĭmphĕ, tēs ăttrāits.

ce qui fait réellement un *vers tronqué*, comme l'appellent les Italiens. Il est bien vrai que, par un silence, dans l'intervalle d'un *vers* à l'autre, la mesure est remplie; mais ce silence même retarde la course du *vers;* et ces petits *vers* doivent courir.

Il n'en est pas de même de l'ïambe : 1° il abonde dans la langue française : *amant, soupirs, revers, désirs, amour, j'attends, venez, volez, rivaux,* etc. : 2° il soutient la voix, et marque la cadence par une voyelle sonore : 3° nos articles et nos pronoms concourent eux-mêmes à le former en se joignant à des monosyllabes : *la mort, le temps, ma foi, je plains, tu vas, il est :* 4° le *vers* de sept, mesuré en ïambes, a, comme le *vers* anacréontique, une syllabe superflue; mais, au lieu que dans l'anacréontique cette syllabe est la dernière,

‿—, ‿—, ‿—, ‿.

dans le nôtre c'est la première; car c'est sur la première que le *vers* est frappé :

Pēnsĕz-vōus quĕ l'hīmĕnēe
N'āit păs ētēint sōn flāmbēau ?

D'où il résulte que, du *vers* féminin au masculin, le passage est sans intervalle; car la finale muette de l'un va se joindre immédiatement à l'initiale de l'autre, et forme un ïambe avec elle : ainsi le nombre roule sans aucune interruption.

Au reste, il est aisé, même dans notre langue, de renverser le mouvement de ces deux nombres ; un monosyllabe long, placé avant des ïambes, en fera des chorées ; un monosyllabe bref, placé avant des chorées, en fera des ïambes ; et sans prétendre qu'il soit possible de donner constamment à nos *vers* ni l'un ni l'autre de ces deux rhythmes, je crois devoir recommander de s'en occuper quelquefois. Dans le lyrique, ils ont tant d'influence sur le caractère du chant, qu'on doit avoir appris à les y adapter au besoin ; et dans l'ode elle-même, celui des deux qui dominera, se fera sentir à l'oreille, ou par un mouvement plus soutenu et plus majestueux, si c'est l'ïambe, ou si c'est le chorée, par un mouvement plus léger.

J'ai dit que dans le *vers* anacréontique c'est la finale qui est isolée, et que dans notre *vers* de sept syllabes, c'est l'initiale qui doit l'être. Or à cette syllabe isolée, ajoutez-en une qui la précède et qui fasse avec elle une mesure pleine ; vous aurez le *vers* de huit syllabes, lequel répond à l'ïambe trimètre, ou au glyconique des anciens. Je ne dis pas encore qu'il soit possible de l'assimiler constamment à ces *vers* ; mais plus il en approche, et plus il est harmonieux. Cependant il faut convenir que, sans affecter aucun rhythme, le *vers* de huit syllabes a singulièrement le don d'imposer à l'oreille, et qu'avec toute la liberté qu'il se donne d'associer des nombres contraires, il paraît encore très-nombreux. Cette illusion vient de ce qu'en récitant les belles odes dont ce *vers* compose les stances, ou les beaux *vers* lyriques parmi lesquels il est mêlé, on profite de l'indécision de nos quantités prosodiques, pour lui donner une cadence artificielle. Les poëtes qui l'ont employé, comme Malherbe et Rousseau, n'ont rien négligé pour le rendre sonore, pompeux, éclatant; ils en ont formé les plus belles périodes poétiques, les stances les mieux divisées et les mieux arrondies; et par l'entrelacement des rimes, le jeu symétrique des désinences, l'éclat des paroles, enfin par la facilité d'y soutenir la voix et de lui donner le degré de lenteur ou d'impulsion que demande le sentiment, l'image, ou la pensée, on en a fait le plus imposant de nos *vers*.

Serait-il plus harmonieux encore, si l'on y observait le nombre? Celui qui fera cette question n'a point d'oreille, et mes raisons ne lui en donneront pas.

Cependant je ne dois pas dissimuler qu'il y a des nombres composés dont l'effet est sensible et la cause inconnue; et c'était sur-tout de ces nombres que les anciens faisaient usage pour émouvoir les passions. Platon les trouvait si dangereux, qu'il déclarait sérieusement que la république était perdue si la poésie employait ces nombres; au lieu, disait-il, que tout ira bien si on n'emploie que des nombres simples. Observons que ces nombres composés sont des mesures irrégulières qui renversent le mouvement donné et qui déconcertent l'oreille; tels, par exemple, que le bacche, ⏑——, le crétique, —⏑—, le coriambe, —⏑⏑—, le dichorée, —⏑—⏑, l'épitrite, ———⏑, les pœans, composés de trois brèves et d'une longue dans leurs quatre combinaisons, le dispondée ————, le mesodactyle ⏑—⏑⏑—, etc. C'était ce trouble des cadences rompues et des mouvements opposés que Platon redoutait pour les esprits et pour les ames. Il s'en faut bien que nous soyons susceptibles de ces impressions qui dans la Grèce changeaient les mœurs des peuples et la fortune des états : nos législateurs peuvent se dispenser de régler les mouvements de la poésie et de la musique. Mais du plus au moins, l'effet du nombre est invariable; ce qui, du temps de Platon, exprimait le trouble de l'ame et le désordre des passions, l'exprime encore; et l'effet n'en est qu'affaibli. Dans les nombres irréguliers, que l'instinct des poëtes a choisis pour animer nos *vers*, il serait donc possible de découvrir les éléments de cette harmonie mystérieuse que nous y sentons quelquefois. Mais celle-là est donnée à la prose; et après avoir recherché tous les moyens de perfectionner nos *vers* du côté du rhythme qui leur est propre, j'en reviens à ce sentiment dont je ne puis me détacher, que, quelque charme qu'aient pour nous de beaux *vers*, on ne doit pas les regarder comme une forme inséparable du langage poétique.

Aristote l'a dit : c'est le fond des choses, non la forme des *vers* qui fait le poëte et qui constitue la poésie. Or si le charme des *vers* d'Homère n'était pas de l'essence de la poésie; si on la concevait dénuée de cette cadence harmonieuse et imitative, qui animait tout, qui exprimait tout; exigera-t-elle des *vers* sans rhythme, et dont le mouvement irrégulier n'imite jamais presque rien.

Un *vers* italien, un *vers* allemand, un *vers* anglais, n'a ni cadence, ni mesure sensible pour une oreille française; un *vers* français n'en a guère plus pour l'oreille de nos voisins : personne, même aujourd'hui, ne peut dire qu'il sente bien distinctement le rhythme du *vers* senaire des anciens, du *vers* de Térence et d'Euripide. Il n'y aurait donc pour nous ni poésie dramatique ancienne, ni aucune espèce de poésie étrangère, comme il n'y aurait pour les étrangers aucune espèce de poésie française; et le *vers*, qui varie sans cesse d'une langue à l'autre au point d'être méconnaissable pour qui n'y est point accoutumé, serait pourtant un attribut inséparable de la poésie! C'est ce qui me semble aussi difficile à soutenir qu'à concevoir.

Supposons que les belles scènes d'Euripide et de Sophocle, que les morceaux sublimes de Milton, n'aient jamais été qu'une prose éloquente et harmonieuse; dira-t-on que les hommes de génie, qui ont si bien peint, ne sont pas des poëtes; et qu'un ouvrage de ce style, rempli de pareilles beautés, ne mérite pas le nom de poëme?

Les étrangers avouent de bonne foi qu'ils ne sentent point l'harmonie des *vers* de La Fontaine, et qu'ils sont même peu touchés de celle des *vers* de Racine. Ce ne sont pour eux que des lignes de prose élégantes et mélodieuses, d'un certain nombre de syllabes longues ou brèves à volonté, et coupées en deux par un repos. Il en est de même pour nous des *vers* italiens, allemands ou anglais; et quand il serait vrai que l'harmonie des *vers* de Virgile et d'Homère aurait encore le même charme pour tous les peuples qui les entendent, en est-il de même des *vers* que chacun d'eux s'est fait au gré de son oreille? Quoique l'Anglais, l'Italien, le Français, scandent chacun à leur manière les *vers* de *l'Énéide,* tous lui donnent les mêmes nombres, et pour tous ils sont composés de six mesures à quatre temps. Mais quelle sera pour l'étranger la façon de scander nos *vers?* Celui-ci, par exemple,

<small>Je ne veux que la voir, soupirer et mourir.</small>

est composé de seize temps. Celui-ci en a

vingt-un :

> Les temps sont arrivés ; cessez, triste chaos.

et tous les deux ont douze syllabes.

De tels *vers* sont-ils tellement essentiels à la poésie, que l'en priver ce fût l'anéantir? Je suis loin de penser qu'une prose inanimée, sans couleur et sans mouvement, puisse les remplacer. Je crois même qu'un poëme écrit en prose demanderait une plénitude d'idées, de sentiments et d'images, une chaleur, une continuité d'intérêt, dont peuvent se passer les *vers*, par la raison que la singularité de leur mécanisme peut quelquefois par intervalle amuser, occuper l'oreille. Mais en supposant toutes les beautés poétiques, soit du style, soit de la pensée, réunies dans un ouvrage, l'invention, le dessin, l'ordonnance, la vérité de l'imitation, le coloris et l'harmonie de la prose, en deux mots, la peinture et l'éloquence au plus haut degré, ne serait-ce plus de la poésie, dès qu'il y manquerait ce nombre de syllabes, ces repos et ces consonnances qui caractérisent nos *vers?* L'habitude en a fait sans doute pour notre oreille un plaisir de plus, et une infinité de choses faibles et communes ont passé à la faveur de l'illusion que les *vers* ont faite à l'oreille. Mais la beauté des tableaux, des images que la poésie nous présente, les traits pathétiques dont elle nous pénètre, ont-ils besoin de cette séduction pour se faire admirer, pour se faire sentir? changera-t-elle de nature en renonçant à l'un de ses moyens et au plus fantasque de tous?

La poésie est une peinture qui parle, ou, si l'on veut, un langage qui peint; le comble de l'art serait de peindre en même temps et à l'esprit et à l'oreille; mais si, réduite à peindre à l'esprit, elle y excelle, n'est-ce pas quelque chose? Mais si, au lieu d'enfermer ses idées dans les bornes d'un *vers* sans rhythme, elle s'applique à tirer avantage de la liberté de la prose, pour en varier les mouvements, les intervalles, et les repos, au gré de l'ame et de l'oreille; si cette prose harmonieuse est de plus animée par les couleurs d'un style figuré, par la chaleur d'une éloquence tantôt douce et sensible, tantôt vive et brûlante; enfin si on trouve dans ce style le caractère de beauté idéale qui distingue les grandes productions des arts, c'est-à-dire un degré de force, de richesse, de correction, de précision, d'élégance, qui semble pris dans la nature, et qui cependant n'y est jamais; ne sera-ce point encore assez pour faire de la poésie?

La prose, à ce degré de perfection, est peut-être aussi difficile et aussi rare que les beaux *vers*; peut-être même l'est-elle plus, par la raison qu'elle n'a point de formules prescrites; mais en accordant aux *vers* un mérite de plus, et un agrément de fantaisie que ne saurait avoir la prose, je ne puis souscrire à l'opinion qui en a fait exclusivement le langage de la poésie. J'admire, autant qu'il est possible, les poëtes qui excellent dans l'art d'écrire en *vers*; je m'y suis exercé moi-même; et je sens trop le prix d'un talent auquel l'habitude a donné tant de pouvoir et tant de charme, pour conseiller à qui le possède de négliger cet avantage; mais je croirai toujours que l'écrivain auquel il ne manquera que ce don-là pour être poëte, aura le droit de dire encore, en exprimant en prose harmonieuse tout ce que la nature a de plus animé, de plus touchant, de plus sublime : *Et moi aussi je suis poëte.*

VRAISEMBLANCE. Le but que se propose immédiatement la fiction, c'est de persuader; or elle ne peut persuader qu'en ressemblant à l'idée que nous avons de ce qu'elle imite. Ainsi la *vraisemblance* consiste dans une manière de teindre conforme à notre manière de concevoir; et tout ce que l'esprit humain peut concevoir, il peut le croire, pourvu qu'il y soit amené.

Tant que le poëte ne fait que nous rappeler ce que nous avons vu au-dehors, ou éprouvé au-dedans de nous-mêmes, la ressemblance suffit à l'illusion; et comme nous voyons dans la feinte l'image de la réalité, le poëte n'a besoin d'aucun artifice pour gagner notre confiance. Mais que la fiction nous présente un événement qui n'ait point d'exemple, un composé qui n'ait point de modèle : comme la ressemblance n'y est pas, nous y cherchons la vérité idéale ; et c'est alors que le poëte est obligé d'employer tout son art pour donner au mensonge les couleurs de la vérité. Nous savons qu'il feint, nous devons l'oublier ; et si nous nous en souvenons, le charme est détruit et l'illusion cesse. *Dove manca la fede non puo abbondare l'affetto, ò il piacere di quel che si legge o s'ascolta.* (LE TASSE.)

Il y a, dans notre manière de concevoir, une vérité directe et une vérité réfléchie : l'une et l'autre est de sentiment, de perception ou d'opinion.

La vérité de sentiment est l'expérience intime de ce qui se passe au-dedans de nous-mêmes, et par réflexion, de ce qui doit se passer en général dans l'esprit et dans le cœur de l'homme. C'est à ce modèle, sans cesse présent, qu'on rapporte la fiction dans la poésie dramatique. Nous sommes tels : c'est la vérité directe. Nous sentons qu'il est de la nature de l'homme d'être modifié de telle ou de telle façon, par telle ou telle cause, dans telle ou telle circonstance ; que dans notre composé moral, telles qualités, tels accidents, s'accordent et se concilient, tandis que tels se combattent et s'excluent mutuellement : c'est la vérité réfléchie.

Mais comment se peut-il que la vérité de sentiment soit la même dans tous les hommes ? C'est que, dans tous les hommes, le fond du naturel se ressemble, et qu'on y revient quand on veut, quelquefois même sans le vouloir. Chacun de nous a, comme le poëte, la faculté de se mettre à la place de son semblable, et l'on s'y met réellement tant que dure l'illusion. On pense, on agit, on s'exprime avec lui, comme si on était lui-même; et selon qu'il suit nos pressentiments ou qu'il s'en écarte, la fiction qui nous le présente est plus ou moins vraisemblable pour nous.

Ces pressentiments qui nous annoncent les mouvements de la nature ne sont pas assez décidés pour nous ôter le plaisir de la surprise; il arrive même assez souvent que le poëte nous jette dans l'irrésolution, pour nous en tirer par un trait qui nous étonne et qui nous soulage; mais sans être déterminés à suivre telle ou telle route, nous distinguons très-bien si celle que tient le poëte est la même que la nature eût prise ou dû prendre en se décidant.

Ne vous êtes-vous jamais aperçu de la docilité avec laquelle notre ame obéit aux mouvements de celle d'Ariane ou de Mérope, d'Orosmane ou du vieil Horace? C'est que, durant l'illusion, votre ame et la leur n'en font qu'une : ce sont comme deux instruments organisés de même, et accordés à l'unisson. Mais si l'ame du poëte ne s'est pas montée au ton de la nature, le personnage auquel il a communiqué ses sentiments et son langage n'est plus dans la vérité de sa situation et de son caractère; et vous, qui vous mettez à sa place mieux que n'a fait le poëte, vous n'êtes plus d'accord avec lui. Voilà dans quel sens on doit entendre ce que dit le Tasse : *Il falso non è ; e quel non è non si puo imitare.* Mais il s'est quelquefois lui-même éloigné de ce principe : je l'ai observé à propos de Tancrède sur le tombeau de Clorinde ; je l'observe encore dans le langage que tient Renaud sur les genoux d'Armide. Rien de plus naturel, de plus beau que ce qu'on voit dans cette peinture ; rien de moins *vrai* que ce qu'on entend.

> *Qual raggio in onda, le scintilla un riso,*
> *Negli umidi occhi, tremulo e lascivo.*
> *Sovra lui pende : ed ei nel grembo molle*
> *Le posa il capo, e'l volto al volto attolle.*

Cela est divin ; mais vous n'allez plus trouver la même vérité dans ces froides hyperboles :

> *Non può specchio ritrar si dolce imago,*
> *Ne in picciol vetro è un paradiso accolto.*
> *Specchio t'è degno il cielo ; e nelle stelle*
> *Puoi riguardar le tue sembianze belle.*

Avouez qu'à la place de Renaud ce n'est point là ce que vous auriez dit.

La *vraisemblance*, dans les choses de sentiment, n'est donc que l'accord parfait du génie du poëte avec l'ame du spectateur. Si la direction que l'un donne à la nature, décline de celle que l'autre sent qu'elle eût voulu suivre, et s'il en presse ou ralentit mal-à-propos les mouvements, l'ame du spectateur, sans cesse contrariée et lasse enfin de céder, se rebute : de là vient qu'avec des qualités intéressantes et des situations pathétiques un caractère mal dessiné et mal composé ne nous attache point.

La vérité de perception est la réminiscence des impressions faites sur les sens, et par réflexion, la connaissance des choses sensibles, de leurs qualités communes, de leurs propriétés distinctives, et de leurs rapports naturels, soit entre elles, soit avec nous-mêmes. En nous repliant sur cette foule d'idées qui nous viennent par toutes les voies, nous nous sommes fait un plan des procédés de la nature dans l'ordre physique : ce plan est le modèle auquel nous rapportons le composé fictif que la poésie nous présente; et si elle opère comme il nous semble qu'eût opéré la nature, elle sera dans la vérité.

Or cette vérité, soit qu'elle ait pour objet l'existence ou l'action, ne peut rouler que sur des rapports de convenance et de proportion, de la cause avec l'effet, des parties l'une avec l'autre, et de chacune avec le tout. Si donc les éléments d'un composé physique, individuel, ou collectif, sont faits pour être ensemble, et suivent dans leur union les lois et le plan de la nature, l'idée de ce composé a sa vérité dans la cohésion de ses parties et dans leur mutuel accord. De même, si les rapports d'une cause avec son effet sont naturels et sensibles, l'idée de l'action portera sa vérité en elle-même. Il est donc bien aisé de voir dans le physique ce qui est fondé sur la *vraisemblance*; et par conséquent ce qui ne l'est pas.

L'opinion sur les faits, soit moraux, soit physiques, est tantôt de pleine croyance, tantôt de simple adhésion; mais quelque faible que soit le consentement qu'on y donne, il suffit à l'illusion du moment. Un mensonge connu pour tel, mais transmis, reçu d'âge en âge, est dans la classe des faits authentiques : on le passe sans examen. A plus forte raison, si les faits sont solennellement attestés par l'histoire, ne laissent-ils pas à l'esprit la liberté du doute; et le poëte, pour les supposer, n'a pas besoin de les rendre croyables : qu'ils soient d'accord avec l'opinion, cela suffit à leur *vraisemblance*.

Mais distinguons, 1° l'opinion d'avec la vérité historique, 2° les faits compris dans le tissu du poëme d'avec les faits supposés au-dehors. « Je ne craindrai pas d'avancer, dit Corneille à propos du sacrifice qu'a fait Léontine en livrant son fils à la mort, que le sujet d'une belle tragédie doit n'être pas *vraisemblable*. » Et il se fonde sur le précepte d'Aristote, « de ne pas prendre pour sujet un ennemi qui tue son ennemi, mais un père qui tue son fils, une femme son mari, un frère sa sœur, etc. : ce qui n'étant jamais *vraisemblable*, ajoute Corneille, doit avoir l'autorité de l'histoire ou de l'opinion commune. »

J'ai fait mes preuves de respect pour ce grand homme; j'oserai donc ici, sans détour, n'être pas de son sentiment.

Je suis donc loin de penser que les sujets proposés par Aristote soient tous dénués de *vraisemblance* : il est très-simple et très-naturel qu'un fils tue son père, comme OEdipe, sans le connaître, ou qu'une mère soit prête à immoler son fils, comme Mérope, en croyant le venger; et quand ces faits n'auraient en eux-mêmes aucune apparence de vérité, pris dans les familles les plus illustres de la Grèce, ils avaient sans doute pour eux la célébrité, l'opinion publique : or pour les faits que l'on suppose dans l'avant-scène *extra fabulam*, l'opinion tient lieu de *vraisemblance*. Mais en voyant sur le théâtre les sujets de *Polyeucte*, de *Rodogune* et d'*Héraclius*, personne ne sait ni ne veut savoir ce qui en est pris dans l'histoire; elle est donc comme un témoin muet. En vain Baronius fait mention du sacrifice de Léontine : on ne lit point Baronius; et son témoignage n'eût servi de rien, si l'action de Léontine n'avait pas eu sa *vraisemblance* en elle-même, c'est-à-dire un juste rapport avec l'idée que nous avons de ce que peut une femme aussi fière, aussi ferme, aussi courageuse, dévouée à son empereur.

Je dis plus : de quelque manière que les faits soient fondés, rien ne les dispense d'être *vraisemblables*, dès qu'ils sont employés dans l'intérieur de l'action ; et nous n'y ajoutons foi qu'autant que nous les voyons arriver comme dans la nature, c'est-à-dire, selon l'idée que nous avons des moyens qu'elle emploie et des procédés qu'elle suit. *Res autem ipsæ ita deducendæ disponendaque sunt, ut quàm proximè accedant ad veritatem.* (Scal.)

Cependant la chaîne des causes et des effets n'est pas si constamment visible, et le cercle des facultés de la nature n'est pas si marqué, que le vrai connu soit la limite du vrai possible; et c'est par une extension de nos idées que la poésie s'élève du familier à l'extraordinaire ou au merveilleux naturel.

Dans la nature tout est simple et facile pour elle, et tout devrait être merveilleux pour nous. Un homme sensé ne peut réfléchir sans étonnement, ni à ce qui lui vient du dehors, ni à ce qui se passe au-dedans de lui-même. L'organisation d'un brin d'herbe est aussi prodigieuse que la formation du soleil; le mouvement qui passe d'un grain de sable à l'autre, est aussi mystérieux que la propagation de la lumière et que l'harmonie des sphères célestes : mais l'habitude nous rend l'incompréhensible même si familier, qu'à la fin il nous paraît commun. « Au bout d'un an, le monde a joué son jeu; il n'y sait plus rien que de recommencer. » (*Montaigne.*) Voilà du moins ce qui nous en semble : nous croyons retrouver tous les ans le même tableau; et les variétés infinies qu'il étale y sont distribuées avec une harmonie si constante, une si parfaite unité de dessein, que la nature s'y fait voir toujours semblable à elle-même.

Mais si, dans la fiction du poëte, la nature, en s'éloignant de ses sentiers battus, produit un composé moral ou physique d'une singularité qui ressemble au prodige, l'étonnement nous porte à l'incrédulité; et c'est là qu'il est difficile de ménager la *vraisemblance*. *Voyez* MERVEILLEUX.

Si la feinte passe les moyens et les facultés que nous attribuons à la nature; si elle emploie d'autres ressorts, d'autres mobiles que les siens; si, au lieu de la chaîne qui lie les événements et de la loi qui les dispose, elle établit des intelligences pour y présider et des causes libres pour les produire; ce nouvel ordre de choses nous étonne encore davantage : mais l'opinion l'autorise, et il est moins *invraisemblable* que le merveilleux naturel.

Pour nous faire imaginer la nature appliquée à former un prodige, il faut d'abord que l'objet en soit digne à nos yeux, par l'importance que nous y attachons; et de plus, que les moyens que la nature a mis en œuvre nous soient inconnus ou cachés, comme les cordes d'une machine : dès que nous les apercevons, l'admiration se refroidit.

La nature, aux yeux de la raison, n'est jamais plus étonnante que dans les petits objets : *In arctum coacta rerum naturæ majestas* (Pline l'ancien), je le sais; mais ce n'est point à la raison que s'adresse la poésie, c'est à l'imagination. Or celle-ci ne peut se figurer la nature sérieusement appliquée à produire un papillon. Aristote l'a dit : la beauté sensible n'est pas dans les petites choses ; elle consiste dans une composition régulière et harmonieuse, qui, pour se développer aux yeux, exige une certaine étendue. Or l'imagination se décide sur le témoignage des sens : ce qu'ils n'aperçoivent qu'en petit ne saurait donc lui paraître digne d'occuper la nature. Les plus grands génies ont pensé quelquefois à cet égard comme le vulgaire : *Magna dii curant, parva negligunt*, dit Cicéron; et il en donne pour raison l'exemple des rois : *Nec in regnis quidem reges omnia minima curant* : « comme si à ce roi-là, dit Montaigne, c'était plus et moins de remuer un empire ou la feuille d'un arbre, et si sa providence s'exerçait autrement, en inclinant l'événement d'une bataille ou le saut d'une puce. » Il résulte cependant de la façon de concevoir, commune au plus grand nombre, que le merveilleux dans les petites choses doit être renvoyé aux contes des fées, et que, si la poésie en fait usage, ce ne doit être qu'en badinant.

Quant aux moyens que la nature emploie pour opérer un prodige, s'ils sont connus, il faut les déguiser, et, par des circonstances nouvelles, nous dérober la liaison de la cause avec les effets.

La comète qui parut à la mort de Jules-César fut un prodige pour Rome. Si sa révolution eût été calculée et son ellipse décrite, ce n'eût été qu'une planète comme une autre, qui eût suivi le branle commun. Mais qu'eût fait le poëte alors! Il eût donné à la chevelure de la comète une forme étrange, un immense volume ; et dans ses feux redoublés à l'approche de la terre, il eût marqué l'intention de la nature d'épouvanter les Romains.

L'aurore boréale a pu donner autrefois, comme l'a observé un philosophe célèbre, l'idée de l'assemblée des dieux sur l'Olympe; aujourd'hui qu'elle est au nombre des phénomènes les plus communs, elle attire à peine les regards du peuple : mais qu'un poëte sût agrandir l'image de ces lances de feu, que semble darder une invisible main des bords de l'horizon jusqu'au milieu du ciel, et appliquer ce phénomène à quelque événement terrible; il reprendrait, même à nos yeux, le caractère effrayant de prodige.

Il est tout simple que, dans les ardeurs de l'été, une rivière se déborde, enflée par un orage, et tarisse le lendemain. Homère rapproche ces deux circonstances : au lieu de l'orage, c'est le Xante lui-même qui s'irrite et qui enfle ses eaux; au lieu des chaleurs de l'été, c'est Vulcain qui fait consumer les eaux du fleuve par les flammes.

Lucain, en décrivant les signes redoutables qui annoncèrent la guerre civile : « L'Etna, dit-il, vomit ses feux, mais sans les lancer dans les airs; il inclina sa cime béante, et répandit des flots d'un bitume enflammé du côté de l'Italie. »

Dans la *Jérusalem* du Tasse, les nuages qui versent la pluie dans le camp de Godefroi, ne se sont pas élevés de la terre, ils viennent des réservoirs célestes.

> *Ecco subiti nubi, e non de terra*
> *Già per virtù del sole in alto ascese;*
> *Ma sol dal ciel, che tutte apre e disserra*
> *Le porte sue, veloci in giù discese.*

Voilà ce que j'appelle donner à un événement familier le caractère du merveilleux, et à ce merveilleux un air de *vraisemblance* : car dans tous ces exemples la grandeur de l'objet répond à celle du prodige, *dignus vindice nodus*.

J'ai déjà dit en quoi consiste le merveilleux naturel, et je ne fais ici qu'en détailler encore l'idée. Dans le moral, ce qui est le plus digne d'admiration et d'amour, un Burrhus, un Mornai, un Télémaque, une Zaïre, une Cornélie : dans le physique, ce qui peut nous causer l'émotion du plaisir la plus pure et la plus sensible, une vie délicieuse comme celle de l'âge d'or, des lieux enchantés comme Eden, ou comme les îles fortunées, sur-tout l'image de ce que nous appelons par excellence *la beauté*, une taille élégante et correcte, la douceur, la vivacité, la sensibilité, la noblesse, toutes les grâces réunies dans les traits du visage, dans la forme et les mouvements du corps d'une Vénus ou d'un Apollon, Hélène au milieu des vieillards troyens, Achille au sortir de la cour de Scyros; voilà le merveilleux de la beauté dans le physique. Le soin du poëte alors est de rassembler les plus belles parties dont un composé naturel soit susceptible, pour en former un tout régulier; et de disposer les choses comme la nature les eût disposées, si elle n'avait eu pour objet que de nous donner un spectacle enchanteur. L'accord en fait la *vraisemblance*.

Il n'y a point de tableaux parfaits dans la disposition naturelle des choses: la nature, dans ses opérations, ne songe à rien moins qu'à se composer et à se donner en spectacle; et l'on doit s'attendre à trouver dans le moral autant et plus d'incorrections que dans le physique. La clémence d'Auguste envers Cinna est dégradée par le conseil de Livie : la gloire du conquérant du Mexique est ternie par une lâche trahison : César a quelquefois été cruel jusqu'à l'atrocité : le vieux Caton était avare. L'histoire a peu de caractères dans lesquels la poésie ne soit obligée de dissimuler et de corriger quelque chose : c'est comme une statue de bronze qui sort raboteuse du moule, et qui demande encore la lime; mais il faut bien prendre garde en la polissant de n'en pas affaiblir les traits. Il est arrivé souvent de détruire l'homme en faisant le héros.

Quel est donc le guide du poëte dans ce genre de fiction? Je l'ai dit, le sentiment du beau moral, que la nature a mis en nous. Il a pu recevoir quelque altération de l'habitude et du préjugé; mais l'une et l'autre cèdent aisément au goût naturel qui n'est qu'assoupi, et que l'impression du beau réveille. Quel est le lâche voluptueux qui n'est pas saisi d'un saint respect, en voyant Régulus retourner à Carthage? Ce qui peut se mêler d'opinions et d'habitude dans nos idées sur le beau moral, ne tire donc pas à conséquence et ne doit se compter pour rien.

Mais le poëte qui conçoit l'idée du beau, et qui est en état de le peindre en altérant la vérité, le peut-il à son gré sans manquer à la *vraisemblance*.

Horace nous donne le choix, ou de suivre la renommée ou d'observer les convenances. Mais ce choix est-il libre? Non; et si les caractères et les faits sont connus, l'altération n'en est permise qu'autant qu'elle n'est pas sensible. On peut bien ajouter aux vertus et aux vices quelques coups de pinceau plus hardis et plus forts; on peut bien adoucir, déguiser, effacer quelques traits qui dégraderaient ou qui noirciraient le tableau; mais on ne peut pas insulter en face à la vérité, en changeant les événements et en dénaturant les hommes : ce n'est qu'à la faveur de l'obscurité ou du silence de l'histoire que la poésie, n'étant plus gênée par la notoriété des faits, peut en disposer à son gré, en observant les convenances; car alors la vérité muette laisse régner l'illusion.

L'abbé Dubos, après avoir dit que ce serait une pédanterie que de reprocher à Racine d'avoir changé, dans Britannicus, la circonstance de l'essai du poison préparé par Locuste, n'en fait pas moins le procès au même poëte, pour avoir employé le personnage de Narcisse, qui ne vivait plus; pour avoir supposé que Junie était à Rome, lorsqu'elle en était exilée; et pour avoir changé le caractère de cette princesse, afin de l'ennoblir et de le rendre intéressant. N'est-ce pas encore là de la pédanterie ? Je conviens avec l'abbé Dubos que les faits historiques de quelque importance ne doivent pas être changés, encore moins les faits célèbres et connus de tout le monde, et qu'il serait absurde de *faire tuer Brutus par César.* Mais la mort de Narcisse et le caractère de Junie sont-ils du nombre de ces faits? La règle, en pareil cas, est de savoir jusqu'où s'étendent les connaissances familières du monde cultivé pour lequel on écrit. Or quel est le siècle où les petits détails de l'histoire romaine soient assez présents aux spectateurs et aux lecteurs, pour que de si légères altérations les blessent? Un homme versé dans l'étude de l'antiquité sait ce que Tacite et Sénèque ont dit des mœurs de Junia Calvina; mais ni la ville ni la cour n'en sait rien. Virgile a donné dans Didon l'exemple des licences heureuses que l'on peut prendre en pareil cas. Tout ce qu'on a droit d'exiger pour prix de ces licences, c'est qu'elles contribuent à la beauté de la composition. Il s'agit donc, non d'aller chercher dans l'histoire si Narcisse était vivant et si Junie était à Rome, mais de voir dans la tragédie s'il était bon de faire vivre Narcisse et d'oublier l'exil de Junie. Que Tacite et Sénèque aient dit d'elle qu'elle était *une effrontée*, ou qu'elle était *une Vénus pour tout le monde, et pour son frère une Junon*, ces anecdotes ne sont pas du nombre des faits importants et célèbres qu'un poëte doit respecter. Et sur quoi porterait la licence que l'abbé Dubos lui-même accorde aux poëtes d'altérer la vérité, si des circonstances aussi peu marquées étaient des traits d'histoire inaltérables?

C'est un supplice pour les artistes que les préceptes donnés par ceux qui ne sont point de l'art.

A l'égard de la beauté physique, qui est l'objet capital de la peinture et de la sculpture, elle exerce peu les talents du poëte : il l'indique, il ne la peint jamais; et en l'indiquant, il fait plus que de la peindre. *Voyez* Esquisse.

Quant à l'exagération des forces, des grandeurs, des facultés de l'être physique, comme lorsqu'on fait des héros d'une taille et d'une force prodigieuse, des animaux d'une grandeur énorme, des arbres dont les racines touchent aux enfers et dont les branches percent les nues; ces peintures exagérées sont ce qu'il y a de moins difficile : la justesse des proportions et des rapports en fait la *vraisemblance*.

Une autre sorte de prodige dont la poésie tire

plus d'avantage, c'est la rencontre et le concours de certaines circonstances que le mouvement naturel des choses semble n'avoir jamais dû combiner ainsi, à moins d'une expresse intention de la cause qui les arrange. On annonce à Mérope la mort de son fils; on lui amène l'assassin, et l'assassin est ce fils qu'elle pleure. OEdipe cherche à découvrir le meurtrier de Laïus; il reconnaît que c'est lui-même, et qu'en fuyant le sort qui lui a été prédit, il a tué son père et épousé sa mère. Oreste est conduit à l'autel de Diane pour y être immolé; et la prêtresse qui va l'égorger se trouve être sa sœur Iphigénie. Hécube va laver dans les eaux de la mer le corps de sa fille Polyxène, immolée sur le tombeau d'Achille; elle voit flotter un cadavre, ce cadavre approche du bord, Hécube reconnaît Polydore son fils. Voilà de ces coups de la destinée, si éloignés de l'ordre des choses, qu'ils semblent tous prémédités.

Tout ce qui est possible n'est pas vraisemblable; et lorsque, dans la combinaison des événements ou dans le jeu des passions, nous apercevons une singularité trop étudiée; le poëte nous devient suspect, l'illusion cesse avec la confiance : en cela pèche, dans Inès, l'affectation de donner pour juges à don Pèdre deux hommes dont l'un doit le haïr et l'absout, l'autre doit l'aimer et le condamne : cette antithèse inutile est évidemment combinée à plaisir. L'unique moyen de persuader est de paraître de bonne foi; or plus la rencontre des incidents est étrange, plus, en la comparant avec la suite naturelle des choses, nous sommes enclins à douter de la bonne foi des témoins : aussi cette espèce de fable exige-t-elle beaucoup de réserve et de précaution.

La première règle est que chacun des incidents soit simple et naturellement amené; la seconde, qu'ils soient en petit nombre : par-là le merveilleux de leur combinaison se rapproche de la nature. Prenons pour exemple la fable du Cid : Rodrigue est obligé de réparer, par la mort du père de sa maîtresse, l'affront du soufflet qu'a reçu le sien. Il n'est pas possible d'imaginer dans nos mœurs une situation plus cruelle; et le sort, pour accabler deux amants, semble avoir exprès combiné cette opposition des intérêts les plus sensibles et des devoirs les plus sacrés. Voyons cependant d'où naissent ces combats de l'amour et de la nature : d'une dispute élevée entre deux courtisans sur une marque d'honneur accordée à l'un préférablement à l'autre : rien de plus simple ni de plus familier : le spectateur voit naître la querelle; il la voit s'animer, s'aigrir, se terminer par cette insulte qui ne se lave que dans le sang; et sans avoir soupçonné l'artifice du poëte, il se trouve engagé, avec les personnages qu'il aime, dans un abyme de malheurs. Il en est ainsi de tous les sujets bien constitués : chaque incident vient s'y placer, comme de lui-même, dans l'ordre le plus naturel; et lorsqu'on les voit réunis, on est confondu de l'espèce de merveilleux qui résulte de leur ensemble. Toutefois si ces incidents étaient trop accumulés, chacun d'eux fût-il amené naturellement, leur concours passerait la croyance : c'est ce qu'il faut éviter avec soin dans la composition d'une fable; et il me semble qu'on s'éloigne de plus en plus de cette règle, en multipliant sur la scène des incidents mal enchaînés.

En suivant le fil des idées qui nous viennent, ou de l'expérience intime de nous-mêmes, ou du dehors par la voie des sens, nous nous en sommes fait de nouvelles; et celles-ci, rangées sur le même plan, auraient dû garder les mêmes rapports; mais l'opinion populaire et l'imagination poétique n'ayant pas toujours consulté la raison, le système des possibles, qu'elles ont comme réalisé, n'est rien moins que soumis à l'ordre; et celui qui l'emploie a besoin de beaucoup d'adresse et de ménagement.

Le merveilleux surnaturel est tantôt une fiction toute simple, et tantôt le voile symbolique et transparent de la vérité; mais ce n'est jamais que l'imitation exagérée de la nature. Rappelons-nous quelle en est l'origine; et nous verrons ensuite quel en sera l'emploi.

La philosophie est la mère du merveilleux, et la contemplation de la nature lui en a donné la première idée; elle voyait autour d'elle une multitude de prodiges sans autre cause que le mouvement, qui lui-même avait une cause; elle dit donc : Il doit y avoir au-delà et au-dessus de ce que je vois un principe de force et d'intelligence. Ce fut l'idée primitive et génératrice du merveilleux ; la cause unique et universelle, agissant par une loi simple, était pour le peuple, et, si l'on veut, pour les sages, une idée trop vaste et trop peu sensible; on la divisa en une multitude d'idées particulières, dont l'imagination, qui veut tout se peindre, fit autant d'agents composés comme nous : de-là les dieux, les démons, les génies.

Il fut facile de leur attribuer des sens plus parfaits que les nôtres, des corps plus agiles, ou plus grands, et plus forts; et jusque-là le merveilleux n'étant qu'une augmentation de masse, de force, et de vîtesse, l'esprit le plus commun put, dans ces fictions, renchérir aisément sur le génie le plus hardi. Dès qu'on a franchi les bornes de nos perceptions, il n'en coûte rien d'élever le trône de Jupiter, d'appesantir le trident de Neptune, de donner, aux coursiers du Soleil, à ceux de Mars et de Minerve, la vîtesse de la pensée. Le P. Bouhours observe que, lorsque, dans Homère, Polyphême arrache le sommet d'une montagne, l'on ne trouve point son action trop étrange, parce que le poëte a eu soin d'y proportionner la taille et la force de ce géant. De même lorsque Jupiter ébranle l'Olympe d'un mouvement de ses sourcils, et que le dieu des mers, frappant la terre, fait craindre à celui des enfers que la lumière des cieux ne pénètre dans les royaumes sombres; ces actions, mesurées sur l'échelle de la fiction, se trouvent dans l'ordre de la nature par la justesse de leurs rapports. Voilà, dit-on, de grandes idées : oui; mais c'est une grandeur géométrique, à laquelle, avec de la matière, du mouvement, et de l'espace, on ajoute tant que l'on veut.

Mais lorsqu'on en vient au moral, la difficulté est plus grande. Avec mes yeux je mesure le firmament; avec ma pensée je ne mesure que ma pensée. Que j'essaie d'imaginer un dieu; quelque effort que j'emploie à lui donner une nature excellente, la sagesse, la sensibilité, l'élévation de son ame, ne seront jamais que le dernier degré de sagesse, de sensibilité, d'élévation de la mienne. Je lui accorderai des sens que je n'ai pas, un sens, par exemple, pour entendre couler le temps, un sens pour lire dans la pensée, un sens pour prévoir l'avenir, parce qu'on ne m'oblige pas au détail du mécanisme de ces nouveaux organes; je le douerai d'une intelligence à laquelle je supposerai vaguement que rien n'est caché, d'une force et d'une fécondité d'action à laquelle il m'est bien aisé de feindre que rien ne résiste; je l'exempterai des faiblesses de ma nature, de la douleur et de la mort, parce que les idées privatives sont comme la couleur noire, qui n'a besoin d'aucune clarté; mais s'il en faut venir à des qualités positives, par exemple, le faire penser ou sentir, il ne sera clairvoyant ou sensible, éloquent ou passionné, qu'autant que je le suis moi-même. On a dit que Jupiter était descendu sur la terre pour se faire voir à Phidias, ou que Phidias était monté au Ciel pour voir Jupiter. Cette hyperbole a sa vérité; l'on conçoit comment l'artiste, par le caractère majestueux qu'il avait donné à sa statue, pouvait avoir obtenu cet éloge : mais le physique est tout pour le statuaire, et n'est rien pour le poëte, s'il n'est d'accord avec le moral. Cet accord, s'il était parfait, serait la merveille du génie; mais il est inutile d'y prétendre : l'homme n'a que des moyens humains.

Il faut même avouer, et je l'ai déja fait entendre, que si, par impossible, il y avait un génie capable d'élever les dieux au-dessus des hommes, il les peindrait pour lui seul. Si, par exemple, Homère eût rempli le vœu de Cicéron, *Humana ad deos transtulit, divina mallem ad nos*, le tableau de l'*Iliade* serait sublime; mais il manquerait de spectateurs. Nous ne nous attachons aux êtres surnaturels que par les mêmes rapports qui les attachent à notre nature. Des dieux d'une sagesse inaltérable, d'une constante égalité, d'une impassibilité parfaite, nous toucheraient aussi peu que des statues de marbre. Il faut, pour nous intéresser, que Neptune s'irrite, que Vénus se plaigne, que Mars, Minerve, Junon, se mêlent de nos querelles et se passionnent comme nous. Il est donc impossible, à tous égards, d'imaginer des dieux qui ne soient pas hommes; mais ce qui n'est pas impossible, c'est de leur donner plus d'élévation dans les sentiments, plus de dignité dans le langage que n'ont fait la plupart des poëtes. Ce que dit Satan au soleil dans le poëme de Milton, ce que Neptune dit aux vents dans *l'Énéide;* voilà les modèles du merveilleux. La bonne façon d'employer ces personnages est de les faire agir beaucoup, et de les faire parler peu. Le dramatique est leur écueil : aussi les a-t-on presque bannis de la tragédie; le merveilleux n'y est guère admis qu'en idée et hors de la scène visible. Si quelquefois on y a fait voir des spectres, ils ne disent que quelques mots et disparaissent à l'instant. Dans la tragédie de *Macbeth*, après que ce scélérat a assassiné son roi, un spectre se présente, et lui dit : *Tu ne dormiras plus.* Quoi de plus simple et de plus terrible ? La grande difficulté est d'employer avec décence un merveilleux qu'il n'est pas permis d'altérer, comme celui de la religion. Il est absurde et scandaleux de donner aux êtres surnaturels qu'on révère, les vices de l'humanité. Si donc, par exemple, l'on introduit dans un poëme les anges, les saints, les personnes divines, ce ne doit être qu'en passant et avec une extrême réserve : on ne peut tirer de leur entremise aucune action passionnée. Le saint Michel de Raphaël est l'exemple de ce que je viens de dire : il terrasse le dragon, mais avec un front inaltérable; et la sérénité de ce visage céleste est l'image des mœurs qu'on doit suivre dans cette espèce de merveilleux : aussi, dès que la scène du poëme de Milton est dans le Ciel, sa fiction devient absurde et ne fait plus d'illusion. Des esprits impassibles et purs ne peuvent avoir rien de pathétique. Le champ libre et vaste de la fiction est donc la mythologie, la magie, la féerie, dont on peut se jouer à son gré.

J'ai dit que l'impossibilité d'expliquer naturellement les phénomènes physiques avait réduit l'esprit humain à l'invention du merveilleux; et c'est ainsi qu'on a fait de toutes les causes secondes des intelligences actives, et plus ou moins puissantes selon leurs grades et leurs emplois : les éléments en ont été peuplés; la lumière, le feu, l'air, et l'eau; les vents, les orages, tous les météores; les bois, les fleuves, les campagnes, les moissons, les fleurs, et les fruits, ont eu leurs divinités particulières. Au lieu de chercher, par exemple, comment la foudre s'allumait dans la nue, et d'où venaient les vagues d'air dont l'impulsion bouleverse les flots; on a dit qu'il y avait un dieu qui lançait le tonnerre, un dieu qui déchaînait les vents, un dieu qui soulevait les mers. Cette physique, peu satisfaisante pour la raison, flattait le peuple, amoureux des prodiges; aussi fut-elle érigée en culte; et après avoir perdu son autorité, elle conserve encore tous ses charmes.

La morale eut son merveilleux comme la physique; et le seul dogme des peines et des récompenses dans l'autre vie, donna naissance à une foule de nouvelles divinités. Il avait déja fallu construire au-delà des limites de la nature, un palais pour les dieux des vivants; on assigna de même un empire aux dieux des morts, et des demeures aux mânes. Les dieux du ciel et les dieux des enfers n'étaient que des hommes plus grands que nature; leur séjour ne pouvait être aussi qu'une image des lieux que nous habitons. On eut beau vouloir varier, le ciel et l'enfer n'offrirent jamais que ce qu'on voyait sur la terre. L'Olympe fut un palais radieux; le Tartare, un cachot profond; l'Élysée, une campagne riante.

Largior hic campos æther et lumine vestit
Purpureo; solemque suum, sua sidera nôrunt.
(AEn. VI. 640.)

Le ciel fut embelli par une volupté pure et par une paix inaltérable. Des concerts, des festins, des amours, tout ce qui flatte les sens de l'homme, fut le partage des immortels. Le calme et l'innocence habitèrent l'asyle des ombres heureuses; les supplices de toute espèce furent infligés aux mânes criminels, mais avec peu d'équité, ce me semble, par les poëtes même les plus judicieux. La fiction n'en fut pas moins reçue et révérée; et le Tartare fut l'effroi des méchants, comme l'Élysée était l'espoir des justes.

Un avantage moins sérieux que la poésie tira de ce nouveau système, fut de rendre sensibles les idées abstraites, dont elle fit encore des légions de divinités. La métaphysique se jeta dans la fiction, comme la physique et la morale. Les vices, les vertus, les passions humaines, ne furent plus des notions vagues. La sagesse, la justice, la vérité, l'amitié, la paix, la concorde, tous ces biens et les maux opposés; la beauté, cette collection de tant de traits et de nuances; les grâces, ces perceptions si délicates, si fugitives; le temps même, cette abstraction que l'esprit se fatigue vainement à concevoir, et qu'il ne peut se résoudre à ne pas comprendre; toutes ces idées factices, et composées de notions primitives, qu'on a tant de peine à réunir dans une seule perception; tout cela, dis-je, fut personnifié. Un merveilleux qui faisait tomber sous les sens ce qui même eût échappé à l'intelligence la plus subtile, ne pouvait manquer de saisir, de captiver l'esprit humain : on ne connut bientôt plus d'autres idées que ces images allégoriques. Toutes les affections de l'ame, presque toutes ces perceptions prirent une forme sensible : l'homme fit des hommes de tout; on distingua les idées métaphysiques aux traits du visage; chacune d'elles eut un symbole, au lieu d'une définition; et ce fut sur la convenance de l'image avec son objet que fut fondée la *vraisemblance*.

On vient de voir toute la philosophie animée par la fiction, et l'univers peuplé d'une multitude innombrable d'êtres d'une nature analogue à celle de l'homme. Rien de plus favorable aux arts, et sur-tout à la poésie. La mythologie, sous ce point de vue, est l'invention la plus ingénieuse de l'esprit humain.

Mais il eût fallu que le système en fût composé par un seul homme, ou du moins sur un plan suivi. Formé de pièces prises çà-et-là, et qu'on n'a pas même eu soin d'ajuster l'une à l'autre, il ne pouvait manquer d'être rempli de disparates et d'inconséquences; et cela n'a pas empêché qu'il n'ait fait les délices des peuples, et long-temps l'objet de leur adoration: *Quod finxere timent* (LUCRÈCE) : tant la raison est esclave des sens! Mais aujourd'hui que la fable n'est plus qu'un jeu, nous lui passons, hors du poëme, toutes ses irrégularités, pourvu qu'au-dedans tout ce qu'on nous présente se concilie et soit d'accord.

J'ai distingué ailleurs la fiction simple et l'allégorie. Je ne ferai que rappeler ici en peu de mots leur différence et leur emploi. L'une embrasse tous les êtres fantastiques qui ont pris la place des causes naturelles, ou qui sont venus à l'appui des vérités morales. Jupiter, Neptune, Pluton, ne sont pas donnés pour des symboles, mais pour des personnages aussi réels qu'Achille, Hector, et Priam; ils ne doivent donc être employés que dans les sujets où ils ont leur vérité relative aux lieux, aux temps, à l'opinion. Les temps fabuleux de l'Égypte, de la Grèce, et de l'Italie, ont la mythologie pour histoire; l'idée du Minotaure est liée avec celle de Minos; et lorsque vous voyez Philoctète, vous n'êtes point surpris d'entendre parler de l'apothéose d'Hercule comme d'un fait simple et connu. Les sujets pris dans ces temps-là reçoivent donc la mythologie; mais il n'est pas permis de la transplanter, et s'il s'agit de Thémistocle ou de Socrate, elle n'a plus lieu. Il en est de même des sujets pris dans l'histoire du *Latium* : Énée, Iule, Romulus lui-même, est dans le système du merveilleux; après cette époque, l'histoire est plus sévère, et n'admet que la vérité.

Ce que je dis de la fable doit s'appliquer à la magie; il n'y a que les sujets pris dans les temps où l'on croyait aux enchanteurs, qui s'accommodent de ce système; il convenait à *la Jérusalem délivrée*; il n'eût pas convenu à *la Henriade.*

Lucain s'est conduit en homme consommé, lorsqu'il a banni de son poëme le merveilleux de la fable. Si l'on eût vu l'Olympe divisé entre Pompée et César, comme entre les Grecs et les Troyens, cela n'eût fait aucune illusion. Il serait encore plus absurde aujourd'hui de mettre en scène les dieux d'Homère dans les révolutions d'Angleterre ou de Suède. Mais combien plus choquant est le mélange des deux systèmes, tel qu'on le voit dans quelques-uns des poëtes italiens! Il n'y a plus de merveilleux absolu pour les sujets modernes que celui de la religion, et je crois avoir fait sentir combien l'usage en est difficile.

Comme la féerie n'a jamais été reçue, elle ne peut jamais être sérieusement employée; mais elle aura lieu dans un poëme badin. Il en est de même du merveilleux de l'apologue. Cependant, j'oserai le dire, il y a, dans les mœurs et les actions des animaux, des traits qui tiennent du prodige, et qui ne sont pas indignes de la majesté de l'épopée. On en cite des exemples de fidélité, de reconnaissance, d'amitié, qui sont pour nous de touchantes leçons. Le chien d'Hésiode, qui accuse et convainc Ganitor d'avoir assassiné son maître; celui qui découvre à Pyrrhus les meurtriers du sien; celui d'Alexandre, auquel on présente un cerf pour le combattre, puis un sanglier, puis un ours, et qui ne daigne pas quitter sa place; mais qui, voyant paraître un lion, se lève pour l'attaquer, « montrant manifestement, dit Montaigne, qu'il déclarait celui-là seul digne d'entrer en combat avec lui; » le lion qui reconnaît dans l'arène l'esclave Androclès qui l'avait guéri, ce lion, qui lèche la main de son bienfaiteur, s'attache à lui, le suit dans Rome, et fait dire au peuple qui le couvre de fleurs : *Voilà le lion hôte de l'homme, voilà l'homme médecin du lion;* ce qu'on atteste des éléphants; ce qu'on a vu du lion de Chantilly; ce que tout le monde sait de l'instinct belliqueux des chevaux; enfin ce qui se passe sous nos yeux dans le commerce de l'homme avec les animaux qui lui sont soumis, donnerait lieu, ce me semble, au merveilleux le plus sensible, si on l'employait avec goût. Le chien d'Ulysse en est un exemple; et malheur à l'homme froid pour qui ce trait touchant n'aurait pas assez de noblesse!

A l'égard de l'allégorie, comme elle n'est pas donnée pour une vérité absolue et positive, mais pour le symbole et le voile de la vérité, si elle est claire, ingénieuse, et décente, elle est parfaite; mais il faut avoir soin qu'elle s'accorde avec le système que l'on a pris. On peut par-tout diviniser la paix; mais cette idée charmante, qui en est le symbole (les colombes de Vénus faisant leur nid dans le casque de Mars), serait aussi déplacée dans un sujet pieux, que l'était, dans l'église des Célestins, le groupe des trois Grâces. L'allégorie des passions, des vices, des vertus, etc., est reçue dans l'épopée, quel que soit le lieu et le temps de l'action; elle est aussi admise sur la scène lyrique; mais l'austérité de la tragédie ne permet plus de l'y employer. Eschyle introduit en personne la Force et la Nécessité; le théâtre français n'admet rien de semblable.

Mais, soit en récit, soit en scène, l'allégorie ne doit être qu'accidentelle et passagère, et sur-tout ne jamais prendre la place de la passion, à moins que le poëte, par des raisons de bienséance, ne soit obligé de jeter ce voile sur ses peintures. L'auteur de *la Henriade* a employé cet artifice; mais Homère et Virgile se sont bien gardés de faire des personnages allégoriques de la colère d'Achille et de l'amour de Didon. Le mieux est de peindre la passion toute nue et par ses effets, comme dans la tragédie. Toutes les fois que la nature est touchante et passionnée, le merveilleux est au moins superflu.

Au reste, le grand art d'employer le merveilleux est de le mêler avec la nature, comme s'ils ne faisaient qu'un seul ordre de choses, et comme s'ils n'avaient qu'un mouvement commun. Cet art d'engrener les roues de ces deux machines et d'en tirer une action combinée, est celui d'Homère au plus haut degré. On en voit l'exemple dans *l'Iliade*. L'édifice du poëme est fondé sur ce qu'il y a de plus naturel et de plus simple, l'amour de Chrysès pour sa fille. On la lui a enlevée; il la redemande, on la lui refuse; elle est captive d'un roi superbe, qui rebute ce père affligé. Chrysès, prêtre d'Apollon, lui adresse ses plaintes. Le dieu le protège et le venge; il lance ses flèches empoisonnées dans le camp des Grecs. La contagion s'y répand, et Calchas annonce que le dieu ne s'appaisera que lorsqu'on aura réparé l'injure faite à son ministre. Achille est d'avis qu'on lui rende sa fille : Agamemnon, à qui elle est tombée en partage, consent à la rendre; mais il exige une autre part au butin. Achille indigné lui reproche son avarice et son ingratitude. Agamemnon, pour le punir, envoie prendre Briséis dans ses tentes; et de-là cette colère qui fut si fatale aux Grecs. La nature n'aurait pas enchaîné les faits avec plus d'aisance et de simplicité; et c'est dans cet accord facile, dans cette intime liaison du familier et du merveilleux, que consiste la *vraisemblance.*

Quant à celle de l'action et des mœurs, *voyez* Action, Intrigue, Convenances, Mœurs, Unités, etc.

FIN DU QUATRIÈME ET DERNIER VOLUME DES ÉLÉMENTS DE LITTÉRATURE.

TABLE

DES ARTICLES CONTENUS DANS CE QUATRIÈME VOLUME.

Poésie..............................Page 1
Poete............................... 75
Poétique............................ 94
Pointe.............................. 114
Portrait............................ 115
Preuve.............................. 129
Prologue............................ 152
Prosaïque........................... 164
Prosodie............................ 170
Question............................ 175
Récitatif........................... 179
Reconnaissance...................... 193
Règles.............................. 197
Révolution.......................... 206
Rhétorique.......................... 212
Rime................................ 255
Satire.............................. 265
Simple.............................. 276
Situation........................... 280
Sotise ou Sotie..................... 286
Stance.............................. 289
Strophe............................. 304
Style............................... 313
Sublime............................. 336

Symbole	Page 347
Tempéré	354
Ton	359
Traduction	368
Tragédie	379
Tutoiement	437
Unité	443
Usage	466
Vérité relative	497
Vers	503
Vraisemblance	533

TABLE MÉTHODIQUE

DES

ÉLÉMENTS DE LITTÉRATURE.

Style. Ses divers caractères, et ses qualités essentielles et relatives. Tome IV.................Page 313
Usage. Étendue et limites de son autorité. Il tend à ruiner la langue. Tome IV..................... 466
Analogie du style, en lui-même et dans ses rapports. Tome I.................................. 233
Ton. Le bon *ton* ne devrait être que le bon goût mis en pratique. Tome IV........................ 359
Convenances. Il en est d'immuables, il en est de changeantes. Les beaux sujets sont ceux dont l'effet dépend des *convenances* immuables. Tome I....... 529
Bienséances. Elles tiennent aux mœurs locales. En observant les convenances, on peut blesser les *bienséances* : le goût consiste à les accorder. Tome I... 349
Vérité relative. C'est elle, et non la *vérité* absolue, qu'il faut consulter dans le style et dans la peinture des mœurs. Tome IV............................. 497
Sublime. Le vrai *sublime* est dans la pensée, dans le sentiment, dans l'image. Le mérite de l'expression est de le rendre tel qu'il est, sans l'outrer et sans l'affaiblir. Tome IV.............................. 336
Simple. Loin d'être opposé au sublime, il lui est analogue, et rien ne sympathise tant que le sublime dans la pensée et le *simple* dans l'expression. T. IV. 276
Tempéré. Il admet des parures que le simple néglige

et que le sublime dédaigne. Tome IV........Page 354
Brillant. Son caractère est dans la pensée et dans l'expression. Tome I............................. 367
Gracieux. Il est tel, sur-tout, par les images. Tome II. 503
Familier. Il tient le milieu entre le langage populaire et le style héroïque. C'est à lui qu'appartiennent les nuances fines et délicates de l'expression. Tome II. 445
Marotique. Son caractère est la naïveté. La Fontaine est le seul poëte qui ait excellé en l'imitant. Tome III. 230
Ampoulé. Style où la parole excède la pensée, exagère le sentiment. Tome I............................ 220
Diffus. En quoi il diffère de *lâche* et de *prolixe*. T. II. 158
Bas. Le haut style n'exclut que la *bassesse* de convention. Il admet, en l'ennoblissant, ce qui n'est *bas* que de sa nature. Tome I........................ 320
Burlesque. Comme il y a de bons et de mauvais bouffons, il y a un bon et un mauvais *burlesque*. T. I. . 370
Jargon. Il est placé lorsqu'il imite : c'est l'usage qu'en a fait Molière. Tome III....................... 195
Élégance. Réunion de toutes les grâces du style. T. II. 221
Aménité. Douceur accompagnée de politesse et de grâce, dans le style comme dans les mœurs. Tome I. 197
Noblesse. Le style *noble* est composé du familier et de l'héroïque. Tome III........................... 351
Chaleur. La *chaleur* du style en est l'ame et la vie. C'est comme la *chaleur* naturelle du sang. Tome I. . 431
Abondance. Celle du style suppose celle des sentiments et des idées; sans quoi elle n'est pas richesse, elle n'est qu'ostentation. Tome I..................... 89
Finesse. En quoi elle diffère de la délicatesse. T. II... 485
Délicatesse. Celle de l'expression consiste à imiter celle du sentiment, ou à la ménager : ce sont là ses deux caractères. Tome II.......................... 82
Affectation. Manière étudiée de s'éloigner du naturel : celle d'un écrivain n'est pas celle d'un autre. T. I. . 146

Mouvements du style. Ils doivent répondre à ceux de l'ame. Action de l'ame comparée au *mouvement* des corps. Tome III.........................Page 303

Figures de mots et de pensées. *Figures de pensées*, toutes réunies dans un exemple pris dans le langage du peuple. Tome II.......................... 481

Apostrophe. Le plus fréquent et le plus animé des mouvements oratoires. Tome I................. 262

Ironie. Le style héroïque l'admet comme le style familier. Tome III................................ 188

Image. Elle suppose une ressemblance. Quelle ressemblance peut-il y avoir entre une idée métaphysique, ou une affection morale, et un objet matériel? Ce principe d'analogie éclaire le choix des images. Tome III.. 99

Comparaison oratoire et poétique. L'une fait preuve et l'autre ornement. Dans quels genres la poésie abonde en *comparaisons*, dans quels genres elle en est sobre. Tome I...................................... 506

Allusion. Finesse de pensée et de langage. Rapport indiqué d'un seul trait. Tome I................. 185

Application. Plus le nouveau sens dans lequel on emploie une citation, un passage, est éloigné de son sens primitif, plus l'*application* en est ingénieuse, lorsqu'elle est juste. Tome I................... 268

Épithète. L'*adjectif* est de nécessité, l'*épithète* est de luxe; mais ce luxe a ses bornes. L'*épithète* qui dans le style ne contribue à donner à la pensée ni plus de beauté, ni plus de force, ni plus de grâce, est un mot parasite. Exemple d'*épithètes* bien ou mal employées. Tome II........................... 327

Hyperbole. Elle a sa mesure; et la mesure fait sa justesse. Tome III................................ 85

Antithèse. Elle est naturelle et convenable à tous les styles. L'abus seul en est vicieux. Tome I......... 257

Pointe (ou jeu de mots), permise si elle est fine et juste. Tome IV..........................Page 114

HARMONIE DU STYLE. Elle résulte du son et du nombre. La source en est dans les éléments physiques d'une langue. Analyse de ces éléments. Si la prose française est susceptible *d'harmonie*, et jusqu'à quel point. Tome III........................... 9
Prosodie. La langue française a la sienne. Tome IV... 170
Nombre. Ce qu'il était dans les langues anciennes, ce qu'il peut être dans la nôtre. Tome III........... 356
Accent. Modulation naturelle de la parole. *Accent* prosodique et *accent* oratoire. Si dans les langues anciennes l'un était invariable et l'autre changeant, comment s'accordaient-ils? Dans notre langue, l'*accent* prosodique est mobile, et cède à l'*accent* oratoire. Tome I........................... 106
Période. Style *périodique* dans les langues anciennes. L'inversion lui était favorable; mais sans l'inversion il peut encore avoir du nombre et de la majesté. Tome III...........·................... 532
Articulation. C'est dans le mécanisme de la parole que se trouvent les éléments de la prosodie d'une langue et de la mélodie dont elle est susceptible. Tome I.. 289
Nasale. Différence de la *nasale* ancienne et de la nôtre. C'est une erreur de croire que le son *nasal*, lorsqu'il est pur, soit désagréable à l'oreille. Nos *nasales* contribuent sensiblement à l'harmonie de notre langue. Tome III........................... 347
Grave. Le caractère de la voyelle *grave*, dans notre langue, n'est pas l'abaissement, mais le volume du son. Tome II................................... 504
Muet. Quoique le son de l'*e muet* soit de toutes les langues, il n'est écrit et n'est compté pour voyelle

que dans la nôtre. Il répond à la finale brève et *tombante* des Italiens. Est-il aussi défavorable qu'on le dit à notre poésie lyrique? Tome III.......Page 315

Vers, métrique et rhythmique. A quel point nos *vers* rhythmiques peuvent s'assimiler aux *vers* métriques des anciens. Tome IV...................... 503

Alexandrin. Vers héroïque français. Tome I......... 171

Rime. Le vers métrique s'en passait ; le vers rhythmique en a eu besoin. Causes du plaisir que nous fait la *rime*. Tome IV............................ 255

Blancs (*vers*). La paresse les a inventés. Dans aucune langue ils ne sont métriques. Tome I............. 353

Prosaïque. Vers prosaïque. En quoi consiste ce défaut. Tome IV.. 164

Césure. Dans les vers anciens le sens n'était pas suspendu à la *césure*, comme il l'est à notre hémistiche. Tome I... 394

Hiatus. On l'a exclu de nos vers sans distinction ; et on a eu tort. Tome III............................ 39

Dactyle. Rare dans notre langue, mais suppléé par l'anapeste. Tome II................................ 1

Anapeste. Le caractère de ce nombre change au gré de l'expression. Tome I........................... 243

Distique. Les vers accouplés par *distiques* ont une marche lente, monotone et contrainte. Les grands poëtes n'écrivent pas ainsi. Tome II.................. 165

Licence. Irrégularité de langage, permise au poëte en faveur de la mesure, de la rime, ou de l'élégance. T. III. 210

POÉSIE. Histoire naturelle de la *poésie*, considérée comme une plante. Tome IV.................... 1

Poétique. Quels sont les ouvrages anciens et modernes où sont tracées les règles de la poésie. Tome IV... 94

Poëte. Son caractère, ses talents, ses études, d'après

l'idée essentielle de la poésie. Tome IV....... PAGE 75
Génie. En quoi il diffère du talent. Fonctions de l'un
et de l'autre. Tome II......................... 497
Imagination. Faculté de l'ame qui rend les objets présents à la pensée. Dans quels sens elle est créatrice.
Tome III...................................... 124
Enthousiasme. Il réside dans l'imagination et dans l'ame.
Tome II....................................... 301
Éloquence poétique. L'art de rendre la feinte et le mensonge vraisemblables et intéressants. Tome II...... 271
Invention. Elle embrasse les faits et les possibles. *Inventer*, c'est combiner diversement ce qui se passe
ou peut se passer au milieu de nous, autour de nous
et en nous-mêmes. Tome III................... 167
Plan. Ordonnance, disposition, premiers linéaments
du dessein d'un ouvrage. Il en circonscrit l'étendue,
marque la distribution et l'emplacement de ses parties, leur rapport, leur enchaînement. Ce doit être
le premier travail du poëte, de l'orateur, de tout
homme qui se propose de faire un tout qui ait de
l'ensemble et de la régularité. Tome III.......... 578
Attention. Elle donne à l'esprit une fécondité surprenante et inespérée : c'est le plus grand secret de l'art,
le plus grand moyen du génie. Tome I.......... 293
Fiction. Ses quatre genres : le parfait, l'exagéré, le
monstrueux, et le fantastique. Tome II.......... 461
Merveilleux naturel et surnaturel. Chaque hypothèse,
ou système poétique, a son *merveilleux* surnaturel,
qu'il ne faut jamais déplacer. Tome III.......... 250
Vraisemblance. Dans l'extraordinaire et dans le merveilleux, elle dépend des proportions et de l'identité du composé poétique. Tome IV.............. 533
Illusion. L'*illusion* que font les arts ne doit jamais être
complète. Ce n'est donc pas la ressemblance exacte,
mais la ressemblance embellie qu'on demande à l'imi-

tateur. Tome III...........................Page 89

Beau. Ses caractères dans la nature et dans l'imitation. Tome I...................................... 322

Bonté. Dans la nature et dans les arts. *Bonté* morale. *Bonté* poétique. Tome I......................... 359

Intérêt. Affection de l'ame qui lui est chère et qui l'attache à son objet. *Intérêt* de l'art. *Intérêt* de la chose. Moyens de rendre *intéressante* la nature physique et son imitation. Tome III....................... 145

Mœurs. Inclinations et affections de l'ame. Naturel modifié par l'habitude, différemment selon les climats, l'âge, le sexe, les conditions, les situations de la vie. Tome III............................. 261

Pathétique. Direct ou indirect : ses deux manières d'agir sur l'ame. Tome III........................ 510

※※※※※※※※※

Épopée. Tragédie en récit. En quoi l'*épopée* et la tragédie se ressemblent, en quoi elles diffèrent du côté de l'action et du côté du style. Tome II.......... 347

Fable. Tissu de l'action épique ou dramatique. T. II. 442

Action progressive et finale. L'une est un combat, l'autre un événement. L'*action* épique ou dramatique est un problème dont le dénouement est la solution. T. I.. 121

Intrigue. Disposition des causes et des obstacles, ou de deux forces opposées, qui dans l'action tendent en sens contraire à produire l'événement. T. III..... 154

Exposition. Énoncé du sujet et de l'état des choses avant que l'action commence. Tome II................ 401

Narration. Ses objets sont d'instruire, de persuader, d'émouvoir, soit d'étonnement, soit de crainte, soit de compassion. De là toutes ses règles. Tome III... 326

Description. Elle est à l'épopée ce que la décoration et la pantomime sont à la tragédie. Tome II......... 118

Définition. En poésie *définir* c'est peindre. Tome II... 54

Esquisse. En poésie, peindre c'est *esquisser.* T. II. PAGE 380
Situation. Dans le pathétique, état des choses, dans lequel, en supposant même les acteurs muets, on serait ému de leur péril ou de leur peine. Tome IV.. 280
Révolution. Changement de fortune dans les deux sens. Tome IV.................................... 206
Dénouement. Événement qui termine l'action. T. II... 101
Achèvement. Solution des doutes que peut laisser le dénouement. Tome I............................ 113
Moralité. Impression salutaire qu'un poëme laisse dans l'ame. Tome III................................ 296

TRAGÉDIE. Ses deux genres, l'ancien et le moderne : l'un ayant son mobile au-dehors, l'autre au-dedans de l'action, et dans les ressorts du cœur humain. Tome IV..................................... 379
Action. Intéressante, progressive, de plus en plus vive et pressée, et incertaine jusqu'à la fin. Tome I..... 121
Exposition. En action. Elle doit réunir les trois convenances du lieu, du temps, et des personnes. T. II.. 401
Intrigue. Combinaisons de circonstances et d'incidents d'où résulte l'incertitude, la curiosité, l'inquiétude, l'espérance, et la crainte. (Comme ci-devant.) T. III. 154
Situation (Comme ci-devant.) Tome IV............ 280
Acte. Un degré, un pas de l'action. Chaque *acte* doit être marqué par une situation nouvelle. Tome I.... 116
Entr'acte. Vide. L'un des plus précieux avantages du théâtre moderne. Tome II...................... 310
Dialogue. Il doit cheminer comme l'action. Quatre formes de scène par rapport au *dialogue.* Tome II........ 144
Mœurs. De violentes passions et de grands caractères, diversement combinés ensemble, forment les *mœurs* de la tragédie. Passions moins violentes dans l'épopée. Tome III................................. 261

Intérêt. La vérité dont notre ame est émue, comme elle se plaît à l'être, est celle qu'il faut imiter. Tome III..................................PAGE 145
Unités d'action, d'intérêt, de temps, de lieu; en quoi elles consistent. Tome IV........................ 443
Éloquence poétique. L'*éloquence* des passions est l'ame de la tragédie. Tome II........................ 271
Dénouement. La fortune du personnage intéressant est comme un vaisseau battu par la tempête. Il arrive au port, ou il fait naufrage. Voilà le *dénouement.* T. II. 101
Catastrophe. Funeste aux bons ou aux méchants. Laquelle est préférable? Tome I................... 391
Déclamation théâtrale. Ce qu'elle a été et ce qu'elle doit être. Tome II............................ 17
Décoration. Anciens vices de nos théâtres du côté des décorations. Changements arrivés depuis. T. II..... 47
Chœur. Tantôt bien, tantôt mal employé dans la tragédie grecque; banni de la nôtre; pourquoi? T. I.... 461
Drame. Tragédie populaire. Il peut avoir sa bonté morale et poétique; mais quand et comment? T. II... 176
Pantomime. Spectacle attrayant et pernicieux pour le goût. Tome III............................ 484
Parodie. Genre facile, méprisable, et nuisible. T. III. 495

COMÉDIE. Le prestige de l'art est d'y cacher l'art. Histoire de la *comédie* ancienne et moderne, ses divers caractères, selon les mœurs des diverses nations. T. I... 477
Comique de caractère, de situation, d'intrigue. Noble, bourgeois, bas, villageois. Tome I.............. 498
Plaisant. En quoi il diffère du comique. Quelle est dans la nature la cause de l'impression qu'il fait sur nous. La sottise est comique; la bêtise est *plaisante.* Tome III............................ 565
Prologue. Exposé de l'action directement adressé au

public. En usage chez les anciens. Rebuté des modernes; et avec raison. Tome IV............Page 152
Intrigue. Tout doit s'y passer comme dans le cours de la vie commune. Tome III...................... 154
Situation. État des choses qui ferait rire quand les personnages seraient muets. Tome IV............... 280
Dialogue. Très-naturel chez les anciens. Gâté chez les modernes par le faux bel-esprit. Excellent dans Molière. Tome II..................................... 144
Mœurs. C'est de la vérité des *mœurs* que le comique tire sa force; et c'est de leur étude assidue et approfondie que le poëte doit se nourrir. Tome III...... 261
Portraits. Rien de plus commun dans nos comédies, et bien souvent rien de plus froid. C'est l'action qui doit peindre. Tome IV........................ 115
Dénouement. Son mérite éminent est d'achever le tableau par un coup de force qui rende encore plus ridicule le personnage qu'on a joué. Tome II...... 101
Farce. La honte du théâtre. Le comique de la populace. Tome II..................................... 453
Sotise ou *Sotie.* Première ébauche de la comédie sur notre théâtre. Tome IV........................ 286
Arlequin. Exemple des singularités de caractère, d'où les Italiens ont tiré leur comique. Tome I......... 278
Parterre. Assis ou debout. Inconvénients et avantages de l'un et de l'autre. Tome III................. 499
Cabale. Espèce de ligue pour ou contre l'auteur de la pièce qu'on donne au théâtre. On peut juger des lumières d'un siècle par le plus ou moins d'ascendant qu'elle a sur l'opinion publique. Tome I.......... 380

Lyrique. Poésie réellement chantée chez les Grecs et du temps de nos anciens bardes, mais fictivement chez les Romains, ainsi que parmi nous. Tome III...... 213

MÉTHODIQUE. 577

Ode. Ancienne. Moderne. L'enthousiasme est son caractère, mais le délire même en doit être réglé. Tome III................................Page 374
Strophe. Diverses formes de la *strophe* ancienne. T. IV 304
Stance. Diverses formes de la *stance* française. T. IV.. 289
Hymne. Quel devrait être son caractère : l'onction ou la sublimité. Tome III............................ 83
Cantique. Ceux de Moïse, modèle du sublime. Celui de David sur la mort de Jonathas, modèle du style touchant. Extrait de celui de Salomon. Tome I....... 383
Dithyrambe. Consacré dans la Grèce au culte de Bacchus. Dédaigné par les Romains, étranger pour nous, sans objet et sans vraisemblance. Tome II......... 166
Anacréontique. La grâce en est le caractère. Tout y respire l'enjouement ou la volupté. Il est naturel aux Français comme aux Grecs. Tome I.............. 227
Chanson. L'amour, le vin, la galanterie, la gaieté, nous ont donné une foule de *chansons* agréables. Tome I................................. 438
Brunette. Chanson amoureuse d'un caractère simple et communément villageois. Tome I................ 369

Opéra. Ses deux genres, l'un pris dans la simple nature comme la tragédie, l'autre pris dans l'un des systèmes du merveilleux. Leurs avantages réciproques et le moyen de les concilier. Tome III........ 407
Chant. Tous les arts demandent des licences, à condition de donner des plaisirs. La poésie demande à parler en vers, la musique à parler en *chant.* A quelles conditions lui est accordée cette licence. Tome I................................... 445
Récitatif : La partie de la scène lyrique dont le chant doit le plus approcher de la simple déclamation. Tome IV.................................. 179

Air. La partie de la scène lyrique dont le chant doit avoir le plus de mélodie. L'*air* est une période musicale qui a son dessein, sa symétrie, son ensemble, son unité. C'est au poëte à le dessiner. Tome I..Page 154

Ariette. Air léger et brillant. Tome I............... 275

Duo. C'est un dialogue concis et rapide, où les deux voix se réunissent par intervalle, et qui est susceptible d'un chant régulièrement dessiné. La nature en marque la place, en indique la forme, et en donne le caractère. Tome II....................... 191

Chœur d'opéra. Sa forme n'est jamais plus naturelle ni plus favorable à la musique que lorsqu'elle est la même que celle du duo. Tome I................ 469

Prologue d'opéra. Inventé par la flatterie. Quinault sut l'ennoblir. Tome IV........................ 152

Canevas. Vers que le poëte ajuste quelquefois à un chant donné, pour complaire au musicien. Tome I. 382

Concert spirituel. Spectacle très-éloigné de la perfection dont il est susceptible. Moyens qu'il aurait d'en approcher. Tome I........................... 518

DIDACTIQUE. Le but du poëme *didactique* est d'instruire. Son moyen est de plaire, et, s'il le peut, d'intéresser. Tome II............................... 152

Descriptif. Décrire pour décrire, sans objet, sans dessein ; genre moderne, mauvais genre. Il faut l'associer à l'épique ou au didactique. Tome II......... 115

Épître. Elle prend le ton de son sujet, et s'élève ou s'abaisse selon les convenances. Tome II......... 336

Épître dédicatoire. Elle a usé toutes les formules d'adulation, il ne lui reste plus qu'à être noble et simple. Tome II........................... 346

Satire. En discours ou en action, et l'une et l'autre personnelle ou générale. Celle-ci innocente et permise, celle-là odieuse et souvent criminelle. T. IV...Page 265

Conte. Il est en petit à la comédie ce que le poëme épique est à la tragédie : alors il a le nœúd et le dénouement d'une action comique; mais ce n'est souvent que le récit très-simple d'un fait ou d'une circonstance qui a donné lieu à un mot plaisant. T. I.. 521

Dialogue philosophique et sophistique. Bon usage et abus de l'esprit. Tome II...................... 140

Églogue. Imitation des mœurs champêtres dans leur plus agréable simplicité. Tome II.............. 205

Bergerie. Genre trop faible et trop froid pour soutenir l'action théâtrale. Racan l'a dénaturée et n'en a rien fait d'intéressant. Tome I..................... 347

Élégie. Elle a trois caractères : le passionné, le tendre et le gracieux. Tome II...................... 230

Élégiaque. Vers *élégiaques.* Poëtes *élégiaques.* Caractère d'Ovide, de Tibulle et de Properce. Tome II... 226

Allégorie. L'apologue enveloppe la vérité qu'il enseigne. L'*allégorie* la fait sentir à chaque trait par la justesse de ses rapports. Elle est transparente comme l'image. Tome I........................... 174

Allégorique. Dans leur origine presque toutes les divinités de la fable ont été *allégoriques;* mais celles qui dans la croyance ont eu une existence idéale sont mises, dans l'ordre du merveilleux, au nombre des réalités. Tome I. 183

Fable, apologue. Son artifice consiste à déguiser la sagesse sous un air de naïveté. C'est le secret de La Fontaine, que La Motte n'a point connu. Tome II..... 421

Énigme. Le jeu de l'*énigme* consiste à proposer, dans une certaine obscurité, un nombre de rapports d'idées à démêler et à saisir. Tome II.........Page 290

Embléme. Petit tableau qui exprime allégoriquement une pensée. Tome II........................ 286

Symbole. Signe relatif à l'objet dont on veut réveiller l'idée : relation tantôt réelle, tantôt fictive et de convention. Tome IV........................... 347

Devise. Trait de caractère exprimé en peu de mots, quelquefois seuls, souvent accompagnés d'une figure symbolique. Tome II........................ 129

Épigramme. Elle a, comme les grands poëmes, une espèce de nœud et une espèce de dénouement, et comme eux, elle se dénoue tantôt par une suite naturelle de la pensée, tantôt par une révolution inattendue dans le sens. Tome II.................. 315

Épitaphe. Inscription sur la tombe des morts. C'est communément un trait de louange ou de morale, ou de l'un et de l'autre. Tome II.................. 323

Bouquet. Petite pièce de vers adressée à une personne le jour de sa fête. La délicatesse ou la gaieté en est le caractère. La fadeur en est le défaut. Tome I..... 365

Ballade. Petit poëme régulier composé de trois couplets et d'un envoi. Elle a passé de mode, ainsi que le rondeau, le virelai, le sonnet, etc. et c'est dommage. Tome I............................... 295

Éloquence. La faculté d'agir sur les esprits et sur les ames par le moyen de la parole. Sur les esprits, c'est le talent d'instruire ; sur les ames, c'est le talent d'intéresser et d'émouvoir : pour l'un et l'autre, résistance à vaincre. De là ses règles pour l'emploi de ses

forces et l'usage de ses moyens. Tome II.....Page 245
Rhétorique. Théorie de l'art de persuader, dont l'éloquence est la pratique. L'éloquence s'enseigne-t-elle? et par quelle méthode se doit-elle enseigner? T. IV. 212
Déclamation rhétorique. Ce mot exprime une fausse éloquence : chez les Grecs c'était l'art des sophistes. A Rome, la *déclamation* était l'apprentissage des orateurs. Elle avait son utilité. Parmi nous cette éloquence oiseuse s'est introduite jusque dans la poésie. Tome II................................. 11
Déclamation oratoire. On appelle ainsi l'action de l'orateur et son expression dans les traits du visage, dans le geste, et dans la voix. Tome II.............. 2
Délibératif. L'un des trois genres d'éloquence que les rhéteurs ont distingués, celui où il s'agit de faire prendre à un peuple une résolution ou de le détourner de celle qu'il a prise. Tome II.............. 67
Démonstratif. Genre d'éloquence qui a pour objet la louange ou le blâme. Tome II................. 87
Judiciaire. Genre d'éloquence où le juste et l'injuste sont discutés contradictoirement devant un tribunal qui doit en décider. Tome III................. 197
Barreau. Quel est le genre de l'éloquence qui lui convient. Lui est-il permis d'être pathétique? Lui est-il permis d'employer toute espèce de moyens? T. I... 299
Chaire. Éloquence de la *chaire.* Éloquence morale. La religion lui a élevé, non pas une tribune, mais un trône. Idée du ministère qu'elle y exerce. Son objet, ses moyens, ses divers caractères. Tome I......... 397
Oraison funèbre. Ce qu'elle fut chez les anciens, ce qu'elle est parmi nous, ce qu'elle devrait être. T. III. 456
Harangue. Les meilleures sont celles que le cœur a dictées. C'est à lui seul qu'il est réservé d'être éloquent en peu de mots. Tome III................ 1
Orateur. Pour s'en former une idée complète, il faut

considérer ses mœurs, ses talents, ses lumières. Tome III..................................Page 465
Question. Objet de doute, sujet de la discussion, de la contestation oratoire. État de la *question* générale ou particulière. Tome IV........................ 175
Invention oratoire. Les rhéteurs en ont fait le grand objet de leurs leçons; et dans ce qu'ils ont appelé *loca*, ils ont indiqué tous les moyens communs de l'éloquence. Mais sa source la plus féconde, c'est le sujet même, la cause, la question qu'elle doit agiter. Tome III................................. 167
Division. Si dans son sujet l'orateur est obligé d'en chercher une, c'est un signe infaillible qu'il n'en a pas besoin. Tome II........................ 168
Narration oratoire. Trois qualités lui sont essentielles, la brièveté, la clarté, et la vraisemblance. T. III... 344
Amplification. Manière de s'exprimer qui agrandit les objets ou qui les diminue. *Amplifier*, ce n'est pas donner aux choses une grandeur fictive, mais toute leur grandeur réelle, et dans ce sens-là c'est un des grands moyens de la poésie et de l'éloquence. Travail qui passe les forces d'un écolier. Tome I............. 198
Chrie. Sorte d'amplification que l'on donne à composer dans les collèges. C'est le chef-d'œuvre de la pédanterie. Tome I................................. 473
Exorde. Se rendre l'auditeur favorable, attentif, docile, est spécialement l'office de l'*exorde*. Tome II...... 383
Preuve. Dans un discours qui tend à persuader ou à dissuader l'auditeur, la *preuve* est l'emploi des moyens propres à opérer l'effet qu'on se propose. Tome IV. 129
Péroraison. Lorsqu'il s'agit d'intéresser et d'émouvoir, la *péroraison* est une partie essentielle du discours : c'est là que se déploient les grands ressorts de l'éloquence. Tome III........................... 544
Insinuation. Tour d'éloquence pour amener l'auditeur

insensiblement à son but. Tome III..........Page 142
Définition. C'est un champ vaste pour l'éloquence. Ce que c'est que *définir* en orateur. Tome II......... 54
Description oratoire. Elle ne se borne pas à caractériser son objet ; elle en présente le tableau dans ses détails les plus intéressants, avec les couleurs les plus vives. Tome II................................. 118
Portrait. Différence du *portrait* oratoire et de l'historique. Tome IV............................ 115
Pathétique. (Comme ci-devant.) Tome III.......... 510
Mouvements du style. (Comme ci-devant.) Tome III. 303

HISTOIRE. Sa naissance, ses progrès, son objet, ses divers caractères, les vices qu'elle a contractés, les divers styles dont elle est susceptible. Tome III..... 42
Mémoires. Peu de gens ont droit de faire un livre de leurs *mémoires*. Différence de ce genre d'écrire avec celui de l'histoire. Exemples bons et mauvais dans ce genre. Tome III............................. 231
Direct. On appelle ainsi le langage que l'historien fait tenir aux personnages qu'il met en scène. Cette manière d'animer le récit a plus de vérité qu'on ne pense. Tome II............................. 162
Harangue historique. On donne ce nom au langage direct dont je viens de parler. Rien de plus fréquent dans l'histoire ancienne. Dans quel cas la *harangue* est préférable au résumé indirect, et réciproquement. Tome III................................. 1
Portrait. L'histoire est de tous les genres celui auquel cette manière de rassembler les traits d'un caractère et de les dessiner avec précision, est la plus familière. Mais l'excès en est vicieux. Quels *portraits* sont intéressants, quels inutiles et importuns. Tome IV..... 115

LITTÉRATURE. En quoi la *littérature* diffère de l'érudition. Tome III........................PAGE 212
Goût. C'est ici la place de l'*Essai sur le Goût*, qui est au commencement des *Éléments de Littérature.*
Critique. On appelle ainsi ce genre d'étude à laquelle nous devons la restitution de la littérature ancienne. Plus familièrement on appelle *critique* un examen éclairé et un jugement équitable des productions de l'esprit humain. *Critique* dans les sciences, *critique* dans les beaux-arts, *critique* dans les lettres. Tome I....... 535
Extrait. Celui d'un ouvrage philosophique n'exige, pour être fidèle, que de la netteté et de la justesse d'esprit. Celui d'un ouvrage d'agrément, s'il n'est que froidement exact, n'en donnera qu'une fausse idée. Office et devoir d'un journaliste. Tome II......... 409
Anciens. Résumé de la dispute sur les *anciens* et sur les modernes. Torts réciproques des deux partis. Moyens de les concilier. Tome I............... 244
Arts libéraux. Il leur a fallu des récompenses analogues à leur génie et dignes de l'encourager. Les uns s'adressent plus directement à l'ame, les autres plus particulièrement aux sens. Tome I................. 279
Règles. Le génie n'en doit pas être esclave, mais il ne doit pas les mépriser. La plupart de celles qu'on a données aux lettres et aux arts, sont de bons conseils et de mauvais préceptes. Tome IV............... 197
École. Pépinière d'hommes que l'on cultive pour les besoins ou les agréments de la société. De là tous les principes de l'institution, de la distribution, de la direction des *écoles*. Tome II................... 196
Amateur. Ses deux caractères : goût sincère et bienfaisant dans l'un, vanité importune et nuisible dans l'autre. Tome I..................................... 191

Imitation. Qu'est-ce qu'imiter un écrivain? Est-ce le copier servilement? Non; c'est apprendre de lui le secret de son art, se pénétrer de son génie, et faire comme il aurait fait. L'exemple est une sorte d'inspiration que tout homme n'est pas en état de recevoir. Le premier soin doit être, avant d'imiter, de choisir un digne modèle. Tome III.................Page 132

Plagiat. Espèce de crime littéraire qu'on fait aux gens de lettres, lorsqu'ils emploient l'idée ou la pensée d'un autre. Ridicule de l'importance que l'on attache à ce larcin. Les grands écrivains, en pareil cas, ont pour eux, non-seulement le droit du plus fort, le droit de conquête, mais encore le droit naturel et l'intérêt public. Tome III........................... 556

Pastiche. Badinage littéraire où l'on prend la manière d'un écrivain. Les défauts sont toujours aisés à contrefaire. C'est le génie et le beau naturel qu'il n'est pas aisé d'imiter. Tome III.................... 507

FIN DE LA TABLE MÉTHODIQUE.

www.ingramcontent.com/pod-product-compliance
Lightning Source LLC
Chambersburg PA
CBHW070406230426
43665CB00012B/1262